劳动合同法
实务与解析

张清 陈龙 编著

LABOR CONTRACT LAW
PRACTICE & ANALYSIS

上海交通大学出版社
SHANGHAI JIAO TONG UNIVERSITY PRESS

内容提要

　　本书从实务层面出发,以律师的视角对《中华人民共和国劳动合同法》的实务应用进行解读,结合人民法院审判的案例及审判口径,全面地对整部法律进行逐条解析,旨在帮助读者(法律工作者、企业管理者以及劳动者)了解劳动法律知识、提高劳动法律意识,对劳动者而言能够更好地维护自身权益,对用人单位而言提升合规意识,规避劳动用工风险。

图书在版编目(CIP)数据

　　劳动合同法实务与解析/张清,陈龙编著. —上海:
上海交通大学出版社,2024.6
　　ISBN 978 - 7 - 313 - 30869 - 6

　　Ⅰ.①劳…　Ⅱ.①张…②陈…　Ⅲ.①劳动合同—合同法—法律解释—中国　Ⅳ.①D922.525

　　中国国家版本馆 CIP 数据核字(2024)第 108760 号

劳动合同法实务与解析
LAODONG HETONG FA SHIWU YU JIEXI

编　　著:张　清　陈　龙			
出版发行:上海交通大学出版社	地　　址:上海市番禺路 951 号		
邮政编码:200030	电　　话:021 - 64071208		
印　　制:上海景条印刷有限公司	经　　销:全国新华书店		
开　　本:710mm×1000mm　1/16	印　　张:29.75		
字　　数:566 千字			
版　　次:2024 年 6 月第 1 版	印　　次:2024 年 6 月第 1 次印刷		
书　　号:ISBN 978 - 7 - 313 - 30869 - 6			
定　　价:98.00 元			

序

  在这个充满变革与挑战的时代,企业作为创新的源泉和经济发展的重要推动力,其稳定与健康发展对于整个社会经济的繁荣具有不可估量的价值。然而,企业在成长的道路上,不可避免地会遇到各种法律问题,尤其是劳动用工领域的相关问题。这些问题的正确处理,不仅关系到企业的稳健运营,更关系到企业的长远发展和社会的和谐稳定。正是在这样的背景下,《劳动合同法实务与解析》一书的出版,显得尤为及时和必要。

  本书的专业性令人印象深刻。张清律师和陈龙律师凭借他们在劳动法律领域的深厚理论功底和丰富的实践经验,对《劳动合同法》①进行了全面而深入的解读。书中不仅详细阐释了《劳动合同法》的条文含义,更通过大量真实案例,生动展示了法律条文在实际工作中的应用。这种理论与实践相结合的写作方式,极大地提高了书籍的专业性和权威性,对于法律专业人士和企业管理者都具有很高的参考价值。

  本书的实用性更是值得称道。企业在发展壮大的过程中,常常会遇到各种劳动法律问题,如劳动合同的签订、履行、变更、解除或终止及后期劳动争议的处理等。这些事项不仅关系到企业的经济利益,更关系到企业的声誉和社会形象。《劳动合同法实务与解析》正是针对上述事项,提供极尽详细的解答和指导。它不仅帮助企业理解法律条文,更教会企业如何运用法律维护自身合法权益。这种实用性,无疑使这本书成为企业管理者的案头必备。

  更为重要的是,这本书是企业的"护航者"。在当前经济形势下,企业面临着诸多挑战。《劳动合同法》的正确理解和应用,对于企业的稳定发展至关重要。《劳动合同法实务与解析》的出版,无疑为企业提供了强大的法律支持,帮助企业在《劳动

---

① 《中华人民共和国劳动合同法》,简称《劳动合同法》。全书同。另:本书法律法规统一采用此法简称,涉及引用按原文处理。

合同法》的框架内,合理规划人力资源,有效规避法律风险,从而实现可持续发展。

在《劳动合同法》的框架下,企业如何构建和谐的劳动关系,是本书探讨的另一个重要议题。和谐的劳动关系不仅能够提升员工的工作积极性和忠诚度,还能够为企业创造一个稳定和积极的工作环境,这对于企业的长期发展至关重要。《劳动合同法实务与解析》通过具体的案例分析,为企业管理者提供了构建和谐劳动关系的有效策略和方法。

此外,随着社会的发展和法律的完善,劳动合同法也在不断地更新和变化。《劳动合同法实务与解析》不仅提供了当前法律环境下的操作指南,更为企业管理者提供了持续学习和适应法律变化的视角。这对于企业管理者来说,是一种宝贵的能力,也是企业在激烈的市场竞争中保持竞争力的关键。

本书还特别强调了《劳动合同法》在解决劳动争议中的作用。劳动争议的处理不仅关系到企业的经济利益,更关系到企业的声誉和社会形象。《劳动合同法实务与解析》通过分析劳动争议的成因、处理流程和解决方案,为企业管理者提供了处理劳动争议的策略和技巧。这对于预防和解决劳动争议,维护企业的稳定运营具有重要意义。

在阅读本书的过程中,我被其专业性和实用性所打动。书中的每一个案例、每一条建议,都体现了作者对劳动法律领域的深刻理解和丰富经验。我相信,通过阅读这本书,企业管理者不仅能够获得宝贵的法律知识,更能够获得解决实际问题的智慧和勇气。

在此,我也要对所有读者说几句话:法律不是高高在上的规则,而是维护社会公平正义的工具。每一位企业管理者,每一位劳动者,都应该学习法律、了解法律、运用法律。《劳动合同法实务与解析》是一本很好的指导用书,衷心希望大家能够认真学习,熟练掌握,将法律知识转化为推动企业发展的强大动力。

感谢《劳动合同法实务与解析》的出版,不仅为企业提供了一本优秀的法律实务书籍,更为推动劳动法律的普及和实施作出了重要贡献。我期待《劳动合同法实务与解析》能够成为企业管理者和法律从业者的重要参考书籍,并在促进劳动法律的正确理解和应用上发挥重要作用。我相信,《劳动合同法实务与解析》一定会成为企业法律顾问的重要参考资料,也一定会对促进劳动法律的普及和实施,产生积极而深远的影响。

熊晨曜

上海市工业经济联合会法治专委会秘书长
上 海 市 中 小 企 业 法 律 服 务 中 心 主 任

致 读 者

尊敬的读者:

在您翻开这本书的那一刻,我们希望您能感受到一种安心和信任。因为在这里,我们将一起走进《劳动合同法》的世界,这是一本旨在帮助您——无论是作为劳动者还是用人单位——更好地理解和运用《劳动合同法》的工具书和学习用书。

一、本书的目的

本书的核心目的,是将复杂的法律条文转化为通俗易懂的语言,帮助您在遇到劳动法律问题时,迅速找到答案,并知道如何采取行动。

二、本书的结构

为了使内容更加清晰和易于理解,本书采用了以下结构:

(1)实务导向:结合实际案例,分析法律条文在实际工作中的应用,使读者能够将理论知识与实践相结合。

(2)法律条文解读:逐条逐句解析劳动合同法的条文,用平实的语言解释法律术语。

(3)理论支撑:在解读法律条文的同时,提供必要的理论背景,包括但不限于《劳动合同法》中的关联法条以及其他法律法规及地方性规定,帮助读者深入理解法律的内涵和精神。

(4)案例分析:通过真实案例,展示法律条文在司法实践中的运用。

(5)实务操作指南:提供具体的操作步骤和建议,帮助您在实际工作中正确运用法律条文,部分法律条文配套了实务操作的标准路径。

(6)大数据检索分析:为进一步厘清部分关键法律条文的各项要件,本书做了大数据检索,通过分析人民法院的裁判案例,为读者正确运用法律条文提供精准支撑。

三、本书的使用方法

（1）系统学习：对于初学者或者希望系统学习《劳动合同法》的读者，特别是公司人事或劳动法法务、劳动法专业律师，建议按照章节顺序阅读，以获得全面的理解和掌握。

（2）问题查找：对于需要解决特定问题的读者，可以直接查阅相关章节或条文，快速定位问题的答案。

（3）案例分析：书中的案例分析可以帮助读者理解法律条文在人力资源实务或司法实践中的应用，增强实际操作能力。

（4）持续更新：鉴于劳动法律领域的不断发展，建议读者定期回顾本书内容，以适应新的法律变化。

四、我们的承诺

我们承诺，本书将不断更新，以反映最新的法律变化和司法实践。我们也希望听到您的反馈，以便我们能够不断改进。

在您阅读本书的过程中，我们希望您能感受到作者的专业性和热情。我们相信，通过本书，您将能够更加自信地处理劳动合同相关的问题。

愿本书成为您在劳动法律道路上的良师益友。

张　清　上海源法律师事务所高级合伙人
陈　龙　上海国仕律师事务所高级合伙人
2024 年

目　录

第一章　总　则

一、立法宗旨:完善劳动合同制度

《劳动合同法》旨在进一步完善劳动用工领域法律制度,根除本法实施前普遍存在的"短期劳动合同盛行""试用期滥用"以及"劳动合同签订率低下"等弊病。

在 2008 年本法实施前,在司法实践中以《劳动法》为主,辅以与其相配套的解释及实施细则作为劳动关系的裁判及调整的法律依据,但上述法律法规大多出台于 1994 年,已经相隔 14 年之久,且经济飞速发展、社会矛盾也发生了新的阶段性变化,法律的滞后性显露无遗,社会急需一部新的适应时代发展的法律来调整劳动争议,更急需一部新法来保护劳动者、保护工人阶级,体现社会主义的优越性。

二、立法精神:本法明确劳动合同双方当事人的权利和义务、保护劳动者的合法权益

本法在立法精神上,旨在平衡劳动者与用人单位双方的利益,其文本内容及司法实践均传达了该立法精神。但在实质上,仍以保护劳动者的合法权益为主,同时也规定了劳动者于劳动关系的履行过程中,仍负有各项义务,主要为以下六种:

"劳动义务"(第四条)、"说明义务"(第八条)、"保密义务"(第二十三条、第九十条)、"约定的义务"(第三条、第二十九条)、"劳动合同解除或者终止后双方的义务"(第五十条)、"劳务派遣单位、用工单位及劳动者的权利义务"(第五十八条)。

三、实施效果：构建和发展和谐稳定的劳动关系

劳动合同对于劳动关系本身，甚至对于社会发展和稳定起着至关重要的作用，它为员工提供了劳动条件和合同条款的相关信息，也为构建和发展和谐稳定的劳动关系奠定了基础。本法通过第二章的二十二个条文对劳动合同的订立等进行了规范和保障，强化了用人单位订立书面劳动合同的责任，落实了书面劳动合同的订立，从而构建和发展了和谐稳定的劳动关系。

在本法实施后，我国劳动关系进入了新的平衡态。

四、本法的效力层级为"法律"

（1）本法的效力层级低于宪法，高于行政法规、规章、地方性法规等。

（2）本法属于特别法。

在民法体系中，作为调整劳动关系的法律，本法与《劳动法》一同属于民法中的特别法，与《民法典》不一致时适用前者，如合同的解除与终止等。

在劳动法律体系中，本法属于特定的调整劳动合同订立、履行、终止/解除的法律，当本法与《劳动法》不一致之时，根据新法优于旧法的原则，优先适用本法。

（3）司法实践中通常认为，《劳动合同法实施条例》对本法规定不清之处作出了解释，而非下位法。

第二条 【适用范围】

中华人民共和国境内的企业、个体经济组织、民办非企业单位等组织（以下称用人单位）与劳动者建立劳动关系，订立、履行、变更、解除或者终止劳动合同，适用本法。国家机关、事业单位、社会团体和与其建立劳动关系的劳动者，订立、履行、变更、解除或者终止劳动合同，依照本法执行。

一、本法适用范围

本法适用范围采用属地管辖，非属人管辖。中国大陆境内强制适用本法，中国大陆以外的地区为"境外"，均不适用本法，如需适用本法，需合同或交易的双方特别约定。

结合实务经验，本法亦有部分属人的性质。

1. **外国人必须办理就业许可方可与境内用人单位建立劳动关系**

《出境入境管理法》第四十一条规定,外国人在中国境内工作,应当按照规定取得工作许可和工作类居留证件。任何单位和个人不得聘用未取得工作许可和工作类居留证件的外国人。

外国人在未依法取得工作许可的情况下,就与中国境内的用人单位签订劳动合同的,根据《最高人民法院关于审理劳动争议案件适用法律问题的解释(一)》第三十三条的规定,外国人、无国籍人未依法取得就业证件即与中华人民共和国境内的用人单位签订劳动合同,当事人请求确认与用人单位存在劳动关系的,人民法院不予支持。

2. **外国人部分适用本法**

(1)订立劳动合同的期限与本法规定不同:《外国人在中国就业管理规定》第十七条规定,用人单位与被聘用的外国人应依法订立劳动合同。劳动合同的期限最长不得超过五年。劳动合同期限届满即行终止,但按本规定第十九条的规定履行审批手续后可以续订。

(2)部分省份(例如:上海市)认为,根据《外国人在中国就业管理规定》第二十二条的规定,在华就业外国人只在工作时间、休息、休假劳动安全卫生以及社会保险四个方面适用本法。[①]

二、本法的适用基础

本法的适用基础为双方合意订立劳动关系,如双方合意订立劳务关系或合伙关系等其他法律关系并实际履行,则可能不受本法调整。

值得注意的是,在当前的司法实践中,许多企业以与劳动者签订劳务协议或承揽合同的形式来掩盖或规避劳动关系,虽然在劳动仲裁阶段可能能够以其他的协议形式抗辩劳动关系,但在法院审理阶段,仍需审查法律关系的实质。

三、本法的适用对象

各种营利或非营利组织符合劳动关系定义者均可适用本法,均属于本法的适用对象。

(1)审判实务中部分法院及劳动争议仲裁机构认为本条中列举的主体系有限枚举,仅限"企业、个体经济组织、民办非企业单位、国家机关、事业单位、社会团体",不应适用类推和扩大。

---

① 《外国人在中国就业管理规定》第二十二条:"在中国就业的外国人的工作时间、休息、休假劳动安全卫生以及社会保险按国家有关规定执行。"

（2）律所与其招录合伙人律师之关系，普遍认为不属于劳动关系（上海地区以高院意见的形式明确）①；律所与其招录行政、前台等非提成关系人员，则依托劳动关系之要素进行认定。

在律师事务所中专职从事行政事务或勤杂工作的劳动者、在律师事务所从事法律事务并领取固定工资或底薪的劳动者与律师事务所之间就劳动报酬等事项产生的纠纷，属于劳动争议，按照本法有关规定处理。其他涉及律师事务所与律师之间因合伙利益的分配方式及具体利益分配等问题产生的纠纷，属于普通民事争议，适用《民法典》等民事法律。

但在实践中授薪律师/律师助理与律师事务所发生的争议究竟属于劳动争议还是普通民事争议，仍需要具体分析，如该授薪律师/律师助理是依据客户支付的律师费及办案数抽取提成的，则不属于劳动关系；如是固定获取劳动报酬的，则有较大可能属于劳动关系。

（3）会计师事务所、基金会组织参考律所人员规定。

（4）保险代理人（主要指个人代理人）与保险公司之间的关系受特别法律调整②，属于民事代理关系，不受本法调整。

四、本法与普通民法领域的最大区别

本法中"解除"与"终止"含义不同且不互相包含，系与普通民法领域的最大区别。在本法中，"终止"特指"法定终止"，其他情形均称为"解除"。

特别值得注意的是，解除与终止是劳动法领域与普通民法领域最大的不同，解除与终止导致的后果也与普通民法领域有着很大的不同。

劳动法领域的解除，是双方或一方依据本法第三十六条到第四十一条规定的情形发起的解除；而终止是指当出现本法第四十四条等规定的情形时的法定终止。普通民法领域的解除，包括约定解除、协商解除和法定解除。其中法定解除的事由与劳动法的法定解除情形完全不同，而且普通民法领域的合同终止情形众多，根据不同的合同性质存在不同的终止情形，这也与劳动法领域的寥寥几种终止情形完全不同。更为重要的是，劳动法领域不允许约定除本法第四十四条之外的其他终止情形③，与普通民法领域的大量约定终止情形相差甚远。

劳动法领域中解除或终止的法律后果，包括恢复劳动关系、用人单位支付赔偿

---

① 《上海市高级人民法院关于适用〈劳动合同法〉若干问题的意见》。

② 《保险代理人管理规定（试行）》。

③ 《劳动合同法实施条例》第十三条："用人单位与劳动者不得在劳动合同法第四十四条规定的劳动合同终止情形之外约定其他的劳动合同终止条件。"

金或经济补偿、劳动者无权获得补偿；普通民法的解除或终止的法律后果则相对复杂，除恢复原状、赔偿损失外，还涉及违约责任的承担和未履行合同部分的结算。

第三条　【基本原则】

订立劳动合同，应当遵循合法、公平、平等自愿、协商一致、诚实信用的原则。依法订立的劳动合同具有约束力，用人单位与劳动者应当履行劳动合同约定的义务。

一、本法的基本原则及其作用

在一部部门法中，基本原则贯穿始终，起到承前启后的作用。同时当法律出现滞后、遗漏或者规定不明时，也对弥补法律漏洞起着关键作用。根据本法规定，劳动合同的订立需要由用人单位和劳动者协商一致，且遵循主体平等、内容公平、意思表示真实的原则，在实质和形式上均应符合法律规定。同时，还要遵循民法中的"帝王条款"，即诚实信用原则。当用人单位和劳动者在劳动合同订立过程中发生纠纷时，裁判机关不但会审查相关证据材料，还会对各方是否遵循了诚实信用原则，是否履行了善意磋商的义务进行审查，一旦案件出现真伪不明的情况，诚实信用原则往往会成为左右案件的关键。

与此同时，劳动合同关系在原则上还是属于合同关系，所以相关的权利义务在法律禁止性规定之外的，双方若约定有其他的"义务"，我们一般认为只要不违反法律规定，既遵循民法自治原则，又服从本法的强制规定的，双方都应该遵守并履行。例如，根据《劳动合同法》第三十七条的规定："劳动者提前三十日以书面形式通知用人单位，可以解除劳动合同。劳动者在试用期内提前三日通知用人单位，可以解除劳动合同。"那么如果用人单位与劳动者约定"必须提前六十日以书面形式通知用人单位解除劳动合同"，在此情况下，该条款是否有效？劳动者是否需要遵守呢？关于这一点，本书将在解读第三十七条的内容时详细展开。

二、"劳动合同"定义并非狭义的书面劳动合同

本条中所称的"劳动合同"并非仅指建立劳动关系时双方订立的劳动合同或续订的劳动合同，鉴于劳动关系往往存在着履行时间长、当前沿用的劳动合同可能是几年甚至十几年前签订的情况，而用人单位与劳动者又以口头形式重新约定了新的劳动合同内容，如工资从十年前的 4 000 元/月涨到了 10 000 元/月。这时的"劳

动合同"就特指双方重新约定,并已实际履行了一段时间的劳动关系权利和义务,有的法院称之为"事实劳动合同"。否则,用人单位与劳动者的权利义务关系将严重失衡。

> ### 第四条 【规章制度】
>
> 用人单位应当依法建立和完善劳动规章制度,保障劳动者享有劳动权利、履行劳动义务。
>
> 用人单位在制定、修改或者决定有关劳动报酬、工作时间、休息休假、劳动安全卫生、保险福利、职工培训、劳动纪律以及劳动定额管理等直接涉及劳动者切身利益的规章制度或者重大事项时,应当经职工代表大会或者全体职工讨论,提出方案和意见,与工会或者职工代表平等协商确定。
>
> 在规章制度和重大事项决定实施过程中,工会或者职工认为不适当的,有权向用人单位提出,通过协商予以修改完善。
>
> 用人单位应当将直接涉及劳动者切身利益的规章制度和重大事项决定公示,或者告知劳动者。

一、用人单位应当建立和完善规章制度

在企业人力资源管理和劳动争议仲裁及诉讼中须经常使用规章制度,企业的规章制度一方面是用人单位规范员工行为的依据或准则,另一方面又是员工享有权利的依据。本法明确规定了用人单位规章制度应当依法建立和完善,只有"依法"制定的规章制度方才具备法律效力。

二、用人单位应当依照法定的程序制定规章制度

制定规章制度的法定程序即为平时我们一直提到的"民主公示程序"。虽说是一个词,但应当拆分为"民主协商制定""公示送达程序"两步。第一步为民主制定程序,即本条第二至第三款的规定。

首先,与员工切身利益相关的重大事项及规章制度不能由用人单位一方说了算,在制定规章制度时,应当通过民主制定程序——与职工代表大会讨论,没有职工代表大会的,需要与全体员工(即职工大会)进行讨论,并且由职工代表大会或者全体职工提出方案和意见。

上述方案和意见是否采纳,用人单位需要与工会或者职工代表平等协商确定。

也正由于劳动者与用人单位双方在利益追求上形成的对立关系,本条规定的潜在含义为用人单位往往为了自身利益制定出不利于劳动者切身利益的规章制度,因此需要通过民主协商程序约束用人单位。

在此基础上,法律赋予了工会和职工在认为规章制度有问题时,提出自身意见的权利,并可与用人单位进行协商。用人单位在制定规章制度时,也应当与员工或工会或职工代表大会进行充分的协商,听取意见后,最终形成规章制度。因此,用人单位的规章制度的制定过程必须先有征求意见稿或初稿,经过(多轮)征求意见后形成最终版本。规章制度的一次性成形不符合民主协商程序。

其次,"充分协商"或"听取意见"在人力资源实务中,并不代表着一定要听取意见,工会和职工代表大会有权向用人单位提出意见,但用人单位可以听取、可以部分听取,也可以不听取。劳动者有着劳动者的诉求和意见,用人单位也有着它的坚持。

最后,对于用人单位制定的规章制度确实违法的,在"充分协商""听取意见"均无法促使用人单位改正时,劳动者或者工会、职工代表大会可以向劳动保障监察大队进行投诉、举报,由劳动保障监察大队对该规章制度或相应条款进行审查,以判断是否需要责令改正或给予行政处罚。

三、规章制度必须经过法定的公示送达程序方生效

(一)规章制度须送达劳动者才能生效

在司法实务中,规章制度的送达系劳动争议案件当中的核心一环,送达程序未完成的,规章制度不对劳动者产生约束力,规章制度所承载的相应条款亦不对劳动者生效,用人单位依据相应条款所做的处罚甚至解除就可能违法,依据条款所做的绩效奖金调整等亦有可能无效。

(二)规章制度的送达方式必须考虑劳动者仲裁或诉讼的举证因素

根据本条规定,公示或告知均系有效的送达,满足了规章制度生效的程序性要件。但如仅有公示程序,如公告栏张贴或者大会宣读等,无法留下书面痕迹,在劳动仲裁或诉讼程序中将难以举证。在劳动者不予认可时,用人单位将会承担举证不能的不利后果。

通常,建议通过由劳动者签字确认收到"相关规章制度并同意遵守"的书面文件来达到相应的证明目的。在人力资源实践中,一般称为"签收单"或"声明信"。除此以外,用人单位还可以通过公告栏张贴、电子邮件送达、召开全体职工大会,或者规章制度学习大会等方式来达到公示的目的,但关键在于如何保留证据证明员工确已收到,以防在发生纠纷时,用人单位在举证时产生困难。

（1）通过公告栏张贴形式的公示送达方式不可取，难以确保送达了每一名员工。

（2）通过电子邮件或企业微信送达的形式较为可行，但应确保员工回复了或者有已读回执。

（3）召开全体员工大会或做相关规章制度培训的形式可行，但必须有员工签名会议纪要、培训记录，并且抬头明确，注明为"××××年××月××日员工手册培训会"。当然，部分企业对于合规性有着更高要求的话，可以邀请公证处到场，对员工大会的过程（包含制定和公示程序）进行全程录音录像并出具公证书。

（三）规章制度送达的裁判口径

裁判口径：在有声明信等书面文件的情形下，人民法院一般视劳动者已经签收了规章制度，且对于规章制度每一项条款均已清楚、知晓，应当全面遵守。

杨某与汉堡王（北京）餐饮管理有限公司（以下简称汉堡王公司）劳动争议一审民事判决书【案号：（2021）京 0106 民初 6256 号】，北京市丰台区人民法院，2021 年 8 月 6 日裁判。

本院查明：汉堡王公司另提交《员工手册》及声明信、微信聊天记录、光盘以证明杨某未戴手套制作食品，违反食品安全要求，该行为在光盘中出现三次以上，且存在旷工情况，该公司与杨某解除劳动合同符合法律规定。杨某认可上述声明信系其本人签字，但没有见过《员工手册》。

本院认为：……杨某在声明信上签字，且双方之间的劳动合同明确记载员工确认收到《员工手册》等，杨某应当知晓汉堡王公司关于食品制作岗位戴手套的规定及连续旷工的禁止性规定……

四、重大事项亦必须经过民主程序和公示送达程序

在人力资源实践中，重大事项的协商余地比规章制度的协商余地要小很多，重大事项往往因客观情况发生了重大变化而不得已为之，此时用人单位的管理层做出了某项重大事项的决策，可能并不利于劳动者，民主协商的余地很小。

重大事项同样适用公示送达程序，用人单位与重大事项相关的、与劳动者的劳动关系、劳动合同内容存在紧密联系的安排，亦须送达方生效。

第五条 【协调劳动关系三方机制】

县级以上人民政府劳动行政部门会同工会和企业方面代表，建立健全协调劳动关系三方机制，共同研究解决有关劳动关系的重大问题。

一、劳动行政部门的现状

本条所称劳动行政部门系人力资源和社会保障局(简称"人社局")的下设机构或职能部门,部分省市可能为区县的仲裁院/调解仲裁科或劳动保障监察大队。

上海地区调解仲裁科与仲裁院并非同一机构,调解仲裁科系人社局直属部门,仲裁院系人社局的派出机构。

二、工会组织的现状

工会包含区县总工会、街道工会、企业工会。本条所称工会,在实务中均系区县级总工会。

三、区县劳动关系的协调机制

区县劳动关系的协调机制在人社局的牵头下建立,旨在化解纠纷、协调矛盾,对存在共性、广泛性的问题进行研讨,必要时请示上级部门或与本区人民法院对接,并向仲裁院、街道、企业等相关机构发布研讨结果。

(1)该研讨结果不可类比法院会议纪要于仲裁及诉讼中使用,不具备法律效力。

(2)该研讨结果具备指导功能,仲裁院的立案窗口受其指导对某类案件放松或收紧立案口径。

四、调解机构可以突破仲裁管辖权规定调解

依据本条建立的调解机构,其受理劳动争议不受级别管辖的限制,即如外资独资企业且注册资金 1 000 万美元以上的应当市级仲裁管辖的企业,仍可在注册地或经营地、劳动合同实际履行地的调解机构申请调解。调解不成时,不可在该区县的劳动争议仲裁机构申请劳动仲裁,而应转至对应级别管辖的市级劳动争议仲裁机构予以受理。

五、调解机构出具的调解书的实务现状

依据本条建立的调解机构,其出具的调解书在实务中具备以下特点:

(1)本调解书不具备强制执行力,在较短的某历史阶段,该调解书可至人民法院申请强制执行,后被废止。现阶段调解书出具后一方不履行的,另一方向具备管辖权之劳动争议仲裁机构申请仲裁。

(2)本调解书作出后需双方对调解协议或调解笔录签字盖章后方可生效。

（3）本调解书一般对劳动者在职期间所有事项进行打包处理，声明"双方再无其他劳动争议""放弃其他仲裁请求"，如劳动者与用人单位双方对该段有异议，应向调解机构明确指出。

（4）本调解书签字生效后，于调解中作出让步一方，无法重新就让步内容再获得劳动争议仲裁机构或人民法院支持，但可依据《民法典》的相关规定对该调解书作申请撤销或无效认定。

（5）部分调解机构已经作出了改革，即调解成功后改由劳动争议仲裁机构立案庭的某仲裁员挂名独任审理，并出具正式的《调解书》，签字后送达即生效，此亦可作为向人民法院申请强制执行的生效法律文书依据。

第六条　【集体协商机制】

工会应当帮助、指导劳动者与用人单位依法订立和履行劳动合同，并与用人单位建立集体协商机制，维护劳动者的合法权益。

一、工会的实务作用

工会通过返聘、兼职、政府采购服务等方式聘请了通晓劳动相关法律的工作人员、调解员、法律工作者、律师。

劳动者在劳动合同订立及履行的过程中遇到的疑问及困难，均可寻求工会的帮助。劳动者如需申请劳动仲裁或提起诉讼的，亦可向工会寻求帮助，由工会指定工会律师或法律工作者代理案件。工会的法律援助相较司法局的法律援助条件更为宽松，但各区县仍有不同的限制条件和要求。

二、基层工会的相对独立性

基层工会不隶属于用人单位，具备相对独立的法律地位。

（1）人员相对独立：《工会法》第十条规定"企业主要负责人的近亲属不得作为本企业基层工会委员会成员的人选"，《企业工会主席产生办法（试行）》第六条规定"企业行政负责人（含行政副职）、合伙人及其近亲属，人力资源部门负责人，外籍职工不得作为本企业工会主席候选人"。

（2）经费独立：工会组织的经费收入有着固定来源，并且独立核算。

《中华全国总工会办公厅关于印发〈基层工会经费收支管理办法〉的通知》

第三条第二项　经费独立原则。基层工会应依据全国总工会关于工会法人登记管理的有关规定取得工会法人资格,依法享有民事权利、承担民事义务,并根据财政部、中国人民银行的有关规定,设立工会经费银行账户,实行工会经费独立核算。

第四条 基层工会经费收入范围包括:

(一)会费收入。会费收入是指工会会员依照全国总工会规定按本人工资收入的5‰向所在基层工会缴纳的会费。

(二)拨缴经费收入。拨缴经费收入是指建立工会组织的单位按全部职工工资总额2%依法向工会拨缴的经费中的留成部分。

(三)上级工会补助收入。上级工会补助收入是指基层工会收到的上级工会拨付的各类补助款项。

(四)行政补助收入。行政补助收入是指基层工会所在单位依法对工会组织给予的各项经费补助。

(五)事业收入。事业收入是指基层工会独立核算的所属事业单位上缴的收入和非独立核算的附属事业单位的各项事业收入。

(六)投资收益。投资收益是指基层工会依据相关规定对外投资取得的收益。

(七)其他收入。其他收入是指基层工会取得的资产盘盈、固定资产处置净收入、接受捐赠收入和利息收入等。

三、集体协商机制的体现

集体协商机制主要通过本法第四条"规章制度和重大事项的协商"、第五十一条及第五十三条"工会代表员工与企业订立集体合同"体现。

后续展开叙述,此处不做详细介绍。

四、维护劳动者合法权益是工会的职能

本法第四十一条"用人单位经济性裁员应提前三十日向工会说明情况、听取意见",以及第四十三条"用人单位单方解除劳动者的告知工会理由(事前)及结果(事后)",第五十六条"要求用人单位承担违反集体合同之责任""因履行集体合同发生争议,经协商解决不成的,工会可以依法申请仲裁、提起诉讼"等条文均体现了维护劳动者合法权益是工会的职能。

后续展开叙述,此处不做详细介绍。

第二章 劳动合同的订立

第七条 【劳动关系的建立】

用人单位自用工之日起即与劳动者建立劳动关系。用人单位应当建立职工名册备查。

一、如何确定劳动关系建立的起算点

本条明确规定了劳动关系从何时开始建立,即劳动关系建立的起算时间点。在日常生活中,很多人认为劳动关系从劳动合同签订之日开始建立,实际不然,且与法律规定不相符。

举例来说,如果一个员工在 2020 年的 1 月 1 日进入用人单位工作,但在 2020 年 1 月 31 日才签订劳动合同,那么其与用人单位建立劳动关系的时间点应从 2020 年 1 月 1 日起算,而不是 1 月 31 日;同理,如该员工 2019 年 12 月 1 日与用人单位签订劳动合同,再与原用人单位办理离职、交接等,直至 2020 年 1 月 1 日才进入用人单位工作,则其与用人单位建立劳动关系的时间点应从 2020 年 1 月 1 日起算。

二、劳动关系起算点在实践中的作用

劳动关系何时开始建立在劳动法实践中具有重要意义及作用,主要体现在:
(1) 确定劳动关系的时间起点。
(2) 确定劳动报酬发放的时间起点。
(3) 确定社会保险及公积金缴纳的时间起点。
(4) 确定未签订书面劳动合同应当支付二倍工资的时间起点(加上宽限期一个月)。

（5）在解除或终止劳动合同支付经济补偿或赔偿金时，用于确定工作年限的时间起点。

（6）另外，在工伤保险、医疗保险纠纷等案件中，劳动关系何时开始建立，对于劳动者受到的意外事故是否属于工伤、劳动者的医疗费用是否应当由用人单位支付等，均具有重要的作用。

三、关于如何确定设立中的公司劳动关系的起算点

如果一个用人单位是设立中的公司，那么从《公司法》的层面进行评价，设立中的公司并不具备法人资格。从本法层面上来看，其也不具备合法的用工资格，不是本法意义上的适格的用人单位。

但是，如果员工为"设立中的公司"工作，在公司成立之后，员工在公司筹备期间的工作是否计入工作年限呢？实务中存在争议，但从审慎的角度来讲，依据劳动关系主体是否适格的法律规定，笔者认为从公司成立之日起计算更具有合法性。

四、"建立职工名册备查"系用人单位的法定义务

（一）部分省市在本法实施后，出台了文件用于配套

如：武汉市的《关于建立职工名册制度的通知》（武汉市劳动和社会保障局办公室 2008 年 6 月 11 日发布）

1. 用人单位应按规定建立职工名册

根据《劳动合同法》第七条规定，用人单位应当建立职工名册备查。各单位都应根据《劳动合同法》的规定，建立好职工名册制度。其内容主要包括用人单位基本信息和职工基本信息。

用人单位基本信息应包含以下内容：用人单位名称、单位类型、组织机构代码、登记号码、法定代表人姓名、经济类型、所属行业、登记注册地、注册地址、经营地址、是否劳务派遣企业、邮政编码、联系人、联系电话。

职工基本信息应包含以下内容：姓名、性别、户口性质、社会保障号（身份证件号码）、职工类别、用工形式、合同期限、合同类型。

山东省人事厅关于印发《山东省劳动合同管理操作指南》的通知（鲁人社字〔2010〕88 号 2010 年 3 月 2 日发布）

一、（九）用人单位应当建立职工名册备查。职工名册应当包括劳动者姓名、性别、公民身份证号码、户籍地址及现住址、联系方式、用工形式、用工起始时间、劳动合同期限等内容，其中用工形式应注明全日制用工、非全日制用工或者劳务派遣用工。

（二）发生劳动争议时，用人单位应当提供职工名册，否则将承担不利后果

我国部分法律法规针对用人单位建立职工名册的义务出台了细则，如《保障农民工工资支付条例》第五十条规定了"农民工与用人单位就拖欠工资存在争议，用人单位应当提供依法由其保存的劳动合同、职工名册、工资支付台账和清单等材料；不提供的，依法承担不利后果"。在司法实践中，用人单位不能提供职工名册的，常被判决承担不利后果。例如：

张某某与上海佳锐食品有限公司劳动合同纠纷一审案件民事判决书【案号：(2021)沪0115民初53373号】

一审法院认为（二审维持）：原告和被告对建立劳动关系的时间各持己见。双方于2019年1月1日签署期限长达4年的劳动合同中并未约定试用期，虽然合同中未约定试用期不能必然推导出2019年1月1日前原告已与被告建立了劳动关系，但由原告提供的2018年的体检报告，可以印证原告于2019年前已经在被告处工作的事实。根据我国劳动合同法第七条"用人单位自用工之日起即与劳动者建立劳动关系。用人单位应当建立职工名册备查"的规定，由于被告所提供的劳动合同不足以证明双方的劳动关系自2019年1月1日起建立，在其不能提供充足的证据证明其主张的情形下，本院自可采信原告的主张，确认2013年2月17日至2021年2月23日期间原告与被告存在劳动关系。按照原告于劳动合同解除前十二个月平均工资7037.35元的标准计算、在扣除已付经济补偿金23100元后，被告应支付原告违法解除劳动合同赔偿金差额96534.95元。

（三）职工名册对于确认劳动关系具有重要作用

对于因员工希望补缴社保而产生的劳动争议案件，该类案件中劳动者与用人单位之间双方可能并无争议，但由于社会保险机构对于补缴社会保险管理的严格性，常会要求劳动者通过劳动仲裁/诉讼的方式确认××××年××月至××××年××月与用人单位存在劳动关系后，方才允许用人单位补缴社保。

在此类无争议的确认劳动关系案件中，职工名册可作为重要的证据，配合劳动合同、工资发放记录、银行流水等确认劳动关系的起始时间。

第八条　【用人单位的告知义务和劳动者的说明义务】

用人单位招用劳动者时，应当如实告知劳动者工作内容、工作条件、工作地点、职业危害、安全生产状况、劳动报酬，以及劳动者要求了解的其他情况；用人单位有权了解劳动者与劳动合同直接相关的基本情况，劳动者

应当如实说明。

一、用人单位及劳动者负有相互如实告知的义务

鉴于本法的立法精神,法条本身对于用人单位的告知义务规定得更加详尽,以枚举的方式要求用人单位将自身及岗位情况全面如实地告知劳动者。这体现了劳动合同法本身对于劳动者的保护,也是对于在录用过程中劳动者处于信息不对称境地的一种保护。

同时,本条的第二句话,也规定了用人单位有权了解劳动者的信息,劳动者应当如实说明。但此处需要注意的是,用人单位有权了解的信息是有限度、有范围的,必须是"与劳动合同直接相关的"信息。例如:学历、工作经历、专业技能等。

一般来讲,婚姻状况以及是否患有乙肝疾病并不是法定的与工作内容相关的事实。但是如果与劳动岗位直接相关,则要具体情况具体分析。比如,是否怀孕的这一事实,要根据劳动合同规定的岗位进行考虑。如果这一岗位本身不适合孕妇工作,那么如实告知是否怀孕就与劳动合同直接相关。

基于此,本条的核心内容就是用人单位和劳动者需要相互如实告知,这也是订立劳动合同、建立劳动关系的前提和基础。如果有隐瞒,或者是基于错误的认知而订立的劳动合同,那么劳动合同本身的效力也会存在问题。

二、劳动者个人信息"必要性"披露

本条规定中用人单位有权了解劳动者与劳动合同直接相关的基本情况,这一点构成了《个人信息保护法》[①]中的必要性披露。

当用人单位开始招聘、遴选候选人时,即可依据本条规定实施收集、处理个人信息的行为。

用人单位通过第三方渠道或者自身发布岗位需求,可要求候选人填写相关个人信息。用人单位及其第三方渠道(主要是网络招聘中介机构)应结合岗位和特定用途,收集必要信息。例如:

(1)基于用户注册,实名认证,收集候选人的手机号码或其他必要的联系方式。

(2)基于招聘单位识别求职者、岗位需求匹配、与候选人联系的目的,收集候

[①]《个人信息保护法》第十三条:"符合下列情形之一的,个人信息处理者方可处理个人信息:……(二)为订立、履行个人作为一方当事人的合同所必需,或者按照依法制定的劳动规章制度和依法签订的集体合同实施人力资源管理所必需……"

选人的姓名、年龄、性别、健康状况、电子邮箱、求职意向。

（3）基于候选人简历和招聘单位是否匹配,收集候选人的学校、学历、专业、毕业时间、受教育情况、历史上的就业信息/履历情况。

（4）基于候选人身份认证,收集候选人的身份证号码。

上述是收集候选人个人信息时,结合本条规定及岗位情况,可以收集的个人信息的必要范围,按照《个人信息保护法》的规定,无须单独同意,但如果用人单位认为需要收集除上述信息之外的信息,特别是涉及敏感个人信息,还需要候选人的单独同意,例如人脸信息等生物信息。

当劳动关系终止或解除后,用人单位应当主动删除上述个人信息,以符合《个人信息保护法》的法定要求。根据该法第四十七条规定,"有下列情形之一的,个人信息处理者应当主动删除个人信息;个人信息处理者未删除的,个人有权请求删除:（一）处理目的已实现、无法实现或者为实现处理目的不再必要……"

例外性规定:

与工资支付相关的信息应当保存 2 年(一般)或 3 年(农民工)备档待查。

《工资支付暂行规定》劳部发〔1994〕489 号

第六条第三款 用人单位必须书面记录支付劳动者工资的数额、时间、领取者的姓名以及签字,并保存两年以上备查。用人单位在支付工资时应向劳动者提供一份其个人的工资清单。

《保障农民工工资支付条例》国务院令第七百二十四号 2019 年 12 月 30 日发布 2020 年 5 月 1 日实施

第十五条 用人单位应当按照工资支付周期编制书面工资支付台账,并至少保存 3 年。

书面工资支付台账应当包括用人单位名称,支付周期,支付日期,支付对象姓名、身份证号码、联系方式,工作时间,应发工资项目及数额,代扣、代缴、扣除项目和数额,实发工资数额,银行代发工资凭证或者农民工签字等内容。

三、如实说明义务与"是否符合录用条件""劳动合同是否无效"直接关联

（1）劳动者如未依据本条规定如实说明或虚假陈述与劳动合同履行密切相关的基本情况,可能构成欺诈。用人单位查实后有权依据本法第二十六条[1]主张劳动合同无效(可同时依据本法第三十九条第五项解除劳动合同)。

---

[1]《劳动合同法》第二十六条:"下列劳动合同无效或者部分无效:（一）以欺诈、胁迫的手段或者乘人之危,使对方在违背真实意思的情况下订立或者变更劳动合同的……"

（2）在劳动法实践中，主要容易发生纠纷的是与劳动者受教育情况相关及工作履历相关的个人信息。因此较多的用人单位在求职申请表或入职履历表中均会设置如下条款："如在申请表中提供的个人信息以及工作经历存在伪造或不实情况的，公司有权停止雇用，公司对其欺骗/欺诈行为予以解除劳动合同。"

（3）劳动者隐瞒的个人信息与用人单位该岗位的录用条件存在直接关联的，如证券公司招聘明确要求需要证券业从业资格证、律师事务所招聘明确要求司法考试证书的，亦有可能构成不符合录用条件，用人单位有权依据本法第三十九条第一项解除双方劳动合同。

（4）用人单位未依据本条规定如实陈述的，同样可能构成欺诈，劳动者也可以此主张劳动合同无效，并同时依据本法第三十八条第五项解除双方劳动合同并主张经济补偿。

第九条 【用人单位不得扣押劳动者证件和要求提供担保】

用人单位不得扣押劳动者证件和要求提供担保。

用人单位招用劳动者，不得扣押劳动者的居民身份证和其他证件，不得要求劳动者提供担保或者以其他名义向劳动者收取财物。

一、用人单位不得扣押劳动者任何证件

用人单位在招收、录用、使用劳动者的全过程中，均不得扣押劳动者的任何证件，包括但不限于身份证件及获奖证书、执业证书、资格证书，用人单位违反本规定，依据本法第八十四条第一款规定由劳动行政部门责令限期退还劳动者本人，并依照有关法律规定给予处罚。

二、《劳动手册》应暂存于用人单位处

上述证件不包含劳动者的《劳动手册》（上海地区现称《就业创业证》），该证件应于劳动合同履行期间暂存于用人单位处，依据本法第五十条于劳动合同结束后十五日内返还。

三、用人单位在招收、录用、使用劳动者的全过程中，均不得要求劳动者提供担保

（1）该担保不仅指代劳动者为其自身向用人单位作出的担保，同时包含劳动

者为第三人向用人单位作出的担保。

罗某某与中建七局（上海）有限公司其他劳动争议一审民事判决书【案号：(2022)沪0114民初5372号】

本院经审理查明：2020年4月，原告进被告公司工作，双方建立劳动关系。入职后，原告在太仓复星项目工作期间，被告知需向被告公司交纳项目风险抵押金。2021年1月20日、7月19日，被告公司分别向原告出具财务收款收据2份，收款事由为项目风险抵押金，付款方式为工资抵扣，合计金额19930.18元。2021年7月21日，原告从被告公司辞职。

本院认为，……另用人单位招用劳动者，不得扣押劳动者的居民身份证和其他证件，不得要求劳动者提供担保或者以其他名义向劳动者收取财物。本案中，被告扣押原告项目风险抵押金19930.18元，变相要求劳动者提供担保，明显违反了法律的强制性规定，现原告已离职，原告要求被告返还项目风险抵押金，合法有据，本院予以支持。

广东顺德圆哈哈食品有限公司、张某某等财产损害赔偿纠纷一审民事判决书【案号：(2022)粤0606民初11096号】

经查，2020年4月13日，蔡某某作为担保人，张某某作为被担保人，写下一份《担保书》，载明"本人蔡某某已完全明白此次担保行为将会为本人带来应承担的相关风险责任，本人愿意为张某某在佛山新雨润食品有限公司聘用期间及工作品行担保，若出现贪污、盗窃、挪用公款或货款（物）不还，劳动合同违约等行为给公司造成经济损失，由本人负全责。本人确认被担保人所提供的个人简历及其他一切材料属实，如有弄虚作假，由本人负全责。本人了解，被担保人身体健康、工作踏实、品行端正且未有犯罪记录，愿意遵守贵公司的规章制度。本人确切知道若被担保人有违反公司规章制度行为，将受到公司按章惩处；若被介绍人在贵公司工作期间发生犯有经济、法律或其他重大过失行为，致使公司利益蒙受损失，本人愿负连带责任，按公司及法律相关规定进行经济赔偿，特立此保证书为凭"。

本院认为：……关于原告要求被告蔡某某承担连带责任的诉请。《中华人民共和国劳动合同法》第九条规定："用人单位招用劳动者，不得扣押劳动者的居民身份证和其他证件，不得要求劳动者提供担保或者以其他名义向劳动者收取财物。"原告提交的担保书违反了该法律的强制性规定，应属无效合同。另，担保是债权人在借贷、买卖、货物运输、加工承揽等经济活动中为保障其债权实现而设定的，即担保合同是担保主债权得以实现的从合同，而主债权应当是在借贷、买卖、货物运输、加工承揽等经济活动中的债权，蔡某某出具的担保书承诺对被担保人张某某在与原告劳动合同关系中产生的经济或法律案件致使原告利益蒙受损失提供担保，并非经济活动中产生的债权，不属于担保的范畴。

（2）本条款在全国法律实践中，部分法院认为系管理性强制性规范，法律禁止当事人做上述行为，但当事人如果作出了该行为（提供担保），该担保仍有效。

（3）部分法院认为该条款系效力性强制性规范，无论当事人是否自愿、平等协商，该担保均无效、自始无效。

（4）据不完全统计，本条款被应用于劳动争议领域时，人民法院认定无效居多，该条款应用于民间借贷纠纷等领域时，人民法院不做当然无效的认定。

四、用人单位收取劳动者财物的行为当属无效

（1）劳动者可基于本条要求用人单位返还财物。

（2）本条所称"其他名义"不包含股权投资、股权激励、股票型权利、期权型权利、债券型权利，盖因此种情形下双方的法律关系发生了转化，从仅有劳动关系变为既有劳动关系，又有投资等关系。

（3）用人单位委派劳动者出差，不得收取劳动者财物作为前期费用，但劳动者可先行垫付再向用人单位主张报销。

（4）用人单位收取的物品及衣物的押金均属违反本条之行为，当属无效。

贵州千禧绿色环保出租汽车服务有限公司上海分公司（简称千禧公司上海分公司）与郑某某劳动合同纠纷二审民事判决书【案号：（2022）沪 01 民终 2421 号】

原审法院确认事实如下：2018 年 10 月 30 日，郑某某入职千禧公司上海分公司处，担任行程管家（专车司机），双方签订了期限为 2018 年 10 月 30 日至 2021 年 12 月 31 日的劳动合同。……入职时，双方签订了《神马专车担保金协议》约定，郑某某向千禧公司上海分公司支付担保金 10 000 元、职业装担保金 1000 元。千禧公司上海分公司于 2019 年 10 月 29 日向郑某某出具担保金收据 11 000 元。

原审法院认为，……根据法律规定，用人单位招用劳动者，不得扣押劳动者的居民身份证和其他证件，不得要求劳动者提供担保或者以其他名义向劳动者收取财物。本案中，千禧公司上海分公司以担保金的名义收取郑某某押金合计 11 000 元，于法相悖，现郑某某要求千禧公司上海分公司返还，予以支持。

五、部分条款无效不影响劳动合同或规章制度其他条款的效力

本条款所涉用人单位扣押证件、要求劳动者提供担保或收取财物的约定或规定，若记载于《劳动合同》或规章制度中，该条款当属无效，但不影响其他条款的效力。

第十条 【订立书面劳动合同】

建立劳动关系,应当订立书面劳动合同。已建立劳动关系,未同时订立书面劳动合同的,应当自用工之日起一个月内订立书面劳动合同。用人单位与劳动者在用工前订立劳动合同的,劳动关系自用工之日起建立。

一、合法订立电子劳动合同的主客观要件

在当代司法实践中,对于劳动合同以何种书面形式订立要求得较为宽泛,既包含传统纸质形式,亦包含电子合同、微信、邮件等。但当前司法实践对于电子合同要求很高,体现在:

(1)主观要件。需用人单位与劳动者协商一致,方可采用电子合同形式订立书面劳动合同。主观要件可通过在入职手续环节签署相关书面文件予以达成。

(2)客观要件。符合《电子签名法》等法律法规规定的,可视为书面形式的数据电文和可靠的电子签名。用人单位应保证电子劳动合同的生成、传递、储存等满足《电子签名法》等法律法规规定的要求,确保其完整、准确、不被篡改。客观要件的达成无法规避,应当切实履行。在司法实践中,劳动争议仲裁机构与人民法院对于电子劳动合同的效力问题,大多持谨慎态度。

但自新冠疫情暴发之后,随着 2020 年 3 月 4 日人力资源和社会保障部办公厅《关于订立电子劳动合同有关问题的函》(人社厅函〔2020〕33 号)的发布,人社部已经明确认可了电子劳动合同的效力。2021 年 7 月 1 日,人社部发布了《电子劳动合同订立指引》(人社厅发〔2021〕54 号),要求加大宣传,逐步推进电子劳动合同在人力资源和社会保障政务服务中的全面应用。同时,还创设了官方平台用于签署电子劳动合同,电子劳动合同的效力进一步得到认可,其签订内容、签署平台也相对规范起来。

二、用人单位应及时与劳动者订立书面劳动合同

本条强调了书面劳动合同应该及时订立,而不及时订立或未订立的后果则体现在《劳动合同法》第 82 条,"用人单位应支付超过一个月至一年内的双倍工资"。作为原则,其中存在较多的例外,后文具体展开讨论,在此不再赘述。

三、劳动合同不完全等同于劳动关系

劳动合同系劳动争议案件中证据效力最高的证据,但"劳动合同"不完全等于

"劳动关系"。

（一）关于建立劳动关系的时间

劳动合同中记载的劳动合同起始时间与实际履行的时间可能并不一致，既可能早亦有可能晚。

例如：先经历事实劳动关系后订立劳动合同的，此时事实劳动关系存续的时间需经劳动争议仲裁机构及人民法院裁判确认。在此种情形下，就事实劳动关系部分需要劳动者举证证明。

若劳动合同记载有误或其他原因导致实际入职时间较合同记载更晚的，此时举证责任在用人单位方。

但无论劳动合同如何记载，双方当事人均认可了实际用工之日的，以实际用工之日作为劳动关系开始之日。

（二）关于劳动关系主体的确定

如劳动合同约定劳动者张三与 A 公司建立劳动关系，但是社会保险、公积金均由 B 公司缴纳、工资由 C 公司发放，在不考虑实际用工和接受管理的情况下，原则上判断张三的用人单位系 A 公司。如 A 公司在仲裁/诉讼阶段予以否认的，A 公司的举证义务较重。

第十一条 【未订立书面劳动合同时劳动报酬不明确的解决】

用人单位未在用工的同时订立书面劳动合同，与劳动者约定的劳动报酬不明确的，新招用的劳动者的劳动报酬按照集体合同规定的标准执行；没有集体合同或者集体合同未规定的，实行同工同酬。

一、未约定劳动报酬标准系人力资源管理的错漏之一

在人力资源管理实践中，劳动合同所存在的问题除未签订书面劳动合同外，仍有其他的错漏，如有些劳动合同只是简单约定了劳动合同起止时间，有些劳动合同则仅约定了岗位名称。这些合同均缺少对劳动报酬的约定，可能是文本本身缺少关于工资约定的条款，或者有条款，但在涉及劳动报酬条款的一栏中用斜杠代替了。这不仅仅对于劳动者的权利保护十分不利，无法确定劳动者的工资标准，对于用人单位而言，也存在着较大的用工风险。

二、未约定劳动报酬标准情形下，如何确定劳动者的劳动报酬

此种情况下，优先参照集体合同。但一般而言，集体合同在当前劳动法实践中订立的较少，且可能因订立的时间过早，其所载工资标准不符合该劳动者入职时的工资待遇标准，从而不能作为准确确定劳动者劳动报酬的依据。

其次参照同工同酬。这里分为两种情况：第一，在用人单位内部，以相同工作岗位或近似工作岗位员工的劳动报酬作为标准；第二，以同行业、同类型企业，相同工作岗位或近似工作岗位的工资报酬作为标准。

三、未约定劳动报酬标准的风险提示

1. 基于劳动仲裁或诉讼的败诉风险考量

对于劳动者来说，若工资标准约定不明确，其想要主张工资差额，就无法直接以某一金额的月工资作为标准。劳动争议仲裁机构和人民法院需要对该工资标准的有效性进行查实，劳动者无法举证证明该标准的有效性，自己主张的工资或工资差额就得不到支持。

2. 基于劳动用工的风险考量

对于用人单位来说，如果在劳动合同中，没有明确地约定劳动报酬，除非用人单位从来没发放过工资，一旦支付过工资，且数额相对固定，那么这个实发工资的金额，往往会被认定为工资标准；更有甚者，如果该金额本身已包含了加班费或其他福利，但因为没有约定，在没有劳动者签收工资条的情况下，用人单位无法证明该实发工资已经包含了加班费或其他福利，这种情况下用人单位会蒙受损失。

第十二条 【劳动合同的种类】

劳动合同分为固定期限劳动合同、无固定期限劳动合同和以完成一定工作任务为期限的劳动合同。

一、劳动合同期限类型仅限三种

本条对劳动合同期限类型的枚举系有限枚举，用人单位不得与劳动者订立超出这三种范围的劳动合同。例如，以达成一定条件作为标准的："员工怀孕了劳动合同即到期""公司净利润少于零劳动合同即到期"等约定是无效的。

二、劳动合同的固定期限的上限——法无禁止则可为

本法对劳动合同的固定期限的上限未作明确要求,但因本法对劳动者提出解除劳动合同所作约束较少,实践中极少出现用人单位与劳动者订立十年或更长固定期限劳动合同之情形,但用人单位确希订立的,亦不违反法律规定。

三、以完成一定工作任务为期限的劳动合同与固定期限劳动合同的异同

用人单位与劳动者双方的法定权利义务方面,以完成一定工作任务为期限的劳动合同与固定期限劳动合同存在以下相同点和不同点:

（1）前者不可约定试用期。

（2）均可约定培训服务期、竞业限制及违约金。

（3）在合同到期,且用人单位不续签时,劳动者均可享有终止劳动合同的经济补偿。

（4）医疗期、病假、工伤等权利义务基本一致。

（5）两者均需量化,前者之"一定工作任务"量化较复杂,系新冠疫情期间劳动用工研究的新方向之一;后者量化仅需"时间"要素,但后者亦须注意,年份的计算应严谨,未精确约定的,将会对劳动合同终止的经济补偿计算系数有影响,如劳动合同期限自 2020 年 4 月 15 日至 2021 年的 4 月 14 日方为准确的一年,若约定自 2020 年 4 月 15 日至 2021 年的 4 月 16 日的,则超过了一年。在终止劳动合同时,前者仅需支付 1 个月的经济补偿,后者可能需要支付 1.5 个月的经济补偿。

第十三条 【固定期限劳动合同】

固定期限劳动合同,是指用人单位与劳动者约定合同终止时间的劳动合同。用人单位与劳动者协商一致,可以订立固定期限劳动合同。

一、不同情形下劳动合同终止期限的确定

当前在固定期限的劳动合同中,就劳动合同期限的表述一般分为两部分,第一部分表述劳动合同的期限,例如"一年",第二部分表述劳动合同的起始日期,例如"2020 年 4 月 29 日至 2021 年 4 月 28 日"。当该意思表示真实时,对合同期限的认定不存在疑问,但当该劳动合同的实际起始时间与约定不一致时,则易产生争议,比如:

（1）当劳动关系的实际起始日期（即用工日期）早于 2020 年 4 月 29 日,一般倾

向于认定劳动合同的终止日期为 2021 年 4 月 28 日,以具体日期为准,并不以"一年"的期限作为标准,从而导致实际劳动合同期限的时长超过一年。

（2）当劳动关系的实际起始日期（即用工日期）晚于 2020 年 4 月 29 日,且时间相差悬殊时（如 2020 年 8 月 1 日才开始用工）,在实务中则存在争议,一种观点认为劳动关系终止日期当为 2021 年 7 月 31 日,以"一年"的期限约定为准；另一种观点则认为劳动关系终止日期仍为 2021 年 4 月 28 日,以具体的时间约定为准。

二、特定情形下签订固定期限劳动合同的排除

根据本条规定,双方协商一致,便可订立固定期限劳动合同,但在符合本法第十四条（无固定期限劳动合同）特定情形下,全国各省份出现了对法律理解和适用不一致的情形,即:当连续订立两次固定期限劳动合同后,用人单位对于是否订立第三次劳动合同有无选择权？具体将在第十四条的解读中详细展开,此处仅作不完全归纳:

（1）根据《合同法》的立法精神,合同是双方在真实意思表示下,自愿订立的契约。若双方未能协商一致,则不存在订立合同的可能,故用人单位对于是否订立第三次劳动合同具有选择权,以下城市采纳该观点:大连、上海。

（2）依据本法的调整,即使用人单位不同意再续签,在部分地区,也必须再次签订劳动合同,且必须为无固定期限劳动合同。根据不完全数据,以下城市均如此:成都、重庆、长沙、厦门、武汉、石家庄、太原、深圳、苏州、南京、北京、天津、广州。

第十四条 【无固定期限劳动合同】

（＊重点条文）无固定期限劳动合同,是指用人单位与劳动者约定无确定终止时间的劳动合同。

用人单位与劳动者协商一致,可以订立无固定期限劳动合同。有下列情形之一,劳动者提出或者同意续订、订立劳动合同的,除劳动者提出订立固定期限劳动合同外,应当订立无固定期限劳动合同:

（一）劳动者在该用人单位连续工作满十年的；

（二）用人单位初次实行劳动合同制度或者国有企业改制重新订立劳动合同时,劳动者在该用人单位连续工作满十年且距法定退休年龄不足十年的；

（三）连续订立二次固定期限劳动合同，且劳动者没有本法第三十九条和第四十条第一项、第二项规定的情形，续订劳动合同的。

一、无固定期限劳动合同与固定期限劳动合同的区别

有很多用人单位都十分排斥无固定期限劳动合同，其中很大一部分原因是认为无固定期限劳动合同就是"铁饭碗"，一旦签订就甩不掉，这实质上反映出的是管理水平的相对落后。

根据本法规定，固定期限和无固定期限劳动合同，在本质上只是对劳动合同终止期限的约定不同。结合实际情况，在无固定期限劳动合同中，用人单位丧失的只是依据劳动合同到期日终止（不续签）劳动合同的权利。

从经济角度出发，劳动合同到期，用人单位不同意以维持或高于原条件续签的，仍需支付经济补偿。对于用人单位来说，之所以更青睐于固定期限劳动合同，是基于当员工表现不好时，可以在劳动合同期满后不再使用该员工，可以合法终止。对于签署固定期限劳动合同的员工来说，在每一个固定期限的劳动合同末期，都会面临续约的问题，而基于员工愿意续约的意愿，会更加努力工作，或者说担心因为其表现不好，用人单位选择不续约。

从管理角度出发，高层次的人力资源管理，无论是哪一种类型的劳动合同类型，即使是无固定期限，用人单位也可以合理地使用绩效考核计划、绩效改善计划等对员工的表现进行考评，有效地激励员工。还可以通过绩效工资、年终奖的是否发放、金额多寡来调动员工的工作积极性。

之所以会有用人单位对无固定期限劳动合同如此畏惧，根源还是其劳动合同、规章制度大多没有关于绩效管理的内容，缺乏有效管理员工的工具，更无可以对员工进行管理的相关规定，导致招聘员工就像摸奖，摸到水平差甚至态度差的，就只能眼睁睁地看着他走完劳动合同的期限，方可终止，也生怕老员工在签订了无固定期限劳动合同之后直接"躺平"。

二、关于"劳动者在该用人单位连续工作满十年"的认定

（1）《劳动合同法》自2008年1月1日开始实施，那么2008年前的工龄是否计入十年之内？

关于这一点，在《劳动合同法实施条例》第九条明确了"劳动合同法第十四条第二款规定的连续工作满10年的起始时间，应当自用人单位用工之日起计算，包括劳动合同法施行前的工作年限"。

所以,此处的"十年"包含 2008 年前的本单位工龄。

(2)如果劳动者的工龄在这十年里中断过,哪怕只有一个月,是否能够连续计算?

本款中规定的情形为"连续"工作满十年,即指本单位的连续工龄。哪怕只中断过一个月,我们认为也不满足本款所规定的条件。

此处的"中断"包括但不限于劳动者个人离职导致的中断、劳务派遣用工等形式的变更导致用人单位的改变等。特别是后一种,虽然可能是基于用人单位安排的原因被迫变更劳动合同履行主体,但此处与经济补偿的工作年限连续计算不同,"连续十年在同一用人单位"要求必须在同一用人单位工作,所以即使劳动者始终服务于同一家集团单位,但具体用人单位主体发生了变更的,也不符合本单位连续十年的规定①。

例外性情形,该连续可以是经"协商一致的接续"。

劳动者原在 A 公司工作,后因 A 公司与 B 公司商业上的考量,将该劳动者划入 B 公司工作,此时如有三方协议并明确"B 公司承继该劳动者在 A 公司工作的工龄并同意在未来续签劳动合同或解除时均连续计算",则连续十年的工作年限被接续。因此,当劳动者被迫安排至另一单位工作时,一定要有三方协议或者类似条款,以保护自身权益,该保护不只体现在解除劳动合同时的经济补偿的工作年限的连续计算上,也体现在是否符合"连续十年"必须签订无固定期限劳动合同的法益保护上。

三、关于国企改制等必须签订无固定期限劳动合同的情形

(一)《劳动合同法》九十七条第一款"继续履行"对本条的影响

根据《劳动合同法》九十七条第一款的规定,"本法实施前已依法订立且在本法施行之日存续的劳动合同继续履行"。因此,在《劳动合同法》施行之前签订的劳动合同,《劳动合同法》施行之后发生原合同约定的终止事由,但劳动者在用人单位连续工作已满十年,按照《劳动合同法》的规定应当订立无固定期限合同的,劳动者也提出要求订立无固定期限劳动合同的,应当订立无固定期限劳动合同。

(二)关于初次实行劳动合同制度及国有企业改制重新订立劳动合同的人员必须订立无固定期限劳动合同人员的理解

(1)劳动者可以主张未签订无固定期限劳动合同的二倍工资的事实依据,除了其在该用人单位连续工作十年的情形之外,用人单位初次实行劳动合同制度或

---

① 该观点非通说。

者国有企业改制重新订立劳动合同时,劳动者在该用人单位连续工作满十年且距法定退休年龄不足十年的,也属于应当订立无固定期限劳动合同的情形。如用人单位应签订无固定期限劳动合同而未签订并实际用工的,应当支付未签订无固定期限劳动合同的二倍工资。

(2) 关于初次实行劳动合同制度的情形:鉴于《劳动合同法》已经颁布并实施超过 13 年,对于"初次"的调整当属过去时态,不再具备现实意义了。

(3) 关于国有企业改制的情形:大批量的国有企业改制一般于 2010 年前已经完成,但目前仍不时有国有企业改制的情形产生。在此种情形下,应把握三个要点:

① 劳动者在本单位连续工作满十年。法条第二项的"该用人单位"性质与第一项"在该用人单位连续工作十年"中的"该用人单位"相同,要求属于同一家用人单位。这与计算经济补偿时认可关联单位之间变换、非劳动者原因变更用人单位期间的工作年限连续计算并不相同。

② 距离法定退休年龄不足十年。"法定退休年龄"应根据具体个案确定,国有企业管理岗位的女职工,退休年龄并非 50 周岁,而以 55 周岁为准。另,该条件与"本单位连续工作十年"属于并且的关系,两者需要同时具备。

③ 劳动者属于国有企业改制重新订立劳动合同人员。应当注意,在部分地区认为企业改制时,如原劳动合同在有效期内的,劳动合同应当继续履行。此时不属于本款规定的应当订立无固定期限劳动合同的情形。

例如:山东省人力资源和社会保障厅、山东省人民政府国有资产监督管理委员会关于印发《省属国有企业改制劳动保障有关问题处理办法》的通知(鲁人社规〔2018〕8 号)(现已失效,供参考)

第六条 企业改制后,按照《中华人民共和国劳动合同法》有关规定,原企业与职工签订的劳动合同继续履行。

四、第三次订立劳动合同不签订无固定期限劳动合同的例外情形

连续订立二次固定期限劳动合同,且劳动者没有本法第三十九条和第四十条第一项、第二项规定的情形,续订劳动合同的应当签订无固定期限劳动合同。首先,应明确条文中援引的条款即例外情形是什么。

《劳动合同法》第三十九条规定的是因劳动者过错,用人单位可以解除的情形,包括了①试用期不符合录用条件;②严重违反规章制度;③严重失职、营私舞弊,给用人单位造成重大损害;④建立双重或者多重劳动关系,给完成本职工作造成严重影响;⑤劳动合同无效;⑥被依法追究刑事责任。

第四十条第一项规定的是员工患病或非因公负伤,医疗期满后不能从事原工

作,也无法从事新工作的用人单位解除情形。第四十条第二项规定的是员工不能胜任工作,经培训和调岗后的用人单位解除情形。

其次,此处连续订立二次固定期限劳动合同的起点从何时开始计算?

由于该条款是在 2008 年实施的《劳动合同法》中首次出现,且在《劳动合同法实施条例》中,仅就本条第一款的连续工作十年的起算日期进行了补充规定,所以此处的连续订立二次固定期限劳动合同的起算期限,应当从 2008 年 1 月 1 日之后开始计算订立劳动合同的次数。

最后,用人单位与劳动者在第三次协商订立劳动合同过程中,劳动者提出要求签订无固定期限劳动合同,此时用人单位是否有选择劳动合同到期终止不续签劳动合同的权利?

关于这一点,目前存在的说理有很多,也有学者专门对此进行了研究和论述。在此,笔者仅就上海地区司法实践的观点分享如下:

在上海地区,用人单位在面临第三次签订劳动合同时,有权选择不续签,并不是员工提出续签就必须同意。但是如果用人单位同意或提出续签,则必须签订无固定期限劳动合同。而上海以外的大部分地区采取了强制用人单位必须签订第三份劳动合同的观点,用人单位无选择权。而且在上海地区,如果用人单位与劳动者达成一致,是可以签订固定期限劳动合同的,从而突破了必须签订无固定期限劳动合同的限制。

虽说劳动合同法在我国存在着普遍的地域性差异,但在这一点上,上海与其他各地的区别尤为明显。在本法施行一年后,上海市高级人民法院发布了《关于适用〈劳动合同法〉若干问题的意见》沪高法〔2009〕73 号文。在该文第四板块中,上海市高级人民法院作出了对本条在上海地区如何适用的权威性规定和解读。接下来,本书也将针对该文与本条相关的部分展开讲解。

五、符合订立无固定期限劳动合同条件应订未订的,视为已经订立无固定期限劳动合同,并按照原劳动合同确定的权利义务继续履行

上海市高级人民法院《关于适用〈劳动合同法〉若干问题的意见》 沪高法〔2009〕73 号文

劳动者提出订立无固定期限劳动合同的请求符合法律规定,用人单位未依法与其订立的,根据《最高人民法院关于审理劳动争议案件适用法律若干问题的解释》(法释〔2001〕14 号)第十六条第二款的规定,可以"视为双方之间存在无固定期限劳动合同关系,并以原劳动合同确定双方的权利义务关系"①。其中,"原劳动合

---

① 该司法解释失效,但新司法解释的第三十四条第二款保留了该内容。

同确定的双方权利义务关系",包括书面合同方式确定的权利义务关系和以事实劳动关系方式确定的权利义务关系。

笔者归纳上海高院本观点要点如下,以供参考:

(1)当劳动者与用人单位之间的劳动关系符合了本条规定的应当订立无固定期限劳动合同之情形时,无论该情形的符合是三项中的哪一项,并且在此之后双方劳动关系继续履行,未终止或解除的。

(2)当情形符合本条时,用人单位仍不愿订立无固定期限劳动合同的,通过法律条文强制规定"视为"已经订立了无固定期限劳动合同,劳动者可以向人民法院起诉要求确认双方之间建立了无固定期限劳动合同关系。

(3)劳动者与用人单位双方权利义务关系按照原劳动合同确定,此处的"原劳动合同"不仅包括上一次书面劳动合同,更包括从上一次书面劳动合同履行至今而已经变更或调整了权利义务的"事实劳动合同"。

以事实劳动关系方式确定的权利义务关系比书面劳动合同方式确定的权利义务关系更为重要。例如:某员工上一次签订书面劳动合同的时间为3年前,签订时约定的月工资标准为3 000元,但经过3年的事实劳动关系履行,其月工资标准已经调增至10 000元。根据上海市高级人民法院的本观点,视为签订的无固定期限劳动合同的月工资标准将按照最新的10 000元来确定。这对于保护劳动者的合法权益,有着非常正面、积极、深远的意义。

六、劳动者仅在"第一次连续十年"或"第三次签订劳动合同"时,才有权提出必须订立无固定期限劳动合同(上海地区)

《上海市高级人民法院关于适用〈劳动合同法〉若干问题的意见》沪高法〔2009〕73号

劳动者符合签订无固定期限劳动合同的条件,但与用人单位签订固定期限劳动合同的,根据《劳动合同法》第十四条及《实施条例》第十一条的规定,该固定期限劳动合同对双方当事人具有约束力。合同期满时,该合同自然终止。

本观点系上海地区与其他省市在本条适用时的关键区别,在沪高法〔2009〕73号文的表述中,尚不十分明确,通过判例辅助佐证。

王某某与汤臣高尔夫(上海)有限公司(简称汤臣公司)劳动合同纠纷审判监督民事裁定书【案号:(2017)沪民申1809号】

本院经审查认为:用人单位和劳动者均应依法行使权利、履行义务。根据《中华人民共和国劳动合同法》第十四条第二款的规定,劳动者在用人单位连续工作满十年后,提出或者同意续订、订立劳动合同的,除劳动者提出订立固定期限劳动合同及法定特别情形外,用人单位应当与其订立无固定期限劳动合同。该法内容公开,双方均应知晓。

作为 2000 年 12 月 1 日入职的员工,王某某签订期限自 2011 年 1 月 1 日起至 2015 年 12 月 31 日止的劳动合同时,已经有权请求签订无固定期限劳动合同。在 王某某自主选择订立固定期限劳动合同的情况下,按照法律规定,汤臣公司并无签 订无固定期限劳动合同的义务。合同履行期间,王某某理应承担自主选择所产生 的法律后果,即恪守作为合同主要条款之一的合同期限。从合法、公平、平等自愿、 协商一致、诚实信用的原则出发,不宜再赋予劳动者随时变更劳动合同的权利。原 二审法院对《中华人民共和国劳动合同法》第十四条第二款的理解可以成立,适用 法律并无不当。

满足法定条件的劳动者确实有权在履行固定期限劳动合同期间提出订立无固 定期限劳动合同。在王某某列举的(2013)沪一中民三(民)终字第 1205 号、(2016) 沪 01 民终 1248 号、(2016)沪 01 民终 11303 号等判决中,劳动者签订最后一份固 定期限劳动合同时,在同一用人单位连续工作均未满十年,尚无请求签订无固定期 限劳动合同的权利。履行固定期限劳动合同过程中,经过一定期间,连续工作满十 年后,符合提出订立无固定期限劳动合同条件且及时提出的,则用人单位负有满足 该项请求的义务。就这一重要事实环节而言,王某某援引的这些生效判决与本案 存在显著差异,难谓"同案不同判"。同时,这些判决也从另一侧面说明,本案原二 审法院虽然改判驳回王某某的诉讼请求,但并未使《中华人民共和国劳动合同法》 关于签订无固定期限劳动合同的法条失去存在意义。

依据该判例,结合沪高法〔2009〕73 号文,上海市高院确定如下两个细分的 观点:

(1)当劳动者无论满足哪一项订立无固定期限劳动合同的条件,都仅仅在第 一次满足条件时有权行使该权力,如第一次履行劳动合同至连续十年、连续两次订 立固定期限劳动合同之后的第三次续订。此时用人单位必须订立无固定期限劳动 合同,无权拒绝。如用人单位拒不订立的,亦可通过上一观点将其视为已经订立了 无固定期限劳动合同。

(2)劳动者已经符合订立无固定期限劳动合同的条件后又订立了固定期限劳 动合同的,该劳动合同有效,并且该劳动合同到期后,用人单位得以适用劳动合同 期满终止。

七、因法定顺延事由,使得劳动者在同一单位工作时间超过十年的,不作 为签订无固定期限劳动合同的情形(上海地区)

《上海市高级人民法院关于适用〈劳动合同法〉若干问题的意见》沪高法〔2009〕 73 号

劳动合同期满,合同自然终止。合同期限的续延只是为了照顾劳动者的特殊情况,对合同终止时间进行了相应的延长,而非不得终止。《劳动合同法》第四十五条也明确规定:"劳动合同期满,有本法第四十二条规定情形之一的,劳动合同应当延续至相应的情形消失时终止。"在法律没有对终止的情况做出特别规定的情况下,不能违反法律关于合同终止的有关规定随意扩大解释,将订立无固定期限合同的后果纳入其中。因此,法定的续延事由消失时,合同自然终止。

依据本观点,当劳动者存在本法第四十二条规定之情形时,如处于医疗期等,当医疗期结束时,合同自然终止;医疗期虽然增加了劳动关系的长度,但即使履行了医疗期导致在用人单位工作超过连续十年的,也不作为必须签署无固定期限劳动合同的条件。

例如:某员工 2010 年 1 月 1 日入职某用人单位,签署过多份劳动合同,最后一份劳动合同是 2018 年 1 月 1 日至 2018 年 12 月 31 日,用人单位本打算在 2018 年 12 月 31 日时终止双方劳动合同,但因劳动者身患疾病,休了 14 个月医疗假,直至 2020 年 2 月底,医疗期方结束。

上例中,该员工虽然在用人单位连续工作了十年,但其连续十年中包含了 14 个月的医疗期因素,属于终止情形的法定顺延,不应将订立无固定期限劳动合同的后果纳入其中,此时用人单位仍然可以期满终止,不受连续十年必须签订无固定期限劳动合同的限制。

八、第三次及以上续订劳动合同时必须签订无固定期限劳动合同(全国通说)

全国通说的观点不同于上海地区观点,当第二次固定期限劳动合同到期时,劳动者具有更大的主动权,劳动者可以选择订立固定期限劳动合同、无固定期限劳动合同或者终止劳动合同,而用人单位则相对被动,在劳动者有续订劳动合同意愿的情况下,不得到期终止劳动合同。除非劳动者提出终止劳动合同或订立固定期限劳动合同,否则用人单位必须与劳动者订立无固定期限劳动合同。

同时,劳动者在第三次与用人单位订立固定劳动期限合同以后,双方再次续订劳动合同时,劳动者仍可强制要求用人单位与其签订无固定期限劳动合同。

例如:《北京市高级人民法院、北京市劳动人事争议仲裁委员会关于审理劳动争议案件解答(一)》(京高法发〔2024〕534 号)

47. 用人单位与劳动者连续订立二次固定期限劳动合同的,第二次固定期限劳动合同到期时,用人单位能否终止劳动合同?

根据《劳动合同法》第十四条第二款第三项规定,劳动者有权选择订立固定期限劳动合同或者终止劳动合同,用人单位无权选择订立固定期限劳动合同或者终止劳动合同。上述情形下,劳动者提出或者同意续订、订立无固定期限劳动合同,用人单位应当与劳动者订立无固定期限劳动合同。

浙江地区:

《浙江省高级人民法院民事审判第一庭、浙江省劳动人事争议仲裁院关于印发〈关于审理劳动争议案件若干问题的解答(二)〉的通知》

五、用人单位与劳动者连续订立二次固定期限劳动合同,第二次劳动合同到期后,劳动者要求订立无固定期限劳动合同的,应否支持?

答:用人单位与劳动者已连续订立二次固定期限劳动合同,第二次固定期限劳动合同期满后,劳动者根据《劳动合同法》第十四条第二款第三项的规定提出续订劳动合同并要求订立无固定期限劳动合同的,应予支持。

九、用人单位必须与十年及以上连续工作的劳动者签订无固定期限劳动合同(全国通说)

全国通说的观点不同于上海地区观点,当劳动者在用人单位连续工作满十年以后,除非劳动者要求订立固定期限劳动合同或者终止劳动合同关系,否则,用人单位必须与劳动者订立无固定期限劳动合同。

劳动者与用人单位在符合订立无固定期限劳动合同的情形下,再次与用人单位订立固定期限劳动合同,该固定期限劳动合同对双方当事人具有约束力。当固定期限劳动合同期满时,劳动者仍可要求用人单位与之订立无固定期限劳动合同。简言之,第一次十年时劳动者拥有要求必须订立无固定期限劳动合同的权利,但此时如果订立了固定期限劳动合同,之后的第十一年、第十二年甚至第二十年,劳动者仍可以连续两次以订立劳动合同为由强制要求用人单位订立无固定期限劳动合同。

劳动合同法将顺延纳入十年的计算,连续工作年限因原已订立的劳动合同期限届满前出现法定延续事由而使劳动关系满十年,劳动合同期满时,劳动者可要求与用人单位订立无固定期限劳动合同。

第十五条 【以完成一定工作任务为期限的劳动合同】

以完成一定工作任务为期限的劳动合同,是指用人单位与劳动者约定以某项工作的完成为合同期限的劳动合同。

用人单位与劳动者协商一致,可以订立以完成一定工作任务为期限的劳动合同。

一、以完成一定工作任务为期限的劳动合同性质类似于固定期限劳动合同

固定期限劳动合同以时间为期限，以完成一定工作任务为期限的劳动合同以工作任务为期限。工作任务需要一定的时间长度去完成，只是时间长度不确定。

二、以完成一定工作任务为期限的劳动合同不得约定试用期

依据本法第十九条①的规定，以完成一定工作任务为期限的劳动合同不得约定试用期，因此，用人单位亦不得依据本法第三十九条的"试用期不符合录用条件"解除双方劳动合同。

三、以完成一定工作任务为期限的劳动合同到期应当支付经济补偿

依据《劳动合同法实施条例》第二十二条的规定，以完成一定工作任务为期限的劳动合同因任务完成而终止的，用人单位应当依照劳动合同法第四十七条的规定向劳动者支付经济补偿。

四、以完成一定工作任务为期限的劳动合同同样适用本法的其他规定

除上述规定之外，以完成一定工作任务为期限的劳动合同作为本法规定的一种重要的劳动合同形式，权利义务关系亦受本法其他规定的调整，例如：

（1）用人单位可以对劳动者进行绩效考核，通过本法第四十条予以解除劳动关系。

（2）劳动者应当遵守劳动纪律及企业规章制度，用人单位可以依据本法第三十九条予以违纪解除。

（3）用人单位应当遵守本法及《劳动保障监察条例》等，如有违法行为的，劳动者可以依据本法第三十八条解除双方劳动关系，并主张经济补偿。

（4）服务期、竞业限制等规定与固定期限劳动合同一致，同样受本法调整。

第十六条　【劳动合同的生效】

劳动合同由用人单位与劳动者协商一致，并经用人单位与劳动者在劳动合同文本上签字或者盖章生效。

劳动合同文本由用人单位和劳动者各执一份。

---

① 《劳动合同法》第十九条第三款："以完成一定工作任务为期限的劳动合同或者劳动合同期限不满三个月的，不得约定试用期。"

一、劳动合同的生效以劳动者签字、用人单位盖章为主

（1）关于劳动者是否能够委托授权代表与用人单位订立劳动合同，根据《民法典》的规定，代理行为应当被允许，合同有效；但同时也应当考虑到，劳动关系作为一种人身属性较强的特殊法律关系，劳动者必须接受用人单位的管理，双方之间并不完全平等。因此，授权代表是否可代表劳动者在劳动合同上签字，存在争议。

（2）双方如无特殊约定，劳动合同上仅有用人单位法定代表人签字而无用人单位盖章的，应属生效。

二、如一方未签字或盖章，引起不同的法律后果

（1）用人单位既未盖章法定代表人又未签字，但双方已经发生实际用工的，形成事实劳动关系，用人单位应依法支付未签订书面劳动合同双倍工资的差额。

（2）劳动者未签字，在双方建立劳动关系之日起一个月之内的，根据《劳动合同法实施条例》第五条的规定："自用工之日起一个月内，经用人单位书面通知后，劳动者不与用人单位订立书面劳动合同的，用人单位应当书面通知劳动者终止劳动关系，无须向劳动者支付经济补偿，但是应当依法向劳动者支付其实际工作时间的劳动报酬。"

（3）劳动者未签字时间自建立劳动关系之日起超过一个月的，根据《劳动合同法实施条例》第六条的规定："用人单位自用工之日起超过一个月不满一年未与劳动者订立书面劳动合同的，应当依照劳动合同法第八十二条的规定向劳动者每月支付两倍的工资，并与劳动者补订书面劳动合同；劳动者不与用人单位订立书面劳动合同的，用人单位应当书面通知劳动者终止劳动关系，并依照劳动合同法第四十七条的规定支付经济补偿。"

故，当劳动者拒绝签订劳动合同时，用人单位应立即终止劳动关系，而不能继续使用该劳动者，否则很可能形成事实劳动关系。超过一年时间的，将被视为建立了无固定期限劳动合同关系，此时用人单位再行终止，将涉及违法终止的问题。

三、劳动合同文本应由用人单位和劳动者各执一份

（1）餐饮、建筑等行业，普遍存在着订立的劳动合同文本全部保存在用人单位处的情况，导致劳动者无法直接凭借劳动合同原件主张各项权利，特别是在发生工伤时，必须经过确认劳动关系的前置仲裁和诉讼程序，且因已经签订过书面劳动合同亦无法主张双倍工资差额。

（2）本法第八十一条"用人单位提供的劳动合同文本未载明本法规定的劳动合同必备条款或者用人单位未将劳动合同文本交付劳动者的，由劳动行政部门责

令改正;给劳动者造成损害的,应当承担赔偿责任",虽给予了劳动者救济的权利和途径,但在实践中行使的时机难以把握,加之是否向劳动者交付劳动合同的举证责任并非倒置,劳动者难以举证用人单位未交付劳动合同,导致这一规定并不能充分起到保护劳动者、震慑用人单位的作用。

第十七条　【劳动合同的内容】

劳动合同应当具备以下条款:

(一) 用人单位的名称、住所和法定代表人或者主要负责人;

(二) 劳动者的姓名、住址和居民身份证或者其他有效身份证件号码;

(三) 劳动合同期限;

(四) 工作内容和工作地点;

(五) 工作时间和休息休假;

(六) 劳动报酬;

(七) 社会保险;

(八) 劳动保护、劳动条件和职业危害防护;

(九) 法律、法规规定应当纳入劳动合同的其他事项。

劳动合同除前款规定的必备条款外,用人单位与劳动者可以约定试用期、培训、保守秘密、补充保险和福利待遇等其他事项。

本条规定了劳动合同必备的九项条款,去除第九项兜底条款以外,具体罗列了八项内容,当这八项内容被法律定义为必备条款时,其重要程度不言而喻。本书主要分析这八项内容被称为"必备条款"背后的含义。

一、用人单位的信息

用人单位作为劳动关系中雇佣劳动者的一方,在进行招聘面试时,通常就已经充分掌握着劳动者的各项信息,但劳动者并不一定了解公司的实际情况。

例如,某公司对外一直以某某品牌自称,但是实际运营该品牌的主体,即公司,究竟叫什么名字、相关工商登记信息如何,劳动者可能并不知晓。这些信息都应当由用人单位如实告知劳动者,并填写在劳动合同中。否则一旦发生纠纷,劳动者将面临无法确定被申请人主体的尴尬局面。相应用人单位的住所地址、实际经营地址等,将用以确定案件由哪里的劳动争议仲裁机构或者人民法院进行管辖,也将是确认相关法律文书送达地址的依据。

二、劳动者的信息

从用人单位的角度出发,要明确知晓劳动者的客观情况,例如姓名、住址以便能够及时联系到员工。同时,根据身份证信息判断劳动者的主体资格是否合法,是否符合劳动者的客观要件,是否能够建立劳动关系等。

在实践中,曾多次出现过劳动者冒用他人身份信息入职,或者以伪造的证件入职的情况,也有用人单位了解的信息不全面,而导致非法用工情形的出现。

同时,本信息属于《个人信息保护法》中所载明的履行合同所必须提供的个人信息,用人单位处理上述信息,不需要劳动者的单独同意。

三、劳动合同期限

关于劳动合同期限,根据劳动合同确定,劳动合同可以分为固定期限劳动合同、无固定期限劳动合同和以完成一定工作任务为期限的劳动合同,这些在第十二条的解读中已经详细描述过。

劳动合同期限,是用人单位基于对公司人力资源成本、人才储备以及未来人员规模发展等各方面因素综合考量确定的,也是对拟录用劳动者的一种认可。对于劳动者来讲,劳动合同的期限也是对其自身职业生涯的规划和预期。

同时,劳动合同的期限也影响着试用期的长短。具体关于试用期的规定,将在第十九条中详细展开介绍。在特殊情况下,还有劳动合同期限与约定服务期限不一致的情况,此时该如何处理,本法第十七条也进行了明确规定。

四、工作内容和工作地点

关于工作内容,简单可以理解为岗位名称。但在较为细致的《劳动合同》中,用人单位常常会把该岗位的职责、工作内容、汇报对象等予以列明,或者以《岗位说明书》的形式作为劳动合同附件。在此情况下,一旦明确了工作岗位,那么在劳动合同的履行过程,如果用人单位需要调换劳动者工作岗位,则属于变更劳动合同,需要用人单位与劳动者协商一致方可变更。

关于工作地点,也是劳动合同履行过程中发生争议较多的地方。在实践中,常常出现劳动合同中工作地点没有约定,或者约定不明,比如只约定为上海市的情况。那么一旦涉及用人单位需要在市内搬迁,或者指派劳动者前往其他地区办公时,就会与劳动者之间产生争议或矛盾,甚至还会出现用人单位为了特殊原因的考虑,将劳动者安排到较远的地点进行工作的情况。

一般而言,笔者建议在约定劳动合同中的工作地点时精确到"区"。如果将来涉及工作地点的变更,要综合考虑该地点变更是否会对劳动者的日常工作造成影响,或者增加劳动者的出行成本等各项因素。关于这一点,本书将在第三章劳动合同的变更中予以详细论述。

在劳动合同中,如用人单位基于其有两个相距较远的办公场所的考量,明确约定了两处工作地点,该约定有效。如用人单位与劳动者约定的工作地点是"上海和南京",用人单位安排劳动者至南京工作时,不构成恶意调整工作地点。

五、工作时间和休息休假

关于工作时间,一般以标准工时制为主。同时,针对不同企业和岗位的需求,还有着"综合工时制"以及"不定时工时制"等特殊工时制度。但需要注意的是,综合工时制和不定时工时制,原则上均需要针对具体岗位经相应的人力资源和社会保障局审批,在审批确定的有效期内方可实施。

笔者认为,用人单位需要在劳动合同中对劳动者及相应岗位所适用的工时制度进行明确。同时,对于每周工作时间和休息时间也应予以明确。

在很多案例中,用人单位与劳动者签订《劳动合同》时明确约定工作时间为做六休一,并以固定工资作为工资报酬。嗣后,劳动者提起劳动仲裁,主张第六天工作的加班工资。在这种情况下,若用人单位抗辩第六天的劳动报酬已经包含在劳动合同的固定工资中,那么此时劳动者的主张很有可能无法得到劳动争议仲裁机构和人民法院的支持。

关于休息休假,除了法定的休息假期外,如果用人单位有额外福利假期的,也可以在劳动合同中进行约定,这样既明确了劳动者额外的福利待遇,又彰显了用人单位的人性化管理。

六、劳动报酬标准

劳动报酬标准,作为用人单位和劳动者关心的核心要素,既意味着用人单位需要支付的人力成本,也意味着劳动者通过自身劳动付出而获得的对价,是双方争议的一大焦点。

从劳动合同本身来讲,只要设置了该条款,并约定了工资标准即完成了相应义务。但在实践中存在着各种各样的操作模糊约定。

例如,劳动合同中仅约定最低工资标准,或者基础工资标准,而不对相关业务提成,或者绩效奖金等进行提及。又或者明明是一个更高金额的固定工资,但在劳动合同中,仅约定一个较低的金额,这对于劳动者来讲,影响是巨大的。

新冠疫情期间,较多省份均出台政策用以规定受疫情影响不能来单位上班的人员,按照合同约定的全额工资支付报酬,这时劳动合同约定的劳动报酬标准,对劳动者的收入、用人单位负担的成本,均有着关键影响。

同时,当劳动者已经从用人单位获取了多次、有规律的劳动报酬时,可以证明其月工资标准与劳动合同约定不符,但如果劳动者在某一用人单位从未获得过劳动报酬(或未获取过稳定、有规律的劳动报酬),此时双方就工资或工资差额产生争议的,仲裁机构或人民法院将很大可能以劳动合同的书面约定为基准进行判定。

七、社会保险

缴纳社会保险是用人单位应尽的法定义务,属于强制义务,也是保障劳动者合法权益的重要体现。目前,我国对于缴纳社会保险属于强制义务,不得通过个人承诺,或者双方承诺而放弃缴纳。即使签订了相关放弃缴纳社保的协议,也会被认定为无效协议。用人单位仍将承担补缴的义务。

在司法实践中,若劳动者签订了放弃缴纳社保的协议,后又以用人单位未足额缴纳社会保险为由要求解除劳动合同并主张经济补偿金的,目前的大部分观点认为不应支持。此外,根据《最高人民法院关于审理劳动争议案件适用法律问题的解释(一)》第一条第五项①的规定,劳动者可以要求用人单位就未交且无法补办导致无法享受保险待遇的损失进行赔偿。

综上,社保的缴纳作为用人单位的法定强制义务,再加之社保入税的客观情况,相关职能部门对于社保征缴的稽核力度也会逐步增强,用人单位应当充分认识到社保缴纳的重要性和强制性。

八、劳动保护、劳动条件和职业危害防护

劳动保护、职业危害防护作为特殊岗位、特殊人群的必备需求,要求用人单位能够切实保护劳动者的生命安全,在实际工作中可以参考《职业病防治法》《职业病诊断与鉴定管理办法》《关于印发〈职业病分类和目录〉的通知》《用人单位劳动防护用品管理规范》《女职工劳动保护特别规定》等法律规范。

在劳动合同履行过程中,用人单位应当尽可能保护劳动者的身体健康,避免职业病的发生。

除了上述必备条款以外,本条的第二款也提到了,用人单位可以和劳动者就试用期、培训、保守秘密、补充保险和福利待遇等其他事项进行约定,只要不存在无效

---

① "第一条 劳动者与用人单位之间发生的下列纠纷,属于劳动争议,当事人不服劳动争议仲裁机构作出的裁决,依法提起诉讼的,人民法院应予受理:……(五)劳动者以用人单位未为其办理社会保险手续,且社会保险经办机构不能补办导致其无法享受社会保险待遇为由,要求用人单位赔偿损失发生的纠纷。"

情形,均可以在劳动合同中约定。

第十八条 【劳动合同对劳动报酬和劳动条件约定不明确的解决】

劳动合同对劳动报酬和劳动条件等标准约定不明确,引发争议的,用人单位与劳动者可以重新协商;协商不成的,适用集体合同规定;没有集体合同或者集体合同未规定劳动报酬的,实行同工同酬;没有集体合同或者集体合同未规定劳动条件等标准的,适用国家有关规定。

此条作为第十七条的补充而存在,侧重于解决当劳动报酬约定不明时,如何确定劳动者劳动报酬标准的问题。

一、集体合同制度概述

在中国特色社会主义法治体系中,协商是我国司法实践的重要一环,并且也体现了意思自治、合法自愿的原则。但在无法协商一致的情况下,如何确定劳动报酬却是更为常见和亟须解决的问题,本法给出的第一个参考标准就是集体合同。

(一)何谓集体合同

集体合同,是指用人单位与本单位职工根据法律、法规、规章的规定,就劳动报酬、工作时间、休息休假、劳动安全卫生、职业培训、保险福利等事项,通过集体协商签订的书面协议①;所谓专项集体合同,是指用人单位与本单位职工根据法律、法规、规章的规定,就集体协商的某项内容签订的专项书面协议。

(二)集体合同签订流程

集体合同由用人单位与职工一方各自选派的代表进行协商签订。此处的代表称为集体协商代表。

从人数上讲,每方至少三人,并各确定一名首席代表。职工一方的协商代表由本单位工会选派。未建立工会的,由本单位职工民主推荐,并经本单位半数以上职工同意。职工一方的首席代表由本单位工会主席担任。工会主席可以书面委托其他协商代表代理首席代表。工会主席空缺的,首席代表由工会主要负责人担任。未建立工会的,职工一方的首席代表从协商代表中民主推举产生。而用人单位一方的协商代表,由用人单位法定代表人指派,首席代表由单位法定代表人担任或由

---

① 《集体合同规定》,2004 年 5 月 1 日施行,劳动和社会保障部第 22 号令。

其书面委托的其他管理人员担任。

从流程上讲,集体协商任何一方均可就签订集体合同或专项集体合同以及相关事宜,以书面形式向对方提出进行集体协商的要求。一方提出进行集体协商要求的,另一方应当在收到集体协商要求之日起二十日内以书面形式给予回应,无正当理由不得拒绝进行集体协商。

经双方协商代表协商一致的集体合同草案或专项集体合同草案应当提交职工代表大会或者全体职工讨论。

职工代表大会或者全体职工讨论集体合同草案或专项集体合同草案,应当有三分之二以上职工代表或者职工出席,且须经全体职工代表半数以上或者全体职工半数以上同意,集体合同草案或专项集体合同草案方获通过。

集体合同草案或专项集体合同草案经职工代表大会或者职工大会通过后,由集体协商双方首席代表签字。

集体合同或专项集体合同签订或变更后,应当自双方首席代表签字之日起十日内,由用人单位一方将文本一式三份报送劳动保障行政部门审查。

劳动保障行政部门自收到文本之日起十五日内未提出异议的,集体合同或专项集体合同即行生效。

生效的集体合同或专项集体合同,应当自其生效之日起由协商代表及时以适当的形式向本方全体人员公布。①

二、同工同酬裁判要旨

协商不成且没有集体合同的规定时,则应适用同工同酬,即在同一企业中从事相同工作,只要付出相同劳动的,不分性别、年龄、民族、区域等差别,都有权利获得同等的劳动报酬。

一般而言即参考相同或类似岗位的工资标准,如果在同一企业内没有可参考或者无法参考标准时,适用有关国家标准或当地行业标准,即国家定期发布的某行业或某领域的薪资标准,例如《工资指导价位书》或当地统计局数据。

(一)关于用人单位对劳动者支付不同劳动报酬是否违反同工同酬原则的检索报告(江苏地区)

1. 本检索报告依托范围及复现办法

检索平台:威科先行。

检索范围:全国案例。

---

① 在上海地区,还应参考自 2015 年 10 月 1 日起施行的《上海市集体合同条例》。

检索时间：2022 年 9 月 30 日。

复现办法：使用"https://law. wkinfo. com. cn/judgment-documents/list?tip="网址，选择"全文"，先输入关键字"同工同酬"/"江苏""二审"。

2. 结论

根据上述检索方法共得到 692 条结果，有效案例共计 71 条。其中 66 条，法院支持用人单位对相同工作岗位的劳动者在劳动报酬方面有所差别。其余极少数案例（5 例）认为用人单位应根据同工同酬的原则发放劳动报酬或福利待遇（见图 2-1）。

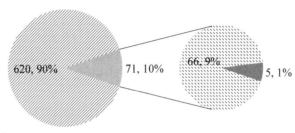

▨ 无关案例

▨ 有效案例

▨ 法院支持用人单位对相同工作岗位的劳动者在劳动报酬方面有所差别

■ 法院认为用人单位应根据同工同酬的原则发放劳动报酬或福利待遇

图 2-1　同工同酬江苏地区检索结果

（二）裁判要旨分类——可以不同工同酬

法院对"可以不同工同酬"原则适用观点主要分为如下几类（见图 2-2）：

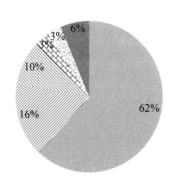

▨ 工作年限、岗位性质、劳动技能、工作经验、熟练程度、工作业绩、资历等的不同可以直接导致工资不同

▨ "同工"不仅仅指同样的工作岗位，还指同样的劳动付出和同样的劳动成果，三者缺一不可

▨ 有合同或相关约定的，依照约定

▨ 同工同酬并非完全一致，而是允许在同一工资区间内进行浮动

▨ 用人单位亦享有根据本单位的生产经营特点和经济效益，依法自主确定本单位的工资分配方式和工资水平的权利（用工自主权和工资分配权）

■ 其他观点

图 2-2　观点分类

（1）大多数判例中法院认为，同工同酬是在劳动合同对于劳动报酬和劳动条件等约定不明确的情况下才适用的原则。当用人单位与劳动者在劳动合同中对劳动报酬有明确约定时，劳动者不得以同工同酬为由主张工资差额。在用人单位与劳动者通过协商在劳动合同中明确约定具体工资标准的情况下，劳动者的工资报酬应按照约定优先的规则确定。

（2）另有较多判例中法院认为，同工同酬必须具备三个条件：一是劳动者的工作岗位、工作内容相同；二是在相同的工作岗位上付出了与别人同样的劳动工作量；三是同样的工作量取得了相同的工作业绩。三个要件要同时具备且均相同，如果其中一个要件不相同，则劳动报酬标准可以不同。

（3）部分法院认为，"同工同酬"也并非指同工种间工资数额完全一致，而是允许在同一工资区间内进行浮动，浮动的范围在 200～300 元区间内属于合理，亦有判例支持。

（4）部分法院认为，用人单位对于工资的分配方式和工资水平拥有自主确定权。对于在相同工作岗位的劳动者，用人单位根据其不同的工龄、职务、技能和劳动贡献支付劳动者不同的报酬属于企业自治范畴，并不违反同工同酬原则。劳动者以此为由要求用人单位补发工资的，人民法院不予支持，即用人单位享有"经营自主权"和"工资分配权"。

（5）部分法院认为，只要"同工同酬不以身份为区别就行"，用人单位不以身份等歧视性因素来分配工资标准，即不属于违法。

（6）部分法院认为，劳动关系与其他法律关系不能互相参考，即包含了有行政编制、在事业单位的员工与企业劳动关系不能互相参考，其他法律关系同理。

（7）有的法院认为，工资待遇与企业的考核机制有关，企业规定了考核机制，那么按照该考核机制分配，应予以尊重。

（8）有的法院认为，非同一地点的同岗位员工，劳动报酬标准可以不同，不同入职渠道、不同工资支付路径、不同时期招聘的员工，劳动报酬也可以不同。

（9）有的法院认为，立法强调的同工同酬只是相对的同工同酬而非绝对的同工同酬，在关乎劳动者基本生存的最低工资、劳动安全保障、教育培训等方面，应当实行同工同酬。

（三）裁判要旨分类——要求同工同酬

（1）比较多的判决认为，在劳动报酬无约定情形下，参照同工同酬确定劳动报酬标准。这里的未约定劳动报酬的情形，不仅包括未签订劳动合同的情形，也包括劳动合同中未对劳动报酬做出明确约定的情形。

（2）在没有约定的情况下，应按照同工同酬和以往惯例计算销售提成，按照同工同酬发放年终奖,按照同工同酬发放节日津贴、提成等,在用人单位其他同岗位员工均已发放的前提下,应当同工同酬。特别是年终奖,依其性质属于劳动报酬,属于工资的组成部分,故发放的标准和范围,并非用人单位可以任意决定,用人单位在发放劳动报酬的过程中,应当按照上述规定遵循按劳分配、同工同酬的义务。

(3)在徐州中院的判例中,法院认为相同岗位之间的劳动报酬差距不得超过500元或收入的1/3。在该案例中,劳动者的劳动报酬为1500元,相同岗位之间劳动报酬相差超过了500元(甚至还达到了700元),导致量变引起了质变。

(四)实务建议

(1)在相同工作岗位,根据以下三板块中任意一个小要素的不同,均可以设置不同的劳动报酬标准;或者称之为,同岗位的劳动报酬标准如想要调整,应结合下述三板块中的某个要素来设定:①工龄、职务、技能和劳动贡献;②工作内容、劳动工作量、工作业绩、劳动成果;③工作地点。

(2)劳动报酬应当明确约定,不应模糊。

在不签订劳动合同的情形下,劳动者主张同工同酬成功的可能性较大,增加了用人单位的风险。

在一份劳动合同中,关于劳动报酬的约定是对劳动者和用人单位双方的保护。

对于劳动者来讲,明确约定劳动报酬确保了自身付出劳动的回报,并具备了要求用人单位支付具体工资待遇的依据。同时,一旦出现用人单位克扣劳动报酬,或未足额支付的情况,能够以此作为合法有效的证据保护自身权利。所以,在签订劳动合同时,建议劳动者要求用人单位对劳动报酬的金额予以明确。

对于用人单位来讲,一份完整的劳动合同也可以避免不必要的用工矛盾和纠纷。一旦员工对于自身的工资待遇存在异议,如果没有明确的约定就会出现双方各执一词的情况,既影响了用人单位的生产经营,又对用人单位的企业形象造成了损害。同时,在发生劳动争议时,对于劳动者工资标准的举证责任是由用人单位一方承担的,若用人单位无法充分举证,还将承担不利的法律后果。

(3)相同工作岗位的劳动报酬标准差距不宜过大。

根据法院的判例,一般200～300元不构成障碍,哪怕其他均相同,也亦无不可。但如果差距到了收入的1/3或者500～700元的程度,可能就会导致量变引起质变。

(4)福利待遇、提成、年终奖之类,应有相应考核机制或发放标准,否则应当按照同工同酬的原则发放。

第十九条 【试用期】

劳动合同期限三个月以上不满一年的,试用期不得超过一个月;劳动合同期限一年以上不满三年的,试用期不得超过二个月;三年以上固定期限和无固定期限的劳动合同,试用期不得超过六个月。

同一用人单位与同一劳动者只能约定一次试用期。

以完成一定工作任务为期限的劳动合同或者劳动合同期限不满三个月的,不得约定试用期。

试用期包含在劳动合同期限内。劳动合同仅约定试用期的,试用期不成立,该期限为劳动合同期限。

一、试用期的严格规定突出了本法保护劳动者的立法本意

在本法出台之前,存在着大量滥用试用期、试用期合同代替劳动合同之情形。本法出台后,用人单位无法再以试用期的名义廉价用工,同时抑制了试用期合同的出现,充分保障了劳动者的合法权益。

二、违法约定试用期的后果

不符合本条规定,违法约定试用期的法律后果系支付"赔偿金",该赔偿金并非常见的违法解除劳动合同的赔偿金,而是根据本法第八十三条规定,违法约定的试用期已经履行的,由用人单位以劳动者试用期满月工资为标准,按已经履行的超过法定试用期的时间向劳动者支付的赔偿金。

该赔偿金具备两种表现形态,分别示例说明。

示例1:劳动者与用人单位双方约定劳动合同期限一年,试用期六个月。在六个月的试用期履行完毕后,用人单位应以试用期满月工资为基准,向劳动者支付五个月的赔偿金(劳动合同期限一年的,只允许约定一个月及以下的试用期)——此种模式为约定违法,并已实际履行。

示例2:劳动者与用人单位双方约定劳动合同期限三年,试用期六个月。但一年后仍未给予员工转正,则用人单位应以试用期满月工资为基准,向劳动者支付六个月的赔偿金(劳动合同期限三年的,只允许约定六个月及以下的试用期)——此种模式下,前期约定不违法,但实际履行违法。

三、试用期期间的确定

试用期的月份约定在实践中以诚实守信为原则,不区分大小月、闰月等,双方可以月为单位约定,亦可以日期为单位进行约定,如 2020 年 5 月 6 日至 2020 年 6 月 5 日为试用期,假使双方约定了 2020 年 5 月 6 日至 2020 年 6 月 6 日,审判实务中并不作为违法约定试用期处理。

四、同一个劳动者多次入职同一用人单位时试用期的处理

根据本条的表述,同一个劳动者若多次入职同一用人单位,不允许再次约定试用期,并不区分前次入职的时间、离职的原因。一旦约定了,属于违法约定,同样适用赔偿金条款。

(一)部分法院对本条款作出了不同的理解和应用

在阿里巴巴(中国)网络技术有限公司与忻某某劳动争议案件的一审民事判决书【案号:(2010)杭滨民初字第 693 号】中,杭州市滨江区法院认为"本条款之立法本意在于防止用人单位在用工过程中滥用试用期侵犯劳动者的权益,从而保护劳动者与用人单位双方建立稳定的劳动合同关系。但本案的情况是原、被告前后签订的两份劳动合同中约定的岗位和职位明显不同,前者是国际网站客户服务、后者是公共关系,两者对工作技能的要求不同,月薪也相距甚远,两次建立劳动关系时间间隔长 6 年,阿里巴巴在新的岗位中约定试用期以考察劳动者是否符合录用条件,应属合理"。

杭州滨江区人民法院在法条有明文规定时,运用"立法本意"是否合理,暂不作评判。

(二)关于第二次入职同一用人单位能否再次约定试用期的检索报告(北京、上海、广州、深圳)

1. 本检索报告依托范围及复现办法

检索平台:威科先行。

检索范围:北京、上海、广州、深圳法院案例。

检索时间:2021 年 11 月 25 日。

复现办法:使用"https://law. wkinfo. com. cn/judgment-documents/list?tip="网址,选择"全文",先输入关键字"同一用人单位与同一劳动者只能约定一次试用期"和"二次入职"/"再次入职"。

案例数量:北京 3、上海 1、深圳 3、广州 0(替代性使用广东省非深圳地区的 3 例)。

2. 结论

(1)深圳地区倾向于可以再次约定,法院在"本院认为"段的通常写法为"法律

并未禁止用人单位与劳动者重新建立劳动关系后对试用期重新进行约定,故被告不存在违反'同一用人单位与同一劳动者只能约定一次试用期'规定的情形"。深圳地区的意见认为能够再次约定试用期,且并不区分前次离职原因、二次间隔、工种是否发生变化等因素。

(2)广州地区无案例,但广州市作为广东省省会城市,广东省内(不含深圳)其他法院的观点,可以作为很好的参考。广东省其他地市与深圳市的观点相反,全部认定再次约定违法或无效,同样不区分前次离职原因、二次间隔、工种是否发生变化等因素。

(3)上海地区仅为孤例,且该孤例的情形很特殊,用人单位有多种类型的违法约定试用期的情形。该案例系浦东法院 2013 年的判决,载明"但在双方劳动关系解除或终止后重新建立劳动关系的情形下,再次约定试用期并未违反法律规定",与深圳观点一致,鉴于该案例劳动者的间隔时间仅 1 个月 27 天、岗位与前次相同,且用人单位还是以试用期不合格解除劳动合同的,判定上海地区与深圳相同,亦不对上述要素做区分。笔者建议不使用孤例作为判断依据。

(4)北京地区的观点区分了前次离职原因、岗位是否发生变化、两次间隔时间的因素,甚至与解除是否因试用期不符合录用条件亦存在关联性。

根据北京地区判例可以归纳出,最关键的因素是两次间隔的时间,当两次间隔的时间短于半年时,基本上很难认定为合法再次约定试用期;同时,法院会审查前次离职原因,如系个人原因离职,对是否可以再次约定试用期是加分项;法院会明确岗位是否发生变化,但目前无判例可统计当岗位不一样时是否一定可以再次约定试用期,但笔者认为若是岗位相同或相似,尽可能避免再次约定试用期。

(三)法律风险

用人单位违法约定试用期存在以下风险:

(1)违法约定的试用期无效。

(2)试用期间的工资应补足至试用期满的转正工资标准。

(3)违法约定试用期并实际履行的,用人单位需承担赔偿金,以试用期满的转正工资为标准,按实际履行的月份数支付赔偿金。

(4)违法约定的试用期内,用人单位不得以"试用期间不符合录用条件"为由解除劳动合同。

(四)实务操作建议

如确需招录前员工再次入职且需要约定试用期的,建议按照以下顺序执行,以规避风险:

(1)深圳地区可以对前员工再次约定试用期、北京地区可以对离职已经超过一年(半年的话有风险)的前员工再次约定试用期。其中北京地区如果岗位不一致的话,更为稳妥。

(2)广东省(深圳除外)不得对上述情形员工再次约定试用期;北京地区不得对离职不满半年的员工再次约定试用期(特别是岗位完全相同的情形下)。

(3)非同一用人单位主体不受该条款约束,但办公地点完全相同的除外。

五、在违法约定的试用期内,是否可适用本法第三十九条第一款的规定

关于在违法约定的试用期内,用人单位能否依据本法第三十九条第一款的规定,即"劳动者有下列情形之一的,用人单位可以解除劳动合同:(一)在试用期间被证明不符合录用条件的"。目前尚未检索到相关判例,但笔者倾向于认为不可适用。根据上文可知,超出法定期限的试用期,属当然无效的期间,用人单位不应再拥有依据相关试用期规定而合法解除劳动合同之权利。

六、原则之例外

2020—2022年期间受新冠疫情影响,如用人单位在新招用劳动者后、试用期内受新冠疫情暴发影响而导致企业停工停产,特别是该劳动者无法居家办公的,可以适用试用期中止,或双方协商顺延试用期。

(一)法律依据

1. 人社部:根据人力资源和社会保障部微信公众号(2022年3月14日)

关于"受疫情影响试用期是否可以顺延"问题的回复,"受疫情影响,劳动者在试用期内无法提供正常劳动的,经用人单位与劳动者协商一致,试用期可以顺延,但顺延时间不应超过劳动者无法提供正常劳动的时间"。

因此,如果双方协商一致的,可以顺延试用期,不构成对本法的违反;若用人单位单方面决定顺延,可能存在被认定为违规延长试用期的风险,建议以协商一致顺延试用期为宜。同时,用人单位应保存协商一致的相关证据。

2. 最高人民法院:《最高人民法院关于为稳定就业提供司法服务和保障的意见》 法发〔2022〕36号 2022年12月26日实施

无法采取灵活考察方式实现试用期考核目的的,无法实施考察实现试用期考核目的期间可以协商不计算在原约定试用期内,用人单位通过顺延试用期变相突破法定试用期上限的,人民法院不予支持。

根据最高法的该意见,能够协商一致延长试用期的前提条件是无法实现试用期考核目的,原因可能是劳动者受疫情等不可控因素影响、可能是用人单位停工停产,最终导致无法实现试用期考核目的,哪怕灵活考察方式,仍无法实现。

此时,用人单位可以协商上述期间不计算在原约定试用期内,例如劳动者于2022年3月22日入职,劳动合同期限2年,约定试用期为2个月。2022年4月1日至5月31日期间上海地区因受疫情影响,该员工无法到岗,且该岗位无法居家办公。此时试用期考核目的无法实现,用人单位可与劳动者协商,将上述2个月期间从原约定的2个月试用期中剔除,或称试用期顺延2个月。

最高法同时做出了风险提示,用人单位通过顺延试用期的方式变相突破了法定试用期上限的,人民法院不予支持。上例中,如用人单位通过"顺延"的方法将试用期顺延2.5个月,则突破了2年期劳动合同最高可以约定2个月试用期的法定上限,当属违法。

(二)判例依据

李某某与上海嘉峥机械有限公司(简称嘉峥公司)劳动合同纠纷二审民事判决书【案号:(2021)沪02民终3031号】

本院认为:本案的争议焦点有二,一是李某某能否转正的争议是否发生在试用期内;二是李某某在试用期内的表现是否符合嘉峥公司的录用条件。

关于争议焦点一,李某某认为劳动合同约定了最长试用期6个月,其试用期于2020年4月17日已届满;嘉峥公司抗辩因新冠疫情,李某某的试用期中止。劳动法、劳动合同法之所以设立试用期,给用工双方以选择、考察的期限,既是保障劳动者就业选择权的实现,也是促进劳动力资源的充分利用。通常情况下,用人单位招聘人员时,除了解劳动者的基本条件,建立初步印象外,还需要在试用期内对劳动者的个人品性、责任心、忠诚心和实际工作能力等进行综合考察,最终决定劳动者是否符合录用条件。众所周知,2020年1月底,全国范围内爆发新冠疫情,而嘉峥公司因受疫情影响于2020年3月15日复工,确存在对李某某考察期限受阻的情况,故本院对嘉峥公司抗辩疫情的不可抗力导致试用期中止的意见予以采信。至于李某某认为嘉峥公司2月20日左右即通过政府复工批准,此后未复工是嘉峥公司本身的原因,即便按李某某所称嘉峥公司因疫情影响放假从2020年2月10日起算至其所称的政府批准嘉峥公司复工的2月20日,李某某的试用期中止期间也有10天,而按照李某某认可的双方争议发生的2020年4月26日,也未超过劳动合同约定的试用期届满2020年4月16日后的10天,故本院认定嘉峥公司对李某某作出不予转正的决定发生在试用期内。

……在全国上下众志成城抗疫的情况下,无论是用人单位还是劳动者,都应相互体谅,共渡难关。双方确认嘉峥公司自2020年1月18日起放假,2020年3月15日复工,嘉峥公司确因疫情受到影响,但其也按照劳动合同约定及政府政策要求,按10 000元标准支付了李某某1月和2月的工资,按2 480元标准支付了李某某 3 月 1 日至 3 月 14 日的工资。嘉峥公司因疫情提出与李某某延长试用期的协商意见具有合理性,李某某予以拒绝,势必会对作为用人单位的嘉峥公司开展正常管理工作造成影响。因此,嘉峥公司在试用期内,以李某某不符合录用条件为由解除与其的劳动合同,并不违反法律规定。

七、短期劳动合同与试用期合同的异同

(1)短期劳动合同的时间短,是否载明试用期由双方约定,是否可约定试用期取决于合同期限是否长于三个月。

(2)试用期合同的时间长短不一,判断试用期合同的重要标志系该合同约定用工期限均为试用期,无转正后工资及其他待遇之记载。

(3)短期合同超过本条标准约定试用期的,适用赔偿金条款。

(4)试用期合同约定的试用期不适用赔偿金条款,上述期限全部转为劳动合同期限,同时不再适用"在试用期间被证明不符合录用条件的"的法定解除条款。

第二十条　【试用期工资】

劳动者在试用期的工资不得低于本单位相同岗位最低档工资或者劳动合同约定工资的百分之八十,并不得低于用人单位所在地的最低工资标准。

一、试用期工资的最低标准

本法条应理解为"试用期的工资不得低于本单位相同岗位最低档工资的百分之八十,不得低于劳动合同约定工资的百分之八十,不得低于用人单位所在地的最低工资标准",三者系并列关系,劳动者与用人单位双方的约定低于其中之一均系违法约定,需调增至法定标准或补齐工资差额。

该补齐工资差额申请,属于劳动报酬类主张,适用特殊时效,即劳动关系终止(或解除)后一年内提出的可以追溯在职期间所有的工资差额。

二、本单位相同岗位最低档工资的举证责任分配

本单位相同岗位最低档工资,根据《劳动争议调解仲裁法》第六条①、《工资支

---

① 《劳动争议调解仲裁法》第六条:"发生劳动争议,当事人对自己提出的主张,有责任提供证据。与争议事项有关的证据属于用人单位掌握管理的,用人单位应当提供;用人单位不提供的,应当承担不利后果。"

付暂行规定》第六条第三款①、《最高人民法院关于民事诉讼证据的若干规定》第四十八条②的规定即法理阐述,采取举证责任倒置,当劳动者提出其试用期工资低于本单位相同岗位最低档工资的百分之八十时,应由用人单位就相关工资标准向裁判机关进行举证。

部分省市,如北京市③及上海市规定,自劳动者仲裁之日起倒推2年以上的劳动报酬,用人单位不再负有举证责任,该规定分布于当地的企业工资支付办法及原劳动部颁布的《工资支付暂行规定》中。

三、试用期工资标准不可用于倒推转正后工资标准

实践中,常出现实际发放的工资高于劳动合同约定的工资标准,如劳动合同约定每月工资2480元,实际履行时,试用期每月工资均发放10000元。此时,不得以试用期工资10000元倒推转正后工资应为 $10\,000 \div 80\% = 12\,500$ 元。

四、"劳动合同约定工资"应作文义解释,不宜扩大类推

同上例,劳动合同约定试用期月工资2480元、转正后月工资3000元。实际履行过程中,用人单位发放试用期工资2480元/月、转正后实际发放10000元/月。此时不宜类推,以转正后实际发放的10000元/月作为合同工资标准,主张试用期工资应不低于8000元/月。

但该观点并未形成通说,部分法院认为,此时用人单位通过实际履行的方式明确了转正后的工资为10000元/月,即"劳动合同约定工资",此时的"劳动合同"既包括书面劳动合同,也包括劳动关系履行的"事实"劳动合同。

---

① 《关于印发〈工资支付暂行规定〉的通知》(劳部发〔1994〕489号)第六条:"……用人单位必须书面记录支付劳动者工资的数额、时间、领取者的姓名以及签字,并保存两年以上备查。用人单位在支付工资时应向劳动者提供一份其个人的工资清单。"

② 《最高人民法院关于民事诉讼证据的若干规定》第四十八条:"控制书证的当事人无正当理由拒不提交书证的,人民法院可以认定对方当事人所主张的书证内容为真实。控制书证的当事人存在《最高人民法院关于适用〈中华人民共和国民事诉讼法〉的解释》第一百一十三条规定情形的,人民法院可以认定对方当事人主张以该书证证明的事实为真实。"

③ 《北京市高级人民法院、北京市劳动人事争议仲裁委员会关于审理劳动争议案件解答(一)》(京高法发〔2024〕534号)关于"劳动者与用人单位因劳动报酬问题产生争议时,举证责任如何分配?"的解答:"用人单位应当按照工资支付周期编制工资支付记录表,并至少保存二年备查,涉及农民工工资支付的,应当至少保存三年。劳动者与用人单位因劳动报酬问题产生争议时,在上述保存期间内,由用人单位承担举证责任。超出这一期间的则应适用'谁主张,谁举证'的证明责任分配规则。'两年'或'三年'从劳动者申请仲裁之日起往前推算。"

第二十一条 【试用期内解除劳动合同】

在试用期中,除劳动者有本法第三十九条和第四十条第一项、第二项规定的情形外,用人单位不得解除劳动合同。用人单位在试用期解除劳动合同的,应当向劳动者说明理由。

一、试用期用人单位得以解除的情形

从试用期解除的缘由上讲,需先明确本法第三十九条、第四十条第一、二项分别规定的内容是什么:

【第三十九条】劳动者有下列情形之一的,用人单位可以解除劳动合同:

（一）在试用期间被证明不符合录用条件的;

（二）严重违反用人单位的规章制度的;

（三）严重失职,营私舞弊,给用人单位造成重大损害的;

（四）劳动者同时与其他用人单位建立劳动关系,对完成本单位的工作任务造成严重影响,或者经用人单位提出,拒不改正的;

（五）因本法第二十六条第一款第一项规定的情形致使劳动合同无效的;

（六）被依法追究刑事责任的。

【第四十条】有下列情形之一的,用人单位提前三十日以书面形式通知劳动者本人或者额外支付劳动者一个月工资后,可以解除劳动合同:

（一）劳动者患病或者非因工负伤,在规定的医疗期满后不能从事原工作,也不能从事由用人单位另行安排的工作的;

（二）劳动者不能胜任工作,经过培训或者调整工作岗位,仍不能胜任工作的。

所以,总结来说,在试用期内只有劳动者存在"过错"（比如:不符合录用条件、严重违纪）或"不足"（比如:医疗满不能从事原工作和另行安排的工作,以及工作能力不胜任的情况）的情况,用人单位才能解除劳动合同。

二、试用期用人单位解除的时间限制

从解除的时间节点上讲,根据本条后半段"用人单位在试用期解除劳动合同"的规定,用人单位如果要依据上述情形在试用期内解除劳动合同,这里主要强调的是第三十九条第一项不符合录用条件的情形,则必须在试用期届满前提出,即告知劳动者或将解除通知送达劳动者。

三、试用期用人单位解除亦必须程序合法

在通知解除的同时，必须告知理由。这意味着用人单位为了保证自身解除行为的合法性，需要举证在试用期内通知了员工，并告知了员工解除劳动合同的理由。同时该解除理由还应符合法律规定，且法律依据和事实依据均充分。

四、用人范围试用期解除与转正后解除的差异

通观本条中涉及的所有内容，可以发现用人单位在试用期内解除员工，与转正后解除员工存在着一定的差异。

从时间上讲，试用期的解除通知，用人单位必须在试用期届满前向劳动者发出；而转正员工的解除则不存在这一限制。

从解除的缘由上讲，劳动合同法也将解除原因进行了限定，在试用期只有劳动者存在"过错"或"不足"的情形时，用人单位才能解除劳动合同，而转正员工适用的情形则更多。

第二十二条 【服务期】

（重点条文）用人单位为劳动者提供专项培训费用，对其进行专业技术培训的，可以与该劳动者订立协议，约定服务期。

劳动者违反服务期约定的，应当按照约定向用人单位支付违约金。违约金的数额不得超过用人单位提供的培训费用。用人单位要求劳动者支付的违约金不得超过服务期尚未履行部分所应分摊的培训费用。

用人单位与劳动者约定服务期的，不影响按照正常的工资调整机制提高劳动者在服务期期间的劳动报酬。

一、服务期设定的条件

服务期的设定是有着一定条件的，用人单位并不能随意设定。根据本条的规定，我们可以归纳得出设定服务期的三个条件：

（1）用人单位为培训支付了培训费用。

（2）用人单位支付的培训费是专项培训的费用。

（3）用人单位为员工提供的培训必须是专业技术培训。

在上述这三个条件中，第一、第二项比较容易满足，只要企业实际为员工安排

了培训,那么企业常理上应当保留了相关支付培训费用的凭证。但此处需要注意的是,该培训应当是专项的,而非普遍性的,比如全体员工的会议培训等。

这里容易出现争议的是第三项条件,即何为"专业技术培训",因为并不是所有的培训都可以称为专业技术培训。

二、什么样的培训才叫作"专业技术培训"

一般而言,培训分为两种类型,一种为一般层次的职业技能培训,另一种为职业发展培训。

1. 职业技能培训

《职业教育法》第二十四条规定:"企业应当根据本单位实际,有计划地对本单位的职工和准备招用的人员实施职业教育,并可以设置专职或者兼职实施职业教育的岗位。企业应当按照国家有关规定实行培训上岗制度。企业招用的从事技术工种的劳动者,上岗前必须进行安全生产教育和技术培训;招用的从事涉及公共安全、人身健康、生命财产安全等特定职业(工种)的劳动者,必须经过培训并依法取得职业资格或者特种作业资格。企业开展职业教育的情况应当纳入企业社会责任报告。"职业技能培训,或者说职业教育培训,其目的在于使员工能够基本上适应企业的"生产要求"。

根据《国务院关于大力推进职业教育改革与发展的决定》【国发〔2002〕16号】的精神规定:"各类企业要按《中华人民共和国职业教育法》的规定实施职业教育和职工培训,承担相应的费用。一般企业按照职工工资总额的 1.5% 足额提取教育培训经费,从业人员技术素质要求高、培训任务重、经济效益较好的企业可按 2.5% 提取,列入成本开支。"所以说,这类职业技能培训是企业的法定义务,不能约定服务期。

2. 职业发展培训

在员工已经满足了本企业的基本要求的情况下,企业为提高员工技能素质所提供的培训。在职业发展培训中,根据具体内容可以分为:专业技术培训和非专业技术培训。根据劳动合同法的规定,企业仅能够对于专业技术培训约定服务期,包括专业知识和职业技能。对于非专业技术培训,则不能约定服务期。

三、不同情形下解除服务期法律后果的不同

用人单位在能够合规地设定服务期后,并不意味着只要劳动合同关系解除,就可以要求员工支付违约金。

在实践中,劳动关系解除的原因多种多样,如果因为发生非员工个人原因劳动关系解除的,在不同的情况下,员工是否需要支付违约金呢? 为此,我们就一些特殊情况一一进行分析。

（一）不同解除原因下，劳动者是否需要支付违约金

根据《劳动合同法实施条例》第二十六条①第一款的规定，"劳动者依据《劳动合同法》第三十八条的规定解除劳动合同的，不属于违反服务期的约定，用人单位不得要求员工支付违约金。"本法第三十八条规定的内容是劳动者因用人单位过错而解除劳动合同的情形，例如未及时足额支付劳动报酬或未依法缴纳社会保险的。

那么，如果是用人单位因员工过错而解除劳动合同关系的呢？

根据该条第二款的规定，劳动者严重违反用人单位的规章制度的，用人单位与劳动者解除约定服务期的劳动合同的，劳动者应当按照约定向用人单位支付违约金。

由此可知，员工因过错而被用人单位解除劳动合同时，不免除其承担支付违约金的违约责任。

（二）与试用期员工约定服务期的情况如何处理

试用期作为员工与用人单位双方确定是否要完整履行劳动合同的缓冲期，是员工了解单位并决定是否接受单位聘用的时间，也是用人单位考察员工是否符合企业要求的时间。在这段时间内，法律赋予了双方自由选择的权利，而且在行使该权利的方式上，员工有着更大的空间和自由。

那么，与试用期的员工约定服务期，虽然公司支付了相关的培训费用，是否也变相地限制了员工的择业自由呢？

根据劳动部办公厅1995年10月10日作出的《关于试用期内解除劳动合同处理依据问题的复函》【劳办发〔1995〕264号】（已失效，供参考）中的答复：用人单位出资（指有支付货币凭证的情况）对职工进行各类技术培训，职工提出与单位解除劳动关系的，如果在试用期内，则用人单位不得要求劳动者支付该项培训费用。

所以，用人单位不能向试用期辞职的员工主张违约金。

（三）用人单位提供特殊待遇是否能够约定服务期

除了向劳动者支付报酬外，有些用人单位还会向核心员工提供一些特殊待遇

---

① 《劳动合同法实施条例》第二十六条："用人单位与劳动者约定了服务期，劳动者依照劳动合同法第三十八条的规定解除劳动合同的，不属于违反服务期的约定，用人单位不得要求劳动者支付违约金。有下列情形之一，用人单位与劳动者解除约定服务期的劳动合同的，劳动者应当按照劳动合同的约定向用人单位支付违约金：（一）劳动者严重违反用人单位的规章制度的；（二）劳动者严重失职，营私舞弊，给用人单位造成重大损害的；（三）劳动者同时与其他用人单位建立劳动关系，对完成本单位的工作任务造成严重影响，或者经用人单位提出，拒不改正的；（四）劳动者以欺诈、胁迫的手段或者乘人之危，使用人单位在违背真实意思的情况下订立或者变更劳动合同的；（五）劳动者被依法追究刑事责任的。"

来留住人才。同时,用人单位提供此类福利的前提条件通常是与员工签署协议,约定员工须为公司服务一定的年限,如果员工在期满之前提前离职,则须全额返还。

在 2001 年通过的《上海市劳动合同条例》第十四条中规定:"劳动合同当事人可以对由用人单位出资招用、培训或者提供特殊待遇劳动者的服务期作出约定。"尽管这一规定明确了用人单位为劳动者提供特殊待遇的情形下,双方可以约定服务期协议,但是并未对"特殊待遇"的含义及范围作出具体的解释。

在 2009 年上海市高级人民法院发布的《关于适用〈劳动合同法〉若干问题的 22 条意见》(下文称为"上海 22 条")中,将"特殊待遇"明确为"用人单位给予劳动者价值较高的财物,如汽车、房屋或住房补贴等"。2008 年之后,即使新的《劳动合同法》中只规定了用人单位为劳动者提供了专项培训的情况下可以约定服务期,但是上海地区并没有完全禁止以特殊待遇为条件设立服务期的情况。

同时,对于员工提前离职后特殊待遇如何处理这一违约责任问题,"上海 22 条"的第七条规定:"用人单位给予劳动者价值较高的财物,如汽车、房屋或住房补贴等特殊待遇的,属于预付性质。劳动者未按照约定期限付出劳动的,属于不完全履行合同。根据合同履行的对等原则,对劳动者未履行的部分,用人单位可以拒绝给付;已经给付的,也可以要求相应返还。因此,用人单位以劳动者未完全履行劳动合同为由,要求劳动者按照相应比例返还的,可以支持。"

由此可见,在关于特殊待遇是否能够约定服务期的问题上,2001 年的《上海市劳动合同条例》及 2009 年的"上海 22 条"等上海市的相关法律法规都有着明显的地方特色。

综上所述,服务期作为《劳动合同法》赋予用人单位的"唯二"的能够约定违约金的条款,也是唯一一条能够要求员工稳定提供劳动的条款,应当得到用人单位的重视,合法合规地适用,如此才能保证用人单位和劳动者的双方权益。

第二十三条　【保密义务和竞业限制】

用人单位与劳动者可以在劳动合同中约定保守用人单位的商业秘密和与知识产权相关的保密事项。

对负有保密义务的劳动者,用人单位可以在劳动合同或者保密协议中与劳动者约定竞业限制条款,并约定在解除或者终止劳动合同后,在竞业限制期限内按月给予劳动者经济补偿。劳动者违反竞业限制约定的,应当按照约定向用人单位支付违约金。

"商业秘密"与"知识产权"系本条所称保密协议及竞业限制协议的限定词,只有负有保密义务且知晓商业秘密的劳动者,才是用人单位能够与之约定竞业限制及保密义务的适格对象,具体范围将在本法第二十四条解读中释明。

一、保密、竞业限制协议中权利义务的统一

在实践中,保密义务与竞业限制协议的增设均赋予了用人单位更多的权利,故用人单位也应付出相应的对价并承担相应义务。对于竞业限制协议的增设,用人单位需自劳动者离职之日起支付相应经济补偿作为对价,而增设保密协议的对价则可能体现在劳动者在职期间获得的较高的劳动报酬中。因此,当用人单位广泛性地在劳动合同文本中增加保密条款,或将《保密协议》作为劳动合同附件时,应当考虑相应对价问题。对于增添竞业限制协议文本,则应更为慎重。

二、竞业限制争议解决程序——劳动仲裁程序前置

竞业限制协议引起的竞业限制补偿金、额外三个月竞业限制补偿金、违约金、确认协议无效等争议,均属劳动争议范畴,均须先行通过劳动仲裁程序。

保密协议引起的侵权或违反反不正当竞争法等争议,属于人民法院直接管辖范畴,无须劳动仲裁前置——部分法院为了力求谨慎,需要劳动争议仲裁机构委员会出具《不予受理通知书》方予立案。但若用人单位依据《保密协议》或劳动合同中所载保密条款追究劳动者违约责任,亦属于劳动争议处理范围,须劳动仲裁程序前置。

三、保密协议的作用

(1)威慑作用。通过具体且明确的协议约定,使劳动者知晓违反保密义务的法律后果,迫使其不敢逾越或违反。

(2)明确保密事项。在用人单位中,并非所有的事项都符合法律意义上的"保密事项"。在实践中,少部分事项通过知识产权相关法律程序已申请了保护,而大部分保密事项无法通过知识产权法律程序得到保护。在有《保密协议》约定的情况下,相关的保密内容及范围更容易得到法院支持或被认定为商业秘密,同时,用人单位与劳动者签署《保密协议》的,亦可被人民法院视为"采取了保密措施"。

(3)明晰计算方式。通过保密协议文本,明晰侵权程度与损失金额的对应关系,便于用人单位主张权利。

(4)明确维权费用可向侵权方/违约方主张,包括但不限于律师费、公证费、诉讼费、差旅费、保全费等。如无保密协议的约定,用人单位在向员工主张相关违约责任时,相应的维权成本将由用人单位自行承担。

第二十四条　【竞业限制的范围和期限】

（重点条文）竞业限制的人员限于用人单位的高级管理人员、高级技术人员和其他负有保密义务的人员。竞业限制的范围、地域、期限由用人单位与劳动者约定，竞业限制的约定不得违反法律、法规的规定。

在解除或者终止劳动合同后，前款规定的人员到与本单位生产或者经营同类产品、从事同类业务的有竞争关系的其他用人单位，或者自己开业生产或者经营同类产品、从事同类业务的竞业限制期限，不得超过二年。

一、竞业限制及保密协议适用的劳动者范围

竞业限制及保密协议的可约定范围一般仅限于"高级管理人员、高级技术人员和其他负有保密义务的人员"。其中"其他负有保密义务"的范畴较大，属于兜底性条款，但该兜底性条款裁判机关同样不认可任意扩大，必须有接触到相应保密内容之可能。

二、竞业限制协议的解除

在竞业限制协议已签署且用人单位宣布启动竞业限制的情况下，用人单位可以选择提前解除竞业限制协议，但亦应承担相应的法律后果。根据《最高人民法院关于审理劳动争议案件适用法律问题的解释（一）》（法释〔2020〕26号）第三十九条的规定，非劳动者原因解除竞业限制的，劳动者有权获得额外三个月竞业限制补偿金[①]。同时，一般情况下，劳动者不享有单方解除竞业限制协议的权利，但也有例外，即因用人单位连续三个月未支付竞业限制补偿金的，劳动者有权主张解除竞业限制。进而有部分地区认为，此种情况不属于劳动者原因，劳动者有权获得额外三个月竞业限制补偿金。

三、竞业限制的实务要点

1. 权利与义务双向平行

依据司法解释，竞业限制中的劳动者与用人单位双方的权利与义务属于

---

① 《最高人民法院关于审理劳动争议案件适用法律问题的解释（一）》第三十九条："在竞业限制期限内，用人单位请求解除竞业限制协议的，人民法院应予支持。在解除竞业限制协议时，劳动者请求用人单位额外支付劳动者三个月的竞业限制经济补偿的，人民法院应予支持。"

双向平行①,用人单位不支付竞业限制补偿金,劳动者仍有遵守竞业限制协议的义务,不得以违约对抗违约。若劳动者违反竞业限制约定,即使用人单位未支付竞业限制补偿金,仍有权主张违约金。同样的,劳动者获取补偿金的权利,与是否违反竞业限制协议的义务无关——违反竞业限制义务的,劳动者承担违约责任,但仍可获得竞业限制补偿金,但双方通过竞业限制协议额外约定的除外。

2. 时间限制

竞业限制期限约定不得超过二年。在地方性法规、裁判口径中,对于超过二年的规定,均认定为无效约定。

3. 竞业限制补偿金的标准

有约定从约定,未约定的,以离职前十二个月平均工资的30%确定,但不得低于劳动合同履行地最低工资标准。部分地区认为,即使约定了金额,亦不得低于离职前十二个月平均工资的30%。

4. 劳动者是否需返还竞业限制补偿金

在劳动者违反竞业限制义务后,法律并未规定劳动者需向用人单位返还补偿金,仅需承担违约金。但该事项属于可约定事项,若用人单位与劳动者约定返还竞业限制补偿金条款,则应当认定该条款有效,劳动者需返还已经收到的竞业限制补偿金。

5. 劳动者是否需继续履行竞业限制义务

劳动者违约后,若竞业限制协议期限未届满,用人单位可要求劳动者继续履行竞业限制协议。若劳动者再次违约,应再次承担违约责任。

6. 劳动者是否有权要求调低违约金

劳动者违约后,可抗辩违约金金额过高,要求调低,该请求是否得到裁判机关的支持②,与地区差异有关,也与双方竞业限制协议文本约定有关。如违约金的计算方式与竞业限制补偿金挂钩,不超过累计可获得的竞业限制补偿金之和,原则上不予调低,特殊情况除外。

---

① 双向平行系上海地区裁判观点,不宜扩大类推至全国。
② 根据《第八次全国法院民事商事审判工作会议(民事部分)纪要》(简称"八民纪要")第二十八条的规定,用人单位和劳动者在竞业限制协议中约定的违约金过分高于或者低于实际损失,当事人请求调整违约金数额的,可以参照合同违约金调整的规定处理。《民法典》第五百八十五条规定:约定的违约金低于造成的损失的,当事人可以请求人民法院或者仲裁机构予以增加;约定的违约金过分高于造成的损失的,当事人可以请求人民法院或者仲裁机构予以适当减少。

四、特别篇：在职期间的竞业限制（竞业禁止）

● 依据不完全判例检索，劳动者与用人单位双方之间约定了在职期间的竞业限制权利和义务的，该约定有效，该有效性既包含了权利义务的约定，又包含了违约金金额的约定。

（1）在职期间的竞业限制，其可约定的人员范围，与本法条所称三类人员相同，即"高级管理人员、高级技术人员和其他负有保密义务的人员"。三类人员之外的，涉及该竞业限制的约定无效。例如最高人民法院公报 2011 年第 10 期案例，在该公报案例中，该员工非本条所确定的三类人员，用人单位要求其支付竞业限制违约金在根本上失去了法律和事实依据。

（2）违约金金额，以双方约定为准，如需调低，举证责任在于劳动者。

● 关于在职竞业限制的补偿金：无须额外支付。

裁判机关认为，在职期间的劳动者本应忠实、勤恳完成本职工作，履行在职期间的竞业限制义务，劳动者也未丧失额外的工作机会。因此在职期间，用人单位无须向劳动者支付额外的补偿金，劳动报酬（本职工资）即可覆盖。

第二十五条 【违约金】

除本法第二十二条和第二十三条规定的情形外，用人单位不得与劳动者约定由劳动者承担违约金。

一、除服务期和竞业限制外，用人单位不得与劳动者约定其他违约金

作为《劳动合同法》中的效力性强制性规定，除了本法前款中提到的第二十二条关于服务期以及第二十三条中关于竞业限制约定的以外，用人单位不得以任何形式与劳动者约定，或要求劳动者支付违约金。

（1）我国《劳动合同法》对在劳动合同中可以约定由劳动者承担违约责任的情形进行了穷尽式枚举。除此以外，任何在劳动合同中约定由劳动者承担违约责任的条款，都将因违反效力性强制性规定，而被认定为无效条款。这也是劳动合同法对于劳动者在弱势下的特殊保护。

这部分条款规定了仅限于培训服务期及禁业限制中可以约定违约金，旨在坚持有利原则，使劳动权在一定程度上得以抗衡其他权利，进一步矫正劳动者与用人单位之间的利益失衡，恢复法律的公平价值。

因此,《劳动合同法》关于劳动者承担违约责任的条款关系社会公共利益,属于法律的效力性强制性规范,用人单位不得通过偷换概念等方式规避其适用。

（2）对于劳动者来讲,当发现用人单位要求签署的相关约定中有违约责任的文件时,就可以留意该部分违约条款规定的情形,是否属于服务期和竞业限制的违约责任。

如果不是,那么用人单位要求劳动者承担违约责任的协议条款是违反法律规定的,劳动者可以拒绝签署。退一步讲,即使劳动者签署了,该违约条款本身也会因违法而无效,并不对劳动者产生约束力。

（3）同样的,对于用人单位来讲,随意约定违约金的时代已经一去不复返。

即使用人单位与劳动者进行了书面约定,但只要不是上述两种情形,该约定也将被认定为无效条款,从而失去对劳动者约束。所以,用人单位在处理相关情形时,应当格外注意,并不能简单以为约定了违约责任就可以高枕无忧。

二、劳动者与用人单位可以约定由用人单位承担的其他违约金

本条的文义解释及立法本意,均未限制用人单位与劳动者约定由用人单位承担的其他违约金。

1. 文义解释

除本法第二十二条和第二十三条规定的情形外,用人单位不得与劳动者约定"由劳动者承担"违约金。根据上述法条原文,由劳动者承担的违约金,只能是本法第二十二条和第二十三条规定的情形,但如果是由其他人承担的,特别是用人单位承担的违约金,则不受本条约束或调整。

但同时亦注意,"其他人承担"不应变相成为由劳动者承担,例如用人单位与劳动者的家属签订补充协议,约定劳动者提前辞职由家属承担违约金。此种情形下,应适用"实质重于形式"的原则,受本条调整并无效。

2. 立法本意

本条的立法本意系为了保护劳资关系中作为弱势一方的劳动者,防止用人单位利用其强势地位及专业知识而引诱、强迫、哄骗劳动者签署违约金条款。而用人单位设置自身承担的违约金系对自身权利的处分,是用人单位为了吸引人才或劳动者在入职前谈判的结果,本法不作调整。

三、用人单位在劳动者入职前,可以基于民事法律关系与劳动者约定其他违约金

1. 建立劳动关系的时间节点

依据本法第七条"用人单位自用工之日起即与劳动者建立劳动关系",双方的

劳动关系自用工之日起开始建立。

2. 用人单位与劳动者在建立劳动关系前的法律关系认定

在建立用工之日前,例如面试、劳动者接受录用通知未报到前,双方未建立劳动关系,属于普通民事法律关系,受《民法典》调整。

3. 入职前约定其他违约金的,视其性质判定是否无效

虽然双方可以基于民事法律关系约定其他违约金,但并非一律有效或一律无效,要视违约金的性质而判定。

企业与候选人约定必须签订书面劳动合同或约定必须建立劳动关系,否则承担违约金并支付企业的猎头费等维权费用的,此种违约金系与入职相关、履行时间在劳动关系建立之前的,当属有效。

企业与候选人约定必须保持在职若干年,否则要承担违约金的,此种违约金系与劳动关系的实际履行密切相关,系用人单位通过入职之前签订的方式变相规避本条的适用,当属无效。

四、用人单位在劳动者离职后,可以与劳动者约定其他违约金

1. 用人单位与劳动者约定离职后权利义务的,并非当然无效,亦非当然有效

限制劳动者再就业权利的,受本法调整,超出本法允许范围的约定,无效;通过保密协议、反不正当竞争条款、禁止招揽条款约束劳动者其他权利的,属于普通民事法律关系,受《民法典》及《反不正当竞争法》等法律法规调整,有效。

2. 用人单位与劳动者约定基于解除劳动合同关系的违约条款的,以有效为原则

用人单位在解除与劳动者的劳动合同时,通过协商的形式达成了对解除协议的保密、不对用人单位及其高管作出不利评价、不得反悔等条款时,鉴于解除协议一经签署,双方劳动关系立即解除,此时用人单位未利用自身强势地位、未限制劳动者再就业权利的,应属有效。

用人单位利用自身强制地位,甚至在不支付经济补偿的情形下约定违约金、排除自身义务的,仍属无效,但该无效并非因本条的强制性规定而无效,而因本法第二十六条第一款第二项规定而无效。

第二十六条　【劳动合同的无效】

下列劳动合同无效或者部分无效:

(一)以欺诈、胁迫的手段或者乘人之危,使对方在违背真实意思的情

况下订立或者变更劳动合同的；

（二）用人单位免除自己的法定责任、排除劳动者权利的；

（三）违反法律、行政法规强制性规定的。

对劳动合同的无效或者部分无效有争议的，由劳动争议仲裁机构或者人民法院确认。

一、无效合同的民法规定

关于无效合同，在原《合同法》第五十二条中规定为："（一）一方以欺诈、胁迫的手段订立合同，损害国家利益；（二）恶意串通，损害国家、集体或者第三人利益；（三）以合法形式掩盖非法目的；（四）损害社会公共利益；（五）违反法律、行政法规的强制性规定。"

而在《民法典》中则以无效民事法律行为的形式出现："（一）无民事行为能力人实施的民事法律行为无效；（二）以虚假的意思表示实施的民事法律行为无效；（三）违反法律、行政法规的强制性规定的民事法律行为无效；（四）违背公序良俗的民事法律行为无效；（五）恶意串通，损害他人合法权益的民事法律行为无效。"

二、劳动法框架下的合同无效

劳动合同属于合同的一种，在认定无效的规定上，由于《劳动合同法》实施于《民法典》之前，《劳动合同法》作为当时的特别法，在《合同法》的框架下，通过本条对于何种情况下劳动合同属于无效，以及无效的具体情形进行了进一步的规定。

1. 意思表示的不真实

因当事人非真实意思表示而签订的劳动合同当属无效，《劳动合同法》"欺诈、胁迫、乘人之危"三种情况认定为"无效情形"，那么实践中究竟什么情况才属于欺诈、胁迫、乘人之危呢？

根据《最高人民法院关于贯彻执行〈中华人民共和国民法通则〉若干问题的意见（试行）》①中第 68,69,70 条的规定：

欺诈行为是指，一方当事人故意告知对方虚假情况，或者故意隐瞒真实情况，诱使对方当事人作出错误意思表示的。

胁迫行为是指，以给公民及其亲友的生命健康、荣誉、名誉、财产等造成损害或者以给法人的荣誉、名誉、财产等造成损害为要挟，迫使对方作出违背真实的意思表示的。

---

① 当前已被废止，但仍可参考。

乘人之危是指，一方当事人乘对方处于危难之际，为牟取不正当利益，迫使对方作出不真实的意思表示，严重损害对方利益的。

而胁迫与乘人之危的区别在于：胁迫者是以直接实施或将要实施某种不法行为，使相对方出于恐惧而不得已地签订合同；乘人之危行为人并没有实施某种不法行为，只是利用了对方的处境或自身的优势地位而使对方不得不订立合同。

在司法实践中，欺诈行为的举证比较容易做到。例如：劳动者以虚假学历、虚假工作经验，甚至是虚假的身份信息与用人单位签订劳动合同。用人单位在发现后，可以主张确认劳动合同无效。同样的，如果用人单位在劳动合同订立过程，存在欺骗劳动者的情形的，劳动者在发现后也可以要求确认劳动合同无效。在举证方面，此种情形下，一般都会有书面材料，或者聊天记录、邮件往来作为证据。

反观涉及胁迫或者乘人之危的举证就比较困难。例如：一方在订立劳动合同的过程中受到了胁迫，一般而言，很难有机会或条件通过录音录像等方式进行证据固定。而且，目前人身类的胁迫比较少见。比较多见的则是"用人单位以要么辞职或离职，要么接受用人单位安排"之类的说法迫使劳动者接受劳动合同，或者是变更劳动合同协议书。但此时，劳动者很可能在来不及固定相关证据的情况下，迫于生计，无奈选择接受相应的劳动合同。这是胁迫或乘人之危类型的案件胜诉率极低的主要原因。同时，必须说明的是，用人单位声称"要么接受降薪/调岗，要么解除劳动关系"的言语属于强硬的协商，并非《民法典》及本法规定的"胁迫"。

2. 劳动者与用人单位实质上的地位不平等

由于在劳动合同关系中，劳动者与用人单位的地位处于实质不平等的状态。用人单位作为劳动合同的制定者及提供者，往往会在拟定劳动合同中，设置有利于自身的条款，而劳动者在入职之初，往往缺乏议价能力，更不用说要求修改某些条款。因此，在本法的立法之初，为防止用人单位在劳动合同中免除自己的法定义务（例如：提供劳动保护、依法缴纳社保等），排除劳动者权利（例如：足额获得劳动报酬、休息休假的权利等），认定相关条款都属于无效条款。

除此以外，违反法律规定或行政法规强制性规定的，比如之前提到的违约金条款，如果出现了非服务期及竞业限制的违约条款，也属于无效条款。

三、劳动合同无效的认定程序

对于劳动合同无效或者部分无效的认定程序，对于全部或部分条款是否有效或者无效，并不是劳动者说了算，也不是用人单位说了算，而应当通过劳动争议仲裁机构或者法院审理后进行认定。

第二十七条 【劳动合同部分无效】

劳动合同部分无效，不影响其他部分效力的，其他部分仍然有效。

本条系对第二十六条的延续与特别化。本条针对的是劳动合同中部分条款无效的情形，而且本条与第二十六条第二款中"用人单位免除自己的法定责任、排除劳动者权利"的情形密切相关。

在此，我们就实践中常见的无效条款进行举例说明：

（1）若劳动合同中约定不缴纳社会保险的，则该条款无效——但该条款的无效不影响劳动合同其他部分的效力，如解除条款、劳动报酬条款等。

也就是说，即使用人单位提供了一份内容涉及拒绝为劳动者缴纳社会保险的劳动合同，该劳动合同除不缴纳社会保险部分的条款无效外，其余条款仍有效。用人单位依然可以依据劳动合同要求劳动者提供劳动，也可以因劳动者违纪而依据劳动合同中的解除条款解除劳动关系。同时，劳动者也可以依据劳动合同中约定的工资标准主张劳动报酬。

（2）若劳动合同中约定了劳动者需承担服务期和竞业限制之外的违约金，则该条款无效——但该条款的无效不影响劳动合同其他部分的效力。

如果在劳动合同中，双方作了对等的违约金约定（服务期和竞业限制），则用人单位对劳动者承担的违约责任仍有效。

（3）若用人单位与劳动者之间订立的劳动合同未约定工资报酬，不属于部分无效之情形，工资标准将依据实际履行情况或当地标准判断。原因在于，此种情况并不会被认定为用人单位免除自己的法定义务，排除劳动者合法权利的情形，故劳动合同仍属合法有效。

（4）除上述以外，还存在着用人单位与劳动者约定的加班工资低于法定/最低标准的，该条款无效，但合同有效。或者，双方约定合同到期不续签时劳动者不享受经济补偿的，该条款无效，但合同有效。以及双方约定协商解除劳动合同时用人单位无需支付经济补偿的，也将涉及合同部分无效。

（5）法律之所以规定部分条款无效时不影响其他部分效力，系出于以下两方面原因考量：

① 保障法律关系的稳定性。鉴于我国众多民营企业、个体工商户的劳动合同订立均相当随意，如果任意一个条款的无效均会导致劳动合同整体无效，将会导致大量的劳动合同因个别条款无效而整体无效，此时劳资关系的稳定，甚至社会关

系的稳定均会受到挑战。

②劳动关系中劳动者权利以法定为主。劳动争议与合同争议不同,合同争议纠纷中,人民法院主要就合同的条款进行逐项审查和判断,法定的权利义务较少。劳动争议纠纷中,人民法院则主要就双方的行为是否符合法律规定进行审查,劳动者的权利主要依托于法律及各种法规、政策的规定。因此,即使劳动合同部分条款出现了无效的情形,亦不影响对劳动者的权益保护。

第二十八条　【劳动合同无效后劳动报酬的支付】

劳动合同被确认无效,劳动者已付出劳动的,用人单位应当向劳动者支付劳动报酬。劳动报酬的数额,参照本单位相同或者相近岗位劳动者的劳动报酬确定。

本条应拆分解读,前半句系第二十六条中劳动合同全部无效的法律后果,后半句系劳动报酬的法定标准。

一、劳动合同被确认无效时用人单位仍有支付劳动报酬的法定义务

当劳动合同被确认无效时,原劳动合同中所有记载均被宣布无效,包括但不限于工资标准、合同期限、解除条款等,但用人单位仍应当向劳动者支付劳动报酬。此时,劳动报酬标准并非依据原劳动合同的记载,但人民法院最终认定的劳动报酬标准仍可能与原劳动合同记载相同。

北京小黄人科技有限公司(简称小黄人公司)与闫某劳动争议二审民事判决书【案号:(2022)京01民终141号】北京市第一中级人民法院　2022年3月31日裁判

一审法院认定以下事实(二审、再审确认):闫某于2018年7月30日入职小黄人公司,入职时职务为人力资源总监,双方签有自入职之日起至2021年7月29日止的劳动合同(甲方为小黄人公司,乙方为闫某),劳动合同约定:乙方通过试用期考核后,合同期内的工资构成为基本工资28 000元/月,岗位工资(含岗位保密、公司管理、出勤保障)6 000元/月,绩效工资区间6 000元/月,共计40 000元/月。

本院认为:(再审维持)本案第二个争议焦点是劳动合同无效的情况下,按照什么标准确定闫某的劳动报酬。首先需要明确的是,依据《中华人民共和国劳动合同

法》第七条的规定,用人单位自用工之日起即与劳动者建立劳动关系。换言之,在劳动合同无效的情况下,小黄人公司与闫某之间因事实用工而建立的劳动关系并不因劳动合同的无效而消灭,小黄人公司仍需缴纳社会保险费并向闫某支付劳动报酬,只不过小黄人公司拥有依据《中华人民共和国劳动合同法》第三十八条的相关规定解除劳动关系的权利。其次,就劳动合同无效下的劳动报酬标准,《中华人民共和国劳动合同法》第二十八条规定,"劳动合同被确认无效,劳动者已付出劳动的,用人单位应当向劳动者支付劳动报酬。劳动报酬的数额,参照本单位相同或者相近岗位劳动者的劳动报酬确定"。因此,本院依法确定闫某的劳动报酬标准。一方面,虽然闫某投递简历时存在欺诈行为,但是其入职后通过了试用期,也没有证据能够表明闫某不胜任该职位;另一方面,闫某提供的小黄人公司产品总监和流量项目组总监的劳动合同可以证明,在小黄人公司与闫某同级别的总监岗位,存在40 000元及以上的月工资标准。因此,本院参照上述同级别岗位的劳动报酬,确定闫某的劳动报酬为40 000元/月。

二、劳动合同被确认无效与未签订劳动合同的法律后果的差异

劳动合同被确认无效与未签订劳动合同的法律后果截然不同,劳动合同被确认无效时:

（1）不存在双倍工资差额,曾签订过劳动合同的客观事实仍存在。

（2）用人单位依据本法第三十九条第五项[①]解除双方劳动关系的,无须支付解除劳动合同的赔偿金或经济补偿。

（3）劳动者的工资标准不再参考原合同标准,参照本单位相同或者相近岗位劳动者的劳动报酬确定。本单位如无相同相近岗位,是否可参考原合同标准、本单位平均工资或参考人才市场相同岗位平均工资,此部分未能形成通说观点。

（4）劳动者可能负有向用人单位返还工资的义务,应返还金额＝实发工资－上条所确定（法院确定）的劳动报酬标准,若"应返还金额"＞0,应返还多收取的部分;若"应返还金额"＜0,用人单位是否向劳动者补发工资,未能形成通说。

---

① 《劳动合同法》第三十九条:"劳动者有下列情形之一的,用人单位可以解除劳动合同:……（五）因本法第二十六条第一款第一项规定的情形致使劳动合同无效的。"

第三章　劳动合同的履行和变更

用人单位与劳动者应当按照劳动合同的约定，全面履行各自的义务。

一、全面履行劳动合同约定的各自义务系纲领性条款

本条作为《劳动合同法》第三章的第一条，是该章节的纲领性条款，劳动者与用人单位均应全面遵守。

在劳动合同依法订立并真实有效的情况下，用人单位与劳动者应当按照劳动合同的约定履行各自义务。劳动合同属于双务合同，此处既强调了用人单位的义务，也强调了劳动者的义务，权利和义务是对等的。

二、劳动合同是对双方权利义务的约定和约束

在普遍观点中，劳动合同更多是对用人单位的约束。例如：要求用人单位支付工资报酬，要求用人单位明确工作岗位、工作地点、工作时间等，不得随意更改。这些均被解读为对劳动者的保护。

但实际上，劳动合同并不只是单单赋予劳动者权利，同时也约定了劳动者的义务。从这方面来讲，劳动者应当按照约定的工作时间、工作地点，从事相应岗位的工作内容，不能越职而为，不能随意迟到、早退、无故旷工，这既是对劳动者的约束，也是用人单位平稳运营的保障。

三、劳动合同义务应"全面"履行

由于义务所对应的内容不同，义务的履行在程度上仍然会存在差别，这也是劳

动合同法中对违反"未足额支付劳动报酬"等这类程度性的义务而设置惩罚措施的前提基础。劳动者和用人单位均应当充分、完整地履行自身义务。

我们认为,用人单位和劳动者都应当做到切实履行劳动合同约定的内容,以实现双方在订立劳动合同之初的预期目的,这是市场经济秩序得以维护、社会经济得以发展的基本要求,也是我国现代法治社会的基本要求。

四、劳动合同应包括实际履行一段时间的口头合同及以其他形式协商变更后的劳动合同

劳动合同作为劳动者入职、续订劳动合同时的书面约定,具备一定滞后性,常与事实履行的劳动合同不一致,特别是劳动者的劳动报酬标准、工作岗位/职务等。

《最高人民法院关于审理劳动争议案件适用法律问题的解释(一)》第四十三条规定,用人单位与劳动者协商一致变更劳动合同,虽未采用书面形式,但已经实际履行了口头变更的劳动合同超过一个月,变更后的劳动合同内容不违反法律、行政法规且不违背公序良俗,当事人以未采用书面形式为由主张劳动合同变更无效的,人民法院不予支持。

依据该司法解释,如双方口头变更劳动合同后已经实际履行一段时间了或者双方通过补充协议等形式书面变更了劳动合同的,应当按照变更后的劳动合同载明的义务,双方全面履行。

第三十条 【劳动报酬】

用人单位应当按照劳动合同约定和国家规定,向劳动者及时足额支付劳动报酬。

用人单位拖欠或未足额支付劳动报酬的,劳动者可以依法向当地人民法院申请支付令,人民法院应当依法发出支付令。

一、关于劳动报酬标准的两层含义

用人单位应该及时足额向劳动者支付劳动报酬,这是对第二十九条中"全面履行合同义务"的展开说明。此处规定劳动报酬的支付依据是劳动合同约定和国家规定,主要有两层含义:

(1)如果劳动合同约定的工资标准低于国家规定,则应当以国家规定为准。

(2)如果劳动合同没有约定工资标准,则应当按照国家规定实行同工同酬制度。

二、支付令的申请流程

（1）支付令的法律依据：《民事诉讼法》第十七章督促程序第二百二十五条至二百二十八条①。

（2）支付令的申请条件："债权人请求债务人给付金钱、有价证券，符合下列条件的，可以向有管辖权的基层人民法院申请支付令：（一）债权人与债务人没有其他债务纠纷的；（二）支付令能够送达债务人的。申请书应当写明请求给付金钱或者有价证券的数量和所根据的事实、证据。"本法本条也赋予了劳动者申请支付令的法律依据。

（3）支付令案件系督促债务人履行债务，属于债务纠纷案件，适用一般地域管辖的规定，由债务人住所地的基层人民法院管辖。此时用人单位的注册地和实际经营地所在基层人民法院均有管辖权，但劳动合同履行地的基层人民法院失去了管辖权。

（4）债权人提出申请后，人民法院应当在五日内通知债权人是否受理。鉴于本条的文义解释，用人单位无权依据本条申请支付令，仅劳动者得以在用人单位未支付"劳动报酬"时，才能申请支付令，此处的劳动报酬包括正常工作时间的工资、加班工资等。

（5）人民法院受理申请后，经审查债权人提供的事实、证据，对债权债务关系明确、合法的，应当在受理之日起十五日内向债务人发出支付令（可适用留置送达）；申请不成立的，裁定予以驳回。

（6）债务人应当自收到支付令之日起十五日内清偿债务，或者向人民法院提出书面异议。债务人在前款规定的时间内未提出异议又未履行支付令的，债权人可以向人民法院申请执行。

（7）支付令的异议程序：

---

① 第二百二十五条："债权人请求债务人给付金钱、有价证券，符合下列条件的，可以向有管辖权的基层人民法院申请支付令：（一）债权人与债务人没有其他债务纠纷的；（二）支付令能够送达债务人的。申请书应当写明请求给付金钱或者有价证券的数量和所根据的事实、证据。"第二百二十六条："债权人提出申请后，人民法院应当在五日内通知债权人是否受理。"第二百二十七条："人民法院受理申请后，经审查债权人提供的事实、证据，对债权债务关系明确、合法的，应当在受理之日起十五日内向债务人发出支付令；申请不成立的，裁定予以驳回。债务人应当自收到支付令之日起十五日内清偿债务，或者向人民法院提出书面异议。债务人在前款规定的期间不提出异议又不履行支付令的，债权人可以向人民法院申请执行。"第二百二十八条："人民法院收到债务人提出的书面异议后，经审查，异议成立的，应当裁定终结督促程序，支付令自行失效。支付令失效的，转入诉讼程序，但申请支付令的一方当事人不同意提起诉讼的除外。"

人民法院收到债务人提出的书面异议后,无须审查异议是否有理由,应当直接裁定终结督促程序。这也导致了支付令在司法实践中看似申请流程便捷,但实际上很难发挥其应有的作用。

原则之例外:

依据《最高人民法院关于适用〈中华人民共和国民事诉讼法〉的解释》,以下三种异议无效:

第四百三十二条 债权人基于同一债权债务关系,在同一支付令申请中向债务人提出多项支付请求,债务人仅就其中一项或者几项请求提出异议的,不影响其他各项请求的效力。

第四百三十三条 债权人基于同一债权债务关系,就可分之债向多个债务人提出支付请求,多个债务人中的一人或者几人提出异议的,不影响其他请求的效力。

第四百三十六条 债务人对债务本身没有异议,只是提出缺乏清偿能力、延缓债务清偿期限、变更债务清偿方式等异议的,不影响支付令的效力。

人民法院经审查认为异议不成立的,裁定驳回。

债务人的口头异议无效。

三、支付令的内容

支付令应当记明以下事项:

(1)债权人、债务人姓名或者名称等基本情况。

(2)债务人应当给付的金钱、有价证券的种类、数量。

(3)清偿债务或者提出异议的期限。

(4)债务人在法定期限内不提出异议的法律后果。

支付令由审判员、书记员署名,加盖人民法院印章。

四、劳动争议案件中的其他支付令

《劳动争议调解仲裁法》

第十六条 因支付拖欠劳动报酬、工伤医疗费、经济补偿或者赔偿金事项达成调解协议,用人单位在协议约定期限内不履行的,劳动者可以持调解协议书依法向人民法院申请支付令。人民法院应当依法发出支付令。

实践中,劳动者向《劳动争议调解仲裁法》所记载的三类调解机构①申请调解,

---

① 《劳动争议调解仲裁法》第十条:"发生劳动争议,当事人可以到下列调解组织申请调解:(一)企业劳动争议调解委员会;(二)依法设立的基层人民调解组织;(三)在乡镇、街道设立的具有劳动争议调解职能的组织。"

在调解机构主持下与用人单位达成一致并制作调解协议书的,适用该法第十六条的规定。

五、支付令终结后的不同处理路径

依据本法本条发出的支付令鉴于客观事实的争议程序不同而被终结时后续路径不同:①因用人单位提出异议而被终结的,应当先经过劳动仲裁程序方可转到诉讼程序,仍适用于劳动仲裁前置规定;②依据《调解仲裁法》第十六条规定申请支付令被裁定终结督促程序的,得以直接向人民法院提起诉讼,无须劳动仲裁前置。

《最高人民法院关于审理劳动争议案件适用法律问题的解释(一)》

第十三条　劳动者依据劳动合同法第三十条第二款和调解仲裁法第十六条规定向人民法院申请支付令,符合民事诉讼法第十七章督促程序规定的,人民法院应予受理。

依据劳动合同法第三十条第二款规定申请支付令被人民法院裁定终结督促程序后,劳动者就劳动争议事项直接提起诉讼的,人民法院应当告知其先向劳动争议仲裁机构申请仲裁。

依据调解仲裁法第十六条规定申请支付令被人民法院裁定终结督促程序后,劳动者依据调解协议直接提起诉讼的,人民法院应予受理。

第三十一条　【加班】

用人单位应当严格执行劳动定额标准,不得强迫或者变相强迫劳动者加班。用人单位安排加班的,应当按照国家有关规定向劳动者支付加班费。

一、劳动定额标准系各行业或各企业制定的计时工资或计件工资制度下的工时标准

(1)根据《劳动法》第三十六条及第三十七条的规定,用人单位应合理确定劳动定额,参考标准工时制,确定每日工作时间不超过八小时、平均每周工作时间不超过四十四小时的工时制度。

(2)确定劳动定额是企业实行计件工资制时的法定责任。若用人单位没有确定合理的劳动定额,那么当劳动者主张加班工资时,用人单位将承担无法抗辩和举证的不利后果。但该观点并未形成通说。

二、劳动者是否有权拒绝加班

通说认为,"影响公众利益的应急抢修等临时性的紧急任务"和"因自然灾害、事故而威胁劳动者生命健康和财产安全需紧急处理的事项",劳动者必须服从加班。影响企业生产的生产设备必须及时抢修的,应当服从加班,但是否符合"抢修"之定义的,在产生争议时,当由裁判机关进行判定。其主要法律依据为《〈国务院关于职工工作时间的规定〉的实施办法》①以及《劳动法》第四十一、四十二条。

除上述法律明确规定的情况外,若用人单位要求劳动者加班,劳动者有权拒绝。

三、关于加班费计算基数的不同观点

加班费的计算基数应以《劳动法》第四十四条的内容进行确定。劳动合同及用人单位规章制度中关于加班费的定额标准或特定计算标准高于国家有关规定的,当属有效;

若低于国家有关规定的,人民法院有两种不同的观点:

● 部分地区法院认为《劳动合同法》第三十一条规定应当按照国家有关规定向劳动者支付加班费,第二十六条第三项明确规定违反法律强制性规定的劳动合同条款无效。因此,低于法律标准计算加班费的规定系无效条款。

● 部分省市及地区法院认为,用人单位与劳动者在劳动合同中约定了加班工资计算基数的,该约定有效,但不得低于最低工资标准。

1. 通过地方高院/中院的意见或解答确定裁判口径

北京地区:

2024 年 4 月发布的《北京市高级人民法院、北京市劳动人事争议仲裁委员会关于审理劳动争议案件解答(一)》

57. 劳动者加班费计算基数,应当按照法定工作时间内劳动者提供正常劳动应得工资确定,劳动者每月加班费不计到下月加班费计算基数中。具体情况如下:

(1)用人单位与劳动者在劳动合同中约定了加班费计算基数的,以该约定为

---

① 第七条:"各单位在正常情况下不得安排职工加班加点。下列情况除外:(一)在法定节日和公休假日内工作不能间断,必须连续生产、运输或营业的;(二)必须利用法定节日或公休假日的停产期间进行设备检修、保养的;(三)由于生产设备、交通运输线路、公共设施等临时发生故障,必须进行抢修的;(四)由于发生严重自然灾害或其他灾害,使人民的安全健康和国家资财遭到严重威胁,需进行抢救的;(五)为了完成国防紧急生产任务,或者完成上级在国家计划外安排的其他紧急生产任务,以及商业、供销企业在旺季完成收购、运输、加工农副产品紧急任务的。"

准;双方同时又约定以本市规定的最低工资标准或低于劳动合同约定的工资标准作为加班费计算基数,劳动者主张以劳动合同约定的工资标准作为加班费计算基数的,应予支持。

广东省中山市:

《中山市中级人民法院关于审理劳动争议案件若干问题的参考意见》

(七)双方当事人约定加班工资基数(如双方约定奖金、津贴、补贴等项目不属于加班工资基数)的,按照约定处理,但该加班工资基数低于最低工资标准的除外;劳动合同没有约定加班工资计算基数但明确约定标准工资(或正常工作时间工资)的,按劳动合同约定的标准工资(或正常工作时间工资)作为加班工资计算基数,非按月发放的一次性奖金、津贴等收入一般不列入加班工资计算基数。但对双方在劳动合同中虽然约定了标准工资或者工资单上记载了标准工资,但用人单位有证据证明其一直是固定采取超过国家法定正常工作时间的工作制度,而劳动者也一直按照该工作制度在用人单位工作的,应当认定该基本工资属于用人单位对劳动者在该固定工作时间内所给付的报酬。在确定加班基数时,应当别除该固定工作时间超出国家法定工作时间之外,属于加班工资性质部分,从而折算出劳动者法定正常工作时间的工资标准,并以此作为加班基数。但折算结果低于最低工资标准除外。

2. 通过地方性工资支付办法确定当地法律法规运用

上海地区:

《上海市企业工资支付办法(2016年修订)》

九、企业安排劳动者加班的,应当按规定支付加班工资。劳动者在依法享受婚假、丧假、探亲假、病假等假期期间,企业应当按规定支付假期工资。

加班工资和假期工资的计算基数为劳动者所在岗位相对应的正常出勤月工资,不包括年终奖,上下班交通补贴、工作餐补贴、住房补贴,中夜班津贴、夏季高温津贴、加班工资等特殊情况下支付的工资。

加班工资和假期工资的计算基数按以下原则确定:

(一)劳动合同对劳动者月工资有明确约定的,按劳动合同约定的劳动者所在岗位相对应的月工资确定;实际履行与劳动合同约定不一致的,按实际履行的劳动者所在岗位相对应的月工资确定。

(二)劳动合同对劳动者月工资未明确约定,集体合同(工资专项集体合同)对岗位相对应的月工资有约定的,按集体合同(工资专项集体合同)约定的与劳动者岗位相对应的月工资确定。

(三)劳动合同、集体合同(工资专项集体合同)对劳动者月工资均无约定的,按劳动者正常出勤月依照本办法第二条规定的工资(不包括加班工资)的70%

确定。

加班工资和假期工资的计算基数不得低于本市规定的最低工资标准。法律、法规另有规定的,从其规定。

3. 可约定加班工资计算基数的"劳动合同"不局限于书面劳动合同

在未通过高院解答、当地地方性法规明确允许约定加班工资计算基数的部分省市,当地法院通过判例形式明确。

通过对判例的解读,进一步发现,可约定加班工资计算基数的"劳动合同"不局限于书面劳动合同,经实际履行的口头变更劳动合同亦可,只要通过实际履行、通知、协议等形式让劳动者明确知晓自身加班工资的计算基数,且劳动者未提出过异议,均可以认定劳资双方以实际行为约定了加班工资计算基数,并支持该约定。

胡某、南通妙吧影视动漫有限公司(简称妙吧公司)劳动争议民事二审民事判决书【案号:(2021)苏 06 民终 4049 号】江苏省南通市中级人民法院 2021 年 11 月 25 日裁判

本院认为:用人单位与劳动者约定了加班工资计算基数的,从其约定。妙吧公司虽未就加班工资计算基数与胡某订立书面协议,但从妙吧公司向胡某提供的工资条来看,明确载明加班工资为每小时 15 元,胡某在一年多的时间内对此明知却从未提出异议,故可以认定双方以实际行为约定了加班工资计算基数,一审法院驳回胡某该主张并无不当。

第三十二条 【劳动者拒绝违章指挥、强令冒险作业】

劳动者拒绝用人单位管理人员违章指挥、强令冒险作业的,不视为违反劳动合同。

劳动者对危害生命安全和身体健康的劳动条件,有权对用人单位提出批评、检举和控告。

一、"违章指挥、强令冒险作业"的行为要件

(1) 劳动者有履行劳动合同、服从用人单位管理的义务,此为劳动者的基本义务,亦为原则,而劳动者有权拒绝用人单位管理人员的违章指挥及强令冒险作业则属于"原则之例外"。因此劳动者负有举证义务,必须证明用人单位要求劳动者从事的工作属于上述两种。

(2) 举证义务集中于证明用人单位"违章"和"冒险"行为的违法性、劳动者已

向用人单位提出拒绝的意思表示、用人单位要求劳动者从事该行为的强迫性。

违章以违反法律法规、政府规章、部门规定等为要件,例如劳动者被支持最多的运输行业,当存在超限装载、超限运输情形时,常被人民法院认定为违章。若为非常识性规定,则需劳动者一方搜集并举证相应法律法规、政府规定。

二、强令冒险作业常见情形

劳动者自身身体情况不佳,此时强令其从事该疾病对应的危险情形的,符合本法条规定。如腿部有重疾人员被要求参加保安步行巡逻。但应注意,此时劳动者可能负有以下义务:

（1）该疾病已通知到用人单位,以劳动者的直属领导、人力资源部或管理层为佳。

（2）劳动者因在当时不能胜任用人单位的强令冒险作业,已向用人单位提出请病假或事假申请,用人单位未予以同意。

（3）用人单位要求从事的作业本身具备危险性,如上述所称超限装载、超限运输等,此时劳动者的举证义务同(2)。

（4）劳动者已因提供劳动患有职业病或有职业病可能(医生要求远离该环境),用人单位拒绝劳动者休息休假,此时劳动者举证其相应诊断即可。

三、"违章指挥、强令冒险作业"举证责任的分配

相对来说,存在违反法律法规、政府规章、部门规定情形时劳动者的举证义务较轻,而在强令冒险作业方面,劳动者的举证义务较重。

在上海市金山区人民法院(2017)沪 0116 民初 9981 号案件中(无二审,直接生效),劳动者主张赔偿金,称其拒绝公司工作安排的原因系 2016 年 11 月 18 日安排的出车运输任务存在超重现象,人民法院依据用人单位提供的运输预订单及其当庭陈述,确定其安排的当天出车任务中存在超重现象,故采信了劳动者主张,其依据本条规定可以拒绝用人单位工作安排,用人单位据此解除劳动合同违法,应支付赔偿金。

但在上海市浦东新区人民法院(2017)沪 0115 民初 53218 号案件中(二审维持),劳动者同样主张赔偿金,称其因为工作陆续出现足筋膜炎、高血压、腰颈疼痛等病情无法站立,因此对于用人单位要求其站立出勤、维持秩序的工作指令予以拒绝,理由为用人单位在明知上述病情的情况下,安排其至现场工作是不合理的,有损健康。人民法院经审理后认为,劳动者虽称其患有足筋膜炎、高血压、腰颈疼痛,不适合长时间站立,但安保工作并非大强度流水线体力劳动,而用人单位仅要求其于 7:30 至乐园主入口支持大客流工作,并未要求其长时间站立,故法院判定用人

单位的工作指令属于合理工作安排,劳动者拒绝该指令属于违纪,用人单位可以适用企业内部规章制度予以合法解除。

四、用人单位"违章指挥、强令冒险作业"的法律后果

(1) 劳动者可以拒绝用人单位违章指挥或强令冒险作业的指令,并可立即解除劳动合同(行使立即解除权),并获得经济补偿。

(2) 法律依据:

① 本法第三十八条第二款:

用人单位违章指挥、强令冒险作业危及劳动者人身安全的,劳动者可以立即解除劳动合同,不需事先告知用人单位。

② 本法第四十六条第一款:

有下列情形之一的,用人单位应当向劳动者支付经济补偿:(一)劳动者依照本法第三十八条规定解除劳动合同的。

五、用人单位"危害生命安全和身体健康"的行为之法律后果

(1) 轻微危害程度:劳动者可向劳动监察大队提出检举和控告,亦可通过12333、12345 电话热线提出举报。

(2) 严重危害程度:触发本法第三十八条第一款第一项。该法条之立法目的在于保障劳动者在从事劳动过程中的人身安全和身心健康,该条中的"劳动条件"对应本条本款的保障劳动者人身安全和身心健康的生产工作条件和劳动安全防护措施。

若用人单位未提供相应的劳动保护或劳动条件,劳动者有权依据本条规定提出解除劳动合同,并要求用人单位支付经济补偿金。

第三十三条 【用人单位名称、法定代表人等的变更】

用人单位变更名称、法定代表人、主要负责人或者投资人等事项,不影响劳动合同的履行。

一、劳动合同签订的主体

签订劳动合同的双方主体为公司(用人单位)和劳动者,劳务派遣等特殊情况下会存在三方主体:用工单位、用人单位和劳动者。

根据《公司法》等相关法律的规定,公司仅变更名称,其公司的主体并没有变

更,原本叫 A 公司,更名为 B 公司,相当于自然人变更姓名,主体资格本身并没有改变。所以,公司变更名称不影响其以原名称签订的合同及行为的效力。

用人单位自用工之日起即应当与劳动者建立劳动关系,并订立书面劳动合同,若公司更名发生在劳动合同订立后,劳动者或用人单位在提起劳动仲裁时,应当提供企业更名经过,一般适用企业信息公示网站的变更记录予以证明。

二、用人单位内部架构变化不影响对外承担责任及享有权利

公司是以法人的身份对外承担责任、享有权利、履行义务的。公司内部股权结构或人事变化,不会对其外部的民事法律行为产生任何影响。

换句话说,假如 A 公司原来有甲、乙两个股东,法定代表人为丙,即便股东变更为丁、戊,法定代表人变更为庚,也不会对原来订立的劳动合同产生影响。

综上,劳动合同依法订立或劳动关系依法建立后,无论用人单位的名称或内部人员如何变化,均不影响原劳动合同的效力和正常履行。

在实践中,有部分劳动者或用人单位将公司主体的变更亦简单理解为"公司更名",即直接将劳动合同的一方主体由 A 公司改为 B 公司,此时涉及劳动合同的变更,劳动合同的履行将受到影响,由本法其他条款予以调整。

第三十四条　【用人单位合并或者分立】

用人单位发生合并或者分立等情况,原劳动合同继续有效,劳动合同由承继其权利和义务的用人单位继续履行。

一、用人单位合并、分立的含义

(1) 合并:是指两个以上的用人单位合并为一个用人单位,包括吸收合并和新设合并两种情形。

① 吸收合并是指一个用人单位吸收其他用人单位的合并方式,被吸收单位消灭,吸收单位仍然存在。

② 新设合并是指两个以上的用人单位合并为新设的用人单位,原有两个用人单位同时消灭,新的用人单位产生。

(2) 分立:是指用人单位分为两个以上的独立用人单位。与合并相类似,分立也可以分为存续分立和新设分立两种情形。

① 存续分立:是指一个公司分离成两个以上公司,本公司继续存在并设立一

个以上新的公司。

② 新设分立：是指一个公司分散为两个以上公司，本公司解散并设立两个以上新的公司。

二、在发生合并或分立时原劳动合同的效力

无论用人单位合并或是分立，其原本订立的劳动合同并不因公司合并或分立而出现主体资格消灭，亦不会导致合同无效的情形发生，该劳动合同仍然是有效的。

三、合并、分立后用人单位的确定

在公司合并的情形下，最终只存在一个公司主体，对于劳动合同的履行较为简单，故所有的权利义务均由合并后的主体继承。

而稍显复杂的情况，则是分立的情况。依据《民法典》第六十七条规定，法人分立的，其权利和义务由分立后的法人享有连带债权，承担连带债务，但是债权人和债务人另有约定的除外。根据《公司法》第二百三十三条的规定，公司分立前的债务由分立后的公司承担连带责任。但是，公司在分立前与债权人就债务清偿达成的书面协议另有约定的除外。

笔者认为，这两款法条都是对合并或分立前债权债务承担的问题的规定。虽说劳动合同本身也属于一种债，但其特殊性在于如何确定分立后哪一家公司是劳动者的用人单位或实际用工主体。

为此，根据《最高人民法院关于审理劳动争议案件适用法律问题的解释（一）》第二十六条规定，用人单位与其他单位合并的，合并前发生的劳动争议，由合并后的单位为当事人；用人单位分立为若干单位的，其分立前发生的劳动争议，由分立后的实际用人单位为当事人。用人单位分立为若干单位后，具体承受劳动权利义务的单位不明确的，分立后的单位均为当事人。

由此可见，在分立的情况下，由于主体本身的延续性，最高人民法院的意见为以实际用人单位作为主体，确实无法明确的，均为当事人，由法院审查确定。这体现了劳动法作为特别法，与公司法、民法典对于分立前公司债权债务承担规定的区别。

第三十五条 【劳动合同的变更】

（重点条文）用人单位与劳动者协商一致，可以变更劳动合同约定的内容。变更劳动合同，应当采用书面形式。

变更后的劳动合同文本由用人单位和劳动者各执一份。

一、劳动合同的变更以双方协商一致为原则

（1）关于劳动合同的变更,特别是工资标准、工作岗位、职级、工时制度、解除条款等,均以双方协商一致为原则。

（2）变更劳动合同是否采用书面形式及各执一份,于审判实践中,无硬性要求。书面形式易于举证,但口头达成的协商一致亦符合本条规定,通过录音录像、当事人自认等形式确定即可。

（3）原则为人力资源工作提供了纲领,但实践中更重要的是"原则之例外"。

二、劳动合同变更的原则之例外

（1）劳动合同的变更虽未经协商一致,但劳动者已实际履行一段时间的,视为已经协商一致、口头变更了劳动合同。

《最高人民法院关于审理劳动争议案件适用法律问题的解释（一）》（法释〔2020〕26号）

第四十三条　用人单位与劳动者协商一致变更劳动合同,虽未采用书面形式,但已经实际履行了口头变更的劳动合同超过一个月,变更后的劳动合同内容不违反法律、行政法规且不违背公序良俗,当事人以未采用书面形式为由主张劳动合同变更无效的,人民法院不予支持。

（2）利于劳动者的变更,于司法实践中,均视为有效,如职位升迁、工资调增等,无须协商一致。

（3）特殊情形下符合法定变更事由的,无须协商一致：

① 根据各省市的工资支付办法规定,企业停工停产超过一个工资支付周期后,可以以最低工资标准（或生活费）发放工资。

② 根据本法第四十条第二款规定,劳动者不胜任工作的,可以依法调岗而无须协商一致。

三、合法调岗的方式方法

调整劳动者的工作岗位,简称"调岗"。工作岗位常与级别、工资标准、奖金等挂钩,调整工作岗位是人力资源工作重要组成部分。

调岗可区分为协商一致的调岗和单方调岗。

协商一致的调岗即本条所称"协商一致变更劳动合同",符合法律规定,但应用的价值较少。

单方调岗即用人单位单方调整劳动者的工作岗位（劳动者单方给自己调岗不

具备现实基础),如何合理合法地单方调岗,于实践中存在巨大的应用价值。单方调岗可分为约定调岗权、法定调岗权。

1. 约定调岗权

(1) 双方于劳动合同中明确约定,"用人单位可在特定情形下对劳动者单方调岗",司法实践中,各地口径不一。部分法院认为,根据合同法之精神,当属有效,部分法院认为,该条款与本法条相抵触,当属劳动合同部分无效,用人单位不得依据该条款单方调岗。

(2) 全国部分地区已有明确的口径性规定,当地已具备该类型口径行规定的,合理调岗属有效。典型代表例如广东省。

《广东省高级人民法院、广东省劳动人事争议仲裁委员会关于审理劳动人事争议案件若干问题的座谈会纪要》(粤高法〔2012〕284 号)(已失效,可参考)

第 22 条 用人单位调整劳动者工作岗位,同时符合以下情形的,视为用人单位合法行使用工自主权,劳动者以用人单位擅自调整其工作岗位为由要求解除劳动合同并请求用人单位支付经济补偿的,不予支持:(一)调整劳动者工作岗位是用人单位生产经营的需要;(二)调整工作岗位后劳动者的工资水平与原岗位基本相当;(三)不具有侮辱性和惩罚性;(四)无其他违反法律法规的情形。

上述规定系基于生产经营合理需要调岗,有类似规定的省份有天津、浙江、重庆、江苏、四川,以及惠州、宁波、泸州、佛山、广州等城市。

(3) 双方于劳动合同中明确约定,"用人单位可在特定情形下对劳动者临时性地单方调岗",司法实践中一般认定与本法条不抵触,当属有效,属于用人单位经营自主权的体现。

2. 法定调岗权

(1) 医疗期满调岗权。本法第四十条:"有下列情形之一的,用人单位提前三十日以书面形式通知劳动者本人或者额外支付劳动者一个月工资后,可以解除劳动合同:(一)劳动者患病或者非因工负伤,在规定的医疗期满后不能从事原工作,也不能从事由用人单位另行安排的工作的。"从该法条后半句话解读,用人单位对医疗期满不能从事原工作的员工,有法定调岗权,可以根据另行安排的工作的薪资标准合理调整劳动者劳动报酬标准。

(2) 考核不胜任调岗权。劳动者经考核为不胜任工作后,可对劳动者的岗位进行调整,可同时对工资标准进行调整。

(3) 孕期调岗权。《女职工劳动保护特别规定》第六条:"女职工在孕期不能适应原劳动的,用人单位应当根据医疗机构的证明,予以减轻劳动量或者安排其他能够适应的劳动。"根据该条规定,无须与其协商一致,但应注意该条款适用时,用人单位应当是基于善意,不得以女职工怀孕为由,恶意降职降薪。

（4）职业病调岗权。已经发生职业病的员工，应当调离原岗位，无须协商一致。

《尘肺病防治条例》

第二十一条　各企业、事业单位对已确诊为尘肺病的职工，必须调离粉尘作业岗位，并给予治疗或疗养。尘肺病患者的社会保险待遇，按国家有关规定办理。

《职业病防治法》

第三十五条第二款　……对在职业健康检查中发现有与所从事的职业相关的健康损害的劳动者，应当调离原工作岗位，并妥善安置……

第五十六条第三款　用人单位对不适宜继续从事原工作的职业病病人，应当调离原岗位，并妥善安置。

（5）脱密期调岗权。该调岗权与约定调岗权相类似，但其有特定的法定事由触发约定事由。

《劳动部关于企业职工流动若干问题的通知》（劳部发〔1996〕355 号）

二、用人单位与掌握商业秘密的职工在劳动合同中约定保守商业秘密有关事项时，可以约定在劳动合同终止前或该职工提出解除劳动合同后的一定时间内（不超过六个月），调整其工作岗位，变更劳动合同中相关内容。

《上海市劳动合同条例》

第十五条第二款　对负有保守用人单位商业秘密义务的劳动者，劳动合同当事人可以就劳动者要求解除劳动合同的提前通知期在劳动合同或者保密协议中作出约定，但提前通知期不得超过六个月。在此期间，用人单位可以采取相应的脱密措施。

四、特殊情况下的劳动合同变更

（1）集体合同与劳动合同不一致之处，以集体合同为准，无须单独协商一致（非通说）。

典型代表：《上海市出租汽车行业集体合同》

集体合同中对员工休息休假、最低工资标准等作出了约定，该集体合同于2009 年订立，十年后，部分条款及金额本应不再适用，但裁判机关仍认为该集体合同有效，即使劳动合同约定的金额标准或待遇高于集体合同的，仍以集体合同为准。

对该裁审观点，反对的声音一直很大，但上海地区的劳动争议仲裁机构及法院一直坚决执行，既是行业特色，亦是地区特色。

劳动者与用人单位双方订立劳动合同时，双方就权利义务作出了约定。当发生劳动者病假等特定事件时，集体协商的效力替代了用人单位与劳动者个人的协商一致,依据集体合同适用相关待遇。

（2）来自集体合同或部门的福利待遇或奖金,以集体协商为准(非通说)。

补充住房基金、补充养老金、福利年休假等来源于集体合同的,如有更改或限缩福利待遇/奖金的,以集体协商为准。例如:集体合同原规定一定级别的劳动者可以享受补充住房基金,但之后通过集体协商限缩了该项权利,更改为无论何种原因离职,均不得享有,则此时以集体协商为准。

（3）困难时期的劳动合同变更,集体协商的决定能改变个体劳动合同的约定(上海高院观点)。

当用人单位出现特殊因素时,如经营困难或疫情期间无法复工复业,国家与政策提倡集体协商,协调和处理劳动关系中棘手问题。但国家政策性文件没有解决一个核心问题:若个别劳动者不同意集体协商的决定,要求按照劳动合同履行,这就会导致集体协商的决定与劳动合同约定的冲突。

在此种情形下,几乎是必然要发生冲突。例如新冠疫情期间,用人单位均倾向于按照最低工资标准计发工资,劳动者均希望按照合同工资甚至原工资标准计发工资。两者相冲突时,集体协商的决定能否改变个体劳动合同的约定?

上海市高级人民法院判例(非疫情期间)认可了集体协商的效力,当集体协商的决定限缩了劳动合同的效力时,个体的劳动者应当服从。

在上海华谊工程有限公司(简称华谊公司)与晏某某的劳动争议案件中,从2016年9月20日向闵行区劳动人事争议仲裁委员会申请仲裁开始,到2021年5月13日第二次上海市高级人民法院裁定驳回劳动者的再审申请,整个过程中,最具备转折点的是(2019)沪民申1060号民事裁定书。在该民事裁定书中,上海市高级人民法院经审查认为:

涉案《公司转型发展改革办法》(以下简称改革办法)及其附件,经职代会通过,内容不违反法律强制性规定,该改革办法系合法有效。《上海市职工代表大会条例》规定,职代会在其职权范围内审议通过的事项对本单位以及全体职工具有约束力。故改革办法对包括晏某某在内的全体员工均有约束力。晏某某理应对其是否按照改革办法参加竞聘的后果承担相应的责任。二审法院认定虽然改革办法经过职代会表决,但晏某某未予接受,继而认定华谊公司与晏某某应继续履行原劳动合同,显然与上述规定不符,二审法院适用法律有误。据此,本案依法应当提起再审。

据此,上海市高级人民法院认定了集体协商的效力,并认为其可直接对个体的劳动合同产生效力,否定了原终审判决对于集体协商不能突破个体劳动合同效力的裁判观点。本案从一审、二审,到再审发回中院再审、中院发回基层法院再审,后一审、二审、再审,上海市高级人民法院的本裁定对于后续判决,产生了巨大的影响力。

第四章 劳动合同的解除和终止

第三十六条 【协商解除劳动合同】

用人单位与劳动者协商一致，可以解除劳动合同。

一、协商解除可于劳动合同履行的任意阶段由任意一方提出

劳动合同的协商解除，可于劳动关系的任意阶段进行，可由劳动关系的任意一方提出。协商解除不需要提前通知，因此无须支付代通知金，只要双方协商一致，可随时解除。

在某些特殊情况下，也可以适用协商解除，例如：根据《上海市劳动合同条例》第三十八条，确认为完全或者大部分丧失劳动能力的，用人单位不得终止劳动合同，但经劳动合同当事人协商一致，并且用人单位按照规定支付伤残就业补助金的，劳动合同也可以终止。此处虽法条表述为终止，但实际上也是协商解除劳动合同的一种。

二、用人单位提出的协商解除须支付经济补偿

协商解除若由用人单位提出，则用人单位应向劳动者支付经济补偿。若由劳动者提出，则用人单位无须支付该项经济补偿。在实践中，若双方在协商解除协议书中未作明确表述，则劳动合同解除原因的举证责任在用人单位方，若用人单位无法举证证明是由劳动者提出协商解除的，则很有可能被人民法院认定由用人单位提出解除的，由此判令用人单位支付解除劳动合同的经济补偿。

法律依据：

《劳动合同法》

第四十六条　有下列情形之一的,用人单位应当向劳动者支付经济补偿:……
(二)用人单位依照本法第三十六条规定向劳动者提出解除劳动合同并与劳动者协商一致解除劳动合同的……

三、拟定协商解除协议的实务指南

双方如能就劳动合同/关系的解除事宜达成一致,在协商解除通知书中至少应当写明以下事项:

(1)明确本次协商解除客观上由哪一方提出或双方已就经济补偿等事宜进行了充分协商;如有经济补偿,应当明确金额,如无经济补偿,应当注明原因。

(2)明确双方除协议载明的事项外,不再存有其他任何的争议事项。

(3)明确双方在协议履行完毕后,不可撤销地放弃所有关于劳动争议的诉权。如任意一方违反本约定,应返还已取得的金额,并承担违约金××万元。①

四、用人单位特别义务之伤残就业补助金

劳动者患职业病或者因工负伤,被确认为完全或者大部分丧失劳动能力的,用人单位不得终止劳动合同,但经劳动合同当事人协商一致,并且用人单位按照规定支付伤残就业补助金的,劳动合同也可以终止。

法律依据:

《上海市劳动合同条例》

第三十八条　劳动者患职业病或者因工负伤,被确认为完全或者大部分丧失劳动能力的,用人单位不得终止劳动合同,但经劳动合同当事人协商一致,并且用人单位按照规定支付伤残就业补助金的,劳动合同也可以终止。

五、用人单位特别义务之医疗补助费

劳动者患病或者非因工负伤,由劳动者提出协商解除劳动合同的,用人单位无须给付医疗补助费。需要给付医疗补助费的情形在于用人单位行使了法定的单方解除权。

法律依据:

《上海市劳动合同条例》

第三十二条　有下列情形之一的,用人单位可以解除劳动合同,但是应当提前三十日以书面形式通知劳动者本人:(一)劳动者患病或者非因工负伤,医疗期满后,不能从事原工作也不能从事由用人单位另行安排的工作的……

---

① 放弃诉权的约定无效,但在此基础上如一方发起诉讼,承担违约金的条款有效。

第四十四条　用人单位根据本条例第三十二条第一款第（一）项的规定解除劳动合同的，除按规定给予经济补偿外，还应当给予不低于劳动者本人六个月工资收入的医疗补助费。

第三十七条　【劳动者提前通知解除劳动合同】

劳动者提前三十日以书面形式通知用人单位，可以解除劳动合同。劳动者在试用期内提前三日通知用人单位，可以解除劳动合同。

一、关于劳动者任意解除权的理解

本条是关于劳动者单方解除劳动合同的条款设置。在条款规定的情形中，由于不存在任何用人单位过错，劳动者解除权的行使也不需要任何法定的理由，纯粹只是劳动者基于自身择业意愿，违反了劳动合同中关于劳动合同期限的约定，所以该条更多体现的是保护用人单位的整体利益。

纵观本法关于解除劳动合同的相关条款，国家和立法者均希望劳动关系的稳定与和谐，所以在对用人单位单方解除劳动关系时，规定了需要向劳动者支付经济补偿金或赔偿金的条款。但对于劳动者来说，因自身原因解除劳动合同时，被要求支付违约金显然是增加了其作为弱势群体的负担，从而限制了其自主择业权。所以劳动合同法以提前通知的时间作为劳动者单方解除劳动合同的违约代价。

众所周知，在现有的市场经济中，用人单位的岗位一般都是一一对应的，一个劳动者的流失可能会对用人单位造成很大的影响，为了降低这种人才流失的影响，劳动合同法规定了三十日的提前通知期，即工作交接的缓冲期，给予了用人单位寻找替代者的时间。

员工应当提前三十日以书面形式通知用人单位，这既是时间上的约束，也是形式上的约束。既规定员工应当提前的天数，亦要求员工必须以书面形式提出，这也是在证据固定上的一种要求，能够明确解除劳动合同的提出方是劳动者这一方。

此外，对于试用期的劳动者来讲，其和用人单位本身就处于一个双方磨合、相互选择的阶段，所以法律赋予了其更灵活的解除权，只需要提前三天通知便可以解除劳动合同。

二、劳动者提前三十日提出辞职，用人单位提前批准时的处理

在此情况下，笔者认为劳动者在提出解除劳动合同时，就已经行使了预告解除权，即明确了在未来的三十日后解除与用人单位之间的劳动关系。那么用人单位有没有权利免除/减少其三十日的通知期，或者换句话说劳动者有没有权利要求继续履行完毕这三十日的劳动合同呢？

纵观本条本身的描述，以及《劳动法》第三十一条"劳动者解除劳动合同，应当提前三十日以书面形式通知用人单位"的规定，从法益上分析，该条款为保护用人单位而设置，是劳动者的义务、用人单位的权利。从性质上讲，义务不能放弃，但权利可以放弃。用人单位可以放弃自身的权利，或者说免除对方的义务。所以，笔者倾向于认为劳动者不能要求继续履行三十日的劳动合同。

根据(2018)苏 01 民终 1544 号案件二审民事判决书，法院认为法律并不禁止用人单位放弃该段时间要求劳动者继续工作的权利。如用人单位未等三十日届满即作出同意劳动者离职的意思表示，那么双方的劳动关系于用人单位作出批准的意思表示时即告解除。

对于部分劳动者在解除通知/辞职申请中明确要求履行到第三十日，并说明了系其获得三十日劳动报酬权利的，此时用人单位是否可以放弃该段时间要求劳动者继续工作的权利，未能形成通说。但此时劳动者已经提出了解除并送达用人单位，故此时用人单位要求劳动者立即离职，不涉及解除的违法性，其剩余风险仅限于三十日的劳动报酬及相应的社保公积金。

三、劳动者在提出辞职后发现怀孕或工伤的，能否撤回辞职申请

我们认为不可以，预期解除权本身也是一种解除权，解除权属于形成权，在到达相对方时即已生效。劳动者在提出辞职后发现自己怀孕或工伤，已经无法再撤回辞职申请，《劳动合同法》及《劳动法》亦未设置"情势变更"。同时，怀孕或工伤可以阻却的是用人单位到期终止双方劳动关系或用人单位依据《劳动合同法》第四十条、第四十一条的解除，不能阻却劳动者发起的解除。

四、劳动者未提前三十日提出辞职，甚至不告而别的，须承担何种责任

如果劳动者在提出辞职后，没有履行三十日的通知期，直接走人，那么由此给公司造成的损失，应当向公司进行赔偿。但在实践中，公司往往很难对这一部分损失进行举证，所以建议用人单位能够设置相关的反制措施。

比如：提前通过书面约定设置未办理离职交接时社保及公积金转出限制，或者相关资质证书的返还限制。同时，建议公司保存好因员工离职而给公司造成损失

的证据。

五、劳动者提出解除，但双方继续履行劳动合同的法律分析

（一）解除日期明确的

（1）劳动者提出解除，明确解除日期，但在达到解除之日起三十日后仍继续履行劳动合同的，一般认为该通知不发生解除劳动关系的效果。

（2）劳动者提出解除，明确解除日期，但在到达解除之日起三十日内继续履行劳动合同的，可推定劳动关系已经在该解除日期解除，在该日期之后的继续工作视为离职交接。继续工作的时间越短，该观点越明确。离职交接期间，用人单位是否需要支付劳动报酬在法律规定方面并不明确，也未能形成通说。

（二）解除日期不明确的

（1）劳动者提出解除，未明确解除日期的，一般推定为依据本条的预告辞职，解除日期当为解除通知送达之日起的第三十日，当劳动者在解除通知送达之日起六十日后仍继续履行劳动合同的，一般认为该通知不发生解除劳动关系的结果。

（2）劳动者提出解除，未明确解除日期的，一般推定为依据本条的预告辞职，解除日期当为解除通知送达之日起的第三十日。当劳动者在解除通知送达之日起六十日内离职的，解除日期为解除通知送达之日起的第三十日，之后期间视为离职交接。离职交接期间，用人单位是否需要支付劳动报酬在法律规定方面并不明确，也未能形成通说。

第三十八条 【劳动者解除劳动合同】

（重点条文）用人单位有下列情形之一的，劳动者可以解除劳动合同：

（一）未按照劳动合同约定提供劳动保护或者劳动条件的；

（二）未及时足额支付劳动报酬的；

（三）未依法为劳动者缴纳社会保险费的；

（四）用人单位的规章制度违反法律、法规的规定，损害劳动者权益的；

（五）因本法第二十六条第一款规定的情形致使劳动合同无效的；

（六）法律、行政法规规定劳动者可以解除劳动合同的其他情形。

用人单位以暴力、威胁或者非法限制人身自由的手段强迫劳动者劳动的，或者用人单位违章指挥、强令冒险作业危及劳动者人身安全的，劳动者可以立即解除劳动合同，不需事先告知用人单位。

虽然在《劳动法》第三十二条中规定了劳动者享有的随时解除权,即有下列情形之一的,劳动者可以随时通知用人单位解除劳动合同:①在试用期内的[①];②用人单位以暴力、威胁或者非法限制人身自由的手段强迫劳动的;③用人单位未按照劳动合同约定支付劳动报酬或者提供劳动条件的。上述规定,仅以劳动者合法解除劳动关系为法律后果,不涉及经济补偿等其他法律后果,且适用情形仅三项,较为狭窄。

而《劳动合同法》则赋予了劳动者解除劳动合同新的形式,集中在本条予以体现,并以用人单位需支付经济补偿金等作为法律后果。

一、"未按照劳动合同约定提供劳动保护或者劳动条件"的解除权构成要件

(一)未提供劳动保护主要针对特殊行业或特殊岗位

(1)对于一般性的行业或岗位,如行政、人事等内勤岗位,工作地点位于写字楼或单位办公场所的,劳动者一般不存在因缺乏劳动保护而解除劳动合同之可能。

(2)高危岗位或可能导致职业病的岗位/行业是需要劳动保护的,从仲裁或诉讼实务的角度出发:

① 用人单位不提供劳动保护的事实应当由劳动者举证证明,可以以录音、录像等证据形式提供。

② 劳动者在缺乏劳动保护之情形下工作会导致严重的不良后果,该不良后果以劳动者的生命权、健康权受到损害或可能受到损害为具体体现。

③ 缺乏劳动保护与威胁劳动者的生命权、健康权存在因果关系,该因果关系如可通过自然常理得出则无须进一步证明,如不能,则需以专家意见、医疗机构结论等形式证明。

(3)新冠疫情期间未提供口罩并要求员工到岗上班,是否构成不提供劳动保护未有判例,但普遍理解应当不能构成,疫情属于全国性的卫生事件,与特定公司、特定岗位、特定工种无关,并且口罩价格不高,可以通过街镇配发、药房购买等形式自行购买。

(二)未提供劳动条件不以行业/岗位的特殊性为前提

(1)劳动条件当以劳动合同约定之条件或劳动者特定的劳动条件为准。

(2)劳动条件的缺乏应当直接导致劳动者无法正常开展本岗位的工作,

---

① 该项已被本法第三十七条取代,从试用期内"随时辞职"变更为必须"提前三日"。

（2013）苏中民终字第 2706 号民事判决书载明"世佳公司要求刘某某在家办公，但同时又要求刘某某立即交还公司车辆、加油卡、办公手机（含手机卡）和门卡，既无明确的恢复时间、又无适当的内部调整理由，实际已造成了劳动者作为销售人员无法正常开展销售工作"。对于该岗位，劳动者在缺失劳动条件时，无法获取正常的工资性收入，此时当构成不提供劳动条件。

（3）原则之例外，"劳动者无法正常开展本岗位的工作"不包含用人单位因劳动者涉嫌违纪对其开展的停职调查，特别是依据劳动合同或规章制度相应条款开展的停职调查。

（4）劳动条件的缺乏不以微信群的移除作为判定要件。在审判实务中，部分劳动者认为用人单位将其移除微信工作群系不提供劳动条件，并据此提出解除劳动关系。一般而言，劳动者的岗位/本职工作均并非一定要进入微信群才能开展，除了微信群聊，仍旧有其他方式可以开展工作，获取工资性收入，当不构成缺乏劳动条件。

（5）"以未经协商强行更换工作岗位"与"不提供劳动条件"于客观事实上有一定的相似之处，但两者的法律构成完全不同，法律后果亦不同。强行变更工作岗位属于不合法的调岗行为，劳动者可以拒绝接受，但不能因用人单位不提供原岗位的工作条件即解除劳动合同，此做法难以适用本条之规定。

用人单位强行调岗不成并解除劳动关系的，指向的法律后果是支付违法解除劳动合同的赔偿金。而劳动者以用人单位不提供劳动条件为由解除劳动关系的，指向的法律后果是经济补偿。两者请求权基础不同，计算方式亦不同。

（三）长期停工停产构成不提供劳动条件

鉴于市场经济形势具有不稳定性，当某企业因各种主客观原因无法继续生产、销售而停工停产的，如时间较长，得以构成本条所称"不提供劳动条件"。

劳动者入职用人单位并保持劳动关系，其最根本的目的系通过提供劳动换取报酬，当用人单位长期停工停产，劳动者无法通过自己的劳动换取报酬、不再具备劳动条件时，法律赋予了劳动者此种情形下的救济权：劳动者可以以本条规定提出解除劳动合同并可获得经济补偿。

二、"未及时足额支付劳动报酬"的解除权构成要件

（一）"未及时足额支付劳动报酬"是当代中国社会极为重要的劳动者解除权

（1）它承继并发扬了《劳动法》第三十二条"（三）用人单位未按照劳动合同约定支付劳动报酬或者提供劳动条件的"。

（2）《劳动法》与《劳动合同法》的相似规定，有着重要的区别，对于保障劳动者的合法权益而言,《劳动合同法》更先进、更符合时代发展需要。

(3)《劳动合同法》保护的是劳动者的劳动报酬,而非仅书面劳动合同约定的工资,两者有以下区别:

① 当代社会,中小企业普遍出现劳动合同约定的工资标准很低而实际发放较高,仅保护书面劳动合同约定的工资不利于劳动者权利的保护。

② 劳动报酬不仅限于合同工资,更有提成等作为劳动者的劳动所得,系劳动报酬的重要组成部分,且提成的金额往往较大。《劳动合同法》保护劳动者及时、足额获得提成的权利。

③ 劳动报酬可包括未经合同书面约定,但用人单位承诺发放或实际发放的十三薪、年终奖等(特别约定属于福利待遇类的除外)。

(二)本项于上海地区适用时的口径解读

《上海市高级人民法院关于适用〈劳动合同法〉若干问题的意见》(沪高法〔2009〕73号)

九、劳动者以用人单位未"及时、足额"支付劳动报酬及"未缴纳"社保金为由解除合同的,"及时、足额"支付及"未缴纳"情形的把握

用人单位依法向劳动者支付劳动报酬和缴纳社保金,是用人单位的基本义务。但是,劳动报酬和社保金的计算标准,在实际操作中往往比较复杂。而法律规定的目的就是要促使劳动合同当事人双方都诚信履行,无论用人单位还是劳动者,其行使权利、履行义务都不能违背诚实信用的原则。如果用人单位存在有悖诚信的情况,从而拖延支付或拒绝支付的,才属于立法所要规制的对象。因此,用人单位因主观恶意而未"及时、足额"支付劳动报酬或"未缴纳"社保金的,可以作为劳动者解除合同的理由。但对确因客观原因导致计算标准不清楚、有争议,导致用人单位未能"及时、足额"支付劳动报酬或未缴纳社保金的,不能作为劳动者解除合同的依据。

(1)该口径排斥了双方确有争议情形下劳动者解除权的行使。此种争议体现在岗位变化、约定不明等情形下,但"确有争议"并非用人单位百试百灵的抗辩妙药,劳动合同实际履行过程中已确定的工资标准、十三薪/奖金甚至提成等标准,均不能以存有争议进行抗辩。

(2)该口径指向的是用人单位的主观恶意,根据2020年之前的上海地区判例检索结果,法院系统普遍将"不存在主观恶意"的举证责任分配给用人单位,但并不统一,二中院分配得更重,一中院分配得较轻。

(3)关于"经营困难"是否能排除用人单位的主观恶意:在法院要求不高时,可以以企业的经营风险抗辩企业经营困难,因此非主观恶意;在法院要求高时,只能

以客观的不可抗力作为抗辩。

（4）欠薪的金额和周期未有明确的口径，理论上，用人单位未及时足额支付半月工资/整月工资即可获得支持，但实务中用人单位未发、少发工资周期以超过三个月为佳（特别是2020年之后的年份）。

（5）举证责任分配：工资等劳动合同明确约定的劳动报酬，无须劳动者举证；提成等合同未明确约定的项目，需要劳动者举证应发金额和应发放时间，以吻合"未及时""未足额"之要件。用人单位合法抗辩路径应当是：①向劳动者说明了欠薪的情况；②通过职工大会等民主协商程序获得了劳动者的同意；③欠薪未超过一个工资支付周期。

（6）新冠疫情属于不可抗力，如疫情开始后用人单位因疫情等非主观因素未及时发放工资（或发放工资金额不足的），均不属于本款本项所称情形。

三、未依法为劳动者缴纳社会保险费的解除权构成要件

（一）本项于上海地区适用时的口径解读

《上海市高级人民法院关于适用〈劳动合同法〉若干问题的意见》（沪高法〔2009〕73号）针对本项，与"未及时足额支付劳动报酬"做出了相似的规定：该口径排斥了双方确有争议情形下劳动者解除权的行使。于本项中，劳动者的解除权当且仅当用人单位未给其缴纳社保时，才能够得到支持——更精确的阐述是，只有完全未交社保才能够解除，而不是未缴足，更不是未缴纳公积金。另外，在新冠疫情期间政府允许的企业社会保险费缓缴更不属于劳动者可以据此行使解除权的情形。

（二）上海地区的实务口径不可全国类推，其他省市对于本条本项的实务口径更倾向于文义解释

（1）劳动争议案件的实务口径有着较强的地域性。上海地区对于《劳动合同法》第三十八条的适用，限缩了劳动者的权利，但不代表其他省市均参照执行。

相反，以湖北省为例，（2016）鄂11民终297号民事判决书载明如下。

本院认为：《中华人民共和国劳动合同法》第三十八条规定的未依法为劳动者缴纳社会保险费的情形应包含全部社会保险费都未缴纳的、部分社会保险费未缴纳或者用人单位恶意未及时、足额缴纳社会保险费的情形。本案中，楚乡酒业公司作为用人单位没有为胡某某缴纳基本医疗保险费属于部分社会保险费未缴纳的情形，且其他社会保险费楚乡酒业公司亦存在未足额缴纳的行为，楚乡酒业公司未提供证据证明其公司未足额缴纳的行为是计算标准不清楚、有争议等客观原因导致的。故对于楚乡酒业公司未为胡某某缴纳基本医疗保险费及未足额为胡某某缴

纳社会保险费的行为应认定为《中华人民共和国劳动合同法》第三十八条规定的未依法为劳动者缴纳社会保险费的情形。

（2）根据上述裁判口径，本条本项具备四种法定情形，即：社会保险费未缴纳的、部分社会保险费未缴纳的（或称"社会保险缴纳基数不足"）或者用人单位恶意未及时缴纳社会保险费、用人单位恶意未足额缴纳社会保险费。

（3）用人单位的合法抗辩事由为：未足额缴纳的行为是计算标准不清楚、有争议等客观原因导致的。

（4）如劳动者据以解除劳动关系的情形吻合上述四种法定情形之一，且用人单位无法举证证明确因存在争议而未足额缴纳，则劳动者提出解除劳动关系合法并可获得经济补偿。

（三）劳动者不愿意/主动放弃缴纳社保是否可适用本条

（1）必须先行明确的是，缴纳社会保险属于用人单位的法定义务，该义务不因劳动者放弃缴纳而免除，绝大部分法院均认为社会保险补偿协议（或类似协议）违反法律、行政法规的强制性规定，应属无效。

（2014）沪一中民三（民）终字第 553 号二审民事判决书载明：

根据劳动法第七十二条规定，用人单位和劳动者必须依法参加社会保险，缴纳社会保险费。此系法律强制性规定，社保基金实行社会统筹，不允许用人单位和劳动者私下约定用人单位以折现方式向劳动者直接支付应缴纳的社保费。故上诉人与被上诉人关于被上诉人支付上诉人社保补贴 500 元，由上诉人自行缴纳社保费的约定因违反法律强制性规定，应属无效。

（2）劳动者主动放弃缴纳社保后又以本条本项解除劳动关系并主张经济补偿的，法院原则上判决其败诉，原因基本为违背"诚实信用原则"。劳动者既然已经放弃了该项权利，意图获取更高的税后工资/社保补贴，再以该事由解除劳动合同的，违反了诚实信用原则，且此时用人单位对未缴纳社会保险不存在主观恶意，故不予支持。

（3）原则之例外：如果劳动者在职期间已要求补缴社会保险，并返还了用人单位已支付的社保补贴，用人单位仍拒不缴纳的，应当支持。

（4）劳动者在有社保补贴协议情形下解除劳动合同并主张经济补偿的标准路径：劳动者发函或书面通知用人单位放弃社保补贴协议，并要求合理期限内用人单位补缴社会保险——用人单位拒不补缴——劳动者发函或书面通知用人单位因其未依法缴纳社会保险解除劳动合同。

（四）实务应用中的难点分析

本条实务应用中的难点在于劳动关系的确认。

未缴纳社会保险的劳动者,常存在无劳动合同、无社会保险、无招工备案登记手续的情形。在此情况下,劳动者向用人单位主张经济补偿请求权基于的事实依据和法律依据均需要劳动者举证,包括:

(1)双方存在劳动关系,而非其他法律关系。

(2)用人单位未缴纳社保。

(3)劳动者依据本条本项进行了解除。

如果第一步劳动关系都无法得到确认,则经济补偿自然也失去了全部的请求权基础。

四、用人单位的规章制度违反法律、法规的规定损害劳动者权益的解除权缺陷

(一)实务结论

基于本条本项而支持劳动者合法解除并可获得经济补偿的判例,截至 2022 年 5 月 21 日,上海地区未检索到,全国也未检索到。该项相较本条的其他款项,缺乏明确的指向性。

(二)条款缺陷

(1)该条款类似于"立法精神",较为笼统,但凡是用人单位的规章制度违反劳动法规的,均已于《劳动合同法》《劳动法》及各种劳动法规中以具体条文的形式明确了构成要件及后果。

(2)劳动法规其他具体条款中未规定相关规章制度违反劳动法规具体情形的,使用本条款难以进行有效举证,在全国性的判例中,劳动者利用本条款解除劳动合同并索取经济补偿的,人民法院均以各种缘由不予认定——究其原因,均因本条款规定过于笼统,无法定要件,属于"纸上黄金"/"纸上谈兵",难以实际执行。

(3)本条款针对的是用人单位的规章制度,在实践中,规章制度一般指代《员工手册》《就业守则》等,这时出现了条款应用的悖论:如果企业对劳动法规无认识、漠视员工权利的话,不会主动制定规章制度;如果企业对劳动法规认识深刻,且曾有过劳动仲裁、法院败诉的经验,制定的规章制度不会出现违法的大漏洞。

(4)本条款所载的"违反法律法规的规定",该法律法规并不限于劳动法规,亦可为民法、刑法等法律法规,但劳动关系本来就是特别法调整,涉及普通民事法律关系的,难以找到相应条款;劳动关系涉及刑事法律的,更是从未检索到。据此可以得出结论,本身就是特别法调整的劳动关系,一般不与其他法律法规发生关系,该条的应用空间只是看上去广阔。

（三）实务要点

（1）部分法院认为该条款属于"并且"的内部逻辑关系，既要规章制度违法，也要实际损害了劳动者的权益，而不能仅以用人单位的规章制度存在违法性而解除。

（2）规章制度的违法性及侵犯实际权益的举证责任均分配在劳动者方。

（3）不建议劳动者以该条款为由提出解除劳动合同，当某条款的实务层面应用得不到裁判机关支持时，则应摒弃该条款，以其他事由、事项做解除或主张权利。

（4）对于用人单位而言，并非高枕无忧，如果在规章制度设计中出现违法违规的条款，如加班不支付加班工资等，仍有可能被劳动者利用本条款据以解除劳动合同，并要求支付经济补偿。

五、因本法第二十六条第一款规定的情形致使劳动合同无效的解除权构成要件

构成要件 1：必须为用人单位方的原因

用人单位方出现"以欺诈、胁迫的手段或者乘人之危，使对方在违背真实意思的情况下订立或者变更劳动合同的"之行为，劳动者可以立即解除劳动关系，并主张经济补偿。

劳动者方出现上述情形的，不具备立即解除权。

构成要件 2：必须足以致使合同全部无效（或称"整体无效"）

用人单位的上述行为导致了劳动合同无效，劳动者方可享有该解除权。

构成要件 3：该合同的无效经裁判机关认定

在劳动者发起解除时，劳动合同的无效仅系劳动者个人认为——劳动者主观认为劳动合同无效并据此解除劳动关系——劳动者主张经济补偿时，裁判机关必将对该份劳动合同是否具备无效情形进行认定，一经判定合同无效，则劳动者解除合法，并可主张经济补偿。

六、关于"强迫劳动"的刑民并存问题

（1）《刑法》第二百四十四条："以暴力、威胁或者限制人身自由的方法强迫他人劳动的，处三年以下有期徒刑或者拘役，并处罚金；情节严重的，处三年以上十年以下有期徒刑，并处罚金。明知他人实施前款行为，为其招募、运送人员或者有其他协助强迫他人劳动行为的，依照前款的规定处罚。单位犯前两款罪的，对单位判处罚金，并对其直接负责的主管人员和其他直接责任人员，依照第一款的规定处罚。

（2）刑事侧重于惩罚，本法侧重于保护：以刑罚惩治犯罪人（包括用人单位），本法则侧重于保护劳动者的劳动权、经济利益。

（3）本法所称"强迫劳动"，不以达到刑事立案条件为标准，以裁判机关认定为准。同时，如用人单位具备《治安管理处罚法》第四十条（二）"以暴力、威胁或者其他手段强迫他人劳动的"，亦构成本法所称情形。

七、关于"违章指挥、强令冒险作业"的实务认定

在实务操作中，对于本项规定情形的适用，必须具备程度要件方可具备形式解除权的可能。

根据《劳动合同法》第三十二条之规定，劳动者拒绝"违章指挥、强令冒险作业"的，不视为违反劳动合同，当该违章指挥、强令冒险作业已危及劳动者的人身安全时，具备解除权。

对于人身安全的危及、危害，不仅体现在已经发生的危害上，还应当体现在即将或必然要发生的危害上——但对于后者，劳动者应当负有举证责任。

八、关于本条"被迫解除权"的拓展理解及适用

（一）本条具有极强的地域性差异

第三十八条作为重要的劳动者解除条款，笔者也称之为劳动者的"被迫解除权"。尤其是第三十八条的第一款，几乎每个省份都对其作出了相应的口径解释，以最高人民法院的纪要、通知等形式体现。

劳动争议案件，有管辖权的劳动争议仲裁机构及法院，可以是用人单位的注册地、经营地及劳动者的劳务履行地。其中仅用人单位的注册地具备唯一性，经营地可以有多个，劳动者的劳务履行地更是可能遍布全国。

选择哪个劳动争议仲裁机构并不重要，即使选择了北京的劳动争议仲裁机构，也可以在有管辖权的上海的法院起诉，仲裁系统与法院系统相对独立。

一审阶段的法院管辖一经确定，二审和再审甚至抗诉阶段的管辖法院也一并可以确定，无法更改。劳动者与用人单位双方均可选择在实务口径更有利的省份起诉，比如劳动者因用人单位未依法缴纳社会保险（用人单位未缴足的）而解除的，劳动者可选择湖北省等省份；用人单位方可选择上海等省份。

"抢管辖"，哪里先立案受理，哪里就有管辖权，有时候速度也是胜负手。

（二）额外用途：排斥培训服务期的适用

当劳动者适用本法第三十七条离职、用人单位以违纪为由等解除双方劳动关系时，适用于培训服务期，劳动者应当向用人单位支付违约金——但当劳动者以本法第三十八条解除时，用人单位因存在着违法性，故无法再向劳动者主张违约金。

《劳动合同法实施条例》

第二十六条 用人单位与劳动者约定了服务期,劳动者依照劳动合同法第三十八条的规定解除劳动合同的,不属于违反服务期的约定,用人单位不得要求劳动者支付违约金。

基于上述法条规定,劳动者如果能够在本法第三十八条中找到相应的条款及对应的事项,并据以解除劳动合同的,无需支付培训服务期的违约金。该用途对于飞行员、医生、演员、"网红"等高违约金的劳动者,具备较大价值。

九、后劳动关系时期可期待的"被迫解除权"的劳动法权益

劳动关系的解除,系形成权的一种,劳动者与用人单位双方中的一方一经行使、意思表示到达对方即宣告劳动关系解除。因此劳动者依据本法第三十七条和第三十八条均可锁定解除事由,但第三十七条的锁定对劳动者而言,无法得到经济补偿的支持,也无法豁免培训服务期的违约金。因此只有依据第三十八条解除劳动关系才对劳动者具备价值。

劳动者与用人单位关系的进程,如同婚姻关系,从甜蜜到平和到争吵,新入职的员工与用人单位如胶似漆、关系融洽。一段时间后,劳动者会认为企业的待遇不如入职前想象得美好,用人单位会认为劳动者的能力、带来的剩余价值不如招聘时认为的美妙,这时候就会进入"争吵期"。

"争吵期"的劳动者与用人单位双方开始互相防备、互相对抗,开始搜集对己方有利的证据以待在解除环节谋求利益,解除前的争吵、谈判,均在解除时画上句号,解除的发起人、时间、事由成为后劳动关系时代的起点。

劳动者在后劳动关系时期能够获得的权益主要有:解除劳动合同的经济补偿/赔偿金/恢复劳动关系、代通知金(可能有)、竞业限制补偿金(可能有)、解除前拖欠的劳动报酬/福利待遇。

赔偿金/恢复劳动关系均针对用人单位发起的违法解除,解除的发起人系用人单位,解除的事由由用人单位填写/制作,解除的时间为第一次解除(排除了劳动者的先解除),用人单位的解除事由可依据法定条款,也可以依据约定条款、规章制度,当裁判机关判定用人单位解除合法的,则不存在赔偿金/恢复劳动关系。

经济补偿与代通知金针对的是用人单位发起的合法解除,符合法定条件方可主张,该法定条件不限于《劳动合同法》,也可以是《劳动法》《劳动合同法实施条例》等。

十、锁定被迫解除理由的时机选择

劳动者是否违纪并达到用人单位可以合法解除劳动合同的程度是劳动者与用人单位双方诉辩的焦点。

用人单位处的规章制度、法律法规的相关条款以及双方签订的劳动合同系劳动合同解除的法律依据,劳动者在职期间发生的违纪事实属于事实依据。劳动者对于自身的违纪/违法/违规行为应当有着清楚的了解,如旷工、飞单、失职等。作为在职员工,对公司的规章制度、《员工手册》、自身劳动合同均应有着深刻的认知。

劳动者结合法律依据、事实依据,应该能够得出用人单位以违纪为由解除与自己的劳动合同是否合法有效。如果已达到合法解除之程度,则此时劳动者应该提前使用《劳动合同法》第三十八条锁定解除理由。

十一、锁定被迫解除理由后的仲裁及诉讼走向分析

劳动者依据本条主动、在用人单位之前解除双方劳动关系,则双方劳动关系的解除时间、理由、发起人均已被固定。

在劳动者向劳动争议仲裁机构、法院主张经济补偿时,裁判机关审查的要点与违纪解除时显著不同,此时仅对是否符合本条所载法定事项进行审查,至于劳动者在职期间发生的旷工、飞单、经济损失等均不在审理的范围内。

虽然必然不能主张赔偿金"2N"①,但如果能够以用人单位的违法性(或漏洞、欠缺)主张到经济补偿"N",也是尽最大可能地保护了自身的权益和作了合法的对抗。

第三十九条 【用人单位单方解除劳动合同】

(重点条文)劳动者有下列情形之一的,用人单位可以解除劳动合同:

(一)在试用期间被证明不符合录用条件的;

(二)严重违反用人单位的规章制度的;

(三)严重失职,营私舞弊,给用人单位造成重大损害的;

(四)劳动者同时与其他用人单位建立劳动关系,对完成本单位的工作任务造成严重影响,或者经用人单位提出,拒不改正的;

(五)因本法第二十六条第一款第一项规定的情形致使劳动合同无效的;

(六)被依法追究刑事责任的。

---

① "N"指的是经济补偿金。经济补偿金＝工作年限×员工离职前的 12 个月的平均工资。"2N"即 2 倍的经济补偿金。

一、解除理由的认定及法院审查范围

本条是俗称的劳动者过错解除/违纪解除,在此种情形下,用人单位可以立即解除与劳动者之间的劳动合同,无须提前三十天通知,也无须支付代通金。同时,结合《劳动合同法》第四十六条,用人单位无须支付任何的经济补偿,是对于劳动者最严厉的惩罚。鉴于该条的重要性,将逐项对其进行分析与解读。

根据上海市一中院(上海高院转载)发布的《劳动合同解除纠纷案件的审理思路与裁判要点》,劳动合同的解除理由可以通过以下几点确定。①用人单位行使解除权时已说明理由,在裁诉阶段变更解除理由的,应以行使解除权时的理由为准。②用人单位行使解除权时并未说明理由或理由笼统,在裁诉阶段补强说明解除理由的,应以其在首次仲裁庭审中关于解除理由的表述为准。③用人单位行使解除权时有多个解除理由的,需对多个理由逐一审查,只要其中有一个理由符合解除条件,即可认定用人单位的解除行为合法有据有效。

最高人民法院 2022 年 7 月发布的第 180 号指导案例阐明了人民法院对用人单位解除理由合法性的审查范围,即以用人单位向劳动者发出的解除通知所载内容为限。如果用人单位在案件审理过程中提出了超出解除劳动合同通知载明的依据及事由,人民法院将不予支持。浙江高院(浙高法民一〔2015〕9 号)和江西高院(赣高法〔2020〕67 号)也持此观点。

当用人单位口头解除劳动者劳动合同且未说明理由或解除理由过于笼统时,以在仲裁首次庭审中陈述的解除理由为准。人民法院以上述解除理由为限,审查用人单位解除劳动合同是否合法。

二、在试用期间被证明不符合录用条件的解除要件

试用期,作为劳动者与用人单位相互磨合,相互选择的适应期,双方都可以对对方进行考察,以确定在试用期过后,是否继续履行劳动合同。在之前的条款中提到,如果劳动者认为用人单位不适合自己,可以在试用期内提前三天通知单位解除劳动合同。此外对劳动者并无其他的限制,仅仅只是时间上的要求。

但如果用人单位认为劳动者不合格,也可以通知解除劳动合同,虽然条款只有一句话"不符合录用条件",但是在实际运用上却有着严格的要求。

1. 不符合录用条件的前提是制定了录用条件

用人单位适用该种情形的前提,必须是制定了相应的录用条件,例如,学历、工作经历要求,何种情况下视为符合录用条件或者不符合录用条件;又如,对于迟到早退的限制,收到口头或书面警告的限制,绩效考核计分的限制等。

2. 已向员工送达告知过劳动者录用条件

在劳动合同法的范畴中,用人单位的任何规章制度只有在告知过劳动者的情况下,才对具体员工生效,录用条件也是如此。在发生纠纷时,需要用人单位举证员工知晓相应的录用条件,如通过招聘广告、入职通知书或者其他形式的文件告知劳动者需要符合怎样或者哪些条件,才能够视为符合录用条件并且转正。从这一点上说,只有告知过劳动者,并且能够提供相应的证据,用人单位的录用条件才对劳动者有效。

3. 通过考核或其他证据证明劳动者不符合录用条件

在已经具备录用条件,且对劳动者生效的情况下,用人单位需要进一步举证的是,劳动者确不符合录用条件。此时,就要用人单位提供相应的证据,例如上文说到的,迟到早退的限制,那么用人单位就需要提供相应的考勤记录。如果用人单位认为员工存在学历造假的情况,那么就要提供证据证明员工提供的学历信息是虚假的。同时,如果用人单位要求在试用期内的绩效考核需要达到某一个评级,那么就会要求用人单位进一步提供该绩效考核办法经员工签收同意,且劳动者认可考核的方式,以及认可最终的考核结果等。

4. 在试用期到期前告知劳动者

关于这一点也是很多用人单位所忽视的。在试用期内以劳动者不符合录用条件为由解除劳动合同的,必须在试用期内告知劳动者,并且向劳动者说明理由。

一旦超过试用期,就无法适用本项解除劳动合同了。如若解除就会面临支付经济补偿或者赔偿的情况。

三、针对严重违规的规章制度中的解除要件

本条是当前劳动争议纠纷中发生概率最大、出现争议最多的一种解除情形。

在实践中,也会存在各种各样的员工违纪行为,导致用人单位要求解除劳动合同,但在司法审判过程中,违纪解除对用人单位来说,又是风险最高的一种解除形式。具体分析如下:

(一)规章制度合法性——民主公示程序

任何一起因员工违纪解除劳动合同的案件,法院首先审查的都是用人单位解除所依据的规章制度是否合法有效。根据《最高人民法院关于审理劳动争议案件适用法律问题的解释(一)》第五十条:"用人单位根据劳动合同法第四条规定,通过民主程序制定的规章制度,不违反国家法律、行政法规及政策规定,并已向劳动者公示的,可以作为确定双方权利义务的依据。"

在实践中,用人单位的此类规章制度载体一般以《员工手册》《考勤管理制度》

等文件为主,劳动者应关注该制度的制定过程以及是否向员工进行公示送达。关于这一点,已经在解释第四条时详细进行了阐述,此处从实务角度来分析如何完成民主公示程序。

1. 民主程序制定

从公司规章制度的制定上讲,其一般由企业的人力资源部门进行起草和编纂,形成初稿之后,经过职工代表大会讨论,如果没有职工代表大会的,那么应当与全体员工进行讨论,由员工提出意见或作修改。所以在制定过程中,建议用人单位保留与员工开会讨论的记录。

在履行完上述听取意见和员工讨论的环节之后,再形成最终版的规章制度,进入下一步公示程序。

2. 公示送达程序

即相关的规章制度需要向劳动者公示送达才能对劳动者生效。

一般来讲,建议通过由员工签字确认收到"相关规章制度并同意遵守"的书面文件来达到相应的证明目的。除此以外,用人单位还可以通过公告栏张贴、电子邮件送达、召开全体员工大会或者规章制度学习大会等方式来达到公示的目的,但关键在于如何保留证据证明员工确已收到,以防在发生纠纷时,用人单位在举证时产生困难,从而限制了其他各种公示方式的运用。

3. 上海地区特别裁判口径

从当前上海地区劳动争议纠纷判例检索情况统计来看,人民法院对于规章制度的民主程序相对忽视,对公示送达程序严格审查。

(二)关于劳动者违纪事实的固定

在劳动者出现违纪事实时,用人单位应当根据不同的违纪类型进行证据固定,包括书面的、电子影像、录音或者其他资料。同时对于某些持续性的违纪行为,建议用人单位做到善意提示义务。

以劳动者旷工为例:

首先,检索公司规章制度中关于旷工的各项规定,在劳动者未到岗工作的情况下,建议用人单位通过电话录音,或者微信、短信的形式,询问劳动者情况,避免突发事件造成劳动者确有原因无法到岗的情况。

然后,在劳动者首次旷工后,应当及时通知他,要求他按时到岗上班,并告知违纪后果。

接着,如果劳动者始终不愿意到岗,那么公司仍应起到催促和提示义务,例如通过 EMS 快递的形式发送返岗通知,直至符合规章制度解除的程度。保存好劳动者日常考勤的记录,以及催促到岗的记录。

最后,以劳动者旷工连续或累计若干日严重违反用人单位规章制度而解除劳动关系。

如果发生劳动者违反用人单位其他制度的情况:

应该及时与劳动者面谈做好记录,并要求劳动者签字确认;或者全程录音或录像,以固定相关证据。

(三)通知工会等必要程序

在用人单位单方解除劳动合同的情况下,用人单位应当告知工会,并征求工会的意见。在实践中,虽然用人单位可以在诉讼发生前进行补正,但是我们仍建议能够及时履行该程序,以避免程序上的瑕疵。

如果有用人单位未设置工会的,上海部分地区现有口径对通知工会程序不作要求,但保险起见,仍建议向上级工会进行汇报。

(四)裁判机关对于规章制度合理性的审查

在司法实践中,除了上述的几项之外,我们还发现在裁判机关审理案件时,会对用人单位的规章制度合理性进行审查。

比如,用人单位在规章制度中规定:员工在工作场所内抽烟的,一经发现即给予开除的处罚。

这样的规定,就要结合具体的企业性质进行评判。如果只是一家普通的公司,员工抽烟即被开除就缺乏合理性。但如果这家公司是一家制造型企业,生产的产品属于易燃易爆物品,一旦有火星会造成严重的生产安全事故,则这样的制度便有其合理性。

这也警示各用人单位在设置相关条款时,在关注合法性的同时,还要注重合理性。

(五)裁判机关对于违纪行为是否达到严重违反规章制度的审查逻辑分析

1. 是否达到严重的程度系是否合法解除的必要条件

本项的法条表述为"劳动者'严重'违反规章制度的,用人单位可以解除劳动合同",此处的"严重"作为动词"违反"的程度副词,决定了用人单位的解除是否合法。

2. 是否达到严重程度的审查路径

严重违反用人单位规章制度可以做两种理解,一种是用人单位已经规定了劳动者的何种行为或行为达到何种程度系严重违反规章制度,即解除条款明确,例如用人单位可以将违纪行为分为口头警告、书面警告、解除三种程度(当前人力资源实践中的通行做法),违纪行为较轻时可以用口头警告或书面警告,违纪行为严重时,则适用解除条款,有些用人单位在劳动者第一次旷工时适用口头警告,第二次旷工时给予书面警告,第三次旷工时解除双方劳动合同。在此种定量型的条款规定下,用人单位只需要依据劳动者的违纪行为对应的违纪程度参照适用不同的处罚条款即可。

另一种理解是劳动者的违纪行为在用人单位的规章制度中并没有定量型的规定,如多次迟到、拒不服从领导工作安排等。此时需要用人单位判断劳动者的违纪行为是否达到了严重的程度,是否做出解除,在用人单位做出解除决定后由人民法院再根据劳动者的违纪行为是否严重违反规章制度认定解除是否合法。

3. 实务建议

用人单位在规章制度的违纪处罚条款中,应当尽可能制定客观、可量化的条款,并明确何种情形或达到何种程度系严重违反规章制度,否则,解除是否合法的自由裁量权将掌握在仲裁员或法官手中,给用人单位的人力资源管理带来较大的不确定性。

四、严重失职、营私舞弊,给用人单位造成重大损害的解除要件

本项所涉的情形是指劳动者在履行劳动合同的过程中,没有按照"岗位职责"或者"岗位要求"的规定,恪守自己的义务,履行自己的职责,违背了尽责职守的精神,未能维护用人单位合法利益的义务。在客观上,劳动者存在着未尽职责的严重过失行为或者利用职务之便牟取私利的主观故意行为。该种行为给用人单位的财产带来了重大损失(不要求达到必须构成刑事犯罪的程度)。

首先,适用该条的前提为劳动者的行为系营私舞弊、严重失职,故建议用人单位对于劳动者的岗位职责,以及相关工作要求进行明确,并予以书面固定,交由劳动者签字确认。这样一来,当发生纠纷时,能够做到有理有据。

同时,一旦劳动者出现上述情况,用人单位需要第一时间搜集相关信息、固定证据,为之后的争议解决做好准备。一般来讲,营私舞弊还会涉及第三方,如何从第三方处固定证据,获取相关的证明,亦是用人单位本阶段工作的重点之一。

其次,用人单位在适用此条时,仅简单举证劳动者存在严重失职、营私舞弊之行为,并不能解除劳动合同,还需要进一步举证"劳动者的该行为给用人单位造成重大的损失",方能被认定为解除劳动合同合法。

换句话说,劳动者的此类行为,即使存在严重失职、营私舞弊的情况,只要不属于"违反公司规章制度",没有给用人单位造成重大损失,用人单位也不能以此解除劳动合同。但是何为"重大损失"?法律并没有进行明确规定,在审判实践中也没有统一的裁判口径。

从笔者理解来看,何为"重大损失"的确无法统一进行一个数字化的固定。对于一些小微企业来说,一万元就已经算是重大的损害。但对于一些大公司来讲,一万元仅仅是很小的金额。故在法律层面上,立法者并没有给出一个明确的标准,而

是将这一定义的权利给予了用人单位。

笔者建议用人单位在自身的规章制度中进行规定，以明确何为重大损失。但同样的，该规定的合法合理性亦是劳动争议仲裁机构及法院审查的重点之一。

五、劳动者同时与其他用人单位建立劳动关系，对完成本单位的工作任务造成严重影响，或者经用人单位提出，拒不改正的解除要件

双重劳动关系在实务中并未被法律所禁止，甚至在国有企业改革的过程中，双重劳动关系或者特殊劳动关系被地方政府及相关法规所承认。所以，若劳动者仅仅在本职工作之外，与其他公司建立劳动关系，本身并不违法。

但是，从劳动者的勤勉义务，以及维护劳动关系的稳定上讲，存在多重劳动关系会对用人单位的日常运营造成潜在的风险，同时劳动者的精力也会被分散。本条本项规定了两种情形下，用人单位可以解除劳动合同：

（一）对完成本单位的工作任务造成严重影响

这是一款定性式的表述，只是规定了在造成严重影响时，用人单位可以解除劳动合同，但对何为"严重影响"没有进行定义。这需要在实践中具体问题具体分析。例如：劳动者因为在外兼职无法完成本职工作，又或者是出现了工作过失，这时就需要用人单位及时固定好证据，同时通过面谈等方式确定引起上述过失的原因是否为在外兼职等。如果能够证明劳动者确因另一段劳动关系而给本职工作造成严重影响的，可以适用本条。

但考虑到，目前环境下证据搜集的困难程度，建议谨慎使用。

（二）经用人单位提出，拒不改正的

有些劳动者的兼职行为，虽然并没有对单位造成损害，但用人单位本身不愿意劳动者在外存在其他劳动关系，而该条则在程序上给予了用人单位救济的途径，即用人单位可以向劳动者提出意见，在劳动者拒不改正的情况下，有权解除劳动合同。

结合目前的司法实践，在适用本条时，用人单位首先应当举证证明劳动者存在其他劳动关系的情况；其次应当举证向劳动者提出过意见或要求改正，并给予合理期限；最后，还应证明在解除劳动合同时，劳动者仍然存在其他劳动关系的事实。

除上述两种情形外，通过对上海市中级人民法院审理的劳动者因兼职被解除劳动关系判例的检索，我们发现在实践中还存在着用人单位常将本项之规定记载于规章制度中的情形，即用人单位规定"劳动者同时与其他用人单位建立劳动关系或合作、劳务关系的，属于严重违反公司规章制度，公司得以解除劳动合同并无需

支付经济补偿"。

在此种情形下,用人单位因劳动者兼职的行为而解除劳动合同的,与本条本项有三处显著差异:

(1)解除依据不再是本条本项,而转化为本条的第二项"严重违反公司规章制度"。

(2)不再适用本条本项的要求,无须影响本职工作或经用人单位提出拒不改正。

(3)劳动者的违纪行为不局限于与其他单位建立劳动关系,合作关系、劳务关系等均可以作为用人单位解除的依据。

六、因本法第二十六条第一款第一项规定的情形致使劳动合同无效的解除概述

《劳动合同法》第二十六条第一款第一项(见第二章)。

该条规定的内容概括而言,是指因意思表示不真实而订立劳动合同的,当属无效。而无效的后果,即用人单位可以解除与劳动者之间的劳动关系。此处规定的无效情形限定为:欺诈、胁迫、乘人之危。对于这三种情形的具体定义已在第二十六条中予以阐述,此处不再赘述。

在此三种情况下,订立的劳动合同一般而言均不是用人单位的真实意思表示,当属无效合同。本条本项规定的是用人单位的单方解除权,所以侧重于劳动者提供虚假学历、虚构工作经历,甚至有的劳动者在掌握一些用人单位的秘密之后,胁迫用人单位给予高额的薪资待遇等。

七、被依法追究刑事责任的解除详述

"被依法追究刑事责任",系日常生活中自然人需承担的最严重的法律责任。当自然人被追究刑事责任时,将会面临刑事处罚。

根据《刑法》第三章第三十二至三十五条,刑罚分为主刑和附加刑。

主刑包括管制、拘役、有期徒刑、无期徒刑、死刑五种。

附加刑包括罚金、剥夺政治权利、没收财产三种;附加刑可以单独适用,对于外国人还有一种特殊的附加刑,叫作驱逐出境。

如果劳动者受到了上述主刑或者附加刑的处罚,那么用人单位就可以适用本条,以劳动者被依法追究刑事责任为由,解除劳动合同。

(一)被判处"缓刑"是否属于"被依法追究刑事责任"的情形?

属于。

《关于贯彻执行〈中华人民共和国劳动法〉若干问题的意见》（劳部发〔1995〕309号）第二十九条第三款明确规定，劳动者被人民法院判处拘役、三年以下有期徒刑缓刑的，用人单位可以解除劳动合同。

从性质上讲，虽然缓刑本身不是刑法所规定的刑罚种类，但其本身是一种有条件的不再执行原判决刑罚的制度。只有满足了特定条件，才能实现原先的判决刑罚不再执行，仅仅只是不执行，并没有从根本上消除该刑罚的存在。而且如果被判处附加刑，附加刑仍须执行。

（二）"人民检察院作出的不起诉"，是否属于"被依法追究刑事责任"的情形？

不属于。

首先，根据《刑事诉讼法》第一百七十七条的规定，犯罪嫌疑人没有犯罪事实，或者有本法第十六条规定的情形之一的，人民检察院应当作出不起诉决定。此处的第十六条是指：

"有下列情形之一的，不追究刑事责任，已经追究的，应当撤销案件，或者不起诉，或者终止审理，或者宣告无罪：（一）情节显著轻微、危害不大，不认为是犯罪的；（二）犯罪已过追诉时效期限的；（三）经特赦令免除刑罚的；（四）依照刑法告诉才处理的犯罪，没有告诉或者撤回告诉的；（五）犯罪嫌疑人、被告人死亡的；（六）其他法律规定免予追究刑事责任的。"

其次，劳动保障部办公厅回复云南省劳动和社会保障部的《关于职工被人民检察院作出不予起诉决定用人单位能否据此解除劳动合同问题的复函》劳社厅函〔2003〕367 号明确表示："人民检察院根据《中华人民共和国刑事诉讼法》第一百四十二条第二款规定作出不起诉决定的，不属于《劳动法》第二十五条第（四）项规定的被依法追究刑事责任的情形。"

（三）"人民法院免予刑事处罚的"，是否属于"被依法追究刑事责任"的情形？

属于。

根据《关于贯彻执行〈中华人民共和国劳动法〉若干问题的意见》（劳部发〔1995〕309 号）第二十九条第一款的规定，"被依法追究刑事责任"是指：被人民检察院免予起诉的、被人民法院判处刑罚的、被人民法院依据刑法第三十二条免予刑事处分的。

所以即使人民法院最终免除了刑事处罚，但劳动者仍然是触犯了刑法，其行为已属于刑事犯罪。

（四）"被采取刑事强制措施"，是否属于"被依法追究刑事责任"的情形？

不属于。

在人民法院没有判决之前，任何人都不得被认定为有罪。刑事强制措施是为了保障侦查、起诉、审判活动的顺利进行,而对犯罪嫌疑人或被告人采取的限制其一定程度人身自由的措施,并非刑事处罚,也不具有追究刑事责任的含义。

根据《关于贯彻执行〈中华人民共和国劳动法〉若干问题的意见》的通知第 27 条的规定:"劳动者涉嫌违法犯罪被有关机关收容审查、拘留或逮捕的,用人单位在劳动者被限制人身自由期间,可与其暂时停止劳动合同的履行。暂时停止履行劳动合同期间,用人单位不承担劳动合同规定的相应义务。劳动者经证明被错误限制人身自由的,暂时停止履行劳动合同期间劳动者的损失,可由其依据《国家赔偿法》要求有关部门赔偿。"

所以,用人单位不能以劳动者被采取刑事强制措施为由解除劳动合同。

第四十条 【无过失性辞退】

(重点法条)有下列情形之一的,用人单位提前三十日以书面形式通知劳动者本人或者额外支付劳动者一个月工资后,可以解除劳动合同:

(一)劳动者患病或者非因工负伤,在规定的医疗期满后不能从事原工作,也不能从事由用人单位另行安排的工作的;

(二)劳动者不能胜任工作,经过培训或者调整工作岗位,仍不能胜任工作的;

(三)劳动合同订立时所依据的客观情况发生重大变化,致使劳动合同无法履行,经用人单位与劳动者协商,未能就变更劳动合同内容达成协议的。

一、关于代通知金的专题解析

(一)代通知金的定义及实务应用

(1)定义:本条所称"额外支付劳动者一个月工资",实践中一般简称为"代通知金"或"代通金",两者可混用,含义相同,指代在法律规定的情形下,用人单位没有提前三十日通知劳动者合同即告解除而额外支付给劳动者的一个月工资。

(2)劳动争议仲裁机构及法院判断是否能够支持代通知金的构成要件为:解除发起的主体和解除的事由及其合法性。

(3)解除主体限定为用人单位。劳动者以本法第三十七条和第三十八条发起的解除,与代通金无关。

（4）解除的性质限定为合法解除。违法解除的后果归于恢复劳动关系或支付赔偿金，与代通金无关，即主张代通知金的基础是用人单位合法解除。实务中，不少劳动者在与用人单位谈协商解除时，盲目地坚持"2N＋1"，殊为不智。就协商解除而言，一般取"N"到"2N"的中间数或"N＋1"到"2N"的中间数。除特殊情形外，高于该数的协商报价金额，用人单位更倾向于直接解除，是否违法留待裁判机关认定。

（5）原则之例外：虽然用人单位适用本条规定解除劳动者并不合法，部分要件缺乏，但劳动者仅以解除通知书主张合法解除的经济补偿及代通金的，依法应得到支持①。

（二）代通知金的金额判定

（1）代通知金的金额以解除的上个月工资金额为原则。

法条依据：

《劳动合同法实施条例》

第二十条　用人单位依照劳动合同法第四十条的规定，选择额外支付劳动者一个月工资（代通知金）解除劳动合同的，其额外支付的工资应当按照该劳动者上一个月的工资标准确定。

（2）原则之例外：正常工资标准或离职前十二个月平均工资。

法条依据：

《上海市高级人民法院关于适用〈劳动合同法〉若干问题的意见》　沪高法〔2009〕73 号

五、用人单位解除劳动合同时如需要向劳动者支付一个月的替代通知期工资（简称"代通金"），其支付标准如何确定。

用人单位是否需要支付"代通金"，应当根据法律的规定来判断，法律没有规定的，不能要求用人单位支付。

《实施条例》规定"代通金"的支付标准，应当以上个月的工资标准确定，但只以单月的工资为准，可能过高或过低，既有可能对用人单位不利，也有可能对劳动者不利，从整体上看不利于促进和形成和谐稳定的劳动关系。所以，结合劳动法和劳动合同法的立法精神，上个月的"工资标准"，应当是指劳动者的正常工资标准。如其上月工资不能反映正常工资水平的，可按解除劳动合同之前劳动者十二个月的平均工资确认。

---

① 在特殊的场景下，劳动者主张经济补偿和代通金（即"N＋1"）远大于主张赔偿金的收益，例如劳动者月工资标准 10 万元/月，在用人单位处工作不到半年，按照 2022 年上海市上年度社会职工平均工资 11 396 元的三倍封顶计算，其主张"N＋1"的收益为 117 094 元，主张"2N"的收益为 34 188 元，前者的收益是后者的三倍以上。

由此，我们可以归纳出两条适用规则：

企业停工停产（如疫情期间）导致劳动者的上个月工资与更早月份变化巨大的，当适用本条款——相对劳动者有利；

上月工资具备其他非日常的项目，如奖金、提成等，出现畸高时，当适用本条款——相对用人单位有利。

（三）代通知金与经济补偿关系

（1）代通知金一般与经济补偿一起出现，经济补偿系代通知金的充分条件，代通知金并非经济补偿的充分条件。

（2）代通知金在特殊情形下单独出现，如特殊劳动关系（外籍员工、协议保留社会保险人员），或劳动合同未约定经济补偿，但约定代通知金的，从其约定，劳动者得以单独主张代通金。

二、关于医疗期的专题解析

（一）医疗期的定义及长度

医疗期是指企业职工因患病或非因工负伤停止工作治病休息不得解除劳动合同的时限。该定义来自《劳动部关于发布〈企业职工患病或非因工负伤医疗期规定〉的通知》、上海市人民政府印发修订后的《关于本市劳动者在履行劳动合同期间患病或者非因工负伤的医疗期标准的规定》的通知。

医疗期的定义，属于劳动法领域地域性极强的板块，每个地区对于医疗期的长度、医疗期满的计算方法及细则具有较大差异，本书就上海地区的规定进行举例。

上海地区规定：

"医疗期按照劳动者在本用人单位的工作年限设置。劳动者在本单位工作第1年，医疗期为3个月；以后工作每满1年，医疗期增加1个月，但不超过24个月。"

该表述明确了医疗期的长度、医疗期满的计算方法，其中医疗期长度与司龄（本单位工作年限）挂钩，第1年3个月，第N年为N+2个月，封顶24个月。

医疗期长度的例外情形：

（1）劳动者经劳动能力鉴定委员会鉴定为**完全丧失**劳动能力但不符合退休、退职条件的，应当延长医疗期。延长的医疗期由用人单位与劳动者具体约定，但约定延长的医疗期与前条规定的医疗期合计不得低于24个月[1]。

---

[1] 上海市人民政府《关于本市劳动者在履行劳动合同期间患病或者非因工负伤的医疗期标准的规定》（沪府发〔2015〕40号），根据《上海市人民政府关于延长〈关于本市劳动者在履行劳动合同期间患病或者非因工负伤的医疗期标准的规定〉有效期的通知》（沪府规〔2020〕13号），本法规有效期被延长至2025年6月30日。

（2）对某些患特殊疾病（如癌症、精神病、瘫痪等）的职工，在 24 个月内尚不能痊愈的，经企业和劳动主管部门批准，可以适当延长医疗期①。

（二）医疗期计算及周期的全国性规定

医疗期计算应从病休第一天开始，累计计算。

计算周期：医疗期为三个月的，按六个月内累计病休时间计算；六个月的，按十二个月内累计病休时间计算；九个月的，按十五个月内累计病休时间计算；十二个月的，按十八个月内累计病休时间计算；十八个月的，按二十四个月内累计病休时间计算；二十四个月的，按三十个月内累计病休时间计算。

病休期间：公休、假日和法定节日包括在内。

例如：应享受三个月医疗期的职工，如果从 2019 年 3 月 5 日起第一次病休。那么，该职工的医疗期累计病休时间应在 3 月 5 日至 9 月 5 日之间计算。在此期间累计病休三个月即视为医疗期满。其他依此类推。

（三）医疗期及周期计算的上海地区规定

医疗期计算应从病休第一天开始，累计计算。具体按规定的月工作时间计算，即劳动者连续或累计病休满 20.83 天为医疗期一个月，其中不包括国家规定的法定休假日和休息日。

计算周期：上海地区执行的医疗期并没有累计计算周期的限制，劳动者在一个单位的劳动关系存续期间只能享受一次医疗期保护，而不可重复享受。即全国性的规定以月为计算单位，连续月份中累计病休时间已满的，则医疗期满，但可循环计算。上海地区则与年份直接关联，期满不循环。

（四）医疗期满解除或终止的构成要件

若劳动合同的到期日晚于医疗期满之日，则根据劳动者的实际康复情况，选择继续从事原岗位或者调整至新岗位。若劳动合同到期日早于医疗期满之日，则劳动合同到期日应顺延至医疗期满，医疗期满后可直接适用劳动合同到期终止条款。

医疗期满后，在剩余劳动合同履行期内，若劳动者无法胜任原工作/原岗位，也不能从事用人单位另行安排的工作，则用人单位可以适用本条予以解除。

无法从事原工作，包含以下情形：

（1）仍未痊愈、无法返岗。

（2）已不具备原岗位所必需条件，如驾驶员岗位已截肢、销售岗位脑溢血、前台的容貌受到较大伤害、会计类岗位的视力障碍等。

（3）无法完成原工作的普遍性要求，包含质量或数量要求，如智力受损导致会

---

① 《关于贯彻〈企业职工患病或非因工负伤医疗期规定〉的通知》（劳部发〔1995〕236 号）。

计人员核算账目错误严重,销售人员体力下降导致交易订单数量严重不达标。

需要指出的是,本条中所称的另行安排的工作,基于合理性的考虑,对于体力的负担、智力的要求不能比原岗位加重。同时,鉴于另行安排工作的前提是劳动者不能从事或不能胜任原工作,因此,另行安排的工作可以适当降低劳动报酬,或按照新岗位对应的劳动报酬标准调岗调薪,但明显不合理的除外。

(五)医疗期满解除的法律后果

(1)劳动合同自用人单位劳动关系解除的意思表示到达劳动者后立即解除。

(2)用人单位应按照本法第四十六条的规定向劳动者支付经济补偿。

(3)用人单位应向劳动者支付医疗补助费。

(4)经济补偿、医疗补助费的计算基数依据该劳动者离职前十二个月平均工资确定,月平均工资收入低于本市职工最低工资标准的,按本市职工最低工资标准计算。

法律依据:

《上海市劳动合同条例》

第四十四条 用人单位根据本条例第三十二条第一款第(一)项的规定解除劳动合同的,除按规定给予经济补偿外,还应当给予不低于劳动者本人六个月工资收入的医疗补助费。

第四十五条 本条例第四十二条、第四十四条中的工资收入按劳动者解除或者终止劳动合同前十二个月的平均工资收入计算,劳动者月平均工资收入低于本市职工最低工资标准的,按本市职工最低工资标准计算。

(六)涉及医疗期的解除与终止

依据本法本项的规定,劳动者在医疗期届满后,无法从事原工作又无法胜任新岗位的,此时用人单位解除劳动合同的,则适用医疗期满解除。

若医疗期满,但劳动合同尚未到期待,劳动合同到期时,用人单位决定不续签的,适用劳动合同法第四十四条第一项的期满终止条款。

(七)涉及医疗期的违法终止与违法解除

1. 违法终止

若用人单位单方面认为劳动者医疗期已满且劳动合同已到期,从而决定终止劳动合同,但实际医疗期未满的,则会产生用人单位"违法终止劳动合同"的法律后果。判断违法与合法的界限为"期限",即用人单位是否依法将劳动合同的到期日顺延至劳动者应享有的医疗期完全届满日。

2. 违法解除

(1)劳动者医疗期确已届满,劳动合同尚未届满时(即该劳动关系仍存续),用人单位以本法本项作出解除决定,但劳动者实际仍可胜任原岗位/原工作或用人单位提供的新工作、用人单位未另行安排劳动者新工作、用人单位另行安排的新工作不具备合理性的,此时构成违法解除。

(2)无论劳动者医疗期是否届满,劳动关系存续期间用人单位以其他事由(如旷工违纪解除等)作出解除决定,该事由被认定不具备合法性或合理性,判定违法的,构成违法解除。

(八)必须支付医疗补助费的法定情形

1. 在劳动合同未到期前依据本条本项解除的(以上海地区为例)

法律依据:

《上海市劳动合同条例》

第三十二条 有下列情形之一的,用人单位可以解除劳动合同,但是应当提前三十日以书面形式通知劳动者本人:

(一)劳动者患病或者非因工负伤,医疗期满后,不能从事原工作也不能从事由用人单位另行安排的工作的;

第四十四条 用人单位根据本条例第三十二条第一款第(一)项的规定解除劳动合同的,除按规定给予经济补偿外,还应当给予不低于劳动者本人六个月工资收入的医疗补助费。

2. 医疗期满后劳动合同到期终止,且劳动者已经过劳动鉴定委员会鉴定为伤残5～10级或患重病或绝症(未被鉴定为1～4级的),用人单位不续签劳动合同的(此处终止的主体为用人单位方)

此处应当理解为,并非任意疾病导致医疗期满合同终止均要支付医疗补助费,必须劳动能力伤残鉴定5～10级或患重病或绝症,用人单位方有支付义务。

法律依据:

《关于实行劳动合同制度若干问题的通知》(劳部发〔1996〕354号)

第二十二条:劳动者患病或者非因工负伤,合同期满终止劳动合同的,用人单位应当支付不低于六个月工资的医疗补助费;对患重病或绝症的,还应适当增加医疗补助费。

《劳动部办公厅关于对劳部发〔1996〕354号文件有关问题解释的通知》(劳办发〔1997〕18号)

二、《通知》第22条"劳动者患病或者非因工负伤,合同期满终止劳动合同的,用人单位应当支付不低于六个月工资的医疗补助费"是指合同期满的劳动者终止劳动合同时,医疗期满或者医疗终结被劳动鉴定委员会鉴定为5～10级的,用人单位应当支付不低于六个月工资的医疗补助费。鉴定为1～4级的,应当办理退休、退职手续,享受退休、退职待遇。

(九) 无须支付医疗补助费的情形(结合实务判例)

(1) 用人单位以其他事由解除/终止双方劳动关系,其解除决定被裁判机关确认为违法,且支持劳动者获得赔偿金的,即劳动者已获取惩罚性赔偿金的,再主张医疗补助费不符合法定情形。

王某某与德之馨(上海)有限公司(简称德之馨公司)劳动合同纠纷二审案件二审民事判决书【(2020)沪 01 民终 12567 号】

本院认为:本案的争议焦点为,用人单位违法解除劳动合同的情形中是否应支付医疗补助费。本案中,王某某援引的有关法规规章,为上世纪九十年代前后所制定,系指用人单位按照规定解除劳动合同时应支付医疗补助费,并不包括用人单位违法解除劳动合同的情形。虽然前案生效判决认定德之馨公司系违法终止劳动合同,违法终止的后果应重于合法解除,但 2008 年 1 月 1 日《中华人民共和国劳动合同法》施行后,其第八十七条对用人单位违法终止劳动合同应承担的后果作出专门的规定。王某某认为德之馨公司系违法终止并获得赔偿金,现主张医疗补助费没有依据。王某某提出的有关案例与本案并不相同,有关案例亦非本案审理的依据。若王某某坚持认为其构成职业病,应另行主张。综上所述,王某某的上诉请求不能成立,应予驳回;一审判决认定事实清楚,适用法律正确,应予维持。

(2) 劳动者在合同期满前提出解除劳动关系的。

(3) 医疗期满后劳动合同到期终止,劳动者已经过劳动鉴定委员会鉴定为伤残 1~4 级。经鉴定伤残等级为 1~4 级的,应当办理退休、退职手续,享受退休、退职待遇。

(4) 医疗期满后劳动合同终止,劳动者经过劳动鉴定委员会鉴定无等级的。

(十) 可能支付医疗补助费的情形(非通说)

(1) 用人单位以合同到期不再续签终止劳动关系,但医疗期尚未届满(用人单位未正确计算医疗期),形成"违法终止",该观点当非通说,但经上海地区终审判决明确。

爱得乐芳帅空压机设备(上海)有限公司诉王某某劳动合同纠纷案件二审民事判决书【案号:(2015)沪一中民三(民)终字第 2212 号】

"根据'举轻以明重'的逻辑,在劳动合同合法终止时,用人单位尚需支付医疗补助费的情况下,违法终止时,用人单位更不能被免除该责任。"

(2) 医疗期满后劳动合同到期终止,劳动者已经过劳动鉴定委员会鉴定为伤残 5~10 级,不同意续签劳动合同的(此处终止的主体为劳动者)。

① 劳动合同到期后,用人单位同意续签,劳动者不愿再续签,此时终止双方劳

动合同的主体为劳动者。基于劳办发〔1997〕18 号文并未明确规定必须用人单位方作为终止的发起方,因此实务中部分劳动争议仲裁机构认可劳动者作为终止的发起方亦可获取医疗补助费。

② 此时必须以劳动鉴定委员会的鉴定结论为前提。

法律依据:

《劳动部办公厅关于对劳部发〔1996〕354 号文件有关问题解释的通知》(劳办发〔1997〕18 号)

二、《通知》第 22 条"劳动者患病或者非因工负伤,合同期满终止劳动合同的,用人单位应当支付不低于六个月工资的医疗补助费"是指合同期满的劳动者终止劳动合同时,医疗期满或者医疗终结被劳动鉴定委员会鉴定为 5～10 级的,用人单位应当支付不低于六个月工资的医疗补助费。

(十一) 医疗补助费的金额

医疗补助费的计算基数以按劳动者解除或者终止劳动合同前十二个月平均工资为基础;但按照劳动案件实践现状,该工资标准为双方实际履行的工资标准,而非合同标准,如双方不能达成一致,由劳动争议仲裁机构/法院认定该标准。

医疗补助费的计算基数无封顶规定,不遵从经济补偿的上年度社会平均工资三倍的规定,也不受病假工资上年度社会平均工资封顶的调整。

医疗补助费的月份数,以六个月为原则。对患重病或绝症的,还应适当增加医疗补助费。江苏和湖北地区规定增加部分不低于医疗补助费的百分之五十,患绝症的增加部分不低于医疗补助费的百分之百。由于《违反和解除劳动合同的经济补偿办法》于 2017 年 11 月 24 日废止,上海地区在 2018 年及之后以法院酌定为主。

(十二) 医疗期相关合规要点

(1) 精确计算劳动者的医疗期,准确判断劳动者的医疗期是否期满。听取劳动者对于医疗期尚未届满的辩解,并作法理和事实的调查。

(2) 用人单位注册地、经营地与劳动合同履行地不一致时,应注意综合多地医疗期政策判定,仅依据一地一处之政策法规,存有风险。

(3) 用人单位"另行提供的工作"具备较大灵活性,法律虽未明确该岗位必须是最轻松的岗位,但仍应具备相应的合理性。

三、关于劳动者不能胜任工作的专题解析

(一) 劳动者不能胜任原约定工作岗位的认定

(1) 经考核,劳动者不能胜任现工作,或考核不达标。

（2）该工作指的是：考核时劳动者的现工作所对应的工作岗位，一般等同于劳动合同约定的岗位。

（3）例外情形：若用人单位与劳动者协商变更过劳动合同，或用人单位对劳动者进行调岗后劳动者未提出异议并已实际履行一段时间的工作岗位。

（二）用人单位履行培训或调岗程序

（1）用人单位对劳动者培训或调岗的理由应当具体明确，载明系劳动者不胜任工作而进行调岗及培训。

（2）用人单位如以其他理由，如市场因素、公司架构调整等进行培训或调岗，则不符合本条的法定要件。

（三）培训应具备针对性

（1）培训必须具备针对性。此类培训应当针对劳动者原岗位工作内容进行。广义的公司培训、其他专项的财务、报销等与原岗位不能胜任无关的培训，则不符合法定要件。

（2）培训应具备一定时长，且实际发生。若培训时间过短，于审判实务中存在无法得到支持的风险。虽然，该时间长短的具体标准未有明确的裁判口径，但应具备最基础的合理性，至少应以"天"为单位，而不能仅是若干小时的简短培训。

（四）调岗应具备合理性

合理性是本要件的核心，新岗位的岗位要求不应比原岗位的更高，培训后回归原岗位的考核强度或难度不应比原先的要求更高。

同时，在考核时，应当关注该考核的合法性及有效性，即该制度是否经原告签收确认，评分的内容是否真实客观等。

（五）关于本条的举证责任分配

就一般举证规则而言，当事人对自己提出的诉讼请求所依据的事实或者反驳对方诉讼请求所依据的事实有责任提供证据加以证明。没有证据或者证据不足以证明当事人的事实主张的，由负有举证责任的当事人承担不利后果。

用人单位依据本条进行解除时，应承担对解除合法性的举证责任，具体要点如下：

（1）劳动者"不能胜任工作"是指劳动者不能按要求完成劳动合同或相关岗位职责、绩效考核文件中约定的任务或者同工种、同岗位人员的工作量。

（2）用人单位应针对劳动者不能胜任工作的具体表现，有针对性地安排相关知识或技能方面的培训，以使劳动者可获取与其职务履行相当的知识或技能。

（3）用人单位对劳动者进行调岗时，应明确向劳动者阐述调岗原因为"其不胜任原工作"。

（4）用人单位还应当对先后两次的具体考核制度及考核结果进行举证。

（六）裁判口径暨实务要点

因劳动者不胜任工作而解除的裁判口径对用人单位而言收束得很紧，依据本项进行解除的，以劳动者胜诉居多（结合上海地区判例统计）。

"不胜任"的合理性认定是实际审判中最难的点。在用人单位的败诉案件中，以该要件不符合或不成立居多。在实务中，用人单位应当以客观、量化的标准来评判劳动者的工作完成情况，但究竟何种标准属于"客观、量化"，其实是属于难以捉摸和难以科学评判的。

对于销售类岗位，劳动者的工作完成情况一般能够做到客观、量化；而对于其他岗位，做到客观、量化属于完美状况、理想状况。因此，在实践中，裁判机关以劳动者"自认"为优先，例如：劳动者承认不能胜任工作，或其接受因不胜任工作的调岗。如不能达成自认，又无客观、量化的指标，则用人单位以本项作为解除依据时，将难以实现合法解除。

"培训"应当具有专项性和针对性，并且用人单位应明确告知劳动者系因其不胜任工作而进行培训，是为了补其短板，期待其能够在原岗位胜任工作，而非因新的项目、新的市场变化而培训。

新岗位的岗位要求不能比原岗位的更高。此处所称的"更高"，必须结合劳动者之前工作经历、技能等，判断新岗位对于特定的劳动者是否陌生，其有无相关技能等。仅以大众化的标准来评判新旧岗位，于审判实务中，裁判机关的认可度较低。裁判机关所进行的事实调查指向特定劳动者，而非用人单位整体情况或一般情况。

四、关于劳动合同客观原因无法继续履行的专题解析

（一）本项的实务地位

本项系"无过错解除"系列条款中最重要的解除条款，应用范围之广、影响之深远超其他条款。

一般而言，规模越小的公司，对该条款运用的灵活性越高。一些小公司在市场变动下会被迫撤销某个岗位，但与劳动者协商不成，经常适用本项以达到合法解除劳动合同的目的。

同时，合规性越高的公司，对该条款的重视程度越高。合规性高的公司，其对于解除的合法性的看重，可能更甚于解除可能付出的成本。本项给予了合法解除充分的运作空间，通过符合要件的操作模式，可以在员工不配合的极端情形下，达

成公司合法解除劳动合同的期望。

（二）本项的社会现状

本项之所以能够适应企业的经营需求，与市场环境紧密关联。当市场环境出现大的波动，用人单位在某一方面的经营难以为继时，得以援引本项取消岗位，减少人力资源成本。

与此同时，本项于审判实务中在较大程度上阻却了恢复劳动关系的可能性。恢复劳动关系系经劳动争议仲裁机构/法院审理，确认解除违法，从而撤销用人单位作出的解除决定，恢复至劳动合同解除前的状态。恢复劳动关系的基础为劳动者能够回归原岗位，本项对应的要件之一"岗位已撤销"能够有效地佐证劳动者的原岗位不存在，无恢复的实际可能，从而阻却劳动关系恢复。

因此，在相关审判实践中，用人单位以本项所作的解除，劳动者被驳回恢复劳动关系诉请的比例较高。

（三）本项的客观典型

本项的典型运用是用人单位针对"高管"施以解除的运用。

"高管"的定义于劳动法领域与公司法领域有显著区别，劳动法领域更为宽泛，指代"薪酬较高的高级管理类人员"，在实践中其薪酬超过或接近社会平均工资的三倍，岗位通常为经理或主管。

用人单位针对高管，常以客观情况发生重大变化为由，撤销其所任岗位，协商劳动合同的变更，协商不成后解除双方之间的劳动关系。鉴于高管岗位的唯一性（一般而言），该岗位被撤销后，无论该解除是否合法，劳动者均难以回归原岗位，对应恢复劳动关系的诉请往往不会被支持。同样的，自劳动者提起仲裁之日起至实际恢复之日止的工资待遇就不会被支持。

该运用场景之所以具备典型性，受用人单位于实务环节青睐，正是基于赔偿金额的对比和本法解除劳动合同补偿金/赔偿金的上限规定。高管的薪酬标准有时远超社会平均工资三倍，在劳动争议仲裁机构/法院确认解除违法后，赔偿金的金额将远低于恢复期间的工资待遇。因此，只要劳动关系无法恢复，用人单位通常愿意且乐意承受赔偿金之金额。

法律依据：

《劳动合同法》

第四十七条　劳动者月工资高于用人单位所在直辖市、设区的市级人民政府公布的本地区上年度职工月平均工资三倍的，向其支付经济补偿的标准按职工月平均工资三倍的数额支付。

第八十七条　用人单位违反本法规定解除或者终止劳动合同的，应当依照本法第四十七条规定的经济补偿标准的二倍向劳动者支付赔偿金。

（四）关于适用本项的实体性要件。

1. 如何界定客观情况发生重大变化

劳动合同订立时所依据的客观情况发生重大变化，致使劳动合同无法履行——审查的要点是劳动合同订立时的"客观"情况发生了"重大"的变化，此属于实体性要件。劳动合同订立时所能预见的客观情况发生了重大变化，该变化可能是：

（1）针对整个用人单位的。

（2）针对劳动者所在部门的。

（3）针对劳动者本人的。

一般而言，针对整个用人单位的情形较为常见，用人单位因政府政策无法继续在原址经营、而必须搬离某地均得以构成。在实践中，如用人单位与业主方的房屋租赁合同到期无法续约，也能够归类属于客观情况发生了重大变化。

《北京市高级人民法院、北京市劳动人事争议仲裁委员会关于审理劳动争议案件解答（一）》（京高法发〔2024〕534 号）

79. 哪些情形属于《劳动合同法》第四十条第三项规定的"劳动合同订立时所依据的客观情况发生重大变化"？

"劳动合同订立时所依据的客观情况发生重大变化"是指劳动合同订立后发生了用人单位和劳动者订立合同时无法预见的变化，致使双方订立的劳动合同全部或者主要条款无法履行，或者若继续履行将出现成本过高等显失公平的状况，致使劳动合同目的难以实现。

下列情形一般属于"劳动合同订立时所依据的客观情况发生重大变化"：①地震、火灾、水灾等自然灾害形成的不可抗力；②受法律、法规、政策变化导致用人单位迁移、资产转移或者停产、转产、转（改）制等重大变化的；③特许经营性质的用人单位经营范围等发生变化的。

2. 实体性要件强调的是客观性

本项所涉及的劳动合同不能继续履行属于客观原因，而非用人单位主观决定，即仅指代客观情形变化，用人单位主观上能够自行决断的，不属于此列。有的用人单位因公司内部重组需求、追求更高经济利益、削减成本（无其他客观条件），将整个部门撤并，并主张该撤并属于客观情况发生重大变化，实际是与法相悖的。但在司法实践中，部分法院已经认可了基于用人单位组织架构调整的客观情况重大变化。

3. 实体性要件强调的是重大性

重大性系该客观情形的变化发生后，用人单位无法克服，既有主观上作出努力亦无法克服的情形（如新冠疫情下的业务萎缩），也有主观上作出努力将与法律/法规/政策相悖的情形（如重污染企业不允许存留于上海市区），且都足以阻却劳动合同继续履行。同时，劳动者无法克服的情形亦有可能。

4. 实体性要件的程度

实体性要件的程度可类比于"量变与质变"。客观性属于质变，必须从性质上属于客观才符合本项定义。重大性属于量变，变化必须足够重大到阻却劳动合同继续履行的程度。

（五）关于适用本项的程序性要件

经用人单位与劳动者协商，未能就变更劳动合同内容达成协议的——审查的要点是用人单位与劳动者双方之间是否就劳动合同内容的变更进行过协商，属于程序性要件。程序性要件是依据本项解除的必备一环，是立法者对市场经济整体稳定性的保护。

劳动合同所载明的岗位职责虽在客观上不能再继续履行，但劳动者与用人单位之间的劳动关系仍然存续。若因政策、市场等因素的波动，用人单位就可以直接解除劳动关系，将劳动者推向市场的话，这是对用人单位主体责任的免除，亦是对劳动者与用人单位关系整体稳定性的破坏。

立法者关注并设置"协商"作为程序性要件，是对社会主义市场经济整体稳定的保护，将"劳动关系的解除"与"政策、市场因素的波动"脱钩，断开两者之间的直接因果关系，希冀作为强势方的用人单位能够承担更多的社会责任。

1. 程序性要件的第一个要点是"协商什么"

"协商什么"，即协商变更劳动合同的内容。在实践中，很多用人单位对本项的程序性要件的理解出现偏差，认为此系广义的协商，将对"劳动关系直接的解除进行的协商"理解为履行了协商义务，这属于典型的对法条的错误理解。协商必须针对劳动合同内容的变更进行。

在实践中，双方可以就岗位、工作地点的变更，甚至工种的变更进行协商，方能够视为完成协商程序。

2. 程序性要件的第二个要点是"如何协商"

协商的发起人可以是劳动者与用人单位双方的任一方，本项并未就发起人进行限定，劳动者基于岗位的灭失而与用人单位主动协商亦符合本项规定，但在实践中，绝大多数协商均由用人单位发起。

关于协商的形式，法律并未做任何限制，但从审判实务的角度出发，协商必须留下痕迹，以便在劳动争议案件的审理过程中举证证明，未能留下痕迹但双方均无异议或劳动者自认的亦可。一般而言，双方会通过会议、电话、面谈、微信、邮件等形式进行协商。

（1）通过会议协商的，应当留下会议纪要，注明时间、地点、人物，并由会议的主持人、用人单位方代表、参与协商的劳动者签名。

（2）通过电话协商的，必须录音，并妥善保管录音及该录音的原始载体，以便庭审过程中当庭演示（相当于原件的效力）。特别说明，当前已经进入了个人信息保护的新时期，部分大型企业对于员工的个人信息保护要求较高，此时可向管理层或信息合规部申请对谈话进行录音，谈话完毕后对录音文件脱敏，如仲裁及诉讼阶段需使用的，再次申请调用。

（3）面谈协商的，应留下邀请劳动者进行面谈的信件、表明面谈目的，并制作面谈笔录，由双方或多方签名或录音。

（4）微信、邮件等文字形式协商的，不可语气含糊，当明确表明当前对话系对岗位或工作地点等变更的协商过程。

3. 程序性要件的第三个要点是"协商到什么程度"

协商的程度应是双方就变更劳动合同的内容进行了详细和实质的协商，用人单位作为工作岗位的提供方，应就变更的内容向劳动者予以明确，主要表现为：

（1）用人单位协商变更劳动合同内容所针对的职级应当与劳动者原职级相当。

（2）变更后的工资标准应当与劳动者原工资标准相当。

（3）劳动者应当对变更后的岗位具备一定的熟悉程度。

（4）变更后的工作地点应当与劳动者原工作地点相同或较近。变更后的工作内容该劳动者应当可以胜任。

4. 实务口径

以上所称列的协商程度要件，于司法实务中，并非稳定或确定的，裁判机构会对合理性进行审查。裁判机构认为，在原岗位确因客观情况发生重大变化而灭失/无法继续履行时，用人单位应为解决劳动者的劳动权/获取劳动报酬的权利/保留稳定工作的权利等与劳动者进行善意磋商，由此产生降薪/换岗/变更工作地点的，均可能被认为合法。

5. 合理性示例

（1）原岗位系部门经理级别的，因原岗位灭失，可协商到其他部门任经理或副经理，但如果从部门经理降职到普通岗位，将不具备合理性。

（2）变更后可以降薪，但降薪的幅度应当具备合理性，如从 50 000 元降低至 45 000 元，劳动者的物质生活并未明显降低，且适合、匹配劳动者的原岗位已灭失，因此可以被部分裁判机构认可；但从 50 000 元降低至 5 000 元，则普遍认为不具备合理性。

（3）用人单位协商安排新岗位时，应当基于劳动者的教育经历、工作履历，安置劳动者到其相对熟悉的岗位，但前提应当是用人单位存在上述岗位且对人员有需求。用人单位系市场主体，其部门结构具备一定的稳定性，最适合劳动者的原岗位灭失后，如果对熟悉程度作出硬性规定，则相当于要求用人单位创设新岗位或安置劳动者到已满员的某些部门，不具备经济性，与经营性企业获取剩余价值的本质相违背。因此对于岗位的熟悉性，要求程度较低，一般而言，内勤岗位仍旧内勤，外勤岗位仍旧外勤。

（4）因政策性规定，企业整体外迁时，对工作地点的显著变更、跨区变更不影响合理性。同时，要求"市场主体在原工作地点继续承受高额租金，以维持劳动者的工作地点不变更"不符合客观实际且是不合理的过高要求。

（5）协商之后的岗位劳动者应当能够胜任，该"胜任"应当最低程度上不犯错和符合资质，用人单位不可以协商一般行政人员到财务岗位，但可以协商财务人员到一般行政岗位。如果劳动者到该岗位必然会出错甚至引起违纪的，则合理性存在问题，甚至可能引发人民法院对用人单位恶意协商至该岗位以追求违纪解除的法律后果的怀疑。如果用人单位提供的新岗位需要明确的资质/资格证书/上岗证的，而该劳动者不具备且无法在较短的时间内拥有的，一般认为不具备合理性。

（6）如果新岗位在劳动者的职业生涯中曾经从事过的，则一般认为具备合理性，例如：劳动者在入职本单位前曾经从事过新岗位工作或在本单位曾经从事过该岗位工作。

（六）上海地区对依据本项所做解除的裁判口径以审查实体性要件为主，程序性要件为辅

（1）裁判机关对于发生变化的情况是否客观十分严格。发生的变化应当不受用人单位控制，或者用人单位不能主观上决定该变化发生或不发生。

（2）裁判机关对于变化是否重大较为严格。变化的重大程度应当足以致使劳动合同无法继续履行，但这其中的逻辑链条往往不够清晰，法官并不是每个行业的专家，需要用人单位举证该变化足够重大、劳动者的劳动合同确系无法继续履行。

（3）裁判机关对于协商劳动合同的变更要求十分严格。用人单位未协商或仅协商劳动合同的解除，直接判定解除违法。

（4）裁判机关对于协商变更到什么程度要求很低，但需要具备合理性，显著不具备合理性的岗位变更或薪酬标准变更，用人单位败诉的可能性较大。

（七）客观情况发生重大变化解除的法律后果

符合本项解除的构成要件的，解除合法，用人单位支付经济补偿。如未提前三十日通知，再额外支付一个月的代通金。

如不符合本项解除的构成要件的,解除违法,支付赔偿金或恢复劳动关系。赔偿金相对固定,判定解除违法后劳动者主张赔偿金的诉请必然能得到支持。恢复劳动关系在确认解除违法后仍具备风险,人民法院可能基于执行的困难不判决恢复,也可能因为不具备恢复的基础而驳回。

当前审判实务中,裁判机构较少直接从恢复劳动关系改判赔偿金,必须于庭审中询问劳动者是否变更诉请,如坚持恢复劳动关系的诉请,能够恢复的,当恢复劳动关系,不能恢复劳动关系的,当确认解除违法,驳回恢复劳动关系的诉请,劳动者可另案主张赔偿金。

第四十一条 【经济性裁员】

有下列情形之一,需要裁减人员二十人以上或者裁减不足二十人但占企业职工总数百分之十以上的,用人单位提前三十日向工会或者全体职工说明情况,听取工会或者职工的意见后,裁减人员方案经向劳动行政部门报告,可以裁减人员:

(一)依照企业破产法规定进行重整的;

(二)生产经营发生严重困难的;

(三)企业转产、重大技术革新或者经营方式调整,经变更劳动合同后,仍需裁减人员的;

(四)其他因劳动合同订立时所依据的客观经济情况发生重大变化,致使劳动合同无法履行的。

裁减人员时,应当优先留用下列人员:

(一)与本单位订立较长期限的固定期限劳动合同的;

(二)与本单位订立无固定期限劳动合同的;

(三)家庭无其他就业人员,有需要扶养的老人或者未成年人的。

用人单位依照本条第一款规定裁减人员,在六个月内重新招用人员的,应当通知被裁减的人员,并在同等条件下优先招用被裁减的人员。

一、适用经济性裁员的限制与程序要求

本条规定的是一种特殊的情形,也是用人单位和劳动者最不愿意遇见的一种情形,即经济性裁员。通常来说,只有用人单位遇到极大的经营困难的时候,才会

适用该条,原因在于根据第一款的规定,适用该条存在较多的限制。

(一)人数限制

经济性裁员,并不同于一般性的员工辞退,是一种大范围、统一性的劳动合同解除情形。在人数上,必须符合超过二十人,或者虽裁减不足二十人但占企业员工总数百分之十以上。例如:一个企业总共三十人,此次裁员必须同时解除三人以上方可适用这一条。

虽然,可能会让人有一种人数要求也不多的错觉,但是人数仅仅只是本条的最基础规定,还要符合相应程序,以及特定情形方可适用。

(二)程序要求

首先,在用人单位拟进行企业裁员时,需要提前三十日向工会或者全体职工说明情况,并听取工会或者职工的意见。这就意味着,企业必须要提前一个工资支付周期向全体员工告知企业的情况以及裁员的计划,并听取工会和职工的意见。虽然,此处的表述为"听取",但在程序上仍然会给企业带来限制。此类的公开情况说明,将对企业的日常经营造成无法预估的影响。

同时,这一条件的规定也在一定程度上杜绝了某些企业试图通过本条来达到违法解除的目的。毕竟额外一个月的用工成本,以及面对全体员工的情况说明都会成为极大的障碍。

其次,在企业内部通过上述流程后,用人单位还需要向劳动行政部门报告裁员计划。虽然在原劳动部的相关文件中,曾提到劳动行政部门只是接受报备,而非进行审批。但在我国现有的就业及经济环境下,地方劳动行政部门对于企业裁员的情形持有着相对谨慎的态度,对于裁员计划的合理性以及如何妥善保护劳动者合法权益,都有着较高的要求。

所以,在最终施行裁员计划前,用人单位不但要经过内部程序,还要经过外部报告的流程,方能依据本条进行裁员。

二、适用经济性裁员四种情形的解析

本条的第一款中,列举了四种可以适用并实行经济性裁员的情形,每一条的描述均较为简单,但越是简单的描述,越容易存在模糊的地带。

(一)依照企业破产法规定进行重整的

根据《企业破产法》的第二条的规定:"企业法人不能清偿到期债务,并且资产不足以清偿全部债务或者明显缺乏清偿能力的,依照本法规定清理债务。企业法人有前款规定情形,或者有明显丧失清偿能力可能的,可以依照本法规定进行重整。"

所以,此条适用公司没有申请破产清算,而是进入重整程序的情况。这是一法定程序,只有启动了该法定程序,方可适用本条。

(二)生产经营发生严重困难的

"严重困难"本身是对程度的描述,在实践中如何确定"严重困难"的标准是关键。

1. 关于困难企业的认定主体

根据劳动部办公厅关于印发《关于〈劳动法〉若干条文的说明》的通知(劳办发〔1994〕289号)第二十七条的规定,"生产经营状况发生严重困难"可以根据地方政府规定的困难企业标准来界定。

由此可见,界定严重经营困难的标准,在于当地人民政府的规定。

2. 关于困难企业的界定标准

各个地区对于困难企业的认定标准不一,存在着差异。结合各地的相关规定,一般列举的困难标准有以下几类,供参考。

(1)上海市劳动和社会保障局关于印发《本市企业实施经济性裁减人员办法》的通知(沪劳保关发〔2000〕9号)(2002年5月1日失效)。

二、生产经营已出现亏损的企业,符合下列条件的,可以实施经济性裁减人员。

(一)已采取以下措施:

1. 停止招工。

2. 清退各类外聘人员(包括外地劳动力)。具体范围由企业代表与工会代表协商确定。

3. 停止加班加点。对实行不定时工作制和综合计算工时工作制的,按有关规定执行。

4. 降低工资。降低工资的幅度由企业代表和工会代表协商确定,但企业职工月平均工资实际已低于本市上年度职工月平均工资60%的,可以不再降低工资。

(二)上述措施实施满半年仍然亏损且生产经营状况无明显好转的。

(2)北京市劳动局关于印发《北京市企业经济性裁减人员规定》的通知(京劳就发〔1995〕56号)(2017年12月21日失效)。

第3条 本市行政区域内参加失业保险的企业具有下列情况之一的,可以实施经济性裁减人员:

(2)连续三年经营性亏损且亏损额逐年增加,资不抵债、80%的职工停工待工、连续6个月无力按最低生活费标准支付劳动者生活费用的;

(3)《深圳经济特区企业经济性裁减员工办法》(深圳市人民政府令第56号)(2004年9月13日失效)

第 2 条　企业因下列情形之一,确需裁员的,可以裁员:

(二)连续亏损二年且资不抵债并难以继续经营;

(三)连续停工及无力支付员工工资在二个月以上且难以继续经营;

由此可见,虽然各地对于企业经营困难的认定不一,但是经营亏损是必然要求,所以财务报表仍是企业的首要依据。

(三)企业转产、重大技术革新或者经营方式调整,经变更劳动合同后,仍需裁减人员的

这一情形,主要针对于企业改制,或者企业的主营业务发生实质变更时,劳动者与用人单位实际主营业务无法匹配,从而处理员工与用人单位之间的劳动合同关系的情况。

而对于重大技术革新这类涉及企业自主经营管理的,一般而言,会受到行政主管部门的关注,在相关文件中,笔者也注意到部分地区要求由劳动行政管理部门进行认定的说法。

例如《深圳经济特区企业经济性裁减员工办法》(深圳市人民政府令第 56 号)(2004 年 9 月 13 日失效):

第五条　企业因产业结构优化或重大技术改造需裁员的,应经劳动行政部门认定后,对拟裁减的员工进行必要的培训。对经培训仍不适应工作需要的员工,企业按第四条的规定予以裁减。

(四)其他因劳动合同订立时所依据的客观经济情况发生重大变化,致使劳动合同无法履行的

此条属于兜底条款,涵盖了因市场经济变化,导致企业无法正常履行原劳动合同。本条应与第四十条第三款"劳动合同订立时所依据的客观情况发生重大变化,致使劳动合同无法履行"加以区分。

关键在于第四十条中的客观情况范围更广,而本款则着重于因"客观经济情况"发生重大变化,例如金融危机,次贷危机等。在履行程序上,第四十条要求用人单位与劳动者进行协商,在无法就变更劳动合同达成一致的情况下才解除劳动合同。本条中用人单位并不能随意解除劳动合同,需经过上述法定程序后方可解除。

三、关于裁员过程中优先留用人员的解析

在用人单位进行经济性裁员时,原则上应当公平公正地核减人员。但是,在一些特殊情况下,用人单位需要保证正常运营的同时,也要优先保障特殊群体的合法权利。所以本条就某些特殊人群的留用进行了规定。

（一）四种法定情形

1. 与本单位订立较长期限的固定期限劳动合同的

此类人员因其签订了较长期限的固定期限劳动合同,对于员工来说,有着长期的心理预期,对用人单位充满了信赖利益,理应保护。同时,由于签署了长期劳动合同,相对于短期劳动合同而言,劳动关系也将更为稳定,有利于用人单位在后续的发展中保持人员结构稳定。

对于用人单位来讲,企业愿意与某一员工签署长期的劳动合同,也是对该员工的能力和品德的认可。故而本款将此类员工作为优先留用的员工。

2. 与本单位订立无固定期限劳动合同的

无固定期限劳动合同,原则上与长期固定期限劳动合同的情形类似,都属于长期稳定的劳动关系,但也有着特殊性。

根据之前的条文规定可知,简要归纳签订无固定期限劳动合同的情形有三种:

（1）劳动者在该用人单位连续工作满十年的。

（2）用人单位初次实行劳动合同制度或者国有企业改制重新订立劳动合同时,劳动者在该用人单位连续工作满十年且距法定退休年龄不足十年的。

（3）连续订立二次固定期限劳动合同的。

排除两次时间较短固定期限劳动合同的极端情况,上述三种情形均体现为员工长期为用人单位服务,对工作业务更为熟悉,对用人单位更为忠诚。同时,考虑到一旦直接解除此类员工的劳动关系之后,其日常生活会受到较大的冲击。特别是离退休时间较近的员工,普遍年龄较大,市场竞争力较弱,环境适应能力也不强,理应予以照顾。

3. 家庭无其他就业人员,有需要扶养的老人或者未成年人的

对员工来说,若整个家庭的唯一收入来源是其劳动报酬,同时家庭中还有需要扶养的老人或者未成年人,那么该份工作对于员工是极其重要的。此时,用人单位若进行经济性裁员,为了保障该员工及家庭能够正常生活,确保老人和未成年人的生存权免受侵害,应当优先留用此类员工。

这是对于困难家庭的特殊照顾,也是对劳动者基本生存权利的保障。

（二）不同地区对于优先留用人员的特别规定

（1）根据北京市劳动局关于印发《北京市企业经济性裁减人员规定》的通知（京劳就发〔1995〕56号）（2017年12月21日失效）。

企业不得裁减下列人员:

① 患职业病或因工负伤丧失或部分丧失劳动能力的;

② 患病或非因工负伤在规定的医疗期内的;

③ 女工在孕期、产期、哺乳期内的；

④ 男职工年满 50 周岁,女职工年满 45 周岁的；

⑤ 残疾职工；

⑥ 夫妻双方在同一企业的,只允许裁减一人；

⑦ 法律、法规、规章规定的其它不得裁减人员。

（2）根据《南京市企业经济性裁减人员试行办法》第六条的规定：

非本人自愿,企业不得裁减下列人员：

① 患职业病或者因工负伤,经鉴定符合《职工工伤与职业病致残程度鉴定》标准六级及其以上的；

② 患病或非因工负伤,在规定的医疗期内的；

③ 女职工在孕期、产期,哺乳期的；

④ 现役军人配偶、烈士遗属（配偶）、残疾人、市级以上劳动模范；

⑤ 夫妻双方在同一企业的,只允许裁减一人；

⑥ 法律、法规和行政规章规定的其他不得裁减的人员。

（3）根据山东省劳动厅转发劳动部《企业经济性裁减人员规定》的通知第五条的规定：

对下列人员（本人自愿除外）用人单位一般不应裁减,必须裁减的,要征得省（市、地）劳动行政部门同意。

（一）工作时间较长,距离退休年龄十年以内的（距离退休年龄不足五年的,可先办厂内退养,到达退休年龄时再办理退休）；

（二）复转军人、军队干部（志愿兵）随军家属安置到用人单位两年以内的。

（4）根据青岛市人民政府关于印发《青岛市企业经济性裁减人员管理办法》的通知第七、八条的规定：

第七条　企业不得裁减下列人员：

（一）患职工病或因工负伤并被确认丧失或部分丧失劳动能力的；

（二）患病或负伤,在规定的医疗期内的；

（三）女职工在孕期、产期、哺育期的；

（四）法律、法规规定的其他情形。

第八条　下列人员非本人自愿,企业一般不应裁减：（一）配偶已下岗或失业的；（二）现役军人配偶、市级以上劳动模范、归国华侨、政策性安置的残疾人。

由此可见,虽然法律层面对于不得裁减的人员有了一定的规定,但各地在实际操作中,会根据实际情况进行调整。故而一旦有企业拟实施经济性裁员的,建议优先检索当地的相关法律规定,并咨询当地社保部门,以避免不必要的法律风险。

（三）关于重新招用的规定

本条最后一款的规定给了被裁员劳动者一丝希望，即如果将来用人单位经济情况好转，需要招募员工，应当在一定期限内优先招录被裁减的员工。

具体来讲，如果用人单位在实施经济性裁员后的 6 个月内，需要重新招用人员，法律要求用人单位通知被裁减的员工。若员工同意回用人单位工作，那么在同等条件下，用人单位应当优先录用原被裁减的员工。但未优先录用，用人单位是否需要承担相应的法律后果，法律未作明确规定。

第四十二条　【用人单位不得解除劳动合同的情形】

劳动者有下列情形之一的，用人单位不得依照本法第四十条、第四十一条的规定解除劳动合同：

（一）从事接触职业病危害作业的劳动者未进行离岗前职业健康检查，或者疑似职业病病人在诊断或者医学观察期间的；

（二）在本单位患职业病或者因工负伤并被确认丧失或者部分丧失劳动能力的；

（三）患病或者非因工负伤，在规定的医疗期内的；

（四）女职工在孕期、产期、哺乳期的；

（五）在本单位连续工作满十五年，且距法定退休年龄不足五年的；

（六）法律、行政法规规定的其他情形。

一、用人单位不得解除劳动合同情形的理解适用

本条适用的前提是用人单位本拟依据本法第四十条、第四十一条行使解除权或适用本法第四十四条第一项期满终止劳动合同，同时发生阻却劳动合同解除或终止的法律效果。若用人单位仍单方解除或终止劳动合同，在劳动者不主张恢复劳动关系的情况下，裁判机关无须再依据第四十条或第四十一条及期满终止的构成要件进行一一判定，可引用本条直接判定用人单位解除或终止不合法，具体理解如下：

（1）本法第四十条、第四十一条属于劳动合同法中用人单位和劳动者双方均无过错的解除条款。当用人单位或劳动者出现该条所载情形时，用人单位可以以支付经济补偿金为代价，解除双方之间的劳动关系。

（2）本法第四十四条第一项系因劳动合同约定的合同期限届满，用人单位可

以以支付经济补偿金为代价,单方面不同意续签劳动合同,终止双方之间的劳动关系。此处还需结合本法第四十五条加以理解和适用,即第四十五条规定,当劳动合同期满,有本法第四十二条规定情形之一的,劳动合同应当续延至相应的情形消失时终止。需要注意的是,第四十二条第二项规定丧失或者部分丧失劳动能力劳动者的劳动合同的终止,按照国家有关工伤保险的规定执行。

(3)解除或终止主体限定为用人单位。劳动者以《劳动合同法》第三十七条和第三十八条发起的解除,与本条无关。

二、关于职业病的专题解析

本条是《劳动合同法》唯一一处出现内容与职业病相关的条款,但在《劳动合同法》中出现的次数少,并不代表职业病防治在劳动法体系中地位低下。相反,职业病防治在劳动法体系中地位与"工伤"相当,有着复杂而完善的流程和体系。

(一)职业病范围的法定性

职业病的种类系有限枚举,不在列举范围内的不属于职业病。

1. 仅限载明于《职业病目录》的疾病

(1)以《卫生部、劳动保障部关于印发〈职业病目录〉的通知》(卫法监发〔2002〕108号)(已失效)所记载的十大类为基准,分别为:尘肺、职业性放射性疾病、职业中毒、物理因素所致职业病、生物因素所致职业病、职业性皮肤病、职业性眼病、职业性耳鼻喉口腔疾病、职业性肿瘤、其他职业病。该目录基本上无例外性情形,列举了职业病的范围。

(2)以《关于印发〈职业病分类和目录〉的通知》(国卫疾控发〔2013〕48号)(现行有效)所记载的十大类为基准,分别为:职业性尘肺病及其他呼吸系统疾病、职业性皮肤病、职业性眼病、职业性耳鼻喉口腔疾病、职业性化学中毒、物理因素所致职业病、职业性放射性疾病、职业性传染病、职业性肿瘤、其他职业病。

该目录有一个条款存在例外性情形,"60. 上述条目未提及的与职业有害因素接触之间存在直接因果联系的其他化学中毒"。

2. 未在目录中载明的疾病品种均不属于职业病

《职业病防治法》第二条规定,职业病的分类和目录由国务院卫生行政部门会同国务院劳动保障行政部门制定、调整并公布。故而,职业病的范围是由国家规定的,且要与日常生活中理解的"职业病"予以区分。

目录中的职业病,是国家承认并给予劳动法上特殊待遇的职业病。日常生活中俗称的"职业病"(不在职业病目录中)如:腰肌劳损(搬运工)、鼠标手(管理岗位)、颈椎病(长期低头岗位)、肩周炎(手工操作岗位)等,均不属于劳动法意义上的职业病。

对于目录中所记载的职业病,劳动者可直接依据劳动法规要求工伤保险基金及用人单位承担相关工伤保险责任,未购买社会保险的,全部责任由用人单位承担。

对于不属于目录记载的职业病,劳动者可依据《民法典》"侵权编"要求用人单位承担侵权责任,此时与工伤保险基金无关。根据实务经验判断,此种情形下主张侵权责任的请求权基础是《民法典》"侵权编",证据方面需要损害结果和因果关系鉴定,两者缺一不可。此种仅在法理上分析其可能性,实践中较难得到裁判机关的支持。

(二)不同阶段下涉职业病的解除劳动关系分析

职业病诊治分为三阶段,疑似或未确诊前(包含本条所称职业病离岗检查)、治疗期间、病情稳定后已进行劳动能力鉴定。

阶段一:疑似或未确诊前

"疑似或未确诊前"实际上包含了三种类别之情形:①用人单位的对应岗位确有职业病危害,现实可能性很大,而非主观臆想,客观体现在用人单位的该岗位属于国家列于《职业病分类和目录》中相对应的工种;②劳动者确有罹患职业病之可能,尚未进行离岗前职业健康检查,或劳动者已经向有关机构提出了职业病诊断;③上述两者兼有之情形。

在劳动者已经进行职业病检查或诊断的情况下,用人单位不但不得依据第四十条、第四十一条作劳动关系解除和期满终止,而且由于职业病检查或诊断包含了初查和复查,有资质的卫生机构在初查后通知劳动者等待复查的,该复查时间仍属于检查或诊断期间,用人单位还应发放劳动者该期间的工资。

若用人单位强行解除或终止劳动关系,则被认定为不合法。而且,该禁止性规定不以结果为导向,而以行为为导向,即:

(1)用人单位的对应岗位确有职业病危害,未安排离岗检查的,不得适用无过错解除——不以检查的结果好坏、是否患职业病为标准。

(2)劳动者已经向有关机构提起职业病诊断或在医学观察期间的,不得适用无过错解除——不以诊断的结果好坏、是否患职业病为标准。

法律依据:

《职业病防治法》

第三十五条　对未进行离岗前职业健康检查的劳动者不得解除或者终止与其订立的劳动合同。

第五十五条　用人单位应当及时安排对疑似职业病病人进行诊断;在疑似职业病病人诊断或者医学观察期间,不得解除或者终止与其订立的劳动合同。

阶段二:治疗期间

治疗期间是指有权机构已认定劳动者系工作原因引起职业病,尚在治疗期间,病情不稳定,暂无法进行劳动能力鉴定的时期。该期间相当于"工伤期间"。

在治疗期间用人单位不得以任何理由解除双方之间劳动关系,也不得以劳动合同期满为由终止双方之间的劳动关系,劳动合同已到期的,应当顺延,但可以其他法定终止事由终止双方劳动关系(本法第四十四条):①劳动者开始依法享受基本养老保险待遇的;②劳动者死亡,或者被人民法院宣告死亡或者宣告失踪的;③用人单位被依法宣告破产的;④用人单位被吊销营业执照、责令关闭、撤销,或者用人单位决定提前解散的。

在治疗期间,劳动者可以享受停工留薪期,原工资福利待遇不变,由用人单位按月支付。此处停工留薪期间工资不受当地上年度社会职工平均工资三倍封顶限制。停工留薪期一般不超过 12 个月,符合规定的可延长,但延长不得超过 12 个月。若劳动者出现生活不能自理或部分不能自理的,由此产生的护理费由用人单位承担。

法律依据:

《工伤保险条例》

第三十三条 职工因工作遭受事故伤害或者患职业病需要暂停工作接受工伤医疗的,在停工留薪期内,原工资福利待遇不变,由所在单位按月支付。

停工留薪期一般不超过 12 个月。伤情严重或者情况特殊,经设区的市级劳动能力鉴定委员会确认,可以适当延长,但延长不得超过 12 个月。工伤职工评定伤残等级后,停发原待遇,按照本章的有关规定享受伤残待遇。工伤职工在停工留薪期满后仍需治疗的,继续享受工伤医疗待遇。

生活不能自理的工伤职工在停工留薪期需要护理的,由所在单位负责。

《上海市劳动和社会保障局、上海市医疗保险局关于实施〈上海市工伤保险实施办法〉若干问题的通知》(沪劳保福发〔2004〕38 号)

(二十四)工伤人员在停工留薪期内或者劳动能力鉴定结论尚未作出前,用人单位不得与其解除或者终止劳动关系。

阶段三:病情稳定后已进行劳动能力鉴定

劳动者经过治疗,且病情稳定后,可以进行劳动能力鉴定。此处的"病情稳定"指的是相对稳定①,未来是否再因此病症需要治疗与当前能够进行鉴定的"相对"稳定无关。

此时,用人单位能否解除或终止,取决于劳动能力鉴定结果。鉴定结果分为两

---

① 《工伤保险条例》:"第二十一条 职工发生工伤,经治疗伤情相对稳定后存在残疾、影响劳动能力的,应当进行劳动能力鉴定。"

类①,一类是"劳动功能障碍",一类是"生活自理障碍"。

举例而言,一位工伤(如患职业病)的劳动者,经鉴定后,同时拥有因工致残等级和生活自理等级鉴定结论,但上述结论很可能因程度未达到标准而无等级。若劳动者到了相应的登记标准,则依据《工伤保险条例》以及各地的实施办法享受工伤相应待遇。

（三）因工致残等级一级至四级的,保留劳动关系,退出工作岗位,享有下列待遇（上海地区）

（1）一次性伤残补助金,由工伤保险基金按伤残等级支付。标准为:一级伤残为 27 个月的本人工资,二级伤残为 25 个月的本人工资,三级伤残为 23 个月的本人工资,四级伤残为 21 个月的本人工资。

（2）伤残津贴,由工伤保险基金按月支付。标准为:一级伤残为本人工资的90％,二级伤残为本人工资的85％,三级伤残为本人工资的80％,四级伤残为本人工资的75％。伤残津贴实际金额低于当地最低工资标准的,由工伤保险基金补足差额。工伤职工达到退休年龄并办理退休手续后,停发,按照国家有关规定享受基本养老保险待遇。基本养老保险待遇低于伤残津贴的,由工伤保险基金补足差额。

（3）基本医疗保险费,继续缴纳,由用人单位和职工个人以伤残津贴为基数参保。

（4）员工在职时用人单位为其缴纳的社会保险缴费基数较低而导致伤残津贴不足其实际月工资标准的,该差额部分由用人单位负担。

（四）职工因工致残被鉴定为五级、六级伤残的,享受以下待遇（上海地区）

（1）一次性伤残补助金。由工伤保险基金按伤残等级支付。标准为:五级伤残为 18 个月的本人工资,六级伤残为 16 个月的本人工资。

（2）劳动报酬或伤残津贴。

① 由用人单位发放。

② 用人单位能够安排适当工作的,发放劳动报酬。

③ 难以安排工作的,由用人单位按月发给伤残津贴,标准为:五级伤残为本人工资的70％,六级伤残为本人工资的60％,并由用人单位按照规定为其缴纳应缴纳的各项社会保险费。伤残津贴实际金额低于当地最低工资标准的,由用人单位补足差额。

（3）一次性工伤医疗补助金。经职工本人提出解除劳动、聘用合同的,由工伤保险基金支付,具体标准由省、自治区、直辖市人民政府规定。

----

① 《工伤保险条例》:"第二十二条　劳动能力鉴定是指劳动功能障碍程度和生活自理障碍程度的等级鉴定。劳动功能障碍分为十个伤残等级,最重的为一级,最轻的为十级。生活自理障碍分为三个等级:生活完全不能自理、生活大部分不能自理和生活部分不能自理。劳动能力鉴定标准由国务院社会保险行政部门会同国务院卫生行政部门等部门制定。"

（4）一次性伤残就业补助金。经职工本人提出解除劳动、聘用合同的，由用人单位支付，具体标准由省、自治区、直辖市人民政府规定。

（5）此处与七级至十级伤残的区别在于，不存在劳动、聘用合同期满终止之情形，法条规定中仅有劳动者本人提出解除劳动合同之情形。

（五）职工因工致残被鉴定为七级至十级伤残的，享受以下待遇（上海地区）

（1）一次性伤残补助金。由工伤保险基金按伤残等级支付。标准为：七级伤残为 13 个月的本人工资，八级伤残为 11 个月的本人工资，九级伤残为 9 个月的本人工资，十级伤残为 7 个月的本人工资。

（2）一次性工伤医疗补助金。劳动、聘用合同期满终止，或者职工本人提出解除劳动、聘用合同的，由工伤保险基金支付，具体标准由省、自治区、直辖市人民政府规定。

（3）一次性伤残就业补助金。劳动、聘用合同期满终止，或者职工本人提出解除劳动、聘用合同的，由用人单位支付，具体标准由省、自治区、直辖市人民政府规定。

示例 1：某员工月工资标准 7 000 元，发生工伤/患职业病后，经工伤等级鉴定为伤残等级一级、生活完全不能自理，停工留薪期 12 个月。工伤待遇计算如表 4－1 所示。

表 4－1　工伤待遇试算

项目	金额（元）	支付方	计算方法
一次性伤残补助金	189 000	工伤保险基金	一级伤残为 27 个月的本人工资（本人工资高于统筹地区职工平均工资 300% 的，按照统筹地区职工平均工资的 300% 计算；本人工资低于统筹地区职工平均工资 60% 的，按照统筹地区职工平均工资的 60% 计算）——《工伤保险条例》第三十五条、六十四条
伤残津贴（每月）	6 300	工伤保险基金	一级伤残为本人工资的 90%（本人工资高于统筹地区职工平均工资 300% 的，按照统筹地区职工平均工资的 300% 计算；本人工资低于统筹地区职工平均工资 60% 的，按照统筹地区职工平均工资的 60% 计算），且不低于当地最低工资标准——《工伤保险条例》第三十五条、六十四条
停工留薪期护理费	46 992	用人单位	生活不能自理的工伤职工在停工留薪期需要护理的，由所在单位负责——《工伤保险条例》第三十三条说明：此处暂按"生活大部分不能自理"的每月护理费标准×停工留薪期月份计算。但实务中，若用人单位提供人员护理则无此项费用；未提供护理时应根据实际护理等级、护理期间计算，护理费用缺少明确法律标准，一般可参照法定护理费标准

续　表

项目	金额(元)	支付方	计算方法
护理费 （每月）	6 091.5	工伤保险基金	生活完全不能自理时,每月护理费标准为全市所在社保统筹地区上年度(2022 年度)职工月平均工资 12 183 元的 50%——《工伤保险条例》第三十四条
停工留薪期工资	84 000	用人单位	职工因工作遭受事故伤害或者患职业病需要暂停工作接受工伤医疗的,在停工留薪期内,原工资福利待遇不变,由所在单位按月支付。 停工留薪期按 12 个月计算
医疗费	凭票据报销	工伤保险基金	治疗工伤所需费用符合工伤保险诊疗项目目录、工伤保险药品目录、工伤保险住院服务标准的,从工伤保险基金支付——《工伤保险条例》第三十条
康复性治疗费	凭票据报销	工伤保险基金	工伤职工到签订服务协议的医疗机构进行工伤康复的费用,符合规定的,从工伤保险基金支付——《工伤保险条例》第三十条
辅助器具费	凭票据报销	工伤保险基金	工伤职工因日常生活或者就业需要,经劳动能力鉴定委员会确认,可以安装假肢、矫形器、假眼、假牙和配置轮椅等辅助器具,所需费用按照国家规定的标准从工伤保险基金支付——《工伤保险条例》第三十二条
住院伙食补助费		工伤保险基金	职工住院治疗工伤的伙食补助费从工伤保险基金支付,基金支付的具体标准由统筹地区人民政府规定——《工伤保险条例》第三十条
外地治疗交通费		工伤保险基金	经医疗机构出具证明,报经办机构同意,工伤职工到统筹地区以外就医所需的交通、食宿费用从工伤保险基金支付,基金支付的具体标准由统筹地区人民政府规定——《工伤保险条例》第三十条
外地治疗食宿费		工伤保险基金	经医疗机构出具证明,报经办机构同意,工伤职工到统筹地区以外就医所需的交通、食宿费用从工伤保险基金支付,基金支付的具体标准由统筹地区人民政府规定——《工伤保险条例》第三十条

注:如未上工伤保险,则所有项目均由用人单位按照上述标准支付。

示例 2:某员工月工资标准 7 000 元,发生工伤/患职业病后,经工伤等级鉴定为伤残等级十级、生活部分不能自理,停工留薪期 12 个月。工伤待遇计算如表 4-2 所示。

表4-2 工伤待遇试算

项目	金额(元)	支付方	计算方法
一次性伤残补助金	49 000	工伤保险基金	十级伤残为7个月的本人工资(本人工资高于统筹地区职工平均工资300%的,按照统筹地区职工平均工资的300%计算;本人工资低于统筹地区职工平均工资60%的,按照统筹地区职工平均工资的60%计算)——《工伤保险条例》第三十五条、六十四条
伤残津贴(每月)	0	用人单位	七至十级伤残时,无伤残津贴,用人单位安排工作发放工资——《工伤保险条例》第三十七条
一次性工伤医疗补助金		工伤保险基金	十级伤残的一次性工伤医疗补助金标准为3个月工资。 文件依据:《上海市工伤保险实施办法》 备注:第四十一条(致残七至十级待遇) 工伤人员因工致残被鉴定为七级至十级伤残的,享受以下待遇:"(一)从工伤保险基金支付一次性伤残补助金。七级伤残的,为13个月的工伤人员本人工资;八级伤残的,为11个月;九级伤残的,为9个月;十级伤残的,为7个月。(二)劳动合同期满终止,或者工伤人员本人提出解除劳动合同的,由工伤保险基金支付一次性工伤医疗补助金,由用人单位支付一次性伤残就业补助金。七级伤残的,分别为12个月的上年度全市职工月平均工资;八级伤残的,分别为9个月;九级伤残的,分别为6个月;十级伤残的,分别为3个月。经工伤人员本人提出与用人单位解除劳动关系,且解除劳动关系时距法定退休年龄不足5年的,不足年限每减少1年,一次性工伤医疗补助金和一次性伤残就业补助金递减20%,但属于《中华人民共和国劳动合同法》第三十八条规定的情形除外。因工伤人员退休或者死亡使劳动关系终止的,不享受本条第一款第二项规定的待遇。" 解除或终止劳动关系时才支付,相关标准以解除或终止劳动关系之时的标准计算。
一次性伤残就业补助金		用人单位	十级伤残的一次性伤残就业补助金标准为3个月工资。 文件依据:《上海市工伤保险实施办法》 备注:第四十一条(致残七至十级待遇) 工伤人员因工致残被鉴定为七级至十级伤残的,享受以下待遇:"(一)从工伤保险基金支付一次性伤残补助金。七级伤残的,为13个月的工伤人员本人工资;八级伤残的,为11个月;九级伤残的,为9个月;十级伤残的,为7个月。(二)劳动合同期满终止,或者工伤人员本人提出解除劳动合同的,由工伤保险基金支付一次性工伤医疗补助金,由用人单位支付一次性伤残就业补助金。七级伤残的,分别为12个月的上年度全市职工月平均工资;八级伤残的,分别为9个月;九级伤残的,分别为6个月;十级伤残的,分别为3个月。经工伤人员本人提出与用人单位解除劳

项目	金额(元)	支付方	计算方法
			动关系时距法定退休年龄不足 5 年的,不足年限每减少 1 年,一次性工伤医疗补助金和一次性伤残就业补助金递减 20%,但属于《中华人民共和国劳动合同法》第三十八条规定的情形除外。因工伤人员退休或者死亡使劳动关系终止的,不享受本条第一款第二项规定的待遇。" 解除或终止劳动关系时才支付,相关标准以解除或终止劳动关系之时的标准计算
停工留薪期护理费	28 195.2	用人单位	生活不能自理的工伤职工在停工留薪期需要护理的,由所在单位负责——《工伤保险条例》第三十三条说明:此处暂按"生活大部分不能自理"的每月护理费标准×停工留薪期月份计算。但实务中,如用人单位提供人员护理则无此项费用;未提供护理时应根据实际护理等级、护理期间计算,护理费用缺少明确法律标准,一般可参照法定护理费标准
护理费(每月)	6 091.5	工伤保险基金	生活部分不能自理时,每月护理费标准为全市所在社保统筹地区上年度(2022 年度)职工月平均工资 12 183 元的 30%——《工伤保险条例》第三十四条
停工留薪期工资	84 000	用人单位	职工因工作遭受事故伤害或者患职业病需要暂停工作接受工伤医疗的,在停工留薪期内,原工资福利待遇不变,由所在单位按月支付。 停工留薪期按 12 个月计算
医疗费	凭票据报销	工伤保险基金	治疗工伤所需费用符合工伤保险诊疗项目目录、工伤保险药品目录、工伤保险住院服务标准的,从工伤保险基金支付——《工伤人保险条例》第三十条
康复性治疗费	凭票据报销	工伤保险基金	工伤职工到签订服务协议的医疗机构进行工伤康复的费用,符合规定的,从工伤保险基金支付——《工伤人保险条例》第三十条
辅助器具费	凭票据报销	工伤保险基金	工伤职工因日常生活或者就业需要,经劳动能力鉴定委员会确认,可以安装假肢、矫形器、假眼、假牙和配置轮椅等辅助器具,所需费用按照国家规定的标准从工伤保险基金支付——《工伤保险条例》第三十二条
住院伙食补助费		工伤保险基金	职工住院治疗工伤的伙食补助费从工伤保险基金支付,基金支付的具体标准由统筹地区人民政府规定——《工伤保险条例》第三十条
外地治疗交通费		工伤保险基金	经医疗机构出具证明,报经办机构同意,工伤职工到统筹地区以外就医所需的交通、食宿费用从工伤保险基金支付,基金支付的具体标准由统筹地区人民政府规定——《工伤保险条例》第三十条

续　表

项目	金额(元)	支付方	计算方法
外地治疗食宿费		工伤保险基金	经医疗机构出具证明,报经办机构同意,工伤职工到统筹地区以外就医所需的交通、食宿费用从工伤保险基金支付,基金支付的具体标准由统筹地区人民政府规定——《工伤保险条例》第三十条

注1:如未上工伤保险,则所有项目均由用人单位按照上述标准支付。

注2:工伤期间权益复杂难懂,因此劳动者发生工伤后,应及时向律师或当地劳动维权保障部门进行咨询,前往正确机构就诊、就医,以维护自身合法权益。

综上所述,上海地区的职业病(工伤)三阶段对应的劳动关系是否能够解除,形成了一个闭环:①诊断前,不得无过错解除;②治疗中,不得解除;③鉴定后,不得无过错解除。

需要指出的是,相对于工伤,患病或非因工负伤的全阶段均为"不得"无过错解除,体现了用人单位的用工自主权和保护因工负伤员工的义务,更体现了法律的平衡。此处体现了工伤与非工伤的显著区别,工伤系因工负伤,立法者对于工伤劳动者的保护是多于患病和非工伤劳动者的,这既是客观事实,也是应有之义。

三、关于"三期"女职工劳动合同解除的专题解析

(一)"三期"的定义

"三期"特指女职工的孕期、产假和哺乳期。孕期,是指自女职工确诊怀孕之日至生产或流产之日。正常生产情况下的产假为98天(其中产前可使用15天产前假),另有难产增加15天,生育多胞胎每多一胎增加15天的规定。

流产假以胎儿月份进行划分,未满4个月流产的为15天,满4个月流产的为42天。生育假以地方规定为准,各地区存在差异。哺乳期是指哺乳自己所生的1周岁以下婴儿时期。

孕期、产假、哺乳期之定义,记载于《女职工劳动保护特别规定》中,以事实的发生为要件,不以符合计划生育法规为要件,也未规定必须符合相关法律规定,体现了人民政府对于种族延续的特殊考量,反映为对女职工的倾斜保护。

生育假的享受则必须符合计划生育法规,上海地区的生育假记载于《上海市计划生育奖励与补助若干规定》中,明确载明"符合法律法规规定生育的夫妻,女方除享受国家规定的产假外,还可以再享受生育假60天,男方享受配偶陪产假10天"。

(二)"三期"的通知义务

"三期"女职工的特别保护法律依据源自《女职工劳动保护特别规定》,女职工

怀孕的,通知用人单位方可享受"三期"女职工的特别保护,如"对怀孕7个月以上的女职工,用人单位不得延长劳动时间或者安排夜班劳动,并应当在劳动时间内安排一定的休息时间"。但"三期"女职工不得被无过错解除的法律依据源自《劳动合同法》,本款以客观情形为要件,只要女职工处于"三期"的,则可适用,用人单位是否知情、劳动者是否书面通知均未于本款文字中载明。因此本款的适用不以劳动者通知,或用人单位知晓女职工处于"三期"为要件。换言之,若用人单位适用本法第四十条和第四十一条解除后方得知女职工已怀孕的,根据现行判例不完全检索结果,仍将被认定为违法解除。

但是,根据本法上下条款的设置可知,其虽不允许用人单位以本法第四十条和第四十一条解除或期满终止劳动合同,但未禁止用人单位依据本法第三十九条解除劳动关系,或以除劳动合同期满以外的情形终止劳动合同,甚至未排斥"三期"女职工与用人单位协商解除劳动合同。

若用人单位以本法第三十九条(违纪解除)解除劳动合同后方得知女职工已怀孕,一般此种解除违法与否与怀孕无关,并不是裁判机构审查的要点。但在以下情形中,很多情况下仍被判定为违法解除,如女职工大量请病假,用人单位不予批准并以"未准假不出勤、多日旷工"解除双方劳动关系的情况。

在(2014)鄂汉阳民三初字第00523号民事判决书中,法院说理部分认为:

原告的行为不构成严重违反用人单位的规章制度,原告在向被告请假时怀孕属实,原告因保胎需入院治疗属人之常情,被告以不准假的方式造成原告"旷工"继而解除双方的劳动关系不当,根据《中华人民共和国劳动合同法》第四十二条及其他有关法律法规的规定,女职工的孕期等特殊时期的合法权益应受保护。原告是否违反生育政策不属于本案审查的范围,事实上原告的生育最后已合法化,且取得准生证。故被告以原告连续旷工为由解除双方劳动关系的行为无效。

(三)用人单位对待"三期"女职工应有的科学态度

女职工的"三期"较为特殊,从怀孕到哺乳期结束,跨度长达2年,占据当前普通女职工职业生涯的1/15时间,如生育二胎,则将近1/7时间。

对于"三期"妇女的特殊保护,立法者已充分地把握了劳动者与企业之间的利益平衡。在女职工不严重违反规章制度等的前提下,不受经济性裁员、客观情况变化、不胜任工作、期满终止的影响,享有劳动权、获得劳动报酬、休产假、哺乳子女的权利。同时又在一定程度上保障了用人单位的用工自主权,在面临劳动者严重违反规章制度、严重失职等重大过错的情形下,得以解除双方劳动关系。

笔者认为,用人单位对于"三期"妇女的保护,同样应遵守平衡原则。女职工的"三期",不应是"催命符",也不应是"免死金牌"。少部分的用人单位,一见到女职工怀孕,就想方设法开除女职工,甚至在女职工入职时就约定了不得结婚、不得怀孕的条款;部分用人单位,被通知女职工怀孕了,就误认为完全不能解除,即使女职工有了重大过错,也一让再让。

上述两种观点均过于极端,失之偏颇,女职工有劳动和受特别保护的权利,也有受用人单位管理的义务。在女职工特别保护的基础上,合理合法用工,更符合当前劳动法规的立法本意。

四、关于"老员工"的特殊保护专题解析

(一)用人单位不得依据本法第四十条、第四十一条解除与特殊老员工的劳动关系

老员工能够得到这样的保护的条件是:同时满足"在本单位连续工作满15年"和"距法定退休年龄不足5年"。

在此情况下,老员工对用人单位的忠诚应得到奖励和保护,具体体现在:当老员工患病或非因工负伤而医疗期满时,或因跟不上时代而无法胜任工作时,或因时代变化而导致劳动合同订立时的客观情况发生变化时,或当企业经济性裁员时,应受到保护而不被解除。

忠诚可以弥补身体、能力、知识、价值稍有欠缺等情形,但不能与违法、违纪相抵销。当老员工触犯本法第三十九条时,用人单位仍可合法解除双方劳动关系。

(二)连续工作满十五年的认定

在实践中,劳动者非本人原因在关联单位之间调动的,工龄应连续计算[1],不中断。但劳动者自行从用人单位辞职后再次入职用人单位之关联单位的除外,此时工龄中断。

例外之例外:若劳动者非本人原因在关联单位之间调动,但用人单位已就前次工作年限支付了经济补偿,在计算本次解除的经济补偿系数/年限时,前次工龄不连续计算,但前次工龄仍视为该员工在本单位连续工作的工龄,影响解除是否合法的定性。

换言之,用人单位拟适用本法第四十条、第四十一条及期满终止条款解除或终止劳动合同时,即使在劳动者前次工作调动时已经就相关的经济补偿进行了结算,用人单位仍须结合关联单位工龄及本单位工龄合并计算,如超过十五年且距退休

---

[1]《劳动合同法实施条例》第十条:"劳动者非因本人原因从原用人单位被安排到新用人单位工作的,劳动者在原用人单位的工作年限合并计算为新用人单位的工作年限。原用人单位已经向劳动者支付经济补偿的,新用人单位在依法解除、终止劳动合同计算支付经济补偿的工作年限时,不再计算劳动者在原用人单位的工作年限。"

不足五年,解除违法。但如劳动者关联单位工龄及本单位工龄合并计算,不超过十五年或距退休不足五年,则解除合法。此时,计算劳动者的经济补偿金计算系数或工作年限的,可以扣除关联单位已经支付经济补偿的工作年限。

在实践中,认定关联单位较为困难,除母子公司(包含其他公司直接直系控股关系)外,在用人单位不予认可的情况下,劳动争议仲裁机构及人民法院的劳动争议庭对关联单位的认定相当谨慎。劳动者应当就工作调动是源自用人单位的安排进行举证,裁判机构常结合工作调动安排印证证据链条,从而认定关联单位并适用法条。

判例解析:

安徽益益乳业有限公司(简称益益乳业公司)、王某某劳动争议二审民事判决书【案号:(2018)皖 04 民终 673 号】　安徽省淮南市中级人民法院

本院认为:根据劳动法、劳动合同法和劳动合同法实施条例等法律法规的规定,经济补偿金是指劳动合同解除或者终止后,用人单位依法一次性支付给劳动者的经济上的补助,支付的前提条件是劳动合同解除或者终止。

《劳动合同法实施条例》第十条规定:"劳动者非因本人原因从原用人单位被安排到新用人单位工作的,劳动者在原用人单位的工作年限合并计算为新用人单位的工作年限。原用人单位已经向劳动者支付经济补偿的,新用人单位在依法解除、终止劳动合同计算支付经济补偿的工作年限时,不再计算劳动者在原用人单位的工作年限。"《最高人民法院关于审理劳动争议案件适用法律若干问题的解释(四)》第五条第一款规定:"劳动者非因本人原因从原用人单位被安排到新用人单位工作,原用人单位未支付经济补偿,劳动者依照劳动合同法第三十八条规定与新用人单位解除劳动合同,或者新用人单位向劳动者提出解除、终止劳动合同,在计算支付经济补偿或赔偿金的工作年限时,劳动者请求把在原用人单位的工作年限合并计算为新用人单位工作年限的,人民法院应予支持。"

由上述规定可以看出,劳动者非因本人原因从原用人单位被安排至新用人单位工作的,新用人单位在计算经济补偿或者赔偿金时,劳动者在原用人单位的工作年限应否计入新用人单位工作年限的判断标准是,原用人单位是否与劳动者办理了解除或者终止劳动合同的手续,并向劳动者支付了经济补偿。

本案中,根据已查明事实,王某某被安排至益益乳业公司工作并非其本人原因;王某某至益益乳业公司工作前,原用人单位并未与王某某办理解除和终止劳动合同的手续,未向王某某支付经济补偿;王某某至益益乳业公司工作后,益益乳业公司虽于 2006 年 2 月 1 日与王某某在前一份劳动合同尚未到期的情况下重新签订了劳动合同,但益益乳业公司并未按照政府文件要求依法与王某某办理解除或者终止劳动合同的手续。因此,根据上述规定,王某某在益益乳业公司的工作年限

应当连续计算。至于益益乳业公司上诉所称已支付王某某的 18 117 元,该款无论是何性质,并不影响对王某某在益益乳业公司连续工作的事实的认定。一审判决认定王某某在本单位已连续工作满十五年并无不当,本院予以确认。益益乳业公司认为一审判决认定王某某工作年限错误,判决有违公平原则的上诉理由均不能成立,本院不予采纳。

关于第三项争议焦点,益益乳业公司解除与王某某的劳动合同是否合法的问题。本院认为,如前所述,至益益乳业公司作出解除劳动合同通知时,王某某已在本单位连续工作满十五年,且距法定退休年龄不足五年。根据《中华人民共和国劳动合同法》第四十二条第五项"劳动者有下列情形之一的,用人单位不得依照本法第四十条、第四十一条的规定解除劳动合同:(五)在本单位连续工作满十五年,且距法定退休年龄不足五年的"的规定,益益乳业公司不得以王某某患病在规定的医疗期满后不能从事原工作,也不能从事另行安排的工作为由,解除与王某某的劳动合同。且从益益乳业公司另行安排的工作岗位来看,并非王某某力所能及的工作岗位,而是劳动强度更大的工作岗位,此种安排既不合情理,亦不符合劳动合同法第四十条第一项规定的立法原意。因此,益益乳业公司解除与王某某的劳动合同显然违反了劳动合同法的相关规定,其认为解除与王某某的劳动合同程序合法的上诉理由不能成立,本院不予采纳。

(三)女职工退休年龄在认定实践中常存争议

退休年龄的认定直接影响到本条所对应的解除劳动关系的限制条款以及劳动关系因劳动者退休而终止的时间。在实行全员劳动合同制后,企业内职工的干部、工人身份界限被打破,但女职工的退休年龄是 50 周岁还是 55 周岁,仍然需要对其"身份"进行界定。

根据上海市社会保险管理局《关于审核本市企业职工办理退休退职手续若干问题的规定》(沪社保业—1996 第 76 号)第一条规定"(一)凡男职工年满 60 周岁、女职工年满 50 周岁(从事管理和技术岗位工作的年满 55 周岁),并已符合退休(职)条件的,可按有关规定办理退休、退职手续",故女职工的退休年龄根据其从事岗位而定,如从事管理岗位、技术岗位的,其退休年龄为 55 周岁。

但在国家层面的法律规定中,无论是《劳动和社会保障部办公厅关于企业职工"法定退休年龄"涵义的复函》(劳社厅函 2001 第 125 号)(2017 年 11 月 24 日失效),还是国发〔78〕104 号文、国办发〔1999〕10 号文、劳社部发〔1999〕8 号文、社劳厅函〔2001〕125 号文等文件中,对于劳动者法定退休年龄的界定均为"男 60 周岁,女职工 50 周岁,女干部 55 周岁"。

这些规定的模糊也导致了当前审判实践中,出现了悖论/逻辑怪圈。当用人单位需要援引第四十条和第四十一条解除劳动关系时,用人单位竭力证明某位女职工的退休年龄是 55 周岁【(2014)沪二中民三(民)终字第 769 号】。当女职工年龄到达 50 周岁不想退休时,用人单位又开始竭力证明该女职工的退休年龄是 50 周岁【(2020)沪 02 民终 338 号】。

在上海市第二中级人民法院涉及女职工退休年龄的判决书的"本院认为"部分也具有一定的倾斜性,其表述为:"另一方面,根据被上诉人所提供的其集团下发的通知中所载明内容,一般女职工的退休年龄为 50 周岁,具有高级技术职称的女职工,退休年龄可以为 55 周岁。即使上诉人具有高级技术职称,也属于'可以',并非'必须'55 周岁退休的情形。"

同时,对于劳动者对相关岗位是否属于管理和技术岗位而引发的争议的诉请(包括违法终止劳动合同的赔偿金),也有裁判机构认为不属于劳动争议案件的受理范围。

陈某与上海帝泰发展有限公司劳动合同纠纷一审民事裁定书【(2020)沪 0115 民初 85260 号】

本院认为,原告主张其所从事的岗位为管理岗位,且为人才引进的女干部,应适用 55 周岁的退休年龄,因此认为被告在原告未达法定退休年龄的情况下将原告的劳动合同强行终止是违法的,被告则主张原告的岗位不属于被告处的管理岗位,应适用 50 周岁的退休年龄,故认为双方劳动关系因原告达到法定退休年龄而终止并无不当。因按照国家相关规定,女职工的退休年龄与其所从事的岗位及身份等密切相关,从双方上述争议及各自的主张来看,双方实际系因岗位性质存在争议,而对于相关岗位是否属于管理和技术岗位而引发的争议,亦不属于劳动争议案件的受理范围。故对于原告要求被告支付违法终止劳动合同赔偿金的诉讼请求,本院依法不予处理。

当前实践中的常用口径为,认定女职工的"身份"问题需要结合发生争议时(一般指年满 50 周岁时)的实际工作岗位及工作内容,同时结合人事档案、公司内部任职文件等材料综合判断。但在人社局办理退休手续层面,用人单位具有主动性,一旦退休手续办理完成,即使劳动者认为用人单位违法终止争议并提起劳动仲裁,无论相关的诉情是否得到裁判机构的审理或支持,其退休事实已经无法改变。

(四)关于本条的实务建议

1. 用人单位的解除行为应当有计划进行

用人单位的解除有多种动因:劳动者违法违纪、不胜任工作和用人单位自身经营困难、转产改制等。原因不胜枚举。但成文法的立法本身具有滞后性,现实生活中的解除原因如雨后春笋般层出不穷,远超出立法时所设想、涵盖的解除事由。

同时，又鉴于解除劳动合同所具有的特殊性，加之解除权系形成权，达到即生效，故解除不是用人单位先行先试或大胆实践的自留地，解除行为必须合法合规。如何才能合法？就本法而言，必须契合第三十九条至第四十一条，既要符合上述法条的法定要件，也要排斥第四十二条的适用。

用人单位的人力资源部门在收到管理层下发的解除或裁员计划时，无论时间多么紧迫，都应当遵循解除/裁员的标准路径进行。

2. 用人单位解除/裁员的标准路径

（1）先审视拟解除劳动者是否具备本条所称情形，如职业病、工伤、女职工"三期"等，若劳动者具备本条所称情形，用人单位不能再考虑本法第四十条和第四十一条的适用，仅能考虑第三十九条或终止条款的运用。

（2）当劳动者不具备过错时，应当优先考虑协商解除。

（3）协商解除不成时，再考虑终止条款的运用。

（4）不具备终止可能性的，一般情形下，建议留用。但可对劳动者运用本法第四十条和第四十一条的非解除条款。

3. 第四十条和第四十一条的非解除性运用

本条排斥的是第四十条和第四十一条的解除，导致用人单位因本条的限制，无法与劳动者解除劳动关系。但本条不排斥第四十条所称劳动者不能胜任工作的调岗或培训、客观情况发生变更的协商变更劳动合同内容等，用人单位行使除解除劳动合同以外的其他权利不受限制，如虽因四十二条的存在无法运用第四十条的不胜任工作条款解除劳动合同，但在劳动者确实不胜任工作时可以依法调岗调薪。

第四十三条 【工会在劳动合同解除中的监督作用】

用人单位单方解除劳动合同，应当事先将理由通知工会。用人单位违反法律、行政法规规定或者劳动合同约定的，工会有权要求用人单位纠正。用人单位应当研究工会的意见，并将处理结果书面通知工会。

本条规定的是，用人单位在拟解除劳动合同时，需要履行通知工会的程序。在此程序下，一旦工会认为用人单位的解除行为存在违反法律、行政法规规定或者劳动合同约定的情形时，有权要求用人单位纠正。

但用人单位因没有设立工会而无法履行通知程序的,是否属于违法解除,目前在司法实践中存在争议。

一、在解除劳动合同时,未通知工会如何处理

《最高人民法院关于审理劳动争议案件适用法律问题的解释(一)》(法释〔2020〕26 号)

第四十七条　建立了工会组织的用人单位解除劳动合同符合劳动合同法第三十九条、第四十条规定,但未按照劳动合同法第四十三条规定事先通知工会,劳动者以用人单位违法解除劳动合同为由请求用人单位支付赔偿金的,人民法院应予支持,但起诉前用人单位已经补正有关程序的除外。

劳动纠纷案件适用一裁两审、劳动仲裁前置的制度,所以用人单位即使在劳动仲裁阶段未提供通知工会的相关材料,在劳动者一审起诉前,补充完成的,也可弥补该程序瑕疵。但劳动者已经向一审法院提起诉讼用人单位仍未补正的,则属于违法解除,用人单位应按照司法解释的规定,支付赔偿金。

二、"用人单位未成立工会如何处理"的两种主流观点

观点一:认为通知工会是必经程序,否则构成违法解除。依据为《工会法》的第十条:"企业、事业单位、机关有会员二十五人以上的,应当建立基层工会委员会;不足二十五人的,可以单独建立基层工会委员会,也可以由两个以上单位的会员联合建立基层工会委员会,也可以选举组织员一人,组织会员开展活动。"同时结合本条以及《最高人民法院关于审理劳动争议案件适用法律问题的解释(一)》(法释〔2020〕26 号)第四十七条的规定,认为用人单位在起诉前补正有关程序的可以免除支付赔偿金责任;未补正的则构成违法解除劳动合同,应支付赔偿金。

如果用人单位未建立工会就可以免除通知工会的义务,则有助长用人单位抵制成立工会之嫌,对于已成立工会的用人单位也不公平。因此,该种观点认为,在企业没有组建工会的情形下,应向企业的上级工会征求意见,以完成通知工会的义务。否则视为解除程序违法,仍应向劳动者支付违法解除劳动合同的赔偿金。

观点二:认为若未设立工会,则无须履行该程序。考虑到目前的社会实践,未成立工会的,在解除劳动合同时,要求向上级工会征求意见不符合客观实际,上级工会亦可能无法准确了解该用人单位和劳动者的实际情况。在程序上,也可能无法及时、完善地履行监督和纠正作用。

所以,该观点认为用人单位未建立工会的,可以不适用本条。结合目前司法实践,上海地区倾向于第二种观点(非通说)。

三、如何判断或查询是否有工会（上海地区）

（一）查询用人单位是否有工会

（1）如公司成立的工会组织是法律主体，可通过企查查、天眼查等企业信息查询网站查询该企业是否有工会，一般企业名称为"某某有限公司"的，该企业的工会法律主体为"某某有限公司工会委员会"。

（2）通过向上海市 12345 投诉查询：12345 会将工单转到市总工会，市总工会具有全市的后台系统，可以查询上海市区域范围内所有组织建立工会的情况。

（3）向用人单位实际经营地或注册地的工会的街道总工会查询：街道总工会可以调用市总工会的系统查询所辖区域的组织建立工会的情况，部分街道总工会也有登记系统或纸质登记档案可供查询。

（二）查询劳动者的工会会籍

（1）通过工会会费扣费判断：建立了工会组织的用人单位，在每月发放劳动者劳动报酬时，一般会代扣代缴工会会费若干元。但并非绝对，全部由用人单位买单的，则无工会会费扣费。

（2）会员证：劳动者在入职有工会组织的用人单位后，如之前未加入过上海地区的工会组织，则用人单位的工会组织会向该劳动者发放会员证，载明其已经是该工会组织的成员了。

（3）上海农商银行卡：上海地区工会组织在发放会员证的同时，会办理一张上海农商银行卡，可以依据该卡的开卡性质结合会员证综合判断用人单位建立了工会组织。

第四十四条 【劳动合同的终止】

有下列情形之一的，劳动合同终止：

（一）劳动合同期满的；

（二）劳动者开始依法享受基本养老保险待遇的；

（三）劳动者死亡，或者被人民法院宣告死亡或者宣告失踪的；

（四）用人单位被依法宣告破产的；

（五）用人单位被吊销营业执照、责令关闭、撤销或者用人单位决定提前解散的；

（六）法律、行政法规规定的其他情形。

一、劳动合同期满的终止情形

劳动合同期满作为法定的终止情形,沿袭了最基本的合同制度,劳动者和用人单位双方之间的劳动关系在劳动合同期限届满时终止。但劳动合同作为一种特殊的合同关系,即使双方约定的合同期限届满,也常因医疗期、疫情隔离(传染病防治法)、工伤、职业病等情形的出现无法终止,甚至在部分省市,有第二次劳动合同期满时必须订立无固定期限劳动合同,用人单位不得终止的规定。

期满终止的例外情形将于本法第四十五条的解读中详细阐述。

二、劳动合同因劳动者退休而终止的情形

劳动合同终止以退休年龄为限,不以享受养老保险待遇为法定要件。

根据《劳动合同法》第四十四条第六项关于有"法律、行政法规规定的其他情形"劳动合同终止的兜底条款,在《劳动合同法实施条例》出台后,该法第二十一条又明确规定了"劳动者达到法定退休年龄的,劳动合同终止",故应以达到退休年龄作为标准。

《劳动合同法实施条例》的实施解决了很多现实困境。在客观实践中,普遍存在着劳动者已达到法定退休年龄,却不能享受基本养老保险待遇的情形,包括但不限于:①虽然在达到法定退休年龄时的用人单位依法为劳动者缴纳了社会保险费,但由于劳动者之前的用人单位未依法为其缴纳社会保险,其达到退休年龄时,累计缴费年限未达到规定年限,不能享受基本养老保险待遇;②部分农民工不愿意参加社会保险,在客观上根本没有享受基本养老保险待遇的可能;③个别劳动者因其职位或工资较高,即便达到法定退休年龄,也不愿意办理退休手续,无法享受基本养老保险待遇。

上述这些情况,如果必须以劳动者享受基本养老保险待遇为终止条件,就会出现用人单位不得不一直与上述员工保持劳动关系直至出现其他的法定终止的情形(例如劳动者死亡或用人单位注销)。而在用人单位本身并无过错的情况下,这一情况的出现对用人单位来说,并不公平。

实务建议:

对于达到法定退休年龄,仍愿意继续工作的劳动者,用人单位也愿意继续雇用的,建议用人单位在为劳动者办理相关退工手续后,另行签署相关书面《劳务协议》以明确双方的权利义务,明确按劳务关系处理,依据民事法律关系调整双方的权利义务。

三、劳动合同因劳动者死亡或失踪而终止的情形

劳动合同履行期间,发生以下情形,劳动合同终止:①劳动者死亡;②劳动者被宣告死亡或失踪。

(一)宣告死亡或失踪是否必然引起劳动合同终止存在争议

宣告死亡或失踪属于法律拟制的死亡或失踪,并非现实意义的死亡,在劳动者与用人单位关系较为融洽的时候,用人单位是否可以不作出终止决定,目前尚无定论。

笔者认为,宣告死亡与宣告失踪存在差异,宣告死亡虽是法律拟制的死亡,但其同样产生了户籍、身份注销的法律后果,在此情况下继续保留劳动关系与当前社会管理的政策法规不符,应当终止劳动关系。而宣告失踪后,因户籍、身份无须立即注销,这种情况下用人单位可以自主选择是否终止双方劳动关系。

另外,宣告死亡或失踪的决定被撤销后,劳动关系并不自动恢复,但也不禁止用人单位与其重新建立劳动关系。但必须注意,如重新建立劳动关系,被宣告死亡或失踪前的工龄仍然有效。

(二)劳动合同因死亡而终止时,需视情形支付相应款项

因劳动者死亡,劳动合同终止的,用人单位无须支付终止劳动合同的经济补偿,但应区分死亡情形,支付其他款项。

1. 劳动者死亡或被宣告死亡的,如已被认定为非工亡,其受益人可向社会保险机构申请以下款项。

如表4-3所示。

表4-3 劳动者死亡可申请的款项(非工亡)

待遇项目	待遇内容	法律、政策依据
丧葬补助费	标准为2个月本企业平均工资	(1)《社会保险法》第17条; (2)《劳动保险条例》第14条乙款; (3)《劳动保险条例实施细则修正草案》(征求意见稿)第23条; (4)上海市人力资源和社会保障网2011年10月8日政策问答
供养直系亲属救济费	按其需供养的直系亲属人数,付给供养直系亲属救济费,标准按照死者在职时的原工资计发。其供养直系亲属1人者,为死者本人工资6个月;2人者,为死者本人工资9个月;3人或3人以上者,为死者本人工资12个月	(1)《社会保险法》第17条; (2)《劳动保险条例》第14条乙款; (3)《劳动保险条例实施细则修正草案》第23条; (4)上海市人力资源和社会保障网2011年10月8日政策问答

续　表

待遇项目	待遇内容	法律、政策依据
职工遗属生活困难补助费	其生前供养并符合享受遗属生活困难补助条件的直系亲属生活困难补助费标准：每人每月670元（孤寡老人或者孤儿增加30%）	(1)《社会保险法》第17条； (2)《关于调整本市非因工死亡职工遗属生活困难补助费标准的通知》沪人社福发〔2012〕30号； (3)《关于调整本市非因工死亡职工遗属生活困难补助费标准的通知》沪人社福〔2023〕202号
社保账户终止、账户余额继承提取	／	／

注：《劳动保险条例》2024年5月已废止。

上海地区裁判观点：

若用人单位不提供本企业平均工资数据的，上海地区法院直接酌定以上年度社会职工平均工资为标准[1]计算丧葬补助费。

供养直系亲属救济费，必须提供死者系某原告的唯一子女的相关证据以及由政府部门出具的某原告完全丧失劳动能力或生活来源的相关证明，两者兼具，上述请求才能得到支持[2]。

以上项目均为社会保险机构负担，但用人单位未依法为劳动者缴纳社会保险，造成劳动者的受益人无法领取上述款项的，丧葬补助费、供养直系亲属救济费、职工遗属生活困难补助费应由用人单位负担。

2. 劳动者死亡或被宣告死亡的，如被认定为工亡，参考工亡标准

如表4-4所示，标准每年会有更新。

---

[1] (2019)沪0120民初1028号本院认为："根据《中华人民共和国劳动保险条例实施细则修正草案》第二十三条规定，工人职员因病或非因工负伤死亡时，根据《中华人民共和国劳动保险条例》第十四条乙款的规定，支付二个月本企业平均工资作为丧葬补助费。现由于原告未提供其企业月平均工资的基数，故本院酌定以2016年度上海市职工月平均工资6 504元作为基数。"

[2] (2016)沪0115民初73252号本院认为："但李某等原告未提供李某才系陈某珍唯一子女的相关证据以及由政府部门出具的陈某珍完全丧失劳动能力或生活来源的相关证明，故对这两项请求本院不予支持。"

表4-4　劳动者死亡可申请的款项(工亡)

项目	金额	来源	计算标准及法律依据
一次性工亡补助金	985 660 元	工伤保险基金	上一年度全国城镇居民人均可支配收入的 20 倍。——《工伤保险条例》第三十九条； 2023 年度全国城镇居民人均可支配收入：51 821 元。 文件依据：《2023 年全国居民人均可支配收入》
丧葬补助金	73 098 元	工伤保险基金	6 个月的统筹地区上年度职工月平均工资。——《工伤保险条例》第三十九条； 统筹地区上年度职工月平均工资按全市上年度职工月平均工资 12 183 元计算
供养亲属抚恤金	依实际情况按照右侧标准计算	工伤保险基金	按照职工本人工资的一定比例发给由因工死亡职工生前提供主要生活来源、无劳动能力的亲属。标准为：配偶每月 40%，其他亲属每人每月 30%，孤寡老人或者孤儿每人每月在上述标准的基础上增加 10%。核定的各供养亲属的抚恤金之和不应高于因工死亡职工生前的工资。——《工伤保险条例》第三十九条； 《最高人民法院关于审理人身损害赔偿案件适用法律若干问题的解释》(2022 年修订)关于被扶养人生活费计算方法，对供养亲属抚恤金的年限加以确定。该解释第十七条第一款规定："被扶养人生活费根据扶养人丧失劳动能力程度，按照受诉法院所在地上一年度城镇居民人均消费支出标准计算。被扶养人为未成年人的，计算至十八周岁；被扶养人无劳动能力又无其他生活来源的，计算二十年。但六十周岁以上的，年龄每增加一岁减少一年；七十五周岁以上的，按五年计算。"根据该解释的规定，被抚养人生活费计算的最高年限为二十年，但六十周岁以上的，年龄每增加一岁减少一年；七十五周岁以上的，按五年计算

用人单位未依法为劳动者缴纳工伤保险，造成劳动者的受益人无法从工伤保险基金中获取上述款项的将由用人单位负责支付。另外，受益人还可提取该劳动者的养老保险和医疗保险账户个人缴纳部分本息余额(同非因工死亡)。

四、用人单位被依法宣告破产的终止情形

(一)宣告破产的形式标志

1. 有权申请用人单位破产人员

依据《公司法》《破产法》，有权申请用人单位破产的是：债权人、用人单位自身和用人单位一定比例的股东。其中，债权人无权申请用人单位破产重整，用人单位和其股东有权申请破产重整和破产清算。

2. 人民法院受理破产申请后

（1）可宣告破产重整开始，经重整程序挽救成功后，裁定终止破产程序，企业回归正常。

（2）可宣告破产重整开始，但经过重整程序，仍无法挽救，宣告破产，裁定破产还债。

（3）当无法进行破产重整/无重整可能时，直接宣告破产，裁定破产还债。

（4）裁定破产还债为宣告破产、劳动合同终止的形式标志。

（二）宣告破产的时间节点

破产被人民法院宣告之日系劳动合同终止的时间节点。从体系解释的角度来分析上述法律条文，其中第三款规定的是劳动者一方作为劳动合同主体的消灭，第四款应当从用人单位一方的用工主体消灭的角度进行规定。而用人单位一旦被依法宣告破产，这意味着用人单位作为劳动合同一方的主体资格归于消灭，因而将破产被宣告之日作为劳动关系终止的时间点更符合立法本意。

案例：北京京城重工桥箱机械有限公司（简称京城重工公司）与左某某劳动争议二审民事判决书【案号：（2016）京 03 民终 12666 号】北京市第三中级人民法院

京城重工公司提出以法院受理破产案件之日作为劳动关系终止的时点，本院认为，法院受理并不意味着劳动关系的必然终止，破产案件受理后，破产企业可能发生破产重整、亦可能由于生产经营的好转而恢复生机。而这些过程都需要破产企业的员工共同努力奋斗而达成，不能仅因法院受理破产，就将兼具社会保障性及人身依附性的劳动关系认定为自动终止，这无疑也是对员工不公平的。

但破产受理后劳动关系解除/终止的基准日在实践中仍然存在争议。有的观点认为是人民法院宣告企业破产时，也有的观点认为是人民法院裁定受理破产申请时，也有观点认为是管理人送达通知解除劳动关系时。本书基于文义解释，以第一种观点作为劳动关系终止的基准日进行分析。

（三）宣告破产的法律后果

（1）破产宣告后，用人单位的用工主体资格消灭，产生的法律效果与本条第三款"劳动者死亡，或者被人民法院宣告死亡或者宣告失踪的"产生的法律效果相同，劳动合同依法终止。

（2）劳动债权应向破产管理人/清算小组申报。劳动者因劳动关系存续期间的劳动债权，再向用人单位主张的，人民法院裁定驳回起诉。

（3）劳动债权适用集中管理的管辖规定。劳动者因劳动关系存续期间的劳动债权向该用人单位或破产管理人主张，但起诉法院并非破产集中管理的人民法院的，一般不予受理，已受理的法院裁定驳回起诉。

（4）裁定宣告破产的企业，从人民法院裁定宣告破产之日起，不再为员工缴纳社会保险费。(《劳动和社会保障部办公厅关于对破产企业生产自救期间应否缴纳社会保险费问题的复函》劳社厅函〔2001〕286号)

(5)最高人民法院意见:参加社会保险的企业破产的,欠缴社会统筹费用应当缴纳至人民法院裁定宣告破产之日。(《关于实行社会保险的企业破产后各种社会统筹费用应缴纳至何时的批复》法复〔1996〕17号)

案例:湖南省嘉禾县南岭水泥有限公司(简称南岭水泥公司)与李某某劳动争议一审民事判决书【案号:(2019)湘10民初33号】湖南省郴州市中级人民法院

本院认为:首先,审理查明的事实表明,原告南岭水泥公司于2016年9月16日即已依法进入了破产重整程序。《中华人民共和国劳动合同法》第四十四条规定:"有下列情形之一的,劳动合同终止:(四)用人单位被依法宣告破产的。"依据此规定,原告南岭水泥公司与被告李某某的劳动关系于2016年9月16日即已处于终止状态,2016年9月16日以后,南岭水泥公司已经不是李某某的用工单位。对于李某某与南岭水泥公司劳动关系存续期间的劳动债权,南岭水泥公司重整管理人已经依法进行了清查,同该公司其他劳动者一样一并于2017年3月进行了公告告知,如果李某某对清查公示的劳动债权有异议的话,应该依据《中华人民共和国企业破产法》第四十八条的规定,要求管理人更正,管理人不更正的,可以直接向人民法院提起诉讼。

(四)本项适用的对象范围

宣告破产的法定终止适用于用人单位申请破产前在职的全部员工。用人单位申请破产后至人民法院裁定破产还债前聘请的全部员工原则上也适用该条款,此时用人单位的主体资格即将消灭,适用本款法定终止。

宣告破产之后,不再有新的劳动关系建立,此时用人单位已丧失用工主体资格,不符合建立劳动关系的主体要件,无法再建立劳动关系。

(五)破产重整不符合宣告破产、劳动合同终止的法定要件

笔者认为人民法院裁定破产还债才是宣告破产、劳动合同终止的形式标志。在重整程序中,企业及其股东对企业仍抱有希望,不希望企业就此结束经营,用人单位仍有经营活动,企业的主体资格并未被否认,客观上亦不符合劳动合同终止的条件,不能仅因法院受理破产,就将兼具社会保障性及人身依附性的劳动关系认定为自动终止。

(六)破产重整具备特定的解除路径

破产重整与破产还债分别对应不同的员工劳动关系终结路径,破产还债对应本款的终止,破产重整则对应着第四十条的客观情况发生重大变化或第四十一条的经济性裁员。

本法第四十条、第四十一条两种解除路径均需要提前三十日,区别在于,客观情况发生重大变化经协商未成的"提前三十日"通知的要件,用人单位可以用支付代通金来替代;经济性裁员的"提前三十日"无代通金的替代性规定。本款的宣告破产终止,则无须提前三十日通知,可于人民法院宣告破产之日作出。

但解除与终止系不同的法律行为,两者原因不同、要件不同、法律后果也不相同。解除必须有一方或双方行使解除权,终止则是因法定事由的出现,劳动关系依法终止。

破产重整至人民法院宣告破产还债期间,用人单位应明确该期间适用解除条款,寻求契合的法定解除要件及限制性规定。用人单位如在破产重整至宣告破产还债期间向员工发出终止通知,将构成违法终止,其后果为恢复劳动关系或支付违法解除劳动合同的赔偿金。就破产重整期间的法律实务而言,一般为支付赔偿金,因恢复劳动关系的客观可行性及收益均较小。

(七)破产程序中的特殊规则

《最高人民法院关于适用〈中华人民共和国企业破产法〉若干问题的规定(二)》

第二十四条　债务人有企业破产法第二条第一款①规定的情形时,债务人的董事、监事和高级管理人员利用职权获取的以下收入,人民法院应当认定为企业破产法第三十六条规定的非正常收入:

(一)绩效奖金;

(二)普遍拖欠职工工资情况下获取的工资性收入;

(三)其他非正常收入。

债务人的董事、监事和高级管理人员拒不向管理人返还上述债务人财产,管理人主张上述人员予以返还的,人民法院应予支持。

债务人的董事、监事和高级管理人员因返还第一款第(一)项、第(三)项非正常收入形成的债权,可以作为普通破产债权清偿。

因返还第一款第(二)项非正常收入形成的债权,依据企业破产法第一百一十三条第三款的规定,按照该企业职工平均工资计算的部分作为拖欠职工工资清偿;高出该企业职工平均工资计算的部分,可以作为普通破产债权清偿。

依据上述《破产法》解释的规定,债务人(即用人单位)的董事、监事、高管(以下称"董监高")在已经存在"不能清偿到期债务"并且"资不抵债"或"明显缺乏清偿能力"情形后,已经取得的绩效奖金、其他非正常性收入应当向管理人返还;返还后仍有机会得到清偿,但是按照普通破产债权清偿。

---

① 《企业破产法》第二条第一款:"企业法人不能清偿到期债务,并且资产不足以清偿全部债务或者明显缺乏清偿能力的,依照本法规定清理债务。"

债务人的董监高在已经存在"不能清偿到期债务"并且"资不抵债"或"明显缺乏清偿能力"又有"普遍拖欠员工工资"的情形后,已经取得的工资性收入应当向管理人返还,其中按照该企业职工平均工资计算的部分后续作为职工债权清偿;高于该企业职工平均工资计算的部分,按照普通破产债权清偿。

五、用人单位被吊销营业执照后劳动关系的实务处理

用人单位被吊销营业执照后,已不具备合法的经营资格,也不是合法的用人单位,不得再聘请招录新员工,现有的劳动合同法定终止。对于该终止情形,用人单位没有自主权,属于劳动合同应当终止、法定终止的情形。

(一)用人单位被吊销营业执照后的民事诉讼地位

根据《最高人民法院关于企业法人营业执照被吊销后,其民事诉讼地位如何确定的复函》(法经〔2000〕24号函)①的规定,被吊销营业执照后至被注销登记前,该企业法人仍应视为存续,可以自己的名义进行诉讼活动。

但若用人单位已被吊销营业执照且无法承担责任,根据人力资源和社会保障部《劳动人事争议仲裁办案规则》第六条的规定,发生争议的用人单位未办理营业执照、被吊销营业执照、营业执照到期继续经营、被责令关闭、被撤销以及用人单位解散、歇业,不能承担相关责任的,应当将用人单位和其出资人、开办单位或者主管部门作为共同当事人。

(二)用人单位被吊销营业执照、责令关闭、撤销的行政行为生效后方发生上述法律后果

(1)吊销营业执照、责令关闭、撤销之行为,均为行政机关作出的具体行政行为。

(2)该三种具体行政行为的最终效力,须以用人单位采取法律救济后的最终结果为准。

(3)《行政复议法》和《行政诉讼法》均规定了具体行政行为被撤销之情形:

《行政复议法》(2023年修订)

第六十四条　行政行为有下列情形之一的,行政复议机关决定撤销或者部分撤销该行政行为,并可以责令被申请人在一定期限内重新作出行政行为:

(一)主要事实不清、证据不足;

(二)违反法定程序;

---

① 吊销企业法人营业执照,是工商行政管理机关依据国家工商行政法规对违法的企业法人作出的一种行政处罚。企业法人被吊销营业执照后,应当依法进行清算,清算程序结束并办理工商注销登记后,该企业法人才归于消灭。因此,被吊销营业执照后至被注销登记前,该企业法人仍应视为存续,可以自己的名义进行诉讼活动。

（三）适用的依据不合法；

（四）超越职权或者滥用职权。

行政复议机关责令被申请人重新作出行政行为的，被申请人不得以同一事实和理由作出与被申请行政复议的行政行为相同或者基本相同的行政行为，但是行政复议机关以违反法定程序为由决定撤销或者部分撤销的除外。

《行政诉讼法》

第七十条　行政行为有下列情形之一的，人民法院判决撤销或者部分撤销，并可以判决被告重新作出行政行为：主要证据不足的；适用法律、法规错误的；违反法定程序的；超越职权的；滥用职权的；明显不当的。

六、用人单位决定提前解散后劳动关系的实务处理

（一）有权对用人单位作出提前解散决定的主体

《公司法》对有权做出公司解散决定的主体做出了相应规定：有限责任公司经代表三分之二以上表决权的股东通过；股份有限公司经出席股东大会的股东所持表决权的三分之二通过。关于国有公司，鉴于其不设立股东会，其解散，必须由国有资产监督管理委员会或相关资产管理机构决定。中外合资的有限责任公司由其董事会决定解散公司的重大事宜；如果该中外合资的有限责任公司不能有效形成决议，则由合资一方向政府提出解散公司的申请，由政府相关部门依据申请依法协调处理。

另外，《公司登记管理条例》第四十二条第三款规定了股东会、股东大会决议解散的情形，还规定了一人有限责任公司的股东、外商投资的公司董事会决议解散公司的情形。

（二）用人单位决定提前解散的法律后果

（1）所有员工的劳动关系应当终止，用人单位应为其办理终止劳动合同手续。

（2）用人单位应当依法进行清算。

（三）无权主体作出提前解散决定的后果

无权主体，如有限责任公司的经理办公室、民办非企业的出资人等，上述人员作出的提前解散决定当属无效，劳动者可主张终止行为违法，并要求支付违法解除劳动合同赔偿金。

无权主体作出上述提前解散决定后，经有权主体追认、用人单位依照上述决定实际清退全部员工并依法组织清算的，上述决定从被追认之日起视为有效。

（四）用人单位虚假解散的法律后果

提前解散与本款其他规定不同，被吊销营业执照、责令关闭、撤销均为法律事

实或用人单位无法自主决定的情形。提前解散则属于用人单位行使自主权,常有劳动者于诉讼程序中提出质疑,认为用人单位以提前解散之名、行违法解除之实。

在司法实践中,用人单位的提前解散决定应当向属地市场监督管理局(或商务委)进行备案,以便于诉讼中向法院举证已备案的记录。有部分类型的公司,如特殊行业的中外合资企业的提前解散,还需报商务委批准。

如用人单位未就提前解散的决定进行备案、又不组织清算且继续经营的,有被认定为虚假解散的风险。一旦提前解散决定被认定虚假,则终止劳动关系行为违法,劳动者可依法主张违法解除劳动合同赔偿金或恢复劳动关系。

(五)劳动关系因用人单位提前解散而终止的时点(最高院判例)

案例1:陈某某与浙江天电通科技股份有限公司劳动争议二审民事判决书【案号:(2015)浙民终字第 13 号】

该案二审时,浙江省高院对争议焦点中劳动关系终止时间作出了认定:"本院认为,鉴于用人单位解散本身需要一个过程,客观上需要留用部分人员负责公司善后事宜。且用人单位解散决定系股东会作出,不须事先征得劳动者同意,为保障劳动者权益,用人单位应向劳动者履行相应的告知义务。结合清算实务中,公司一般会向劳动者发送终止劳动合同通知书的实践操作,在用人单位决定自行解散的情形下,应以用人单位办理终止劳动合同手续之日为劳动关系终止时点为宜。"

案例2:陈某某与浙江天电通科技股份有限公司劳动争议申诉、申请民事裁定书【案号:(2016)最高法民申 800 号】

劳动者向最高院发起再审后,最高院维持了浙江省高院的上述认定:"本院认为,劳动关系的终止时点之确定,在用人单位决定自行解散的情形下,结合清算实务中的实践操作,应当以用人单位与劳动者办理终止劳动合同手续之日为终止时点为宜,二审法院关于陈某某与天电通公司之间的劳动合同关系终止时点的认定正确。"

第四十五条 【劳动合同的逾期终止】

劳动合同期满,有本法第四十二条规定情形之一的,劳动合同应当续延至相应的情形消失时终止。但是,本法第四十二条第二项规定丧失或者部分丧失劳动能力劳动者的劳动合同的终止,按照国家有关工伤保险的规定执行。

一、劳动合同期满终止的实务处理

针对劳动合同/关系的消灭,存在着两种情形,一种是解除,另一种是终止。本法第四十二条解决的是当出现上述情况时,能否解除劳动合同的问题。本法第四十五条解决的则是当劳动合同期限届满时,若出现上述情况,该如何处理。

根据本条的规定,即使劳动合同期限届满,一旦出现了上述情形,劳动合同的期限也应当顺延。用人单位不得以约定的劳动合同期限届满为由终止劳动合同。直到上述情形消失,劳动合同方可合法终止。

举例:

如果劳动者在劳动合同期限届满前一个月的时候怀孕了,那么理论上讲,其劳动合同期限将顺延至其孩子年满 1 周岁(孕期、产期、哺乳期全部结束)之日止。同样,如果劳动合同期限届满时,该劳动者已经在用人单位工作满十五年,且距离退休不满五年,其劳动合同期限将延续到其退休之日止。

二、疑似职业病劳动者劳动合同期满终止的排斥性要件

从事接触职业病危害作业的劳动者未进行离岗前职业健康检查,或者疑似职业病病人在诊断或者医学观察期间的,在司法实践中,此条所涉及的争议较多发生在存在职业危害的岗位中,用人单位未能在劳动合同到期前为员工进行健康检查,便终止了劳动合同,此时用人单位将面临支付违法解除劳动合同承担赔偿金或恢复劳动关系的风险。

同时,对于疑似患有职业病的员工,在其确诊之前,用人单位亦不得以劳动合同期限届满为由终止劳动合同,而应当在收到最终的确诊报告后,核实是否可以终止劳动合同。

前者是指对存在职业病危害的岗位用人单位必须为员工进行健康检查,不检查而终止劳动合同直接构成违法终止;后者是指在用人单位已经组织健康检查的基础上,诊断结论(初诊)为可能构成而复诊结论未出,或初诊无异常劳动者提出异议并提供了初步证据时,用人单位不得直接终止,应当等待最终的确诊报告,以明确劳动者是否存在职业病。具体见前文第四十二条中关于职业病的专题解析。

一旦员工被确定为工伤,则性质就发生了变化,适用的法律条文也转变为《工伤保险条例》及当地工伤保险的实施条例,以员工具体的伤残等级来确定相关待遇。根据伤残等级的由低到高,劳动者的权利保护和用人单位的义务都在相应增加。劳动合同是否能够终止,从期满终止(用人单位需额外支付一次性伤残就业补助金),到保留劳动关系安排适当工作(只有劳动者方可提出解除或终止),再到保留劳动关系退出劳动岗位,层层递进。

三、患病或者非因工负伤在规定的医疗期内的期满终止排斥性要件

医疗期是员工日常生活中,除工伤外,确保在患病时保障生存权的重要制度之一。正如前文已经介绍的医疗期制度一样,在医疗期内,员工的劳动权利和生存权利是得到保护的。非在特定情况下,用人单位不得解除劳动合同。同样的,当员工处于医疗期时,劳动合同期限届满的,用人单位也不得终止劳动合同。应当等待员工医疗终结或者医疗期满后,劳动合同方可终止。

四、女职工在孕期、产期、哺乳期的期满终止排斥性要件

作为对生命延续的保障,国家在《劳动合同法》立法上给予了"三期"女职工极大的倾斜保护,同时对用人单位的权利作了较多的限缩。

结合司法实践,如果用人单位不属于因破产倒闭或提前解散的情形,除非女职工严重违纪,用人单位不得单方与"三期"女职工解除或终止劳动关系。

正如前文举例,如果一名女职工在劳动合同到期前怀孕,那么劳动合同的期限理论上需顺延至其哺乳期结束。

五、在本单位连续工作满十五年且距法定退休年龄不足五年的期满终止排斥性要件

此条保护的是年龄较大的老员工在职业生涯末期的生存权,详见前文第四十二条中关于"老员工"的特殊保护专题解析,但仍有两点需要进一步说明。

(一)构成要件

要件一:本单位连续工作满十五年

陆某某与上海劳林人力资源服务有限公司(简称劳林公司)劳动合同纠纷民事二审案件民事判决书【案号:(2022)沪02民终760号】上海市第二中级人民法院

法院认定事实如下:2005年10月,陆某某经由案外人力公司派至大众公司工作,合同终止时人力公司未支付补偿金。2016年10月1日,陆某某入职劳林公司,双方先后签订两份合同。后一份合同期限为2018年10月1日至2020年9月30日,合同约定陆某某基本工资为本市最低工资标准。陆某某在收到劳林公司(或委托发包方)支付的隔月薪酬后1个月内无书面异议的视作陆某某已确认。本合同签订后,原用工单位劳务派遣合同终止,陆某某在劳林公司的工龄连续计算,原岗位和薪酬待遇不变。

签订劳动合同的同时,陆某某与大众公司签订《上岗协议》,协议期限与劳动合同一致。协议约定陆某某从事驾驶员岗位,执行不定时工时制,企业工龄自2005

年 10 月起算。陆某某在大众公司工作期间被委派到相关服务单位时,大众公司按业务合同约定承担代收代付各类费用或津贴的,大众公司在收到代付费用 30 个工作日内以现金或转账方式支付给陆某某。

2020 年 9 月 14 日,劳林公司通知陆某某劳动合同到期后不再续签。双方于 2020 年 9 月 30 日终止劳动合同。

本院认为,劳动者的工作年限和劳动者的连续工作年限法律意义并不相同,本单位工作年限又称同一用人单位连续工作时间,是指劳动者与同一用人单位不间断地保持劳动关系时间,本单位工作年限与认定劳动者患病和非因工负伤的医疗期享受时间的长短有关。而劳动者的连续工作年限,不仅包括本单位工作年限,还可以包括劳动者于其他单位的不间断工作年限。陆某某于 2016 年 10 月 1 日入职劳林公司,签过两次为期两年的劳动合同,并至 2020 年 9 月 30 日止,劳林公司以双方劳动合同到期终止为由不再续签,陆某某于劳林公司连续工作仅四年,不满足前述条件。

本案中劳动者陆某某的连续工作年限达到了十五年,自 2005 年 10 月至 2020 年 9 月 30 日,但该十五年并非客观上一直在劳林公司工作,劳动关系发生过转移。虽然劳动者与劳林公司签署劳动关系转移协议,约定由劳林公司承继工龄而形成连续工作年限,但劳动者在劳林公司的本单位连续工作年限,仅从 2016 年 10 月 1 日入职劳林公司之后起算。

鉴于此,本法条的连续工作年限指的是在本用人单位连续工作的工作年限,不能包含通过协议形式从其他公司承继的工作年限。

要件二:距离法定退休年龄不足五年

施某某与上海和新房产开发有限公司(简称和新公司)劳动合同纠纷民事二审案件民事判决书【案号:(2021)沪 01 民终 7476 号】上海市第一中级人民法院

本院认为:关于争议焦点二,施某某主张其符合劳动合同法第四十二条第(五)项所规定的"在本单位连续工作满十五年,且距法定退休年龄不足五年"之情形,和新公司不得依据劳动合同法第四十条第(三)项之规定解除其劳动合同。和新公司则主张施某某属于 55 周岁退休人员,其公司解除施某某劳动合同,不受上述法律规定限制。对此,依据已查明事实,适用于和新公司的黄埔 C 公司《员工手册》规定"公司将依法定退休年龄规定执行退休政策。一般而言,男性退休年龄为 60 岁,女性为 55 岁",施某某离职前所处岗位可属于管理/技术岗位范畴,和新公司在 2020 年 4 月与施某某的往来电子邮件中也明确告知施某某其属于从事管理或技术岗位、应于 55 岁办理退休之人员,施某某所申请出庭作证的高某有关其协商解除劳动合同时所处年龄之证词,亦可从侧面印证和新公司主张。在此情况下,和新公司主张施某某属于 55 周岁退休人员,确有依据,本院予以采纳。

劳动者属于基层普通女职工时,其法定退休年龄当前默认为 50 岁,满足该要件的年龄仅需 45 周岁以上。但如果女职工劳动合同到期时所处岗位属于管理或技术岗位范畴，其退休年龄为 55 岁，那么符合该要件的年龄应当是 50 周岁以上。本法条在运用时必须结合当地对女职工退休年龄的实务性规定。

要件三：劳动者不同意用人单位提出的不降低原劳动合同内容标准的续签时，用人单位得以终止劳动合同

杨某某与上海兆康机电设备有限公司（简称兆康公司）劳动合同纠纷二审民事判决书【案号：(2020)沪 02 民终 5153 号】上海市第二中级人民法院

本院认为：符合法定情形的，用人单位应当与劳动者订立无固定期限劳动合同。本案中，杨某某符合与兆康公司签订无固定期限劳动合同的法定情形，兆康公司也提出与杨某某签订无固定期限劳动合同，但杨某某不同意兆康公司给出的具体合同条款，兆康公司在给予杨某某协商机会及充分考虑时间后，仍未能就合同具体内容达成一致。在兆康公司明确新合同未降低劳动条件及报酬，并保留交通费实报实销之条款的情况下，杨某某仍未前往指定工作地点续签合同。双方协商不成后，兆康公司以劳动合同到期终止为由解除与杨某某的劳动关系，并不属于违法解除。双方均认可杨某某在兆康公司已连续工作满十五年，但对于杨某某的退休年龄，双方存在争议。本院认为，即使杨某某确实距离退休年龄不足五年，用人单位在延续劳动合同时，仍有权重新与劳动者协商具体合同条款，在未降低原合同条件的情况下，未能协商一致的，用人单位以合同到期为由终止与劳动者的劳动关系亦不违法。综上，杨某某要求兆康公司支付违法解除赔偿金的诉请，缺乏法律依据，一审法院予以驳回并无不当，本院予以维持。

（二）顺延的劳动合同期限是否计入解除劳动合同的经济补偿金年限

即将到期的劳动合同因劳动者罹患疾病等情形而依法顺延时，劳动者得以享有期限利益，期限利益既包括了前述的劳动合同依法延长，也包含了未来被用人单位依据本法第四十条解除劳动合同时计算经济补偿的年限相应期限的延长。所以，顺延的劳动合同期限应当计入工作年限。

同时，因医疗期的工资（可能）相对正常工资被打折，用人单位未来在支付劳动者经济补偿时，计算基数会相应降低。上海地区病假工资降低的幅度较小，其他省市降低的幅度较大，相应经济补偿计算基数降低的幅度也较大。

（三）法定顺延情形导致劳动者工作满十年的是否必须签订无固定期限劳动合同

目前司法实践中观点不一，区域差异较大。笔者摘录了上海、江苏两地针对该情形的不同意见，供参考。

《上海市高级人民法院关于适用〈劳动合同法〉若干问题的意见》

（一）因法定顺延事由，使得劳动者在同一单位工作时间超过十年的，是否作为签订无固定期限劳动合同的理由劳动合同期满,合同自然终止。合同期限的续延只是为了照顾劳动者的特殊情况,对合同终止时间进行了相应的延长,而非不得终止。《劳动合同法》第四十五条也明确规定:"劳动合同期满,有本法第四十二条规定情形之一的,劳动合同应当延续至相应的情形消失时终止。"在法律没有对终止的情况做出特别规定的情况下,不能违反法律关于合同终止的有关规定随意扩大解释,将订立无固定期限合同的后果纳入其中。因此,法定的续延事由消失时,合同自然终止。

《江苏省高级人民法院、省劳动争议仲裁委员会关于审理劳动争议案件的指导意见》(2022 年 1 月 24 日失效,供参考)

第九条 劳动合同期限届满后,因下列情形而续延,致使劳动者在同一用人单位连续工作满十年,劳动者提出订立无固定期限劳动合同的,应予支持:(一)从事接触职业病危害作业的劳动者未进行离岗前职业健康检查,或者疑似职业病病人在诊断或者医学观察期间的;(二)患病或者非因工负伤,在规定的医疗期内的;(三)女职工在孕期、产期、哺乳期的。

第四十六条 【经济补偿】

(重点法条)有下列情形之一的,用人单位应当向劳动者支付经济补偿:

(一)劳动者依照本法第三十八条规定解除劳动合同的;

(二)用人单位依照本法第三十六条规定向劳动者提出解除劳动合同并与劳动者协商一致解除劳动合同的;

(三)用人单位依照本法第四十条规定解除劳动合同的;

(四)用人单位依照本法第四十一条第一款规定解除劳动合同的;

(五)除用人单位维持或者提高劳动合同约定条件续订劳动合同,劳动者不同意续订的情形外,依照本法第四十四条第一项规定终止固定期限劳动合同的;

(六)依照本法第四十四条第四项、第五项规定终止劳动合同的;

(七)法律、行政法规规定的其他情形。

解除劳动合同的经济补偿在整个劳动关系中是发生争议最多的部分。法律为了保护劳动者在寻求新工作期间的生存权利,保护劳动者在日常生活中不因收入来源的突然中断,而遭受生存危机,故而创设了在特定情形下用人单位需要支付经济补偿的制度,以弥补劳动者在劳动关系消灭后一段时间内的收入来源。

一、劳动者依照本法第三十八条规定解除劳动合同获取经济补偿的情形

此条规定的是,当用人单位存在特定的侵害劳动者合法权益的情形时,劳动者提出解除劳动合同的,用人单位应当支付经济补偿,具体情形如下:"(一)未按照劳动合同约定提供劳动保护或者劳动条件的;(二)未及时足额支付劳动报酬的;(三)未依法为劳动者缴纳社会保险费的;(四)用人单位的规章制度违反法律、法规的规定,损害劳动者权益的;(五)因本法第二十六条第一款规定的情形致使劳动合同无效的;(六)法律、行政法规规定劳动者可以解除劳动合同的其他情形。"

用人单位以暴力、威胁或者非法限制人身自由的手段强迫劳动者劳动的,或者用人单位违章指挥、强令冒险作业危及劳动者人身安全的。

具体每一种情形下的实务操作口径,以及难点,在介绍第三十八条的时候,均已展开讨论,此处不再赘述。

二、用人单位依照本法第三十六条规定向劳动者提出解除劳动合同并与劳动者协商一致解除劳动合同应支付经济补偿的情形

(一)一般运用

本法第三十六条规定的是用人单位可以与劳动者协商解除劳动合同的情形。根据本条的规定,只有协商解除的发起方是用人单位时,劳动者才有获取经济补偿的权利。如果是劳动者一方提出协商解除劳动合同,那么其不能主张用人单位支付经济补偿。其法律后果,类似劳动者因个人原因辞职。

(二)法律拟制

劳动者与用人单位均无法证明劳动者的离职原因,可视为用人单位提出且经双方协商一致解除劳动合同,用人单位应依照本条之规定向劳动者支付经济补偿。上述法律拟制在四川①、广东②等地均通过会议纪要的形式明确,其他省市虽无明文规定,但亦通过口径的形式体现在裁判观点中。

案例:云南益众养老服务有限公司上海分公司(简称云南益众上海分公司)与钱某劳动合同纠纷案二审民事判决书【(2020)沪02民终8438号】上海市第二中级

---

① 《四川省高级人民法院民事审判第一庭关于印发〈关于审理劳动争议案件若干疑难问题的解答〉的通知》四川省高级人民法院于2016年1月15日发布。

② 《广东省高级人民法院、广东省劳动人事争议仲裁委员会关于审理劳动人事争议案件若干问题的座谈会纪要》粤高法〔2012〕284号。

人民法院

本院认为：用人单位对劳动者的用工管理具有主动性，最易掌握和持有劳动关系解除的依据，在劳动者提出解除劳动合同的情形下应该保留相应的证据加以证明，云南益众上海分公司称钱某在 2020 年 1 月 20 日放假后就已主动离职，没有告知任何理由，则公司应当要求钱某递交书面的辞职申请，并就此留痕以防范可能发生的争议。然，云南益众上海分公司未提供任何证据，钱某亦对此予以否认。经查，一审中，公司陈述 2020 年 3 月 5 日方通知钱某交还钥匙，5 日、6 日双方办理交接，3 月 7 日钱某不再上班，按照双方实际履行，一审法院据此认定双方劳动关系于该日解除并无不当，本院予以认可。鉴于双方对于离职的原因各执一词，但均未提供相应证据予以佐证，现钱某要求经济补偿金，可视为其同意双方劳动关系协商一致解除，本院予以准许，云南益众上海分公司理当支付钱某经济补偿金。

在劳动者和用人单位均认可劳动关系已解除，或通过已查明的事实能够确认劳动关系的解除及日期时，当双方对于离职的原因各执一词，但均未提供过硬证据证明或佐证时，法律拟制为用人单位提起的双方协商一致解除，用人单位需要/仅需支付经济补偿。

特别提示：上海地区运用该法律拟制的，二中院辖区较多，二中院本级亦有判例；一中院辖区极少，一中院本级无判例，松江法院判例较多，其他基层法院基本无判例。

（三）法理分析

上述法律拟制与司法解释的规定存有矛盾之处，司法解释第四十四条①明确了解除劳动合同由用人单位承担举证责任，即在双方均认可劳动关系解除的情况下，解除劳动合同的举证责任倒置，全部由用人单位承担。

反馈到具体的案件中，法律拟制和司法解释的适用出现以下差异。

（1）当劳动者仅持有离职证明或退工单，主张赔偿金，而用人单位抗辩称劳动者主动离职但无相关依据时：

在法律拟制的适用中，人民法院一般认为当无法查明哪一方提出协商解除时，视为用人单位提出的双方协商一致解除劳动合同，不支持劳动者的赔偿金请求，如劳动者经法院释明后愿意变更诉讼请求为经济补偿的，支持经济补偿；

在司法解释的适用中，人民法院一般要求用人单位就解除的合法性举证，用人单位仅作口头抗辩而无书面或其他证据时，应当承担违法解除的不利后果，支付赔

---

① 《最高人民法院关于审理劳动争议案件适用法律问题的解释（一）》（法释〔2020〕26 号）第四十四条："因用人单位作出的开除、除名、辞退、解除劳动合同、减少劳动报酬、计算劳动者工作年限等决定而发生的劳动争议，用人单位负举证责任。"

偿金。

（2）当劳动者仅持有离职证明或退工单，主张经济补偿，而用人单位抗辩称劳动者主动离职但无相关依据时：

在法律拟制的适用中，人民法院一般认为当无法查明哪一方提出协商解除时，视为用人单位提出的双方协商一致解除劳动合同，支持经济补偿；

在司法解释的适用中，法院一般要求劳动者就解除的理由、解除的理由符合本法本项的规定举证，劳动者无法进一步举证的，人民法院不予支持经济补偿。

（四）实务建议

1. 关于用人单位方

在当前的司法环境、立法意图下，用人单位应当留心解除的环节，注意固定解除的理由或相关证据，具体如下：

（1）当劳动者辞职时，必须收取劳动者亲笔签名的辞职报告或类似文档，如劳动者已离职且离开所在城市，导致无法取得其亲笔签名的文档，可以与其微信沟通，获得其系自己辞职的意思表示。

（2）当劳动者不告而别时，应当向劳动者入职时、在职时预留的联系方式、住址寄送 EMS 快递，催促其返岗，通过微信、录音电话、短信的形式亦可，如其经过催促返岗后仍拒不返岗或者不予回复的，用人单位应当按本法第三十九条对其做出处理。

（3）当劳动者提出并协商一致解除劳动关系时，应当在解除协议时明确"解除/协商的发起人系劳动者""劳动者提出解除的原因/动机"。在部分案例中，虽然解除协议中劳资双方明确了协商的发起人系劳动者，但因劳动者的工龄较长，其在诉讼阶段又矢口否认系其自己提出的解除，法院仍认定了劳动者主动放弃工龄及对应的经济补偿缺乏动机，判决系用人单位发起的协商解除，仍需支付经济补偿。劳动者提出解除的原因/动机一般为：有自身的执业规划、个人发展、家庭事由或存在违纪等。

（4）当劳动者依据劳动合同法第三十八条解除劳动合同时，虽情况相对比较复杂，仍建议收集相关文档，视情况判断是否向劳动争议仲裁机构/人民法院提供。

（5）用人单位发起的协商一致解除应签署书面文档，明确解除的理由系双方协商一致，并明确经济补偿金额。双方如再无争议，应在文档中明确，确有未确定的、现实存在的争议，可以单独列明该争议，并补充对其他事项均无争议。

（6）用人单位发起的单方解除在此不再赘述。

2. 关于劳动者方

（1）劳动者自己辞职的或自己提出的协商一致解除，应当留存相应的解除意思表示,取得离职证明或退工单。

（2）劳动者自己依据劳动合同法第三十八条解除的,应当以书面的形式载明解除理由和解除的日期,并取得用人单位相关有权人员的回复,纸质文档和微信同理。劳动者采用EMS快递形式的,应当在备注栏载明"依据劳动合同法第三十八条被迫解除",并关注物流信息,用人单位是否收悉,用人单位及其有权人员收悉后,可以离职;如未收悉的,采取补救措施,如电话、微信、短信等。

（3）用人单位提出的单方解除,劳动者应保留用人单位及其有权人员的意思表示,必要时通过录屏、取证、公证的方式固定证据。

在极其特殊的情况下,劳动者和用人单位均可在收到劳动仲裁裁决后考虑通过选择受诉法院(抢诉权)选择裁判口径对自身更有利的管辖法院处理争端。

三、用人单位依照本法第四十条规定解除劳动合同应支付经济补偿的情形

《劳动合同法》第四十条规定的是,在非因劳动者自身过错的情况下用人单位解除劳动合同的,用人单位提前三十天通知,或者额外支付一个月的工资后,可以行使单方解除权。

此种情况下,虽然劳动者的工作能力无法满足用人单位的需求,但是由于劳动者本身不具有过错,为了保证其寻求新工作期间的生存不受影响,法律仍然要求用人单位支付经济补偿。

四、用人单位依照本法第四十一条第一款规定解除劳动合同应支付经济补偿的情形

《劳动合同法》第四十一条规定的是企业经济性裁员的内容,第一款规定了何种情况下用人单位如何实施经济性裁员,第二款规定的是哪些劳动者应当优先留用,第三款规定的是裁员后的优先录用事宜。

根据本条规定,即使用人单位发生了需要进行裁员的情形,合法解除了劳动关系,仍应向劳动者支付经济补偿,以保障劳动者在重新寻找工作期间的基本生存权利。

五、用人单位期满终止不续签应支付经济补偿的情形

除用人单位维持或者提高劳动合同约定条件续订劳动合同,劳动者不同意续订的情形外,用人单位依照本法第四十四条第一项规定终止固定期限劳动合同的,应当支付经济补偿。

根据本条的规定,在劳动合同期满终止的情况下,用人单位并不是必然需要支付经济补偿。只有用人单位要求以低于原劳动合同约定的条件与劳动者续签劳动

合同,且劳动者不同意的情况下,用人单位才需要支付经济补偿。换言之,如果用人单位提出以原标准或者高于原标准的条件与劳动者续签劳动合同,劳动者不同意的,用人单位不需支付经济补偿。

六、用人单位依法宣告破产或提前解散等应支付经济补偿的情形

用人单位依照本法第四十四条第四项、第五项规定终止劳动合同的,亦应支付经济补偿。

在劳动合同终止的情形中,主体资格的丧失会导致劳动合同的终止。所以本条中,终止的原因为用人单位的主体资格灭失时,用人单位应当向劳动者支付经济补偿,以保护作为无过错方劳动者的合法权益。如果在劳动者主张权益时,作为用人单位的企业已破产的,纳入职工债权优先清偿;已注销的,则改由用人单位的股东承担责任。

第四十七条 【经济补偿的计算】

经济补偿按劳动者在本单位工作的年限,每满一年支付一个月工资的标准向劳动者支付。六个月以上不满一年的,按一年计算;不满六个月的,向劳动者支付半个月工资的经济补偿。

劳动者月工资高于用人单位所在直辖市、设区的市级人民政府公布的本地区上年度职工月平均工资三倍的,向其支付经济补偿的标准按职工月平均工资三倍的数额支付,向其支付经济补偿的年限最高不超过十二年。

本条所称月工资是指劳动者在劳动合同解除或者终止前十二个月的平均工资。

经济补偿的计算方式为:在本单位工作的年限乘以离职前十二个月的平均工资,其中年限又被称为"司龄",离职前十二个月的平均工资即为"计算基数"。该计算方式从字面上看似简单,但在劳动争议的实务领域中却存在着较大的争议。

一、经济补偿的年限计算

经济补偿的年限计算依托于本单位司龄,不满六个月的,按 0.5 年计算;司龄六个月以上不满一年的,按 1 年计算;以此类推。

举例说明:某劳动者在用人单位工作 1 个月的,则按照 0.5 年的司龄计算;工

作不满 6 个月的,按照 0.5 年计算;工作正好满 6 个月的,按照 1 年计算;工作 1 年的,仍按照 1 年计算;工作 1 年又 3 个月的,按照 1.5 年的司龄计算;工作正好满 1 年又 6 个月的,按照 2 年计算,以此类推[①]。

上述所称"月",为自然月,并非"30 天",也不区分大小月,2 月份 28 天是 1 个月,7 月份 31 天也是 1 个月。一般而言,劳动者自 1 月 15 日入职至 2 月 14 日为 1 个自然月,1 月 15 日入职至 2 月 15 日为 1 个自然月零 1 天,以此类推。

二、经济补偿年限计算的例外情形

(一)医疗期

劳动者依法享有休病假的权利,当劳动合同期满(用人单位未以高于或维持原标准续签劳动合同的)时,劳动者因需要休病假而超过劳动合同到期日的,计算的年限也随之调增,增加 0.5 年;如医疗期超过半年,根据上述计算方式相应增加。该年限计算的例外情形,同样适用于"三期"妇女、未经过职业病检查等本法第四十二条所规定的情形(第五款除外)。

(二)法定退休

劳动者到达法定退休年龄后,劳动关系适用法定终止,此时劳动者从用人单位退休后由政府托管,经济补偿的年限归零。

当劳动者达到法定退休年龄后的退休时,劳动关系的消灭应当明确为终止,而非解除。但也存在劳动者到达法定退休年龄,但不符合享受养老保险条件时,可能会主张违法解除,特别是劳动者的无法享受养老保险待遇系因本用人单位引起时(如劳动者在本单位工龄特别长,而用人单位未为其缴纳过社会保险)。达到法定退休年龄前的提前退休同样不享有经济补偿,此时必然能够享受养老保险待遇,其标准参照法定年龄退休执行。

(三)年限封顶

年限封顶的前提是计算基数封顶,当劳动者的离职前十二个月平均工资高于当地上年度社会平均工资的三倍时,年限亦封顶,封顶数为 12 年。

举例说明,上海市某劳动者在用人单位工作 13 年,离职前十二个月平均工资为 26 296 元的,如果双方劳动关系于 2019 年 12 月期满终止或依法解除,符合获取经济补偿的法定条件的,年限按照 12 年封顶(上海市 2018 年度社会平均工资为 8 765 元,三倍封顶为 26 295 元),但如果双方劳动关系于 2020 年 1 月终止或解除,

---

[①] 本法无相应的期间解释附则,因此参考《民法典》之附则:"第一千二百五十九条　民法所称的'以上'、'以下'、'以内'、'届满',包括本数;所称的'不满'、'超过'、'以外',不包括本数。"

此时该劳动者的年限按照 13 年或实际年限计算,不再封顶(上海市 2019 年度社会平均工资为 9 580 元,三倍封顶为 28 740 元)。

(四) 年限封顶的应对策略

反向调低自身平均工资是前述年限计算的例外情形,依据的是计算基数封顶情形下的年限封顶,当用人单位管理不规范或人力资源部档案管理混乱时,可能会出现劳动者的部分收入,如现金签收单或发放记录仅掌握在劳动者处,用人单位已无法再举证。

劳动者的经济补偿年限低于 12 年时,可以将全部的工资性收入作为计算基数主张经济补偿;当年限高于 12 年时,劳动者可以选择按照略低于封顶线的金额作为计算基数主张经济补偿,年限不再封顶。因劳动者的劳动报酬由用人单位承担举证责任,当用人单位无法举证时,裁判机构无法强求劳动者就其隐瞒的工资性收入进行举证。

因此,劳动者应正确试算自身离职前十二个月平均工资,结合自身工作年限,在法律允许的框架内优化自身诉讼请求。

三、关于经济补偿的法律依据汇总梳理

《劳动法》(1995 年 1 月 1 日施行,当前有效)

第二十八条 用人单位依据本法第二十四条、第二十六条、第二十七条的规定解除劳动合同的,应当依照国家有关规定给予经济补偿。

按照法条顺序分别为:

第二十四条 协商解除;

第二十六条 医疗期满、不胜任工作、客观情况重大变化;

第二十七条 经济性裁员。

《违反和解除劳动合同的经济补偿办法》(1995 年 1 月 1 日生效,当前已废止)

第五条 协商解除;

第六条 医疗期满;

第七条 不胜任工作;

第八条 客观情况重大变化;

第九条 经济性裁员。

《最高人民法院关于审理劳动争议案件适用法律若干问题的解释》(2001 年 4 月 30 日施行,当前已废止,由新司法解释承继)

第十五条(一) 强迫劳动;

第十五条(二) 未及时足额支付劳动报酬或劳动条件;

第十五条(三)　未及时足额支付劳动报酬;

第十五条(四)　不支付加班工资;

第十五条(五)　低于最低工资标准支付工资。

《上海市劳动合同条例》(2002 年 5 月 1 日施行,当前有效)

第四十二条　有下列情形之一的,用人单位应当根据劳动者在本单位工作年限,每满一年给予劳动者本人一个月工资收入的经济补偿:(一)用人单位依据本条例第二十九条规定提出与劳动者解除劳动合同的;(二)劳动者依据本条例第三十一条第(二)项、第(三)项规定解除劳动合同的;(三)用人单位依据本条例第三十二条第一款第(二)项解除劳动合同的;(四)用人单位依据本条例第三十二条第一款第(一)项、第(三)项的规定解除劳动合同的;(五)用人单位依据本条例第三十五条规定解除劳动合同的;(六)用人单位依据本条例第三十七条第(三)项规定终止劳动合同的。

第二十九条　协商一致;

第三十一条　强迫劳动、未及时足额支付劳动报酬;

第三十二条　医疗期满、不胜任工作、客观情况发生重大变化;

第三十五条　经济性裁员;

第三十七条　用人单位破产、解散、被撤销的终止。

《中华人民共和国劳动合同法》(2008 年 1 月 1 日施行,当前有效)

第四十六条　有下列情形之一的,用人单位应当向劳动者支付经济补偿:

(一)劳动者依照本法第三十八条规定解除劳动合同的;

(二)用人单位依照本法第三十六条规定向劳动者提出解除劳动合同并与劳动者协商一致解除劳动合同的;

(三)用人单位依照本法第四十条规定解除劳动合同的;

(四)用人单位依照本法第四十一条第一款规定解除劳动合同的;

(五)除用人单位维持或者提高劳动合同约定条件续订劳动合同,劳动者不同意续订的情形外,依照本法第四十四条第一项规定终止固定期限劳动合同的;

(六)依照本法第四十四条第四项、第五项规定终止劳动合同的;

(七)法律、行政法规规定的其他情形。

按照法条顺序分别为:

第三十六条　协商一致解除;

第三十八条　未提供劳动条件、未及时足额支付劳动报酬、未依法缴纳社保、规章制度违法、劳动合同无效、强迫劳动,违章指挥及冒险作业;

第四十条　医疗期满、不胜任工作、客观情况发生重大变化;

第四十一条　经济性裁员;

第四十四条第一项　期满终止；

第四十四条第四项　破产终止；

第四十四条第五项　用人单位被吊销营业执照、责令关闭、撤销或者用人单位决定提前解散。

符合上述情形的任何一种，用人单位均有义务支付经济补偿金。

四、经济补偿的法定事由按时间顺序再分类

按照时间顺序进行重新排序，前序法律中已出现的，后序法律不再重复。

《劳动法》（1995 年 1 月 1 日施行，均为用人单位提出的）：

（1）协商一致（用人单位提出）。

（2）医疗期满。

（3）不胜任工作。

（4）客观情况发生重大变化。

（5）经济性裁员。

《最高人民法院关于审理劳动争议案件适用法律若干问题的解释》（2001 年 4 月 30 日施行，均为劳动者提出）：

（6）强迫劳动。

（7）未足额支付劳动报酬。

（8）未按约支付劳动报酬。

《劳动合同法》（2008 年 1 月 1 日施行）

（9）未提供劳动条件。

（10）未依法缴纳社保。

（11）规章制度违法。

（12）劳动合同无效。

（13）违章指挥及冒险作业。（以上为劳动者提出）

（14）期满终止。

（15）破产终止。

（16）用人单位被吊销营业执照、责令关闭、撤销或者用人单位决定提前解散。

其中，对于上海地区，因《上海市劳动合同条例》施行于 2002 年，对分段计算亦有影响，特列举如下（前序法律法规已出现的不予重复）：

（1）未及时足额支付劳动报酬。（前款较为特殊，在非极端的情形下，应当被涵盖在《最高人民法院关于审理劳动争议案件适用法律若干问题的解释》"未足额、未按约支付劳动报酬"中，普遍理解为虽表述方式不同，但实质含义并无不同，不属于新增。）

（2）用人单位破产、解散、被撤销的终止。

五、经济补偿金的分段计算专题解析

若劳动者入职时间早于 2008 年 1 月 1 日，且解除理由为上述前 8 项的，经济补偿应当分段计算。

其中，2008 年 1 月 1 日后的年限和计算基数依据《劳动合同法》执行，2008 年前的年限和计算基数依据当时规定执行（上海地区对于用人单位破产、解散、被撤销的终止也应分段计算，其他省市同理）。若当时的法律法规于 2008 年后废止的，除法律法规特别规定外，一般不影响适用该法计算 2008 年前的年限和计算基数，如《违反和解除劳动合同的经济补偿办法》，但部分省市特别规定不再适用该办法的，不得适用。

法律依据：

《劳动合同法》

第九十七条　本法施行之日存续的劳动合同在本法施行后解除或者终止，依照本法第四十六条规定应当支付经济补偿的，经济补偿年限自本法施行之日起计算；本法施行前按照当时有关规定，用人单位应当向劳动者支付经济补偿的，按照当时有关规定执行。

（一）经济补偿分段计算的年限封顶规则

在 2008 年《劳动合同法》实施之前，《劳动法》通过第二十八条将经济补偿规则交给了《违反和解除劳动合同的经济补偿办法》，"用人单位依据本法第二十四条、第二十六条、第二十七条的规定解除劳动合同的，应当依照国家有关规定给予经济补偿"。劳动法所称的"国家有关规定"，即当时为劳动法配套的《违反和解除劳动合同的经济补偿办法》。

（1）协商一致和不胜任工作解除均适用年限封顶：不得超过 12 年。

第五条　经劳动合同当事人协商一致，由用人单位解除劳动合同的，用人单位应根据劳动者在本单位工作年限，每满一年发给相当于一个月工资的经济补偿金，最多不超过十二个月。工作时间不满一年的按一年的标准发给经济补偿金。

第七条　劳动者不胜任工作，经过培训或者调整工作岗位仍不能胜任工作，由用人单位解除劳动合同的，用人单位应按其在本单位工作的年限，工作时间每满一年，发给相当于一个月工资的经济补偿金，最多不超过十二个月。

（2）医疗期满、客观情况发生重大变化、经济性裁员三种类型的解除，2008 年以前的年限不封顶。

（3）上海地区对于强迫劳动、因未足额支付劳动报酬、因未按约提供劳动条件而被迫解除劳动关系之情形，补偿总额不超过十二个月工资收入[①]，其他需要分段计算的事由不封顶。

《上海市劳动合同条例》

第四十二条　有下列情形之一的，用人单位应当根据劳动者在本单位工作年限，每满一年给予劳动者本人一个月工资收入的经济补偿：

（一）用人单位依据本条例第二十九条规定提出与劳动者解除劳动合同的；

（二）劳动者依据本条例第三十一条第（二）项、第（三）项规定解除劳动合同的；

（三）用人单位依据本条例第三十二条第一款第（二）项解除劳动合同的；

有前款第（一）项、第（二）项、第（三）项规定情形之一的补偿总额一般不超过劳动者十二个月的工资收入，但当事人约定超过的，从其约定。

（二）经济补偿分段计算的年限折算规则

2008 年以前，按照《违反和解除劳动合同的经济补偿办法》，不满一年均按照一年折算。

《违反和解除劳动合同的经济补偿办法》

第五条　工作时间不满一年的按一年的标准发给经济补偿金。

上海地区较为特殊，《上海市劳动合同条例》规定了满六个月不足一年的按照一年，但未规定不满六个月按照半年折算。

《上海市劳动合同条例》

第四十五条　本条例第四十二条中的本单位工作年限，满六个月不满一年的，按一年计算。

（三）适用经济补偿分段计算的具体情形

（1）劳动者的入职时间需早于 2008 年，若于《劳动合同法》实施之后入职的，则不存在分段计算。

（2）协商解除和不胜任工作解除的，2008 年以前的司龄封顶 12 年计算，2008 年以后依据《劳动合同法》规定，两者分别计算年限，分别计算经济补偿金额，再相加。

（3）其他经济补偿的法定事由的，2008 年以前的司龄不封顶，2008 年以后依据《劳动合同法》规定，两者分别计算年限，分别计算经济补偿金额，再相加。

（4）上海地区对于强迫劳动、因未足额支付劳动报酬、因未按约提供劳动条件

---

① 与"年限封顶十二年"略有出入。

而被迫解除劳动关系之情形,2008 年以前的司龄封顶 12 年,其他事项不做年限封顶。

（四）经济补偿分段计算的计算基数规则

（1）本条明确规定了计算基数高于本地区上年度职工月平均工资三倍的,向其支付经济补偿的标准按职工月平均工资三倍,此处的本地区指代"直辖市、设区的市"。

（2）2008 年之前的劳动法规,未规定计算基数封顶。

（五）（重难点）经济补偿分段年限与计算基数的梳理

高工资人群（超过封顶线的）：

（1）协商解除和不胜任工作解除的,2008 年以前的司龄封顶 12 年计算,2008年以后再封顶 12 年且计算基数封顶,两者分别计算年限,分别计算经济补偿金额,再相加。

（2）其他经济补偿的事由法定的,2008 年以前的司龄不封顶,2008 年以后再封顶 12 年且计算基数封顶,二者分别计算年限,分别计算经济补偿金额,再相加。

（3）上海地区对于强迫劳动、因未足额支付劳动报酬、因未按约提供劳动条件而被迫解除劳动关系之情形,2008 年以前的司龄封顶 12 年,其他事项不做年限封顶。

低工资人群（未超过封顶线的）：

（1）协商解除和不胜任工作解除的,2008 年以前的司龄封顶 12 年计算,2008年以后年限和计算基数据实计算,两者分别计算年限,分别计算经济补偿金额,再相加。

（2）其他经济补偿的法定事由,2008 年以前的司龄不封顶,2008 年以后年限和计算基数据实计算,两者分别计算年限,分别计算经济补偿金额,再相加。

六、经济补偿金的计算基数专题解析

（一）经济补偿计算基数对应劳动者的应得/应发工资

根据《劳动合同法实施条例》第二十七条的规定,劳动合同法第四十七条规定的经济补偿的月工资按照劳动者应得工资计算,该工资应包括计时工资或者计件工资以及奖金、津贴和补贴等货币性收入。

（二）应得工资的计算实务

应得工资（也称:税前工资）＝实得工资（也称:税后工资）＋社会保险费个人承担部分＋公积金个人承担部分＋个人所得税。

若用人单位向劳动者发放工资条,工资条上应当载明应发工资数,财务上"应发工资"的概念与《劳动合同法实施条例》载明的"应得工资"等同,金额一致。若用人单位未依法发放工资条的,用人单位亦不认可劳动者提出的应得工资主张,或者用人单位缺席时,从有利于案件审理的角度,劳动者应当举证。

(1) 实得工资:提供银行流水,以盖有电子公章为佳,彩色打印即可,当作原件使用。

(2) 社会保险费个人承担部分:登录"上海人社"App,查找缴纳基数,按照系数计算社会保险个人承担部分。

(3) 公积金个人承担部分:登录"公积金管理中心"App 或通过 12329 短信查询,查找每月汇缴金额,除以 2 得出个人承担部分。

(4) 个人所得税:登录国家税务总局上海市电子税务局(个人),【我要办事】—【证明办理】—【税收完税证明(表格式)】,税收完税证明会明确显示个人所得税金额。

(三) 加班工资不得纳入经济补偿的计算基数(上海地区)

上海地区认为加班工资属于"非正常工作时间"产生的工资性收入,因此不应纳入。

法律依据:

上海市高级人民法院《民事法律适用问答》(2013 年第 1 期)

五、关于劳动争议案件中确定经济补偿金计算基数时是否需要将加班工资包括在内的问题:"有的法院反映,一些用人单位加班已成为常态,劳动者的劳动报酬一般由最低工资和加班费组成,如在确定经济补偿金计算基数时不将加班费计算在内,则可能导致用人单位支付的经济补偿金过低的问题。我们认为,第一、经济补偿从性质上看系用人单位与劳动者解除或终止劳动关系后,为弥补劳动者损失或基于用人单位所承担的社会责任而给予劳动者的补偿,故经济补偿金应以劳动者的正常工作时间工资为计算基数。第二,加班工资系劳动者提供额外劳动所获得的报酬,不属于正常工作时间内的劳动报酬。第三,从原劳动部《关于贯彻〈中华人民共和国劳动法〉若干问题的意见》第 55 条和《劳动合同法实施条例》第 27 条规定来看,也应认为经济补偿金不包含加班费。综上,我们认为在计算经济补偿金计算基数时不应将加班工资包括在内。"

如有证据证明用人单位恶意将本应计入正常工作时间工资的项目计入加班工资,以达到减少正常工作时间工资和经济补偿金计算标准的,则应将该部分"加班工资"计入经济补偿金的计算基数。

(四) 加班工资应当纳入经济补偿的计算基数(其他地区)

除上海地区外,其他大部分地区均未以会议纪要/解答等形式将加班工资从经济补偿的系数中剔除。以深圳地区为例：

《深圳市中级人民法院关于审理劳动争议案件的裁判指引》（2015 年 9 月 2 日讨论通过）

第九十七条　在计算经济补偿或赔偿金时，劳动者解除劳动合同前十二个月平均工资，除包括正常工作时间的工资外，还包括劳动者的加班工资。劳动者已领取的报销或年终双薪，计入合同基数时应按每年十二个月平均分摊。

其余省市不再列举，各省市多以会议纪要/解答/判例对上述问题进行了明确，经济补偿的计算基数应当包含加班工资，属于工资性收入的一部分。

笔者认为，加班工资应当属于工资性收入，其来源于劳动者通过自己的劳动获取的工资，当然属于劳动报酬，将加班工资从经济补偿的计算基数中剔除，不符合经济补偿的补偿性本义，同时也产生了弊端，部分企业针对上海地区该会议纪要/解答设计了独特的薪酬结构，约定了工资标准为本市最低工资标准，另有"固定加班费""浮动加班费""节日加班费"等多种名目的加班工资，以违法手段人为调低经济补偿的计算基数，但这种人为调节的手段因其与客观事实不符，不一定能够得到人民法院的认可。

鉴于上海地区的规定具备特殊性，从实务的角度出发，劳动者、用人单位及其代理律师应掌握该规定，以对经济补偿的金额提前预判。

（五）经济补偿计算基数是否应剔除不正常工作月份的观点争议

由于在《劳动合同法实施条例》第二十七条的后半段提到"劳动者工作不满 12 个月的，按照实际工作的月数计算平均工资"，由此引发了两种不同的观点。

第一种观点认为，《劳动合同法实施条例》已对离职前十二个月内未实际工作时间的情形作出了明确说明，即有病事假的，应当将病事假的时间剔除，按照实际工作的月数计算平均工资。例如：浙江省通过高院解答的形式明确了前十二个月需扣除医疗期等非正常工作期间。

《关于审理劳动争议案件若干问题的解答（二）》的通知（浙高法民一〔2014〕7 号）：

十一、劳动者解除或者终止劳动合同前十二个月包含医疗期等非正常工作期间，且在该期间内用人单位未支付正常工作工资的，经济补偿基数应如何确定？

答：《劳动合同法》第四十七条第三款规定的"本条所称月工资是指劳动者在劳动合同解除或者终止前十二个月的平均工资"，应理解为劳动合同解除或者终止前劳动者正常工作状态下十二个月的平均工资，不包括医疗期等非正常工作期间。

第二种观点认为，不应剔除。理由如下：此处的工作不满 12 个月仅指入职后至劳动合同解除或终止之间的时间跨度不足 12 个月。而病事假期间病假工资亦属于工资，无须将病假期间视为非正常工作状态，且病事假并非企业导致，扣除病事假期间对企业显失公平。

在实践中，除部分省份通过会议纪要/高院解答的形式予以明确外，在其他未明确地区的判例中两种观点均时有出现，与个案的具体情况有关。劳动者及其代理人应采用第一种观点，以追求经济补偿计算基数最大化，并向法官表明劳动者的实际经济情况、下一份工作难以寻找等现实困难，争得同情分。用人单位及其代理人则应采用第二种观点，以降低经济补偿计算基数。

（六）经济补偿计算基数是否应剔除企业非正常经营期间月份

根据《违反和解除劳动合同的经济补偿办法》第十一条的规定，经济补偿金的工资计算标准是指企业正常生产情况下劳动者解除合同前十二个月的月平均工资。该《办法》虽于 2017 年 11 月 24 日废止，但究其立法本意，以及《劳动合同法实施条例》第二十七条，《劳动合同法》第四十七条中均提及按"劳动者实际工作的月数计算平均工资"的规定，笔者认为应当剔除非正常经营期间月份。

同时，此处还应与周期性、季节性的停工停产（这类停工停产不应被剔除）进行区分。

（七）经济补偿计算基数封顶的规则

1. 经济补偿计算基数封顶

设区的市级人民政府每年公布本地区的上一年度职工月平均工资，该工资一般简称"社平工资"。经济补偿计算基数的封顶值为社平工资的三倍。

2. 协商一致解除后经济补偿不得补差

协商一致解除基于劳动者与用人单位双方对劳动关系的解除、补偿事项的平等协商，达成合意后签署。

根据《民法典》关于无效、可撤销的合同之相关规定，重大误解、欺诈、胁迫、显失公平的合同可撤销，无民事行为能力人实施的、虚假意思表示实施的、违反法律行政法规的强制性规定的、违反公序良俗、恶意串通的合同无效，除上述情形外，协商解除协议书生效后不得反悔。

经济补偿的封顶金额每年随着社会经济发展而略有增长，属于当事人可预见的情形，不属于上述可撤销合同中的重大误解、欺诈、显失公平情形，因此，经济补偿金额补差不适用于此种情形。

3. 劳动仲裁/诉讼渠道获取的经济补偿可以补差（非通说）

经济补偿的计算基数封顶属于法律规定，每年的封顶金额依据上一年度社平工资确定，2023 年仲裁/诉讼案件的封顶金额应当依据当年公布的 2022 年度社平工资确定,该年度社平工资尚未公布时,劳动争议仲裁机构或人民法院参考 2022 年公布的 2021 年度社平工资做出的裁决/判决并无不当,但当 2022 年度社平工资公布后,劳动者要求补足差额的,于法无悖,应予以准许。

实务中,作为劳动者或劳动者的代理律师,当最新社平工资金额未公布时,主张经济补偿或赔偿金(属于三倍封顶情形)的,可适当估算,经济补偿计算基数可在上一年度的社平工资基础上增加 1 000 元或 1 500 元,以省去另案仲裁补差或变更诉求的诉累。

> **第四十八条　【违法解除或者终止劳动合同的法律后果】**
>
> 用人单位违反本法规定解除或者终止劳动合同,劳动者要求继续履行劳动合同的,用人单位应当继续履行;劳动者不要求继续履行劳动合同或者劳动合同已经不能继续履行的,用人单位应当依照本法第八十七条规定支付赔偿金。

一、劳动者选择恢复劳动关系的动因

1. 劳动者的实际需求

当用人单位违法解除或终止劳动合同时,若劳动者主张继续履行劳动合同,劳动争议仲裁机构或人民法院理应支持。这种需求多见于"三期"女职工、工伤或者非因工患病的劳动者。

此类劳动者若在用人单位工作时间较短,即便选择因公司违法解除劳动合同而支付的赔偿金,也只相当于几个月工资。综合自身的状况和外出再寻工作的难度,选择恢复劳动关系更为有利。

2. 协商谈判的筹码

有些情况下,劳动者继续履行劳动合同,并不利于自身职业的发展,即使恢复劳动关系也可能会遇到用人单位的各种刁难,但直接选择赔偿金所获得的金额又不高。此时,劳动者也会选择要求继续履行劳动合同,从而意图增加用人单位继续用工的成本。

此处的成本,不仅指经济成本,更多的是知晓用人单位在选择违法解除某一劳动者时综合了各方面的考虑,即使被认定违法解除也在所不惜。在这种情形下,恢复劳动关系是用人单位不愿意看到的结果,经过谈判,此时劳动者可获得的赔偿金可能大于法定的赔偿金金额。

二、用人单位抗辩劳动关系恢复的常见思路

1. 岗位的特殊性

对于一些企业的高级管理人员,例如总经理,董事会已经作出决议进行解聘时,此类的劳动关系并不适宜恢复。在更细致的划分中,劳动关系能够得到恢复,但不能恢复至原岗位。在下述上海家化案中,上海市第二中级人民法院虽然判决恢复劳动关系,但是并没有恢复劳动者的岗位。

上海家化联合股份有限公司与王某劳动合同纠纷二审民事判决书【案号:(2015)沪二中民三(民)终字第 747 号】上海市第二中级人民法院

本院认为:首先,从查明事实看,王某系由上海家化联合股份有限公司的普通员工逐步成长为公司副总经理、总经理的,上海家化联合股份有限公司称其与王某建立劳动关系的基础是王某担任总经理与事实不符。其次,对于具体岗位,上海家化联合股份有限公司主张王某总经理的岗位已无法恢复,故合同无法继续履行,但王某已明确表示对董事会撤销其总经理职务没有异议,愿意在公司从事其他工作,故对于岗位的变更王某并无意见,上海家化联合股份有限公司再主张无总经理岗位可继续履行,理由难以成立。再次,王某入职上海家化联合股份有限公司时系普通员工,在该公司工作了十五六年,其对该公司的业务是熟悉的,其原工作能力亦得到过肯定。而上海家化联合股份有限公司系具有一定规模的上市公司,雇用员工千余人,其现称无任何岗位可以安排王某,无法让人信服。最后,本院认为,王某原虽为公司高管,但连续工龄已满十年,不予恢复劳动关系实质上亦剥夺了王某作为老职工可以要求履行无固定期限劳动合同的权利,有失公平。综上,上海家化联合股份有限公司可根据王某工作能力、知识水平及公司的经营需要,另行安排合适岗位以确保劳动合同得以履行完毕。

劳动关系是一种需要合同双方当事人互助合作才能在既定期限内存续和顺利实现的社会关系,它客观上要求在劳动合同履行过程中,用人单位和劳动者相互信任、互相协作,在遇到问题时相互理解、帮助解决。现双方发生诉讼,产生信任危机,要保障劳动合同的顺利进行,仍需双方共同努力。上海家化联合股份有限公司应尽量为合同的履行创造条件,而不是一味拒绝。而王某亦应反省自身,设身处地为企业发展考虑,按公司要求全面履行劳动义务,方能使劳动合同得以顺利地继续履行。

2. 劳动者所在的原来的岗位或者部门已经被撤销

此种情况下,原劳动合同继续履行的基础已经不存在,在劳动合同明确约定了劳动者所处岗位,但岗位已经不复存在的情况下,即使用人单位违法解除了劳动合同,此时恢复劳动合同也缺乏了前提基础,从而并不适宜恢复。

3. 劳动者原来的工作岗位已经招用了新员工

关于这一情形，在实践中存在争议，一般需要综合进行判断。首先应判断该岗位是否为普遍或者重复性高的岗位，例如：业务员。如果该岗位并不具有唯一性或者专属性，则具有可恢复的条件。如果该岗位具有特殊性，有新入职员工，则不适宜恢复。

同时，在判断恢复劳动关系时，还会考虑员工的特殊情况，如果简单地允许公司随意解除劳动合同，并寻找新员工顶替，从而免除用人单位的法律责任，那么恢复劳动关系的制度就形同虚设了。

4. 双方信任基础已经破裂

劳资关系具备人身从属性，与其他法律关系存在着较大的不同，劳动争议纠纷的人身属性可能仅次于婚姻家事纠纷，因此，当劳动者离职时若已经与用人单位发生了大量的争议、言语甚至肢体的冲突，出于保护用人单位人合性的考量，劳动关系被违法解除后往往很难再恢复。

5. 劳动合同已经到期

在仲裁或诉讼的过程中劳动合同已经到期且不具备必须签订无固定期限劳动合同的条件时，双方劳动关系不具备继续履行的意义，人民法院可能会结合前述抗辩点不予恢复劳动关系。

但此点意见并非用人单位专享，劳动者亦可运用该观点以创造收益：

在部分人民法院裁判观点不倾向于恢复劳动关系的省市，在诉讼的过程中劳动合同到期的，劳动者可变更诉讼请求为"恢复劳动关系至××××年××月××日"或"恢复劳动关系至劳动合同到期日"；

在用人单位解除劳动关系已被确认违法的前提下，人民法院将询问用人单位是否续签劳动合同，用人单位一般不同意续签，此时，最终的判决将变更为"判决恢复劳动关系至劳动合同到期日"＋"用人单位支付相应期间工资待遇"＋"用人单位支付终止劳动合同的经济补偿"；

鉴于此时劳动关系恢复的时间节点已经过了，用人单位无须实际履行行为义务，仅需履行金钱给付义务，执行上不存在障碍。因此，在裁判观点不倾向于恢复劳动关系的省市，提出此类观点反而更利于劳动关系的恢复。劳动者或用人单位双方中的一方先提出的，法院可能会倾向于该观点所支持的主张。

三、劳动者要求用人单位支付赔偿金的依据

根据《劳动合同法》第八十七条规定，用人单位违反本法规定解除或者终止劳动合同的，应当依照本法第四十七条规定的经济补偿标准的二倍向劳动者支付赔偿金。

当发生第一款中无法恢复劳动合同关系的情况时,本条第二款对用人单位违法解除劳动合同这一违法行为进行了规制,即劳动者可以要求用人单位支付双倍的经济补偿金,作为赔偿金。

此处需要指出的是,在计算赔偿金时,应当先计算补偿金的标准。2008 年劳动合同法实施前,特定情形下经济补偿金的计算年限封顶为十二个月,2008 年劳动合同法实施后,超过社平工资三倍的,计算年限和基数双封顶。那么赔偿金是否也受到限制呢?

根据《劳动合同法实施条例》第二十五条的规定,用人单位违反劳动合同法的规定解除或者终止劳动合同,依照《劳动合同法》第八十七条的规定支付了赔偿金的,不再支付经济补偿。赔偿金的计算年限自用工之日起计算。因此,赔偿金的计算规则与经济补偿金并不相同。

由此,对于赔偿金的计算产生了两种不同的观点:

第一种观点认为:计算赔偿金时,离职前十二个月的平均工资基数受到社平工资三倍限制,即最高为社平工资的六倍(三倍乘以赔偿性质的 200%),但是年限并不封顶,自用工之日开始计算。

第二种观点认为:计算赔偿金时,应当适用"双封顶",即离职前十二个月的平均工资基数受到社平工资三倍限制的,即最高为社平工资的六倍,同时,最长计算十二个月。

法律依据:

《上海市高级人民法院关于适用〈劳动合同法〉若干问题的意见》 沪高法〔2009〕73 号

二十一、关于经济补偿金"分段计算"的问题

(四)根据《劳动合同法实施条例》第二十五条的规定,用人单位违反《劳动合同法》的规定解除或终止劳动合同,依法支付劳动者赔偿金,赔偿金的计算年限自用工之日起计算。如劳动者在劳动合同被违法解除或终止前十二个月的月平均工资高于上年度本市职工月平均工资三倍的,根据《劳动合同法》第八十七条规定,应当按照第四十七条第二款规定的经济补偿标准计算。

据此推断,上海地区适用第二种双封顶的观点。

第四十九条 【社会保险关系跨地区转移接续】

国家采取措施,建立健全劳动者社会保险关系跨地区转移接续制度。

一、养老保险关系转移接续的法规依据及其具体办法

2009 年 12 月 28 日,国务院办公厅公布了《城镇企业职工基本养老保险关系转移接续暂行办法》(国办发〔2009〕66 号),并于 2010 年 1 月 1 日正式施行。

该办法针对的主体,包括了农民工在内的全部参加城镇企业职工基本养老保险的人员,规定了其基本养老保险关系可在跨省就业时随同本人一同转移;并且,在转移个人账户储存额的同时,还可以转移部分单位缴费。

《城镇企业职工基本养老保险关系转移接续暂行办法》(国办发〔2009〕66 号)

第五条 参保人员跨省流动就业,其基本养老保险关系转移接续按下列规定办理:

(二)参保人员未返回户籍所在地就业参保的,由新参保地的社保经办机构为其及时办理转移接续手续。但对男性年满 50 周岁和女性年满 40 周岁的,应在原参保地继续保留基本养老保险关系,同时在新参保地建立临时基本养老保险缴费账户,记录单位和个人全部缴费。参保人员再次跨省流动就业或在新参保地达到待遇领取条件时,将临时基本养老保险缴费账户中的全部缴费本息,转移归集到原参保地或待遇领取地。

第六条 跨省流动就业的参保人员达到待遇领取条件时,按下列规定确定其待遇领取地:

(一)基本养老保险关系在户籍所在地的,由户籍所在地负责办理待遇领取手续,享受基本养老保险待遇。

(二)基本养老保险关系不在户籍所在地,而在其基本养老保险关系所在地累计缴费年限满 10 年的,在该地办理待遇领取手续,享受当地基本养老保险待遇。

(三)基本养老保险关系不在户籍所在地,且在其基本养老保险关系所在地累计缴费年限不满 10 年的,将其基本养老保险关系转回上一个缴费年限满 10 年的原参保地办理待遇领取手续,享受基本养老保险待遇。

(四)基本养老保险关系不在户籍所在地,且在每个参保地的累计缴费年限均不满 10 年的,将其基本养老保险关系及相应资金归集到户籍所在地,由户籍所在地按规定办理待遇领取手续,享受基本养老保险待遇。

这些条款的规定充分保障了参保人员的合法权利,也落实了劳动合同法中就本条建立健全社会保险关系跨地区转移接续制度的要求。

临时基本养老保险缴费账户的创设性增加,是具有时代背景的规定。"4050"工程时期,许多劳动者在经济发达地区已经缴纳了较长时间的养老保险,若此时进行跨省转移,会让劳动者损失用人单位缴纳的进统筹账户的 40%,对劳动者而言是

很大的损失。所以该办法规定了临时账户,等参保人员达到领取条件时,可以将临时账户的全部缴费本息归集到原参保地或待遇领取地。

二、养老保险可转移资金的计算方法

该办法在第四条中规定,参保人员跨省流动就业转移基本养老保险关系时,按下列方法计算转移资金:

(1)个人账户储存额:1998 年 1 月 1 日之前按个人缴费累计本息计算转移,1998 年 1 月 1 日后按计入个人账户的全部储存额计算转移。

(2)统筹基金(单位缴费):以本人 1998 年 1 月 1 日后各年度实际缴费工资为基数,按 12% 的总和转移,参保缴费不足 1 年的,按实际缴费月数计算转移。

根据法律规定,单位缴纳养老保险的比例是工资总额的 20%,而依据该办法,劳动者可以将其中的 12% 进行转移,即可转移用人单位缴纳部分的 60%。

三、社会保险关系转移接续的实务建议

随着社会的发展,该办法在实施过程中,也出现了许多新情况和新问题。2016 年 11 月 28 日,人社部发布了《人力资源社会保障部关于城镇企业职工基本养老保险关系转移接续若干问题的通知》人社部规〔2016〕5 号,就实践中出现的问题做了进一步的明确。

社会保险制度是关系我国劳动者的重大制度,随着我国各项制度的完善,社会保险制度日益健全,各项规定也在逐步建立。笔者建议用人单位、劳动者在遇到相关问题时,应及时咨询当地社保窗口部门,以获取最新最全面的解答。

第五十条 【社会保险关系跨地区转移接续】

(重点条文)用人单位应当在解除或者终止劳动合同时出具解除或者终止劳动合同的证明,并在十五日内为劳动者办理档案和社会保险关系转移手续。

劳动者应当按照双方约定,办理工作交接。用人单位依照本法有关规定应当向劳动者支付经济补偿的,在办结工作交接时支付。

用人单位对已经解除或者终止的劳动合同的文本,至少保存二年备查。

一、用人单位的退工义务

（一）用人单位负有妥善退工的义务

依据本条，用人单位应在解除/终止劳动关系的十五日内为劳动者办结全部的退工手续。此处的"十五日"未有明确的约定和口径，一般理解应是十五个自然日，最后一日遇休息日的，顺延到最近的一个工作日。

（二）用人单位退工的具体事项

针对上海地区本市户籍居民：出具退工单和离职证明①、返还《就业创业证》（原《劳动手册》）、封存档案、转移或封存社会保险。针对非本市户籍的居民，无须出具退工单，其他事项同上。

关于用人单位违反法律规定，拒不出具解除或终止劳动合同证明的法律后果将在本法第八十九条的相关内容中展开阐述。

二、劳动者负有交接义务及拒不交接的法律后果

（一）工作交接的法律依据

1. 工作交接属于劳动者的应尽义务

劳动者应当按照双方约定办理工作交接，办理工作交接是劳动者的一项法定义务。因而，在依法与用人单位解除或者终止劳动合同以后，劳动者应及时按照约定或者用人单位的要求办理工作交接，履行自身应尽的义务。

2. 工作交接应当进行，与劳动关系解除的合法性、违法性无关

依据本款规定，工作交接属于劳动者的法定义务，该义务与前款所称"用人单位的退工义务"相一致，均与劳动关系解除的合法、违法无关——无论劳动者依据本法第三十七条、第三十八条的解除是否具备合法性、合理性，用人单位依据本法第三十九条、第四十条、第四十一条的解除是否具备合法性、合理性，劳动者均有在离职后进行工作交接的义务。

（二）拒不进行工作交接的法律后果

1. 劳动者承担赔偿责任的法律依据

如果劳动者不进行工作交接，给用人单位造成损失的，应承担赔偿责任。

《北京市高级人民法院、北京市劳动人事争议仲裁委员会关于审理劳动争议案件解答（一）》就"70. 劳动者未按规定提前三十天（在试用期内提前三天）通知用人

---

① 劳动者如无特别要求的，用人单位可仅向本地户籍劳动者出具退工单，无需另外提供离职证明。

单位解除劳动合同即自行离职,或虽然履行通知义务,但有未履行的相关义务,给用人单位造成损失的,应否赔偿?"给出解答:"劳动者未提前三十天(在试用期内提前三天)通知用人单位解除劳动合同,自行离职,或虽然履行通知义务,但有未履行的相关义务,如其应当履行的办理工作交接等义务,给用人单位造成直接经济损失的,应当承担相应的赔偿责任,对所造成的经济损失,用人单位负有举证责任。"

其他省市亦通过文件、判例的形式明确劳动者如拒不进行工作交接,给用人单位造成损失的,应当承担赔偿责任。

2. 用人单位可依据本法提起劳动仲裁或诉讼

劳动者拒不进行工作交接,导致用人单位发生直接或间接经济损失的,用人单位可向劳动人事争议仲裁委员会提起仲裁。

部分区县的劳动争议仲裁机构对该类型的劳动争议案件经历、审理得很少,甚至未接触过此类案件。此时,作为用人单位方的代理人,可依据本法及本地区会议纪要向劳动争议仲裁机构立案庭据理力争,向立案庭明确,如认为本案不属于劳动仲裁受理范围,应向用人单位出具《不予受理通知书》。

用人单位持劳动争议仲裁机构的《不予受理通知书》向人民法院提起诉讼,人民法院应予受理。

3. 劳动者的工作交接义务在诉讼时系被动义务(双方无特别约定时)

劳动者离职后,依据本法之规定,具备工作交接的义务,但该义务于诉讼环境中一般认为系被动义务,即用人单位要求劳动者提供则提供,用人单位不要求的,甚至长期"两不找"的,不构成劳动者违反工作交接义务。

4. 劳动者应主动离职交接以避免法律风险(双方特别约定时)

劳动者离职后,依据本法之规定,具备工作交接的义务,尤其当双方于劳动合同或员工手册中另有约定时,劳动者应当主动寻求交接,以避免法律风险——但此处法院仍会认为用人单位有催告的义务,如果用人单位不主动,劳动者可抗辩其认为用人单位已掌握了所有其手头已有的材料、信息,无须额外告知。

5. 用人单位要求劳动者进行工作交接应当具体明确

劳动者与用人单位双方的劳动关系时间有长有短,短则几天、几个月,长则几年、十几年,除去特别短的劳动关系外,劳动者能够接触到的用人单位信息非常多、领取过的材料亦众多。因此,用人单位如要追究劳动者拒不进行工作交接的法律责任,首先应做的是通过书面或录音电话的形式明确工作交接的事项,比如某客户的联系方式、某项材料摆放的位置,依据需要或习惯,向劳动者明确即可。

用人单位仅以"其要求劳动者进行离职交接而劳动者未交接"作出陈述的,属于对此要件的举证不能,尤其在劳动者未明确拒绝的情形下,用人单位自行承担不利后果。

6. 用人单位应当提供劳动者掌握某项材料的依据

劳动者在职期间掌握多项材料,对于特定事项,劳动者如当庭予以否认,用人单位则应就该事项属于劳动者掌握或应该掌握、该物品处于劳动者的控制下提供依据。

7. 可能获得支持的直接经济损失

离职员工掌握了软件技术的安装包、加密狗、软件技术安装技术的序列号等的账号和密码,除离职员工外,用人单位无其他员工掌握该信息,导致重新购买该软件或技术而产生的直接损失,用人单位可以向离职员工主张。

离职员工曾获取用人单位的生产消耗品,该物品使用寿命短、重复购买率高,用人单位可主张生产消耗品的再次购买折价金额。

离职员工曾获取用人单位的非消耗品,如工作电脑、高精度卡尺等,当员工无法返还时,用人单位可主张折价款。此处"员工无法返还"既可能是该物品已灭失,也可能是员工主观上不愿意返还,法院的执行存在着障碍,用人单位主张折价款更为合适。

8. 可能获得支持的间接经济损失

离职员工掌握了淘宝店铺等的账号和密码,除离职员工外,用人单位无其他员工掌握该信息,导致淘宝店铺等无法发货、发生退货的间接损失,用人单位可以向离职员工主张。

离职员工作为用人单位与第三人公司的商事合同的负责人,突然离职且未作工作交接,致使用人单位无法及时跟进商事合同,第三人公司解除商事合同后经法院判决用人单位承担责任的,用人单位可要求该离职员工赔偿经济损失,但离职员工一般承担其中的部分,而非全额。

9. 退工证明的开具视为对劳动者工作交接已完成的认可

部分法院认为,当劳动者与用人单位双方对工作交接是否已完成争执不下时,用人单位向劳动者开具的退工单或退工证明属于认定工作交接是否完成的关键证据,视为用人单位对劳动者已完成工作交接的认可。

用人单位如在离职证明等材料上载明了劳动者的工作交接已完成,亦构成主张赔偿经济损失的重大阻碍。

(三)实务建议

1. 重要物品交付给劳动者时应保留交接凭证

重要物品发放时,用人单位应让劳动者签收该物品,并于签收单中明确该物品的型号、发放时价格或采购时价格以及应当归还的信息,以便于未来该员工离职时,得以凭借该签收单要求返还上述物品。

重要资料取得时,用人单位应要求该员工备份一份副本至用人单位处,以防止员工突然离职不愿意交接,造成企业正常经营中断;实在无该备份,应通过商事合同的联系人、资料的发放人(交易对手)取得该员工领取了该资料的凭证,以便后期追索。

2. 以清单形式明确离职交接事项

解除劳动关系的形式有多种,除用人单位违纪解除员工外,其他形式下用人单位均有机会与劳动者签订离职交接单,离职交接单中应明确劳动者掌握何种物品、何种资料、已交接的品类及数量,要求员工签字确认。

三、支付经济补偿与办理工作交接的前后顺序

(一)原则性之法律规定

依据本条规定,用人单位有权要求劳动者办理工作交接,在劳动者办结工作交接完毕之前,可以暂不支付经济补偿,此为支付经济补偿与办理工作交接的前后顺序。

如用人单位明确告知劳动者办理工作交接,并承诺于工作交接办结之日支付经济补偿的,劳动者仲裁或投诉用人单位未支付经济补偿,并依据本法第八十五条[①]要求用人单位支付未依法支付经济补偿的赔偿金的,用人单位可依据本条抗辩该赔偿金。

(二)实务操作及裁判口径

根据案例检索发现,较多法院认为,本法仅规定了经济补偿应在办结工作交接时支付,但未规定用人单位在劳动者未办结工作交接时有不支付经济补偿的权利。简言之,劳动者未办结工作交接或拒绝办理工作交接的,用人单位仍负有支付经济补偿的义务。用人单位在此种情形下,可以不主动发放经济补偿并可抗辩加付的赔偿金,但一旦劳动者向劳动仲裁/人民法院主张解除/终止劳动合同的经济补偿,用人单位应当发放。

上述观点并不与法条相悖,亦符合广大劳动者、用人单位对经济补偿支付条件的普遍认知。因为劳动者的工作交接未完成可暂时不予发放经济补偿,但当劳动者依法维护自身权益时,用人单位应当支付经济补偿。

此时劳动者的工作交接义务仍未完成,用人单位的合法权益该如何得到保障?

---

① 第八十五条:"用人单位有下列情形之一的,由劳动行政部门责令限期支付劳动报酬、加班费或者经济补偿;劳动报酬低于当地最低工资标准的,应当支付其差额部分;逾期不支付的,责令用人单位按应付金额百分之五十以上百分之一百以下的标准向劳动者加付赔偿金:……(四)解除或者终止劳动合同,未依照本法规定向劳动者支付经济补偿的。"

一般认为,用人单位可向劳动者发起要求工作交接、赔偿经济损失之诉,该诉讼与劳动者的经济补偿之诉并行,两者均可得到支持。

中智上海经济技术合作公司与孙恩太申请撤销仲裁裁决案【案号:(2015)沪一中民三(民)撤字第 331 号】

本院认为:虽然该法第五十条第二款规定,用人单位依照本法有关规定应当向劳动者支付经济补偿的,在办结工作交接时支付,但该法并未规定未办理工作交接可不支付经济补偿。

四、备档待查的两年时间重要实务运用

本条应结合劳动部《工资支付暂行规定》第六条一并使用。根据该条规定,用人单位必须书面记录支付劳动者工资的数额、时间、领取者的姓名以及签字,并保存两年以上备查。

(一)两年时间内的部分事项,举证责任倒置

《最高人民法院关于审理劳动争议案件适用法律问题的解释(一)》(法释〔2020〕26 号)

第四十二条　劳动者主张加班费的,应当就加班事实的存在承担举证责任。但劳动者有证据证明用人单位掌握加班事实存在的证据,用人单位不提供的,由用人单位承担不利后果。

第四十四条　因用人单位作出的开除、除名、辞退、解除劳动合同、减少劳动报酬、计算劳动者工作年限等决定而发生的劳动争议,用人单位负举证责任。

依据上述司法解释规定,涉及劳动合同的解除、劳动报酬的减少、劳动者工作年限的计算、加班费这四个方面举证责任的,应当由用人单位承担,即举证责任倒置。具体体现在关于解除的合法性、拖欠劳动报酬的定性和定量、劳动者工作年限的运用(医疗期长度、经济补偿金/赔偿金的系数)、加班事实是否存在等方面,在法律规定的备档两年的时限内,这些均由用人单位负举证责任。

(二)两年时间外的部分事实,谁主张谁举证

超过两年时间的,如用人单位在庭审中提出超出了两年备档待查时间,且人力资源文档保管制度不够健全,则人民法院不会强求用人单位提供。此时由劳动者承担全部的举证责任。

例如:劳动者主张用人单位拖欠工资,若已超过两年时间,则既要就其工资标准举证,亦要就其当月的工资发放、出勤情况(病事假情况)进行举证,举证责任相较两年时间内更重。

（三）"两年时间"的裁判口径

"两年时间"究竟是从何时开始算起,法条未做明确,实务中亦难以从裁判文书中梳理出通说观点,倾向性认为:

（1）用人单位应当将与解除或终止有关的文档或材料,自解除或终止日起保存两年。

（2）用人单位将与工资支付有关的文档或材料,从工资支付日起起码保存两年。

第五章　特　殊　规　定

第五十一条　【集体合同的订立和内容】

企业职工一方与用人单位通过平等协商,可以就劳动报酬、工作时间、休息休假、劳动安全卫生、保险福利等事项订立集体合同。集体合同草案应当提交职工代表大会或者全体职工讨论通过。

集体合同由工会代表企业职工一方与用人单位订立;尚未建立工会的用人单位,由上级工会指导劳动者推举的代表与用人单位订立。

集体合同在《劳动合同法》前四章中一共出现过两次,第一次出现在第十一条,用人单位未在用工的同时订立书面劳动合同,与劳动者约定的劳动报酬不明确的,新招用的劳动者的劳动报酬按照集体合同规定的标准执行;没有集体合同或者集体合同未规定的,实行同工同酬。第二次出现在第十八条,劳动合同对劳动报酬和劳动条件等标准约定不明确,引发争议的,用人单位与劳动者可以重新协商;协商不成的,适用集体合同规定;没有集体合同或者集体合同未规定劳动报酬的,实行同工同酬;没有集体合同或者集体合同未规定劳动条件等标准的,适用国家有关规定。

通过上述两条我们可以发现,集体劳动合同是在用人单位与劳动者就劳动报酬、劳动条件约定不明时,用以参照的标准,是劳动者的最后一道合同防线。由此,订立集体合同,是对劳动者最后也是最低限度的保护。

一、集体劳动合同的法律渊源

集体合同的法律渊源,按照由近及远的时间先后排序如下:

《工会法》

第六条　工会通过平等协商和集体合同制度,协调劳动关系,维护企业职工劳动权益。

第二十一条　工会帮助、指导职工与企业以及实行企业化管理的事业单位签订劳动合同。

工会代表职工与企业以及实行企业化管理的事业单位进行平等协商,签订集体合同。集体合同草案应当提交职工代表大会或者全体职工讨论通过。

工会签订集体合同,上级工会应当给予支持和帮助。

企业违反集体合同,侵犯职工劳动权益的,工会可以依法要求企业承担责任;因履行集体合同发生争议,经协商解决不成的,工会可以向劳动争议仲裁机构提请仲裁,仲裁机构不予受理或者对仲裁裁决不服的,可以向人民法院提起诉讼。

《劳动法》

第三十三条　企业职工一方与企业可以就劳动报酬、工作时间、休息休假、劳动安全卫生、保险福利等事项,签订集体合同。集体合同草案应当提交职工代表大会或者全体职工讨论通过。

集体合同由工会代表职工与企业签订;没有建立工会的企业,由职工推举的代表与企业签订。

第三十四条　集体合同签订后应当报送劳动行政部门;劳动行政部门自收到集体合同文本之日起十五日内未提出异议的,集体合同即行生效。

第三十五条　依法签订的集体合同对企业和企业全体职工具有约束力。职工个人与企业订立的劳动合同中劳动条件和劳动报酬等标准不得低于集体合同的规定。

《集体合同规定》

第二十条　职工一方的协商代表由本单位工会选派。未建立工会的,由本单位职工民主推荐,并经本单位半数以上职工同意。

职工一方的首席代表由本单位工会主席担任。工会主席可以书面委托其他协商代表代理首席代表。工会主席空缺的,首席代表由工会主要负责人担任。未建立工会的,职工一方的首席代表从协商代表中民主推举产生。

二、集体合同及其制度的定义和特征

(一)集体合同制度的定义

集体合同,又称团体协约、集体协议等。关于集体合同,我国《劳动法》第三十三条规定:企业职工一方与企业可以就劳动报酬、工作时间、休息休假、劳动安全卫生、保险福利等事项,签订集体合同。

劳动部的《集体合同规定》指出,集体合同是集体协商双方代表根据法律、法规的规定就劳动报酬、工作时间、休息休假、劳动安全卫生、保险福利等事项在平等协商一致基础上签订的书面协议。

(二)集体合同制度的特征

1. 集体合同有特定的当事人

集体合同的劳动者一方必须是团体,一般是企业工会,未组建工会的,由职工选举的职工代表充当。这是其区别于民事合同的重要特点之一。

2. 集体合同是最低标准的合同

集体合同是就劳动报酬、工作时间、休息休假、劳动安全卫生、保险福利等事项的最低标准和企业达成的协议,企业和职工个人签订的劳动协议所规定的各种待遇不得低于集体合同的标准。

3. 当事人双方的义务性质不同

集体合同规定企业承担的义务都具有法律性质,企业不履行义务,就要承担相应的法律责任。而工会一般不承担法律责任,仅负道义上的责任。

4. 集体合同是要式合同

集体合同要以书面形式签订,并经主管机关登记备案,才具有法律效力。

三、集体合同签订的一般程序

(1)签订集体合同之前工会应当收集职工和企业有关部门的意见,单独或与企业共同拟定集体合同草案。

(2)工会根据拟定的集体合同草案与企业进行平等协商。

(3)经协商达成一致的集体合同草案文本应当提交职工代表大会或全体职工审议,工会代表应当就草案的产生过程、主要劳动标准条件的确定依据及各自承担的主要义务作出说明。

(4)集体合同草案经职工代表大会或全体职工审议通过后,由企业法定代表人与企业工会主席签字。集体合同草案经审议未获通过的,由双方重新协商,进行修改。

(5)集体合同签字后,在报送劳动行政部门的同时,企业工会应当将集体合同文本、附件及说明报送上一级工会。

(6)集体合同生效后,应向全体职工公布。

四、集体合同订立的特殊程序性规定

集体合同作为一种在用人单位中托底的保障性合同,就劳动者的劳动报酬、

工作时间、休息休假等权利进行约定,可能并不适用于全部的工作岗位,甚至还会存在滞后性。但其规定的内容,是劳动合同关系中对劳动者最重要的内容之一。

本条第一款规定的内容为,集体劳动合同可以就哪些方面进行约定,同时在签订流程上,由于集体劳动合同的适用对象是全体劳动者,签订过程中应该征求员工的意见。在如何征求员工意见的方式上,本条规定了可以通过职工代表大会或者全体职工进行讨论,之后再行通过。

这也反映了集体劳动合同代表的是广大劳动者的基本利益,理应由全体劳动者参与讨论,或者由职工代表大会进行讨论。

五、用人单位尚未建立工会时如何签订集体合同

集体合同由工会代表企业职工一方与用人单位订立;尚未建立工会的用人单位,由上级工会指导劳动者推举的代表与用人单位订立。

此处涉及集体合同的签订主体问题,作为集体合同,究竟由谁代表劳动者一方与用人单位签订集体劳动合同,是非常重要的。因为这一主体应当代表着全体劳动者的利益,切实维护劳动者的合法权益。所以,本条规定了由工会作为第一顺位的主体,代表劳动者订立集体劳动合同。

根据《工会法》第二条的规定,工会是职工自愿结合的工人阶级的群众组织。中华全国总工会及其各工会组织代表职工的利益,依法维护职工的合法权益。《工会法》在第六条规定,维护职工合法权益是工会的基本职责。工会在维护全国人民总体利益的同时,代表和维护职工的合法权益。工会通过平等协商和集体合同制度,协调劳动关系,维护企业职工劳动权益。

这是法律赋予工会的职权,也是其义务。其应当从保护劳动者合法权益的角度出发,与用人单位协商集体劳动合同。

如果用人单位未建立工会,则由用人单位的员工推选代表与用人单位订立集体合同。在推选代表的过程中,由上级工会进行指导。

第五十二条 【专项集体合同】

企业职工一方与用人单位可以订立劳动安全卫生、女职工权益保护、工资调整机制等专项集体合同。

一、专项集体合同的多省（市/区）法规依据及运行现状

《上海市集体合同条例》

第二十四条 企业与职工一方经集体协商，可以就工资调整机制、劳动安全或者女职工权益保护等专项内容签订专项集体合同。

《内蒙古自治区人力资源和社会保障厅关于加强企业集体合同和工资专项集体合同审查工作的通知》

二、各级人力资源和社会保障部门主动与同级工会取得联系，形成联动机制，每季度共同核实当地企业的集体合同和工资专项集体合同的签订情况，及时督促企业报送人力资源和社会保障部门进行合同审查，并定期进行统计和通报工作。

多地均对集体合同的签订予以了关注，部分地区更以提供范本的形式促进集体合同的订立。

比如：温州市就发布了《温州市人力资源和社会保障局关于印发〈温州市集体合同〉和〈温州市工资专项集体合同〉参考文本的通知》，在该通知中附了《温州市集体合同》《温州市工资专项集体合同》两个参考文本，供当地企业参考借鉴。

二、工会或职工方与用人单位就劳动安全卫生、女职工权益保护、工资调整机制平等协商

（一）平等协商的内容

本条所涉事项系大型企业中职工方极为看重的事项，涉及劳动安全、劳动卫生（包括劳动环境和职业病防治）、女职工权益保护（孕产假、哺乳假、经期特别保护）、工资调整机制（定期调增机制和经营不善时期最低工资保护机制）。

工会与用人单位就上述事项进行平等协商，内容包括：

（1）集体合同和劳动合同的订立、变更、续订、解除，已订立的集体合同和劳动合同的履行监督检查。

（2）企业涉及职工利益的规章制度的制定和修改。

（3）企业职工的劳动报酬、工作时间和休息休假、保险、福利、劳动安全卫生、女职工和未成年工的特殊保护、职业培训及职工文化体育生活。

上述平等协商是在政府和政府所辖总工会的关心指导下进行的。协商的倾向性，与所在县市政治氛围、经济发展程度存在密切关系。在扶持企业、招商引资、促进经济发展与保护职工权益，以及建设农民工基本薪酬保障体制的多种考量因素中取得平衡。

（二）平等协商的程序

工会与企业进行平等协商的程序：

（1）建立定期协商机制的企业，双方首席代表（参加平等协商的工会一方首席代表为工会主席；工会主席也可以书面委托工会其他负责人为首席代表）应当在协商前一周，将拟订协商的事项通知对方。属不定期协商的事项，提议方应当与对方共同商定平等协商的内容、时间和地点。

（2）协商开始时，由提议方将协商事项按双方议定的程序，逐一提交协商会议讨论。

（3）一般问题，经双方代表协商一致，协议即可成立，重大问题的协议草案，应当提交职工代表大会或全体职工审议通过。

（4）协商中如有临时提议，应当在各项议程讨论完毕后始得提出，取得对方同意后可列入协商程序。

（5）经协商形成一致意见，由双方代表分别在有关人员及职工中传达或共同召集会议传达。

（6）平等协商未达成一致或出现事先未预料到的问题时，经双方同意，可以暂时中止协商，协商中止期限最长不得超过六十日，具体中止期限及下次协商的具体时间、地点、内容由双方共同商定。

第五十三条 【行业性集体合同、区域性集体合同】

在县级以下区域内，建筑业、采矿业、餐饮服务业等行业可以由工会与企业方面代表订立行业性集体合同，或者订立区域性集体合同。

一、行业维权和稳定是现阶段工会工作的核心内容

目前多数国家实行的是市场经济。市场经济是一种提高经济效益、推动经济发展的有效机制。但不可否认的是，离开社会主义国家宏观调控的市场经济也有其消极的一面：它导致社会的不公正、财富的两极分化及权利义务的失衡。劳动者与用人单位本处于不平等的地位，特别是在建筑、采矿、餐饮等劳动密集型行业中，劳动者往往因为各种原因（比如文化水平较低、法律意识较弱等）使得自身的权益无法得到相关书面合同的保障。

而随着全球经济一体化的发展，在上述行业中形成了许多跨国经营的大企业集团和国际贸易的垄断巨头，资本的力量越来越强大。在这种情况下，我国必须在维护和强化职工权益的问题上保持立场不动摇。

建筑业、采矿业、餐饮服务业等行业职工权利的维护是现阶段工会工作的核心

内容,对于平衡劳资关系有着重要的意义。工会的维护职能体现在:①平等协商;②集体合同制度;③职工民主管理的形式;④全心全意为职工服务。行业性、区域性集体合同的订立则是工会履行维护职能的重要体现。集体合同是平衡劳资关系的重要工具,也是工会维护工人/劳动者利益的重要工具。

二、集体合同不能替代劳动合同

本法的立法目的中重要的一项是促进、规范用人单位与劳动者订立书面劳动合同。集体合同是经全体职工或者职工代表大会讨论同意后,由工会或者职工委托的代表与用人单位以规范劳动条件和生活条件为主要内容的协议,而劳动合同是劳动者与用人单位确立劳动关系、明确双方权利和义务的协议。集体合同的订立并不能免除用人单位与劳动者订立书面劳动合同的义务。

所以,在本法施行后,经常发生劳动者因用人单位未与其签订书面劳动合同而主张未签订书面劳动合同的双倍工资差额,而用人单位又常以已经签订了集体劳动合同作为抗辩,包括本条所称的行业性集体合同或区域性集体合同,但显然该抗辩不能成立。

上述两种合同签订的目的不同、签约主体不同、签订程序不同、生效条件不同、效力所调整的主体范围不同,故集体合同不能代替用人单位与劳动者签订的书面劳动合同。

第五十四条 【集体合同的报送和生效】

集体合同订立后,应当报送劳动行政部门;劳动行政部门自收到集体合同文本之日起十五日内未提出异议的,集体合同即行生效。

依法订立的集体合同对用人单位和劳动者具有约束力。行业性、区域性集体合同对当地本行业、本区域的用人单位和劳动者具有约束力。

一、集体合同是否直接对劳动者产生效力

典型案例

吴某某与上海银建出租汽车有限公司(简称银建公司)劳动合同纠纷二审民事判决书【案号:(2017)沪02民终1054号】

吴某某上诉请求:撤销一审判决,判令银建公司支付2014年8月9日至2016年9月21日期间法定节假日加班工资人民币(以下币种均为人民币)7489.35元。

劳动者的事实和理由：

吴某某与银建公司订立的劳动合同约定吴某某按照国家规定可享受各类假期，包括法定节假日。在仲裁庭审中吴某某方才看见上海市出租汽车行业集体合同，之前从未见过该集体合同，也未签署该集体合同，作为劳动合同附件必须本人签署确认。且该集体合同应当由职工代表大会或全体职工讨论通过，故该合同材料取得成立的程序是否合法需要银建公司举证说明。根据劳动法的规定，劳动者享有法定休假的权利，没有规定单位可以免去支付节假日加班工资的法定义务。

用人单位答辩：

银建公司辩称，吴某某与银建公司除了签订劳动合同之外还签订了承包经营合同，根据承包经营合同约定，吴某某不存在法定节假日加班工资，其收入的构成是由其经营收入扣除向公司缴纳的管理费用等金额之后余下的所有款项，吴某某自主选择休息时间，包括法定节假日。且双方签订的合同依据的是行业集体合同中的内容，吴某某签订劳动合同及承包经营合同也应知晓行业集体合同中的内容，现在吴某某主张不清楚其中内容没有依据。

法院查明：

上海市出租汽车行业集体合同第六条规定：驾驶员劳动报酬是按月营业收入扣除承包费用和燃料消耗、车辆修理、事故等应由个人承担的费用后多劳多得。劳动报酬中含基本工资（本市最低工资标准数）和承包经营收入。因此，驾驶员在带薪离岗期间的报酬，按国家或企业规定，按本市最低工资标准执行。驾驶员车辆承包经营的收入中已包含工作日、休息日和法定休假日的工作报酬，遇上述时间工作时，不再另计报酬。

该集体合同由上海市出租汽车暨汽车租赁行业协会、上海市城市交通出租汽车暨汽车租赁行业工会于 2011 年 12 月 15 日续订，经市人力资源和社会保障局审查通过，本合同自 2012 年 1 月 1 日生效，期限至 2014 年 12 月 31 日止。2014 年 7 月 9 日吴某某在教育知晓承诺书上签字，明确知晓并签收上海市出租汽车集体合同。2014 年 12 月该集体合同续订至 2017 年 12 月 31 日止。

劳动者观点：

吴某某认为根据该集体合同第五条规定，车辆承包经营定额和承包费用由政府主管部门统一规定，但该条没有明确细则，没有规定单位可以免去支付节假日加班工资的法定义务。

争议焦点：集体合同是否直接对劳动者发生效力。

终审判决：

本院认为，行业性集体合同主要是指在一定行业内，由地方工会或者行业性工会联合会与相应行业内企业方面代表,就劳动报酬、工作时间、休息休假、劳动安全卫生、保险福利等事项进行平等协商,所签订的集体合同。

集体合同订立后,应当报送劳动行政部门;劳动行政部门自收到集体合同文本之日起十五日内未提出异议的,集体合同即行生效。行业性、区域性集体合同对当地本行业、本区域的用人单位和劳动者具有约束力。

上海市出租车行业集体合同就是根据《集体合同规定》的要求,经行业协会与行业工会修订报市人力资源和社会保障局审查通过,对出租车行业内的用人单位和劳动者均具有约束力,吴某某理应遵守。

案例评析:

本案所涉及的出租车行业集体合同属于上海市典型的行业性集体合同,其引发的加班工资和年休假折算工资一直争议高发,但上海市一中院和二中院始终坚持:集体合同经过法定程序要件订立和报送劳动行政部门无异议后,对出租车行业内的全部用人单位和劳动者均具有约束力,仅需告知劳动者即可;劳动者签收集体合同更好,不签收亦可。

二、集体合同有限度地突破了协商一致原则

(一)劳动合同内容的变更必须经过协商一致

根据本法第三十五条"用人单位与劳动者协商一致,可以变更劳动合同约定的内容。变更劳动合同,应当采用书面形式",确定了用人单位拟变更劳动合同内容的,原则上必须与劳动者协商一致。

(二)集体合同可以有限度地突破劳动合同双方必须协商一致的原则

(1)集体合同经法定程序订立后生效。

(2)集体合同是最低标准合同。集体合同是就劳动报酬、工作时间、休息休假、劳动安全卫生、保险福利等事项的最低标准和企业达成的协议,企业和职工个人签订的劳动协议所规定的各种待遇不得低于集体合同的标准——但劳动合同可能未就上述事项与劳动者进行约定,尤其是休息休假和加班工资等事项。

(3)当劳动合同未约定的事项出现时,如无集体合同,则依据法律规定执行;如有集体合同就休息休假和加班工资进行约定,从其约定。此时劳动者与用人单位方就上述事项的权利和义务均受集体合同的调整。

(三)出租车协会集体合同等集体合同在上海地区的适用

(1)出租车协会集体合同系上海地区典型的集体合同,该合同严格地限定了出租车司机加班工资和未休年休假折算工资的获取,如前述案例所述,"驾驶员按

国家或企业规定在带薪离岗期间的报酬,按本市最低工资标准执行。驾驶员车辆承包经营的收入中已包含工作日、休息日和法定休假日的工作报酬,遇上述时间工作时,不再另计报酬"。

(2)上海地区此类行业性集体合同和区域性集体合同均参照《出租汽车行业集体合同》,适用面广泛且裁判口径统一,劳动者无任何余地得以主张集体合同调整的事项。

第五十五条 【集体合同中劳动报酬、劳动条件等标准】

集体合同中劳动报酬和劳动条件等标准不得低于当地人民政府规定的最低标准;用人单位与劳动者订立的劳动合同中劳动报酬和劳动条件等标准不得低于集体合同规定的标准。

一、我国劳动条件最低标准存在立法缺失

1991年8月5日,原劳动部发布了《劳动部关于加强企业职工劳动条件分级工作的通知》,对劳动条件的分级进行了规定,1996年北京市劳动局发布了《北京市劳动局关于开展1996年度劳动条件分级工作的通知》,此后又零零星星有部分文件发布,总体而言,国家对于劳动条件的规定非常少。

究其原因,国家的经济发展及生产力水平的提升当为重要因素,当前社会较少有不能提供劳动条件最低标准的企业,如果有此类企业,其调整办法往往通过"劳动保护"的范畴予以调整。

二、最低工资标准的法律渊源、类型

(一)最低工资标准的法律渊源有两类

第一类是2004年3月1日起施行的《最低工资规定》,其中阐述了关于最低工资标准的各种原则性规定。

第二类是各地每年发布的最低工资文件,细化了各地在《最低工资规定》原则之外的不同规定。

(二)最低工资标准的类型

最低工资标准一般采取"月最低工资标准"和"小时最低工资标准"两种形式。月最低工资标准适用于全日制就业劳动者;小时最低工资标准,则适用于非全日制

就业劳动者。

（三）最低工资标准：一市一议

最低工资标准根据《最低工资规定》有以下结论：

（1）每个地级市可以有不同的最低工资标准。我国处于社会高速发展的时期，当前有的区域发展较快、有的发展较慢，总体呈现发展不均衡之态势，因此允许各个省份、省内各个地级市采用不同的标准。

（2）最低工资标准由省级行政机关制定并公布，每1～2年发布一次。

各地人社局对最低工资标准信息公开的程度非常高且发布时间相对固定，每年4月1日发布最低工资标准（遇特殊情况延迟）。最低工资标准随着经济发展，每1～2年均有小幅度的提升（疫情情况可能除外）。

最低工资标准虽每个地级市均可不同，但为保障最低工资标准的科学、合理性，统一由省级机关进行制定并发布，既节约了行政成本，亦降低了基层政府刻意降低最低工资标准的可能性。

法律依据：

《最低工资规定》

第七条　省、自治区、直辖市范围内的不同行政区域可以有不同的最低工资标准。

第八条　最低工资标准的确定和调整方案，由省、自治区、直辖市人民政府劳动保障行政部门会同同级工会、企业联合会/企业家协会研究拟订，并将拟订的方案报送劳动保障部。方案内容包括最低工资确定和调整的依据、适用范围、拟订标准和说明。劳动保障部在收到拟订方案后，应征求全国总工会、中国企业联合会/企业家协会的意见。

三、最低工资标准不得包含的部分

根据《最低工资规定》第十二条第一款的规定：

在劳动者提供正常劳动的情况下，用人单位应支付给劳动者的工资在剔除下列各项以后，不得低于当地最低工资标准：

（一）延长工作时间工资；

（二）中班、夜班、高温、低温、井下、有毒有害等特殊工作环境、条件下的津贴；

（三）法律、法规和国家规定的劳动者福利待遇等。

根据上述规定，加班工资和特殊津贴是不包含在最低工资标准中的。例如在上海地区：劳动者某年某月收到劳动报酬3800元，其中加班工资1000元、高温津贴300元。上海地区当年度最低工资标准为2690元/月，则用人单位劳动报酬的发放不合法,应当保障扣除加班工资、高温津贴后,劳动者可以收到的最低劳动报酬为 2 690 元。

四、劳动合同和集体合同均不能突破最低工资标准和劳动条件的限制

(1) 劳动合同和集体合同订立当年,低于最低标准的部分无效。

(2) 劳动合同和集体合同订立次年起,随着最低标准的逐年提升,劳动报酬标准和劳动条件标准若低于最低标准的,则自动调整为最低标准。

五、合同工资可以突破最低工资标准

根据《最低工资规定》第十二条第二款的规定:

实行计件工资或提成工资等工资形式的用人单位,在科学合理的劳动定额基础上,其支付劳动者的工资不得低于相应的最低工资标准。

上述规定的前提是"在科学合理的劳动定额基础上",这指的是在劳动定额范畴内,且无加班的前提下。在该前提下,如果劳动者享有计件工资或提成工资,只要用人单位最终支付给劳动者的总工资不低于最低工资标准即可。

例如:劳动者合同工资(或基本工资)2 000 元,提成工资 3 000 元,当月计发 5 000 元,最低工资标准 2 690 元,则完全符合标准。

因此,劳动合同所约定的月基本工资标准低于最低工资标准并不一定违法,只要劳动者每月所得到的全部工资总额高于最低工资标准,则符合法律规定。

六、劳动者不满勤时,可以突破最低工资标准发放工资

根据《最低工资规定》第十二条第三款的规定:

劳动者由于本人原因造成在法定工作时间内或依法签订的劳动合同约定的工作时间内未提供正常劳动的,不适用于本条规定。

根据上述规定,用人单位应确保劳动者每月拿到的最低工资标准工资仅适用于劳动者满勤的情况下。当劳动者有请休假时,按照病假工资支付办法可扣减部分工资、按照事假可减去部分计薪日对应的工资。

当企业停工停产时(含疫情期间),劳动者因用人单位原因无法提供正常劳动时,也同样在超过一个工资支付周期后,可不适用最低工资标准的保障,而是适用生活费的标准。在实践中,部分省份规定的生活费金额等同于最低工资标准的金额,但两者性质不同——最低工资标准保障的是员工的劳动报酬,生活费则不同。

原则之例外:员工因工伤而停工留薪时,此时员工不能提供正常劳动,但根据《工伤保险条例》可领取"相当于正常出勤"的劳动报酬。

七、关于最低工资是否包含社保或公积金个人承担部分

(一)最低工资标准是否包含个人缴纳的"五险一金"

关于该规定各地要求并不一致,需要在处理个案时先进行检索,用人单位亦要结合当地裁判观点予以明确。

多数地方明确包含在内。如:四川明确,最低工资标准包含个人应缴纳的社会保险费和住房公积金;贵州最低工资是包括五险一金的。那么在上述地方,用人单位可在最低工资标准的基础上代扣代缴社保公积金的个人承担部分。

有的地方明确不包含,如:北京、上海明确劳动者个人应缴纳的各项社会保险费和住房公积金,不作为最低工资标准的组成部分,用人单位应按规定另行承担。

(二)表格式列举

各省份在《最低工资规定》的基础上,做了特殊的规定。如无特殊规定的,则按照《最低工资规定》的原则设置最低工资标准,详见表 5-1。

表 5-1 各省份最低工资标准组成总结

省份	是否包含社保	是否包含住房公积金	特殊规定(不包含)
北京	否	否	
上海	否	否	伙食补贴、上下班交通费补贴、住房补贴
安徽	否	否	用人单位支付给劳动者的伙食、交通、通信、培训、住房补贴,以及一次性奖励
海南	否	否	
河南	否	否	用人单位通过贴补伙食、住房等支付给劳动者的非货币性收入
陕西	否	否	法律、法规和国家规定的用人单位负担的劳动者社会保险费用、职工住房公积金以及劳动者的福利费用、劳动保护费用、职工教育费用、用人单位与劳动者解除劳动关系支付的一次性补偿费用等
江苏	是	否	
江西	是	否	
湖南	是	否	
宁夏	是	否	法律、法规规定的劳动者福利待遇,如伙食补贴、上下班交通费补贴、住房补贴等

省份	是否包含社保	是否包含住房公积金	特殊规定（不包含）
天津	是	是	集中供热采暖补贴
重庆	是	是	用人单位支付给劳动者的非货币性补贴
河北	是	是	
山西	是	是	
辽宁	是	是	
福建	是	是	
贵州	是	是	
湖北	是	是	
内蒙古	是	是	
四川	是	是	用人单位支付给劳动者的非货币性补贴
西藏	是	是	
云南	是	是	

第五十六条 【集体合同纠纷和法律救济】

用人单位违反集体合同，侵犯职工劳动权益的，工会可以依法要求用人单位承担责任；因履行集体合同发生争议，经协商解决不成的，工会可以依法申请仲裁、提起诉讼。

一、工会基于集体合同争议享有独立诉权

依据本条之规定，"用人单位违反集体合同侵犯职工劳动权益的，工会可以依法要求用人单位承担责任"，但此处"承担责任"属于概括性的，并无依法要求用人单位实际执行的措辞。

当用人单位违反集体合同、工会明确向其发出要求纠正的意思表示时，用人单位拒不改正的，工会方的救济渠道应当体现在本条后半句"依法申请仲裁、提起诉讼"。

二、劳动者是否可就用人单位违反或未履行集体合同提起诉讼

根据当前实践,部分地市(并非省份)支持劳动者直接仲裁/起诉,部分地市不支持。该争议的焦点是:就履行集体合同发生争议的,劳动者是否系适格的起诉主体。

1. 广东省深州市南山区法院认同支持的观点

案例:张某某与深圳市某技术公司劳动合同纠纷一审民事案件判决书【(2015)深南法民重字第 15 号】

本院认为:《中华人民共和国劳动合同法》第五十六条规定:用人单位违反集体合同,侵犯职工劳动权益的,工会可以依法要求用人单位承担责任;因履行集体合同发生争议,经协商解决不成的,工会可以依法申请仲裁、提起诉讼。上述法律规定并未明确排除劳动者关于集体合同履行过程中所产生的纠纷的民事权利。综上,劳动者认为用人单位在履行集体合同的过程中损害了其合法权益的,可以就此自行提起诉讼。原告要求被告为其补缴企业年金可以通过工会依法进行,也可以直接向人民法院提起诉讼。

2. 广东省广州中院、南京市江宁区法院及二审的南京中院均持相反观点,认同劳动者无相应诉权

案例:冯某某、新华人寿保险股份有限公司广东分公司劳动争议二审民事裁定书【(2020)粤 01 民终 10151 号】

本院认为:《中华人民共和国劳动合同法》第五十六条规定:用人单位违反集体合同,侵害职工劳动权益的,工会可以依法要求用人单位承担责任;因履行集体合同发生争议的,经协商不成的,工会可以依法申请仲裁、提起诉讼。可见,本案系因履行企业年金方案发生争议,应按有关集体合同的规定执行,现冯某某对此提起诉讼,不符合上述法律规定。原审法院驳回冯某某的起诉,并无不当,本院予以认可。

案例:余某与南京爱立信熊猫通信有限公司劳动合同纠纷二审民事判决书【(2017)苏 01 民终 4341 号】

一审法院认为(二审维持):《中华人民共和国劳动合同法》第五十六条规定,用人单位违反集体合同,侵犯职工劳动权益的,工会可以依法要求用人单位承担责任;因履行集体合同发生争议,经协商解决不成的,工会可以依法申请仲裁、提起诉讼。因此,只有工会才具有提起集体合同之诉的主体资格,余某并非适格原告,一审法院对其要求爱立信公司按照集体合同规定补发工资增长差额的请求亦不予处理。

三、用人单位违反集体合同事项不同,劳动者具备诉权的情形也不同

(一)具体明确事项的违反,劳动者应当具备诉权

用人单位的集体合同规定了某项具体、明确的权利,如补充住房公积金、年终奖。当用人单位违反此类事项时,劳动者得以直接仲裁或起诉。

劳动者起诉时,若担心人民法院可能因集体合同的特殊性而不予受理,可不依据集体合同起诉,而依据用人单位实际履行的劳动合同起诉,待到审理阶段再举证集体合同或等待用人单位举证集体合同,如此可以绕开本条所设的障碍。

(二)非具体明确事项的违反,劳动者不具备诉权

当用人单位出现违反"员工每年度的工资标准应当参照集体合同中规定的增幅上涨"类条款时,因该条款设定的权利、侵害的利益不够具体、明确,劳动者依据此类条款起诉的,人民法院将不予受理或不予处理。

非具体明确类型的条款,起诉的权利归于与用人单位订立集体合同的另一方主体,一般为工会,由工会依据相应条款与用人单位协商、磋商,协商不成的申请仲裁或提起诉讼。

第五十七条 【劳务派遣单位的行政许可与设立条件】

经营劳务派遣业务应当具备下列条件:

(一)注册资本不得少于人民币二百万元;

(二)有与开展业务相适应的固定的经营场所和设施;

(三)有符合法律、行政法规规定的劳务派遣管理制度;

(四)法律、行政法规规定的其他条件。

经营劳务派遣业务,应当向劳动行政部门依法申请行政许可;经许可的,依法办理相应的公司登记。未经许可,任何单位和个人不得经营劳务派遣业务。

一、经营劳务派遣业务单位自身的硬件要求

根据本条第一款的规定,拟经营劳务派遣业务的单位需满足至少三项条件:

第一,注册资本不得低于人民币二百万元。这一条系对劳务派遣公司注册资本的特定要求。

第二,有与开展业务相适应的固定经营场所和设施。此款的设置旨在要求经营劳务派遣业务的单位有固定的场地,不能只是虚拟注册地址。同时,规定了与开展业务相适应,这对于经营场地的面积、地理位置都做了原则性的规定。极端来讲,只有几平方米的场地显然与开展业务是不相适应的。

第三,有符合法律、行政法规规定的劳务派遣管理制度。由于劳务派遣业务的特殊性,其是一种三方合同关系,又具有人身属性。故而不仅要约定关于劳动报酬、社保缴纳等以经济内容为主的内容,对于劳动者的管理、劳动安全等也应当有相应的制度予以遵守和保障。

二、经营劳务派遣业务单位的行政审批要求

经营劳务派遣业务的前提,是获得行政许可,而且是前置行政许可。根据本条第二款的规定,拟经营劳务派遣的企业应当作为申请人,先行申请行政许可,经批准后方能开展劳务派遣业务,并在经营范围内进行登记。同时,根据《劳务派遣行政许可实施办法》第八条的规定:

申请经营劳务派遣业务的,申请人应当向许可机关提交下列材料:

(一)劳务派遣经营许可申请书;

(二)营业执照或者《单位名称预先核准通知书》;

(三)公司章程以及验资机构出具的验资报告或者财务审计报告;

(四)经营场所的使用证明以及与开展业务相适应的办公设施设备、信息管理系统等清单;

(五)法定代表人的身份证明;

(六)劳务派遣管理制度,包括劳动合同、劳动报酬、社会保险、工作时间、休息休假、劳动纪律等与劳动者切身利益相关的规章制度文本;拟与用工单位签订的劳务派遣协议样本。

许可机关在收到上述材料后需要对申请材料的实质内容进行核实,并指派2名以上工作人员进行核查。在时限上,许可机关应当自受理之日起20个工作日内作出是否准予行政许可的决定。若在20个工作日内不能作出决定的,经该行政机关负责人批准,可以延长10个工作日,并应当将延长期限的理由告知申请人。

三、经营劳务派遣业务单位的限制性规定

(一)合理使用

劳务派遣单位取得《劳务派遣经营许可证》后,应当妥善保管,不得涂改、倒卖、出租、出借或者以其他形式非法转让。

劳务派遣单位名称、住所、法定代表人或者注册资本等改变的,应当向许可机关提出变更申请。若符合法定条件,许可机关应当自收到变更申请之日起十个工作日内依法办理变更手续,并换发新的《劳务派遣经营许可证》或者在原《劳务派遣经营许可证》上予以注明;不符合法定条件的,许可机关应当自收到变更申请之日起十个工作日内作出不予变更的书面决定,并说明理由。

(二) 主体变更

若劳务派遣单位发生分立、合并后仍然继续存续,只是其名称、住所、法定代表人或者注册资本等改变的,也应当按照第一条中的程序向许可机关提出变更申请。但如果劳务派遣单位分立、合并后设立新公司,应当按照本办法重新申请劳务派遣行政许可。

若劳务派遣单位设立子公司经营劳务派遣业务,应当由子公司向所在地许可机关申请行政许可。

若劳务派遣单位设立分公司经营劳务派遣业务,应当书面报告许可机关,并由分公司向所在地人力资源和社会保障行政部门备案。

(三) 行政许可有效期

《劳务派遣经营许可证》有效期三年,劳务派遣单位需要延续行政许可有效期的,应当在有效期届满六十日前向许可机关提出延续行政许可的书面申请,并提交三年以来的基本经营情况;如果劳务派遣单位逾期提出延续行政许可的书面申请,则按照新申请经营劳务派遣行政许可办理。

第五十八条 【劳务派遣单位、用工单位及劳动者的权利义务】

劳务派遣单位是本法所称用人单位,应当履行用人单位对劳动者的义务。劳务派遣单位与被派遣劳动者订立的劳动合同,除应当载明本法第十七条规定的事项外,还应当载明被派遣劳动者的用工单位以及派遣期限、工作岗位等情况。

劳务派遣单位应当与被派遣劳动者订立二年以上的固定期限劳动合同,按月支付劳动报酬;被派遣劳动者在无工作期间,劳务派遣单位应当按照所在地人民政府规定的最低工资标准,向其按月支付报酬。

一、劳务派遣中的主体区分

在劳动合同关系中,一般涉及两方当事人,一方是劳动者,另一方是公司,而此处的公司在劳动合同法中有特定的称谓:用人单位。

在劳务派遣用工模式下,用人单位是劳务派遣公司,即输出劳动者的一方;用工单位是接收劳动者的一方,即实际使用劳动者的公司。

二、劳动者在用人单位与用工单位的权益保障

根据本条的规定,劳务派遣单位作为用人单位应当承担劳动合同法上对劳动者的全部义务,包括签订劳动合同,缴纳社会保险等。

同时,为了规范用人单位、劳动者、用工单位之间的权利义务,用人单位(劳务派遣单位)应在劳动合同中载明实际用工单位的具体名称、工作的期限以及工作的岗位内容等,以保护劳动者的合法权益。

三、关于用工单位被认定与派遣员工存在直接劳动关系的法律风险

我国劳动法并不排斥双重劳动关系,故而在劳务派遣关系中,若没有相应的书面协议对三方之间的权利义务进行约定,在极端情况下就会发生劳动者既可以选择依据与用人单位之间订立的劳动合同,来确认双方之间的劳动关系,也可以选择基于用工单位对劳动者进行的实际用工、管理,甚至是直接支付劳动报酬等表象证据,要求确认与用工单位之间存在事实劳动关系,甚至向用工单位主张未签订书面劳动合同的双倍工资差额等。

而此时,用人单位与用工单位又无法对劳动者系用人单位派驻到用工单位进行举证,甚至两者都进行了举证,但由于没有劳动者一方的签字确认,也将无法作为定案依据。

所以,从保护各方权利的角度出发,应当在劳务派遣协议中对实际用工单位、工作岗位等进行明确的约定。即使劳动者在入职用人单位时尚未确定用工单位,也应当在实际派遣工作时,另行通过书面协议进行确认。

四、劳务派遣中劳动合同的期限要求

由于企业用工的期限一般不会低于一年,劳动者被派遣到用工单位进行工作的期限一般也不会短。为了保证劳务派遣单位拥有对劳动者拥有派遣的权利,其与劳动者之间的劳动关系应当长于劳动者在用工单位工作的期限。所以本条规定,劳务派遣单位与劳动者之间订立劳动合同的期限最短为两年。

五、被派遣劳动者工资的支付主体

根据本条规定,虽然劳动者实际工作的对象并非用人单位,但劳动者的工资仍然应由用人单位支付,即劳务派遣单位支付。这也实际反映了在劳务派遣用工

模式下，劳务派遣单位与实际用工单位之间的商事合同关系，以及劳务派遣单位与劳动者之间的劳动关系。劳务派遣公司作为用人单位，理应承担支付工资的义务。

六、非派遣工作期间劳动者的工资待遇

没有派遣工作期间，劳动者的基本生存权仍应得到保证。即使劳动者没有被派遣至用工单位，也未为劳务派遣单位产生利润，但劳务派遣单位作为用人单位仍应按照当地的最低工资标准向劳动者支付报酬。

第五十九条 【劳务派遣协议】

劳务派遣单位派遣劳动者应当与接受以劳务派遣形式用工的单位订立劳务派遣协议。劳务派遣协议应当约定派遣岗位和人员数量、派遣期限、劳动报酬和社会保险费的数额与支付方式以及违反协议的责任。

用工单位应当根据工作岗位的实际需要与劳务派遣单位确定派遣期限，不得将连续用工期限分割订立数个短期劳务派遣协议。

一、用人单位与用工单位之间的权利义务分配

本条规定的内容为劳务派遣单位与接受劳动派遣形式用工的单位之间的权利义务。简而言之，就是用人单位与用工单位之间如何分配权利义务。

根据本条第一款的规定，用人单位与用工单位之间应当签订书面合同，该合同即为《劳务派遣协议》。对于其中约定的内容，应当至少包含具体岗位、人员数量、派遣期限、劳动报酬、社会保险费等项目。

二、关于派遣岗位内容数量等具体内容的规定

本条中要求对劳务派遣协议中具体岗位的内容、数量和派遣期限等进行约定，同样受我国现行的《劳务派遣暂行规定》调整。

（1）根据《劳务派遣暂行规定》第三条，派遣岗位只能是用工单位处的临时性、辅助性或者替代性的工作岗位。此处的"临时性工作岗位"是指存续时间不超过 6 个月的岗位；"辅助性工作岗位"是指为主营业务岗位提供服务的非主营业务岗位；"替代性工作岗位"是指用工单位的劳动者因脱产学习、休假等原因无法工作的一定期间内，可以由其他劳动者替代工作的岗位。

（2）根据《劳务派遣暂行规定》第四条，用工单位使用的被派遣劳动者数量不得超过其用工总量的 10%。此处所称用工总量是指用工单位订立劳动合同人数与使用的被派遣劳动者人数之和。

（3）关于派遣期限，劳务派遣协议中劳动者派遣的期限不应当超过用人单位与劳动者之间的劳动关系期限。

（4）关于劳动报酬、社保费用的金额和承担方式也应当进行明确约定，以便在发生劳动者因未足额获得劳动报酬，或者因未足额缴纳社保等追究用人单位责任时，用人单位与用工单位内部可据此进行责任分担。

三、用人单位与用工单位之间的违约责任承担

（一）原则上按照商事合同约定承担各自责任

用人单位与用工单位之间系商事合同关系，适用于《民法典》，一旦其中一方违反合同约定，发生没有按时支付劳动报酬或者缴纳社保费用等情况，若因此给另一方造成损失，那么违约方理应承担相应的违约责任等。

一般而言，实务中劳务派遣单位不承担解除的相应赔偿或补偿责任，即劳务派遣协议一般明确，因解除而产生的赔偿金、经济补偿等一切补偿及赔偿义务，用人单位均先行垫付，由用工单位最终负担。

（二）违约责任承担的例外情形

但上述约定不应一概而论，应当根据实际情形进行区分，以下的情形应当作为原则之例外进行处置：

（1）用人单位未及时与劳动者订立书面劳动合同、未及时订立无固定期限劳动合同、未妥善保管劳动合同，由此产生的未签订书面劳动合同的两倍工资差额支付义务，应当由用人单位负担。

（2）用人单位违反用工单位指令或合同约定，未及时足额支付劳动报酬、未依法缴纳社会保险的，如因此造成劳动者依据本法第三十八条提出解除劳动合同，解除劳动合同的经济补偿应当由用人单位自行负担。

（3）用工单位退回劳动者，用人单位未按照用工单位指令暂时留任劳动者、未按照用工单位提供的解除事实和理由解除劳动者的，应当由用人单位承担相应责任，但此时用人单位不一定负担全部的赔偿责任。

（三）适用原则

法律规定在劳务派遣协议中，各方可以就可能产生的违约行为的法律责任进行约定，以此来确保整个劳务派遣市场的有序运行。但发生纠纷时，不一定完全按照约定执行，应按照实质重于形式的原则对相关的责任承担进行判定。

四、禁止用工单位拆分长期工作岗位

根据本条第二款的规定,禁止用工单位将一个长期的工作岗位进行拆分,以数个较短期限的劳务派遣协议来进行代替,主要理由有以下两点。

(一)《劳动合同法》的核心是保护劳动者的合法权益

在劳务派遣形式的用工模式下,劳动者以被派遣至用工单位而获取相较于没有派遣工作时较高的劳动报酬。若允许用工单位拆分用工期限会造成劳动者频繁地被退回用人单位,导致劳动者无法在一个相对稳定的工作岗位上工作,这是对劳动者本身的工作能力的培养,以及获得劳务报酬权利的侵害。同时,不稳定的劳动关系会导致更多诉讼纠纷的发生,不利于社会及行业的稳定及发展。

(二)禁止以拆分的形式规避关于"临时性岗位"的界定

根据《劳务派遣暂行规定》第四条,适用劳务派遣形式用工的岗位应当是临时性岗位,即存续时间不超过六个月。若允许用工单位进行随意的拆分,那么法律对于临时性岗位的规定将会形同虚设。同时,这种行为有违我国劳动法律鼓励建立诚信、和谐、稳定的劳动关系的宗旨,也不利于保护劳动者合法权益,甚至可能助长用人单位通过拆分长期工作岗位,将自身的义务进行转嫁,从而逃避其作为实质的用人单位所应尽的责任。

第六十条 【劳务派遣单位的告知义务】

劳务派遣单位应当将劳务派遣协议的内容告知被派遣劳动者。

劳务派遣单位不得克扣用工单位按照劳务派遣协议支付给被派遣劳动者的劳动报酬。

劳务派遣单位和用工单位不得向被派遣劳动者收取费用。

一、劳务派遣中的信息不对称

本条所规定的内容是为了解决在劳务派遣用工模式下的"信息不对称"的情形。一般来说,劳动者与劳务派遣单位(用人单位)签订劳动合同,其中的内容大部分为基本的合同模板,劳动报酬一般也以最低工资为标准进行约定。

但在劳务派遣单位与用工单位之间签订的劳务派遣协议中,对某一具体岗位

的工资标准的约定往往高于劳动者本身待岗期间的工资标准。在劳动者无从得知实际岗位工资标准的情况下,仅以劳务派遣单位告知单方的金额为标准,即会存在不客观、不真实的情况。

例如:在劳务派遣协议中,A岗位的工资标准是每月5 000元,但劳务派遣单位告知劳动者的A岗位的工资标准为4 000元。这种信息不对称,就会侵害劳动者的合法权益。

二、被派遣劳动者的"知情权"

根据本条第一款的规定要求,劳务派遣单位应当将劳务派遣协议的内容告知被派遣的劳动者。

此处,不单单是指劳动报酬,还包括岗位的名称、内容、工作时间标准、基本的用工要求等。这样能够保证劳动者接受派遣前,对该岗位有充分的认识。甚至劳动者认为该岗位不合适的,可以拒绝被派遣。

无论是第一次进行劳务派遣还是后期对劳务派遣的单位、岗位等进行调整,用人单位均需要征得劳动者的同意。

三、劳务派遣单位不得克扣或减少发放劳动报酬

本条第二款则是具体规定了劳务派遣单位应当如实、如数地将与用工单位就该岗位协商一致的劳动报酬全额支付给劳动者,不得克扣或者减少发放。

这也就意味着劳务派遣单位无法利用劳动者对于实际工作岗位工资标准的认知错误,而获得除服务费以外的钱款。这样避免了劳务派遣单位利用劳动力的剩余价值而谋取不正当利益。否则,就会演变成剥削劳动者的情形。

四、劳务派遣单位和用工单位不得向劳动者收取费用

在防止劳务派遣单位克扣劳动者劳动报酬的同时,为了避免劳务派遣单位规避第六十条第二款所列的克扣情形,假借其他各种名义,例如管理费、工位费,向劳动者收取费用,从而达到实质上的克扣劳动者报酬的目的,本条第三款规定的就是劳务派遣单位不得向劳动者收取任何费用。

用工单位有接受劳动者为其提供劳动的权利,但其获得该权利的来源,系基于其与劳务派遣单位签订的《劳务派遣协议》。根据合同的相对性原则,用工单位在用工期间发生任何其他的费用,也应当在用工单位和劳务派遣单位之间进行结算,用工单位不得向劳动者收取任何费用。

第六十一条 【跨地区派遣劳动者的劳动报酬、劳动条件】

劳务派遣单位跨地区派遣劳动者的,被派遣劳动者享有的劳动报酬和劳动条件,按照用工单位所在地的标准执行。

由于劳务派遣用工模式的广泛应用,现实中出现较多跨地区用工的情形,即一家劳务派遣公司可能与全国各地的劳动者订立劳动合同,并结合实际用工需求,将劳动者派遣至各个用工单位去,用工单位也并不是分布在同一个区域内。

加之我国地缘辽阔,经济发展不均衡,地区与地区之间存在着较大的差异,相应的最低工资标准、社保缴纳基数等也不尽相同。虽然劳动者与用人单位之间的劳动关系是固定的,但应当适用何地、何种标准便成了纠纷发生的主要所在。

一、劳动报酬及劳动条件标准在跨地区劳务派遣中的确定

(一)适用"同工同酬"原则

若被派遣劳动者的实际工作地点中,还存在着用工单位在当地自身聘用的劳动者,此时应当适用《劳动法》中的一项重要原则,即"同工同酬"原则。劳动者并不会因其来自一个处于高标准地区的劳务派遣公司而在实际用工单位获得高人一等的权利。同样的,劳动者也不会因为来自一个处于低标准的地区,而无法与用工单位的其他劳动者享有同等的权利。

(二)参照用工单位所在地标准的,仅为"劳动报酬"和"劳动条件"

本条蕴含了重要的排斥性条款,即在跨地区劳务派遣中,参照用工单位所在地标准的仅限于"劳动报酬"和"劳动条件",这是极其有限的枚举。在《劳动法》《劳动合同法》的调整范围中,劳资关系包含了诸多权利与义务,根据《劳动合同法》第十七条的规定,劳动合同应当具备以下条款:

(1)用人单位的名称、住所和法定代表人或者主要负责人,对应发生争议后劳动争议仲裁机构及法院的级别管辖。

(2)劳动者的姓名、住址和居民身份证或者其他有效身份证件号码,对应可能的外籍劳动者的用工条件。

(3)劳动合同期限,对应劳动合同的多次续订,特别是针对第三次签订劳动合同时,是否必须签订无固定期限劳动合同及不签订无固定期限劳动合同的后果。

(4)工作内容和工作地点,对应是否可以对工作内容和工作地点进行调整。包括用人单位和用工单位是否可以对工作内容做出合理变动而无需与劳动者协商

一致,未协商一致的变更是否需要支付赔偿金或经济补偿;工作地点的跨区变更是否需要协商一致,以及合理变更的地理范围区间等。

(5)工作时间和休息休假,标准工时制和不定时工时制的区分,以备案为准还是以劳动合同约定为准,以及年休假折算工资的主张时效。

(6)劳动报酬,对应最低工资标准等。

(7)社会保险,社会保险未依法缴纳的定义,每个省份区别很大,涉及劳动者依据《劳动合同法》第三十八条解除劳动关系是否能够得到支持。

(8)劳动保护、劳动条件和职业危害防护,劳动保护涉及第三十八条,职业危害保护涉及工伤保险,同时职业危害保护的程度影响到侵权责任的承担。

(9)法律、法规规定应当纳入劳动合同的其他事项。劳动合同除前款规定的必备条款外,用人单位与劳动者可以约定试用期、培训服务期、保守秘密、补充保险和福利待遇等其他事项,对应违法约定试用期的司法实践、培训的定义及培训服务期的约定、商业秘密的保守范围、未休年休假折算工资是否可以主张及其他福利待遇。

结合《劳动合同法》第十七条及本条规定,用人单位、用工单位、被派遣劳动者三方应当就哪些项目遵守何地的地方性法规及全国性法律法规的地方性标准得以明确。

(三)参考案例

中智上海经济技术合作公司(简称中智公司)诉高某某等劳动合同纠纷二审民事判决书【案号:(2014)沪一中民三(民)终字第599号】

二审法院认为:根据规定,机关、团体、企业、事业单位、民办非企业单位、有雇工的个体工商户等单位的职工连续工作1年以上的,享受带薪年休假。尽管伯林顿公司所在地的相关文件规定,经依法批准实行不定时工作制的职工,不适用未休年休假需支付3倍工资的规定。但是,《中华人民共和国劳动合同法》第六十一条规定,劳务派遣单位跨地区派遣劳动者的,被派遣劳动者享有的劳动报酬和劳动条件,按照用工单位所在地的标准执行。带薪年休假不属于劳动报酬或劳动条件,并不适用上述规定,故带薪年休假仍应适用用人单位所在地的标准执行。目前上海市并无相关规定,故中智公司仍应按照相关规定,安排高某某享受带薪年休假。

上海市第一中级人民法院先确认了浙江省(用工单位所在地)《浙江省劳动和社会保障厅关于贯彻实施企业职工带薪年休假制度的若干意见》(浙劳社劳薪〔2009〕36号)的合法有效性,"经依法批准实行不定时工作制的职工,不适用未休年休假需支付3倍工资的规定",但本条的规定仅限于"劳动报酬"和"劳动条件",而带薪年休假不属于劳动报酬和劳动条件,因此不得适用本条规定,仍旧要适用用人单位所在地的标准,这就否认了用工单位所在地地方性意见于案件的适用。

杨某、合肥华凌股份有限公司(简称合肥华凌公司)、韶关市锐旗人力资源服务有限公司(简称韶关市锐旗公司)劳动争议纠纷二审民事判决书【案号:(2014)合民一终字第00075号】

二审法院认为:关于工伤标准问题。依照相关法律规定,韶关市锐旗公司跨地区派遣杨某至合肥华凌公司工作,杨某享有的劳动报酬和劳动条件,应按照合肥华凌公司所在地的标准执行。原审法院据此认定杨某所享有的工伤待遇赔偿标准应按照安徽省合肥市的标准执行,并无不当。

工伤标准问题,虽然从字面上看,并不属于本条所称有限枚举,但停工留薪期等工伤标准相关的内容与劳动报酬、劳动条件存在密切的联系,故合肥中院认定了工伤标准属于本条的有限枚举范围内,体现实质审查的审判理念。同样的,在青岛晨松金属制造有限公司与菏泽劳联人力资源服务有限公司、支新堂经济补偿金纠纷二审民事判决书【案号:(2014)青民一终字第605号】中,青岛市中级人民法院也认可了上述观点,工伤保险类型的标准同样适用本条,即适用用工单位所在地的标准。

(四) 其他法规在本条基础上的细致阐述

1.《劳动合同法实施条例》第十四条

劳动合同履行地与用人单位注册地不一致的,有关劳动者的最低工资标准、劳动保护、劳动条件、职业危害防护和本地区上年度职工月平均工资标准等事项,按照劳动合同履行地的有关规定执行;用人单位注册地的有关标准高于劳动合同履行地的有关标准,且用人单位与劳动者约定按照用人单位注册地的有关规定执行的,从其约定。

"劳动合同履行地与用人单位注册地不一致",在普通劳动关系中,定义为当用人单位的注册地和劳动者的实际工作地(即劳动合同履行地)不一致。但在劳务派遣关系中,定义为当用人单位的注册地和用工单位所在地(劳动合同履行地)不一致,应当适用何地的标准。

根据上文分析,"最低工资标准、劳动保护、劳动条件、职业危害防护和本地区上年度职工月平均工资标准"这5项属于"劳动报酬"和"劳动条件"应适用用工单位所在地标准或规定。该法条虽有"等"字,不属于绝对有限的枚举,但一般不宜扩大。当出现用人单位注册地标准高于用工单位所在地时,并非一律按照保护劳动者权益的角度一概就高,而是在劳动者和用人单位约定按照用人单位所在地标准执行时,才从约定就高。

2.《劳务派遣暂行规定》第十八条

劳务派遣单位跨地区派遣劳动者的,应当在用工单位所在地为被派遣劳动者参加社会保险,按照用工单位所在地的规定缴纳社会保险费,被派遣劳动者按照国家规定享受社会保险待遇。

对于社会保险,即养老、工伤、医疗、失业、生育五项,必须按照用工单位所在地的规定及标准执行。该条款虽然短小,但蕴含着巨大的能量。社会保险的缴纳、待遇、规定,各地可能有着很多的差别。

二、社会保险各险种标准的影响事项情况

(一)养老保险标准影响事项

(1)缴纳的基数、系数影响用人单位的成本。

(2)累计缴纳时间,影响何时退休、到达退休年龄后能否继续缴纳养老金;

(3)待遇,影响社保缴纳年限、基数,及退休后每月领取金额的计算;

(4)返还,包括在职期间死亡的养老金返还、到达退休年龄时无法享受养老金待遇的养老金返还。

(二)工伤保险标准影响事项

(1)保障范围,对于非典型劳动关系的从业人员是否适用有着重大影响。

(2)护理费等,对于国家性法律法规未明确规定标准的事项,各地赋值/规定的金额标准不同。

(3)受理及管辖,对于工伤认定、劳动能力鉴定的受理机构、复查机构的层级规定存在显著不同。

(4)缴纳的基数、系数方面,工伤保险缴纳的基数与养老保险一致,系数上,各地各行业实行差异化管理,部分地市甚至允许养老保险缴纳基数与工伤保险缴纳基数不同、允许按照项目参保的方式仅缴纳单工伤险。

(三)医疗保险标准影响事项

(1)报销的方式及系数。

(2)根据各地财力,就诊时的政府统筹方式及报销额度均存在显著差异。

(3)缴纳的基数、系数方面,医疗保险缴纳的基数与养老保险一致,系数上,各地存在差异。

(四)失业保险涉及事项

(1)申领方式及要求。失业金的申领要求各地存在显著差异,部分省份只需失业即可申领,部分省份需要用人单位单方解除方可申领。

(2)最长申领时限及金额标准。根据各地财力及失业保险基金的规模不同,最长可以申领的年限长度不同,可以领取的金额及分段亦不同。

（3）申领身份。部分省份要求必须本地户籍，部分省份支持已在本地缴纳过失业金的外地户籍。

（五）生育保险涉及事项

（1）产假工资/生育津贴的支付主体。统筹地区的产假期间工资待遇由政府统筹支付，非统筹地区由用人单位垫付后由政府报销。

（2）产假天数。独生子女政策取消后，各地对于女职工可享受产假的上限规定不同，影响到产假工资上限的计算。

（3）哺乳期间劳动权益。关于是否一定享受哺乳假、哺乳假必须批准的前提条件等，各地规定不同。

第六十二条 【用工单位的义务】

用工单位应当履行下列义务：

（一）执行国家劳动标准，提供相应的劳动条件和劳动保护；

（二）告知被派遣劳动者的工作要求和劳动报酬；

（三）支付加班费、绩效奖金，提供与工作岗位相关的福利待遇；

（四）对在岗被派遣劳动者进行工作岗位所必需的培训；

（五）连续用工的，实行正常的工资调整机制。

用工单位不得将被派遣劳动者再派遣到其他用人单位。

一、用工单位的法定义务

（一）用工单位应当执行国家标准、合同约定为劳动者提供相应劳动条件和劳动保护

用工单位虽未与劳动者建立劳动关系，但作为劳动者实际提供劳务的对象，根据劳务派遣协议的约定，其实际上需承担"用人单位"的各项义务。为了防止劳动者的权益受到损害，本法还是对用工单位应当履行的义务进行了枚举式的规定。

结合《劳务派遣暂行条例》第九条，用工单位应当按照《劳动合同法》第六十二条规定，向被派遣劳动者提供与工作岗位相关的福利待遇，不得歧视被派遣劳动者。劳动者可对用工单位所应履行的义务，进行更全面的了解。

用工单位应当向劳动者提供劳动条件和劳动保护，此处的劳动条件等同于一般劳动关系中用人单位的责任。例如，劳动者派遣至用工单位的岗位为司机，则用工单位应当提供车辆作为必要的劳动条件。对于一些操作工种,还应当提供必须的劳动保护,例如安全帽、安全绳。

同时,结合第六十条的立法精神,本法要求劳务派遣单位告知劳动者劳务派遣协议的具体内容,包括岗位内容及劳动报酬等。本条要求用工单位如实告知劳动者工作要求和劳动报酬也与之呼应。以此来尽可能减少劳动者信息不对称而导致合法权益遭受侵害的情况发生。

若发生劳务派遣单位和用工单位恶意串通损害劳动者合法权益,劳动者有权要求两方承担连带赔偿责任。

(二)不同劳动报酬的发放义务人的确定

劳动者有获得劳动报酬的权利。本条对劳动报酬的发放义务人做出了划分。其中,基本工资类的金额,由用工单位负责"告知",用人单位负责支付。但对于劳动者的加班费、绩效奖金及与工作岗位相关的福利待遇,则由用工单位负责"支付"。

究其原因,劳务派遣作为法律意义上的三方劳动关系,用人单位与用工单位在主体权利及义务上有着重要的区别。用工单位负责使用和管理,因此加班、绩效评判的权利以及支付相应劳动报酬的义务,归属于用工单位。而用人单位则负责招录员工、订立合同、缴纳社保等人事关系层面的权利和义务,其中包括了支付基本工资。

在劳动合同法实施之前,实践中常会出现用工单位在安排劳动者加班后,未及时告知劳务派遣单位,导致劳动者无法获得加班工资。但依据前述条文解读,劳动者与劳务派遣单位订立劳动合同,劳务派遣单位系用人单位,而用工单位与劳动者之间并没有直接的合同关系。此时,劳动者直接要求用工单位支付加班费,会缺乏相应的法律依据。但若劳动者要求劳务派遣单位支付加班费,又会缺乏事实和证据支持。

其主要难点在于对加班事实举证责任的分配。由于劳务派遣单位没有安排劳动者加班,也不持有劳动者的考勤记录,无法要求其承担相应的举证责任;而劳动者维权时,往往又无法获得完整的考勤记录情况,这就导致了劳动者无法就其加班事实进行举证,致使劳动者的合法权益无法得到保障。

本条款的设立,突破了合同的相对性,使得用工单位直接对劳动者的加班工资、绩效奖金等承担法定的支付义务。

同时,结合本法第九十二条的规定,用工单位给被派遣劳动者造成损害的,劳务派遣单位与用工单位承担连带赔偿责任。这赋予了劳动者直接要求用工单位支付加班工资、绩效奖金的权利。同时,劳务派遣单位对此承担连带责任。

在曹某某等与络克(杭州)贸易有限公司劳动合同纠纷案件【案号:(2020)沪01民终864号,一审案号:(2018)沪0105民初17332号案件】中,一、二审法院均判

决由用工单位络克（杭州）贸易有限公司支付曹某某法定节假日加班工资差额
3 938元和休息日、延时加班工资差额1 351元，由用人单位上海智联易才人力资源
顾问有限公司对上述给付义务承担连带责任。

（三）用工单位应当为派遣单位开展岗前培训

根据劳动合同法的规定，在符合特定条件的情况下，用工单位有权将劳动者退
回劳务派遣单位，其中之一为劳动者无法胜任工作。

由于用工单位的岗位需求多种多样，劳动者因受劳务派遣单位的派遣而从事
不同工作，可能并不熟悉每一个派遣岗位的工作内容和要求。所以，本条规定了用
工单位告知劳动者工作岗位要求的同时，还应做好相应的岗位培训。这样可以保
证劳动者更好地从事该岗位，避免被用工单位以不能胜任工作为由退回至劳务派
遣单位。

此外，这也在一定程度上保护了某些操作岗位中劳动者的人身安全，避免劳动
者因不熟悉机器操作或工作环境而受伤。

（四）连续用工的劳动者得以享有"正常"的工资调整机制

连续用工，是指劳动者基于劳务派遣协议在某一用工单位连续工作的情形。
由于连续用工的时间较长，而大部分劳务派遣协议仅就最初的劳动报酬进行了约
定，而缺少工资的增幅或调整。

随着时间的推移，当用工单位对自身员工进行工资调整时，作为被派遣的劳动
者理应同样享受正常的工资调整，这也体现了同工同酬的基本原则精神。此处法
条的措辞为"正常"的工资调整机制，并非要求"同样"，给用人单位留下了余地。

二、二次派遣的禁止性规定及用工单位的法律风险

（一）本条以法律的形式禁止二次派遣

关于本条的第二款，明确规定用工单位不得将劳动者再行派遣到其他用人单
位中去。劳务派遣作为一种特殊的用工形式，系用工单位基于法律的规定，就符合
法律规定的特定岗位采用劳务派遣的用工模式。这种灵活用工的形式在满足用工
单位劳动力需求的同时，也应当保障劳动者的合法权益，以及社会关系的稳定。若
允许用工单位将劳动者再次派遣，则违背了此立法精神，故而劳动合同法予以明确
禁止。

（二）违反本条规定做出的二次派遣并非当然无效

虽然本条第二款明确禁止用工单位进行二次派遣。但若用工单位违反了该条
规定，通过书面协议将劳动者再次派遣，该协议是否无效呢？

结合《劳动合同法》第九十二条第二款："劳务派遣单位、用工单位违反本法有关劳务派遣规定的,由劳动行政部门责令限期改正;逾期不改正的,以每人五千元以上一万元以下的标准处以罚款,对劳务派遣单位,吊销其劳务派遣业务经营许可证。用工单位给被派遣劳动者造成损害的,劳务派遣单位与用工单位承担连带赔偿责任。"可知,若用工单位违反了这一规定,受到的是行政处罚,法律本身并没有否认相关协议的有效性,即劳动者不能以用工单位再次派遣而主张其签订的劳动合同无效,或者其与新用人单位之间的协议无效。

根据上海市高级人民法院于 2010 年 1 月 27 日作出(2009)沪高民四(海)终字第 238 号二审民事判决书,上海市高级人民法院在该案中认为:即使五洲公司(用工单位)违反法律规定将孟某某再次派往其他用人单位,也不影响其作为用工单位需向孟某某承担法律责任。此外,"环球公主"轮实际由五洲公司负责管理,五洲公司以"环球公主"轮已出租给茗花公司,自己非实际用工单位不应承担赔偿责任的抗辩原审法院不予采纳。

结合上海市高级人民法院在 2009 年明确的该裁判口径,可以得出结论,即使用工单位将劳动者再次派遣,劳动者的劳动关系仍属于劳务派遣单位,不能仅以在其他用人单位工作而主张建立了新的事实劳动关系,且即使原用工单位将劳动者再次派遣,也不能免除其作为用工单位的义务。

（三）用工单位常见的法律风险及抗辩理由

前文所涉及之情形为劳动者与劳务派遣单位签订有《劳动合同》,劳务派遣单位与用工单位签订有《劳务派遣协议》,但是用工单位与劳动者之间并没有书面协议。

在极端情况下,当劳务派遣单位逃逸、失联,或者经营困难,拒不出具与被派遣劳动者之间劳动合同或者相关证明,甚至根本未与劳动者签订劳动合同时,劳动者主张其与用工单位构成事实劳动关系。此时用工单位将承担极大的风险,一旦败诉可能承担的后果将包括工资支付义务、未签劳动合同的双倍工资差额支付、解除劳动合同的补偿或赔偿金支付等。对用工单位而言,相当于在支付了劳动者的工资、劳务派遣单位的手续费之后,还要再承担一次劳动者的工资、两倍工资差额,损失巨大。

在此情形下,用工单位的抗辩思路及理由,有如下几种:

1. 抗辩理由一及相应法律风险

"劳动者并非用工单位员工,系劳务派遣单位员工,并签订有劳动合同。"

在双重劳动关系中,劳动者具有一份劳动合同,并不能当然推定其与另一家单位之间就无法建立劳动关系。用工单位无法以劳动者已经与劳务派遣单位订立了劳动合同,抗辩其与劳动者之间必然不存在事实劳动关系。在一些不规范的操作中,用工单位还直接向劳动者支付了劳动报酬,那么对用工单位而言则风险更大。

2. 抗辩理由二及相应法律风险

"劳动者并非用工单位员工,用工单位与劳务派遣单位之间订立有劳务派遣协议,约定由劳动派遣单位派遣劳动者至用工单位处。"

但在实务中,劳务派遣协议一般并不会直接约定具体被派遣劳动者的身份信息,且人员可能随时变动。用工单位也无法证明该劳动者系由劳务派遣单位派遣。即使劳务派遣单位作为证人作证,如无其他证据予以佐证,其证明效力仍是较低的。

退一步讲,即使在劳务派遣协议中出现了该员工的信息,但该协议的签订主体系劳务派遣单位和用工单位,并无劳动者签字确认,故而对劳动者不具有约束力,并不能以此证明劳动者与用工单位之间不存在事实劳动关系。

显然,上述抗辩理由在法理上均非100%成立,仍然会将用工单位暴露在巨大的风险之下,那么如何在不依赖劳务派遣单位的情况下独立抗辩呢?

(四)实务建议

(1) 用工单位采取书面形式,明确其与劳动者之间的法律关系,例如与用人单位、劳动者会签《劳务派遣人员身份确认单》。

(2) 用工单位要求用人单位每次派遣劳动者均向用工单位提供劳动合同原件并加盖用人单位公章备档,以便发生争议时向仲裁机构或人民法院提供。

(3) 由用人单位发放劳动者的劳动报酬、用工单位向用人单位支付服务费,并在转账时备注"××××年××月服务费"(最保险的做法是用人单位先发,用工单位加计服务费及社保公积金比例后转)。

(4) 定期检查用人单位的社会保险、网上招工备案登记情况,以防止用工单位已支付了相应的服务费,但用人单位欺瞒用工单位未为劳动者缴纳之情形。

第六十三条 【被派遣劳动者同工同酬】

被派遣劳动者享有与用工单位的劳动者同工同酬的权利。用工单位应当按照同工同酬原则,对被派遣劳动者与本单位同类岗位的劳动者实行相同的劳动报酬分配办法。用工单位无同类岗位劳动者的,参照用工单位所在地相同或者相近岗位劳动者的劳动报酬确定。

劳务派遣单位与被派遣劳动者订立的劳动合同和与用工单位订立的劳务派遣协议,载明或者约定的向被派遣劳动者支付的劳动报酬应当符合前款规定。

本条所规定的"同工同酬",系立法机关对法律滞后性追加的二次系统补丁。

法律滞后性的出现是由于法律的制定受到社会的发展水平以及立法者的认知水平等一系列因素影响,这种滞后性往往是无法避免的。在社会高度发展的过程中,新的情况层出不穷,立法者也无法对不确定的未来进行完全预测,这就出现旧法无法规制新情况的发生。就本条所强调的"同工同酬"而言,在历史进程中出现了三次社会发展与劳动立法滞后性的问题。

一、劳动立法的第一次滞后(2007 年及之前)

本法的立法背景,包含了规制劳动关系的多样化,该多样化包含了多种用工形式,既有短期的"临时工"、非全日制用工,也有特殊的劳务派遣、劳务外包等形式。此时立法的滞后性体现为 1994 年施行的《劳动法》已经无力对当时的特殊用工形式做出调整,因此需要制定本法以调整社会运行中已经发展出的"劳务派遣"等非常规的用工形式。

本条强调的"同工同酬",在立法时强调的是被派遣劳动者应当享有与用工单位的劳动者同工同酬的权利,以规制国有或集体企业中派遣员工与本厂员工工资差距过大的情况,以期本法本条的出台能够给非正式/本企业编制的员工提供法律支持、给国企做预算以法律条款支撑。

二、劳动立法的第二次滞后(2012 年及之前)

随着本法的制定及施行,我国的劳动法领域进入了新的时代。在新的时代,部分企业出于对无固定期限劳动合同的无端惧怕,违法调低社会保险缴费基数、错误理解劳务派遣的本质属性,认为劳务派遣可以"召之即来、挥之即去"且不用订立无固定期限劳动合同又可异地派遣调整社保缴费基数,导致劳务派遣用工大行其道、遍地开花。在劳务派遣的诸多乱象中,异地劳务派遣的问题尤为突出。

针对上述乱象,全国人大常务委员会第三十次会议于 2012 年 12 月 28 日通过了《关于修改〈中华人民共和国劳动合同法〉的决定》(以下简称《决定》)并自 2013 年 7 月 1 日起施行,《决定》对"同工同酬"的劳动报酬发放基本原则进行了细化。

2012 年修订前本条为"被派遣劳动者享有与用工单位的劳动者同工同酬的权利。用工单位无同类岗位劳动者的,参照用工单位所在地相同或者相近岗位劳动者的劳动报酬确定"。

2012 年修订后,本条增加了两条细则"用工单位应当按照同工同酬原则,对被派遣劳动者与本单位同类岗位的劳动者实行相同的劳动报酬分配办法"和"劳务派遣单位与被派遣劳动者订立的劳动合同和与用工单位订立的劳务派遣协议,载明或者约定的向被派遣劳动者支付的劳动报酬应当符合前款规定"。

上述修订，正是针对 2007 年劳动合同法立法后，被社会发展又找到的缝隙（特别是异地派遣）导致的法律滞后性。于是，在一年不到的时间里，人力资源和社会保障部又在 2014 年春节前审议通过了《劳务派遣暂行规定》，再度针对异地劳务派遣等问题进行了规范，以削减法律滞后性的问题。

三、劳动立法的第三次滞后（2012 年至今）

2012 年本法再次修订后，短时间内弭平了社会发展和成文法制定的滞后问题，但基于劳动者的庞大基数，社会再次酝酿出了成文法难以解决的问题。本次滞后性问题存在二重性，既有劳动者观念问题又与用人单位再次找到法律漏洞有关。

本次滞后性的问题反映在，本条是否对同岗位但不同学历、不同履历、不同年龄、不同司龄的劳动者赋予同等劳动报酬，"同工同酬"是金额上的绝对相同还是计算方式相同？

部分劳动者对本条所称同工同酬做出了错误的理解，机械地认为相同岗位的工资必须完全等同，甚至利用本条做反向推导，以同岗位人员的高工资反推自身的工资标准过低，进而向劳动仲裁、劳动监察主张差额，大量地消耗了司法和行政资源。

用人单位/用工单位则对于本条所称"同工同酬"的内在理解较为透彻，明晰相同岗位的劳动者实行的是相同的"劳动报酬分配方法"，而非绝对的金额一致。与岗位因素相关联的工资项目应该坚持"同岗同酬"的原则，与人身因素关联的工资项目不受"同工同酬"原则的限制。但部分企业在薪酬设计时，花费的心思过多，努力在派遣员工和本单位员工之间设计出了不同的与人身属性相关联的工资细类，并增设到工资标准中，人为地拉开了不同性质用工之间的差距。

在司法实践中，两类滞后性问题均出于对法律条文的错误理解，如果机械、片面地追求所谓的工资总额一致来实现所谓的"同工同酬"，是劳动者的主观臆想或"本本主义"；如果针对法条要求了岗位属性对应的工资一致而大范围增设人身属性的工资细目，是用人单位/用工单位的过度创新。本条的出台与再次调整，立法的宗旨是追求公平与激励相兼顾，总体上追求每个岗位上的不同劳动者薪酬水平相近，但又在法条设计上保留"缺口"，让企业薪酬设计与薪酬差异化激励能够发挥应有的作用。在实务中，由各地法院的裁判口径初步解决了第三次滞后的问题①。

相同岗位的劳动者，实行的是相同的劳动报酬分配方法，而非劳动报酬的绝对值。劳动报酬分配方法，可以是计时分配、可以是计件分配，也可以是兼而有之。

---

① 详见第十八条的同工同酬检索报告。

同时,就现阶段服务业企业来看,普遍通行"基本工资＋绩效工资"或"基本工资＋提成"的分配模式,其中的基本工资即为工资标准中的基础值,基本工资可以不一致,绩效工资/提成的计算方式应当一致。

劳动报酬可细分为基本工资、绩效工资、加班工资、学历工资、职称补贴、工龄补贴、岗位工资、住房补贴、通信补贴、交通补贴、伙食补贴等。在这些工资项目中,基本可以归为两大类,一类是与岗位因素(含岗位层级、职责、技能要求、贡献等因素)相关联的工资项目,如基本工资、岗位工资、加班工资、绩效工资等,一类是与人身因素(含学历、职称、入职时间等)相关联的工资项目,如学历工资、职称补贴、工龄补贴等。

基本工资的各项目板块中,仅与岗位层级、职责相关联的工资板块,应当保持相同岗位中相同层级一致;与技能、贡献、学历、职称、入职时间等相关联的工资板块,可以有所区分。

提成的计算方式应当是相同岗位中相同层级保持一致,不应因职称、学历等因素而有所区分,正对应着劳动报酬的同工同酬分配方法。

第六十四条 【被派遣劳动者参加或者组织工会】

被派遣劳动者有权在劳务派遣单位或者用工单位依法参加或者组织工会,维护自身的合法权益。

一、用人单位解除劳动合同时的通知工会义务的扩大

本条将劳动者参加工会的权利进行扩大,既可以基于劳动关系参加用人单位(劳务派遣单位)的工会,也可以就近参加用工单位的工会。其中,参加工会的权利,对应着本法所涉及的解除劳动合同的征求工会意见、签订集体合同,还对应工会主席在任期内不得解除变更劳动合同等情形。

在普通的劳动关系中,用人单位未组织工会,也未挂靠上级工会时,解除劳动合同时可不履行征求工会意见这一步。但基于本条,劳务派遣用工时,既要考虑用人单位是否有工会,也要考虑用工单位是否有工会,只要其中的一方组织过或挂靠过工会,就必须履行征求意见和告知义务,不履行时,构成违法解除。

反之,用人单位要解除劳动合同时,只要与劳动者参加的其中一个工会征求意见和告知,即视为完成了解除劳动合同的程序性要求。

在上海市徐汇区人民法院(2017)沪 0104 民初 116－121 号系列案件中,用工单位在解除劳动关系前向其自身工会发函征求意见和告知,完成了用人单位在单方解除合同前通知工会的法定要件,在程序要求上得到了法院的支持。

徐汇区人民法院在上述判决书中写道:"劳动者在入职后,参加了用工单位东海公司的工会组织,而东海公司的工会组织即中国海洋石油东海石油管理局工会,故其在做出提前解除劳动合同决定之前,通过东海公司向相关工会组织发出了征求意见书,故不存在程序上违法之处。"

二、《工会会员证》对劳动关系的证明效力

劳动者参加工会的,会在工会处登记,并获得一本《工会会员证》。在劳动者没有签订劳动合同,也没有社会保险缴纳证明、银行流水等记录时,《工会会员证》能够在较大程度上对于存在劳动关系进行佐证。而且,会员证上记载的日期,可以在定量的层面上起到证明劳动关系起始时间的作用。

本条对于上述《工会会员证》的证明力做了进一步的阐明,当企业有证据证明双方系劳务派遣关系,且该工会为用工单位组织或挂靠的工会时,该《工会会员证》仅能证明用工事实,即能够证明该劳动者在该企业从何时开始工作,但并不一定对应的是劳动关系,也可能对应着用工关系(即劳动者仲裁或起诉的被申请人实际为用工单位)。

在周某某与沈机集团昆明机床股份有限公司、原审第三人昆明蓝宇人力资源管理有限公司劳动合同纠纷二审判决书【案号:(2014)昆民二终字第 625 号】中,昆明市中级人民法院依据本条规定做出了裁判:"加入某单位工会并非就是某单位职工,故仅凭工会证不能证实是否存在劳动关系。"

第六十五条 【劳务派遣中解除劳动合同】

被派遣劳动者可以依照本法第三十六条、第三十八条的规定与劳务派遣单位解除劳动合同。

被派遣劳动者有本法第三十九条和第四十条第一项、第二项规定情形的,用工单位可以将劳动者退回劳务派遣单位,劳务派遣单位依照本法有关规定,可以与劳动者解除劳动合同。

一、关于被派遣劳动者的解除权

本条第一款列明了劳务派遣关系中,劳动者解除劳动合同的法律依据;第二款

列明了劳务派遣关系中,用工单位可以退回劳动者的法律依据。本条属于枚举式条款,但不属于禁止性条款。

本条列明的劳动者解除劳动合同的法律依据是"协商一致解除劳动关系"和"因用人单位违法行为而被迫解除劳动关系"两种情形,未枚举劳动者可以依据本法第三十七条,同时提前三十日以书面形式通知用人单位或在试用期内提前三日通知用人单位的方式进行解除。

从字面意思理解,看似在劳动派遣劳动关系中,劳动者无法依据本法第三十七条向劳务派遣单位解除劳动合同,但本条不属于禁止性条款。根据"法无禁止则可为"的法治原则,本条不禁止劳动法以预告辞职的方式解除劳动合同。

同时,根据《劳务派遣暂行规定》第十四条①规定,劳动者享有预告辞职的权利,且该权利的外观和实质与本法第三十七条并无区别。由此可得出结论,虽本条未枚举劳动者有预告辞职的权利,但未排斥和禁止。劳动者可依据《劳务派遣暂行规定》援引本法第三十七条预告辞职,不属于违法解除。

劳动者以本条第一款解除劳动合同的,因发起解除的主体为劳动者方,依据本法第三十六条协商一致解除的规定,劳动者不享有经济补偿的规定;依据第三十八条被迫解除劳动关系的,如劳动争议仲裁机构或人民法院认定用人单位确系存在违法行为,用人单位应当支付经济补偿。

二、关于用工单位的退回及用人单位的劳动合同解除的专题分析

(一) 依据本款,用工单位退工后用人单位可随之解除劳动合同的情形及其法律责任

用工单位以本条第二款将劳动者退回劳务派遣单位的,均不适用经济补偿之规定。此时劳动合同并未解除,仅发生退回的效果,劳动合同是否解除与用工单位无关(文义理解)。

用工单位依据本法第四十条第一项、第二项之规定将劳动者退回劳务派遣单位,劳务派遣单位随之以相同事由解除劳动合同的,应当支付经济补偿及其他费用。

用工单位依据本法第三十九条退回劳动者,劳务派遣单位随之依据相同条款解除劳动合同的,无支付经济补偿的法定义务。

---

① 《劳务派遣暂行规定》第十四条:"被派遣劳动者提前30日以书面形式通知劳务派遣单位,可以解除劳动合同。被派遣劳动者在试用期内提前3日通知劳务派遣单位,可以解除劳动合同。劳务派遣单位应当将被派遣劳动者通知解除劳动合同的情况及时告知用工单位。"

（二）用工单位退工与用人单位劳动合同解除的区别与联系

"用工单位的退工和用人单位的解除"与"劳动者的提出解除"存在重要区别。前者属于"法无明文规定则不可为"，后者属于"法无禁止则可为"。对于用人单位而言，不符合法律规定的劳动合同解除或终止，均为违法，要承担赔偿金或恢复劳动关系的法律责任。

（三）用工单位退工后用人单位不得随之解除劳动合同的情形

本条规定的情形属于用工单位退工后、用人单位可在其退工后依法解除劳动合同的情形。同时，根据《劳务派遣暂行规定》，以下情形用工单位可依法退工，但用人单位无解除权[①]：

（1）本法第四十条第三项（客观情况发生重大变化）。

（2）本法第四十一条（经济性裁员）。

（3）本法第四十四条第四项（依法被宣告破产）。

（4）本法第五项（被吊销营业执照、责令关闭、撤销、决定提前解散或者经营期限届满不再继续经营的）。

（5）劳务派遣协议期满终止的。

以上几种情形下，用人单位继续承担向劳动者支付报酬的义务，每月不低于最低工资标准。如果用人单位在用工单位依据上面 5 项规定退工后直接解除劳动合同，一般应承担违法解除劳动合同的法律后果[②]。

关于劳务派遣协议期满而终止的例外性规定，与一般劳动关系中劳动合同到期终止的例外性规定相同，均以本法第四十二条为基准。

第六十六条 【劳务派遣用工的适用岗位】

劳动合同用工是我国的企业基本用工形式。劳务派遣用工是补充形式，只能在临时性、辅助性或者替代性的工作岗位上实施。

[①] 《劳务派遣暂行规定》第十二条："有下列情形之一的，用工单位可以将被派遣劳动者退回劳务派遣单位：（一）用工单位有劳动合同法第四十条第三项、第四十一条规定情形的；（二）用工单位被依法宣告破产、吊销营业执照、责令关闭、撤销、决定提前解散或者经营期限届满不再继续经营的；（三）劳务派遣协议期满终止的。被派遣劳动者退回后在无工作期间，劳务派遣单位应当按照不低于所在地人民政府规定的最低工资标准，向其按月支付报酬。"

[②] 《劳务派遣暂行规定》第十三条："被派遣劳动者有劳动合同法第四十二条规定情形的，在派遣期限届满前，用工单位不得依据本规定第十二条第一款第一项规定将被派遣劳动者退回劳务派遣单位；派遣期限届满的，应当延续至相应情形消失时方可退回。"

前款规定的临时性工作岗位是指存续时间不超过六个月的岗位；辅助性工作岗位是指为主营业务岗位提供服务的非主营业务岗位；替代性工作岗位是指用工单位的劳动者因脱产学习、休假等原因无法工作的一定期间内，可以由其他劳动者替代工作的岗位。

用工单位应当严格控制劳务派遣用工数量，不得超过其用工总量的一定比例，具体比例由国务院劳动行政部门规定。

一、劳务派遣用工适用的岗位范围

本条第一款明确了劳务派遣只能是一种补充形式，不能是企业的常规用工模式。2014 年 3 月 1 日施行的《劳务派遣暂行规定》第一条的内容也明确指出，对劳务派遣用工模式的相应限制旨在维护劳动者的合法权益，促进劳动关系和谐稳定。企业仍然应当针对自身的主营业务进行常规的员工招录，为员工缴纳社会保险，支付劳动报酬，提供劳务保护，形成长久、稳定的劳动关系。

这样既有利于企业自身的成长发展，也能够更好地保护劳动者的合法权益，增强员工和企业的黏合度，为劳动者提供一个长期稳定的工作环境。同时，也有利于维护社会的稳定。

为此，本款进一步具体规定了此种用工模式适用于哪些岗位，只有临时性、辅助性和替代性的工作岗位才能使用劳务派遣用工模式。企业仍应以自身招录的员工从事主营业务。虽然在第五十九条中提及了有关劳务派遣所适用岗位的内容，但在本条中将更为详细地进行解析。

二、临时性、辅助性和替代性岗位的法定定义

临时性岗位：本条第二款中规定了临时性工作岗位的存续时间，如果是临时性的工作岗位，需要运用劳务派遣用工形式的，其存续时间不应超过六个月。

在实践中，用工单位还可能通过每六个月签订一次劳务派遣协议的方法，将长期固定的工作岗位转变为临时性的工作，进而规避法律义务。本法第五十九条第二款很好地规制了这样的情况："用工单位应当根据工作岗位的实际需要与劳务派遣单位确定派遣期限，不得将连续用工期限分割订立数个短期劳务派遣协议。"此举保护了劳动者的权益。

辅助类岗位：用人单位的非主营业务所需要的岗位类型。在实际中，如何确定哪些岗位属于辅助性岗位存在一定的难度。为此，《劳务派遣暂行规定》第三条第二款规定："用工单位决定使用被派遣劳动者的辅助性岗位，应当经职工代表大会

或者全体职工讨论,提出方案和意见,与工会或者职工代表平等协商确定,并在用工单位内公示。"

由此可见,用工单位需要在辅助性岗位上使用劳务派遣员工前,应当通过法定的程序确定该岗位属于辅助性岗位,方可以适用劳务派遣的用工形式。

替代性工作岗位:主要是指原来处于该工作岗位的员工,因特殊情况,暂时无法继续提供劳动,在该员工回归工作岗位前,由被派遣的员工暂时顶替工作的情形。

在实践中,往往会出现因员工长病假,或者需要脱产学习,在一定时间内无法到岗工作,但明确会在障碍因素消失后回到岗位继续工作。那么在该段时间内,单位就会面临着一个很尴尬的局面,若招聘新员工,则老员工回归后,将没有原先的岗位进行安置,届时解除与新员工之间的劳动关系又将面临违法解除的风险。若不招聘新员工,那么该岗位会长期空缺,使得单位的正常运行受到影响。

本款的出现给予单位一种新的选择,即采用劳务派遣的用工模式,由劳务派遣公司派遣员工暂时顶替该岗位的工作。

三、临时性、辅助性和替代性岗位的比例规定

本条中规定,用工单位使用的劳务派遣员工的人员数量应当严格控制,不得超过一定的比例。但考虑到我国地区性差异较大,涉及的行业也不同,所以将制定比例的权利交由国务院劳动行政部门行使。

根据人力资源和社会保障部于2014年3月1日施行的《劳务派遣暂行规定》第四条规定,"用工单位应当严格控制劳务派遣用工数量,使用的被派遣劳动者数量不得超过其用工总量的10%"。需要指出的是,此处的用工总量是指用工单位订立劳动合同人数与使用的被派遣劳动者人数之和。

《劳务派遣暂行规定》在第二十八条还给予了用工单位两年的过渡期,即"用工单位在本规定施行前使用被派遣劳动者数量超过其用工总量10%的,应当制定调整用工方案,于本规定施行之日起2年内降至规定比例"。

并且用工单位应当将制定的调整用工方案报当地人力资源和社会保障行政部门备案。同时,还规定了用工单位在未将被派遣劳动者数量降至符合规定比例之前,不得新用被派遣劳动者,从而严格限制单位滥用劳务派遣员工的情形出现。

四、不符合临时性、辅助性和替代性规定的劳务派遣是否属于无效

在司法实践中,存在着大量用工单位为了规避用工成本和法律规定,将自身的员工以劳务派遣的形式进行用工,或者在不符合法律规定的岗位上适用劳务派遣

的用工形式。那么此时,劳动者的劳动关系归于何方? 劳动者与劳务派遣单位之间签订的劳务合同是否无效?

通过对相关案例进行检索,笔者发现目前有两种主流观点。

观点一:劳动者与劳务派遣单位之间签订的劳动合同无效,劳动者与用工单位建立事实劳动关系。

持该观点的法院认为:依据《劳动合同法》第六十四条的规定,劳动合同用工是我国企业的基本用工形式,劳务派遣用工形式是补充,只能在临时性、辅助性或替代性的工作岗位上实施。包括了存续时间不得超过六个月的岗位,非主营业务的岗位以及因劳动者脱产学习、休假等原因无法工作而由其他劳动者临时替代工作的岗位。若劳动者在用工单位的实际工作岗位及内容不符合劳务派遣用工的岗位要求,违反"三性"规定,劳动者与劳务派遣单位之间签订的劳动合同属于以签订劳动合同书的合法形式掩盖违法劳务派遣的非法目的,当属无效。进而确认劳动者与用工单位之间建立了事实劳动关系。

观点二:劳动者与劳务派遣单位之间签订的劳动合同有效。

持该观点的法院认为:《劳动合同法》中关于劳务派遣岗位"三性"的规定,系以劳务派遣单位或用工单位为义务主体的管理性规定,仅违反上述管理性规定的,不影响劳动合同的效力。故而,劳动者主张要求确认劳动者与劳务派遣公司之间签订的劳动合同无效的主张,缺乏法律依据,不予支持。

目前上海地区的法院倾向于第二种观点。

第六十七条 【用人单位不得自设劳务派遣单位】

用人单位不得设立劳务派遣单位向本单位或者所属单位派遣劳动者。

一、法律严格禁止用人单位"自派遣"

劳务派遣作为一种补充的用工形式,其本质是对企业用工短缺的补充,解决的是企业面对临时性、辅助性、替代性岗位时,无法招录到合适员工的问题。从另一个方面讲,也是保护此类岗位上,劳动者面临的不确定、非稳定性的就业环境。故而,此种用工模式不得成为企业规避自身义务、损害员工合法权益的手段。

在本法颁布时,本身未对劳务派遣单位资质作出严格限制的背景下,本条规定旨在防止部分用人单位为了规避自身的用工风险,利用自身的用工优势地位,自行设立劳务派遣公司,将与劳动者之间的劳动合同关系转嫁到自行设立的劳务派遣公司。

此时一旦出现大面积纠纷,"劳务派遣公司"作为承受劳动关系的空壳主体,存在着无法承担相应法律责任,或缺乏支付能力的可能。但在法律上,该劳务派遣公司又属于独立的法人主体,与实际用人单位无涉,劳动者也无法实际追究真正用人单位的责任。这对用人单位来说,起到了弃卒保车的作用。

结合《劳动合同法实施条例》第二十八条规定,用人单位或者其所属单位出资或者合伙设立的劳务派遣单位,向本单位或者所属单位派遣劳动者的,属于劳动合同法第六十七条规定的不得设立的劳务派遣单位。

本条的规定则是为了避免将原本简单的双方劳动关系,由用人单位主观故意地变成畸形的三方劳务派遣关系,此种做法存在严重损害劳动者合法权益的风险,对于劳动用工市场的秩序、诚实信用的法律原则,均影响极大。

二、"自派遣"的法律效力及其后果

虽然法条明文规定不可为,但在实践中总有企业明知不可为而为之。那么用人单位违反本条规定,自身设立劳务派遣公司向本单位或所属单位进行劳务派遣时,该劳务派遣公司与劳动者订立劳动合同的效力如何? 劳动关系又该如何认定?

根据本条的用词可知,本条属于效力性强制性法律规范。用人单位违反此类强制性规定而订立的劳动合同无效。此时,劳动关系的主体应当根据实际用工关系的客观情况进行认定。

如上海市徐汇区人民法院(2010)徐民一(民)初字第 654 号[1]民事判决书的说理部分:

本院认为,《中华人民共和国劳动合同法》第六十七条规定,用人单位不得设立劳务派遣单位向本单位或者所属单位派遣劳动者。《劳动合同法实施条例》第二十八条规定,用人单位或者其所属单位出资或者合伙设立的劳务派遣单位,向本单位或者所属单位派遣劳动者的,属于劳动合同法第六十七条规定的不得设立的劳务派遣单位。本案中,人才服务公司和××公司均由上海××卫生后勤服务管理有限公司出资设立,因此人才服务公司派遣陈××至××公司工作违反上述法律规定,应当认定与陈××建立劳动关系的是××公司。

三、非自身设立的劳务派遣公司的"自派遣"法律效力探究

除本条规定的用人单位自身设立劳务派遣公司,向本单位或所属单位进行派遣之外,更多的是用人单位选择特定的劳务派遣公司进行合作,将原本自身的劳动

---

[1] 上海市第一中级人民法院以(2010)沪一中民三(民)终字第 1225 号判决书维持了该判决。

者转移到劳务派遣公司。用人单位从而变成了劳务派遣关系中的用工单位。这种行为,虽然不同于法条规定的情形,但实质是相同的,均是用人单位以劳动派遣的形式规避自身应承担的法律义务。但此条规定是否可以扩张解释,将"自身设立劳务派遣公司"扩张到"非自身设立劳务派遣公司"呢?

在南京市中级人民法院处理的一起群体性劳动争议案件中,在(2013)宁民终字第2980号判决书中法院持如下观点:

长客公司与益群公司之间签订的合同期限自2007年7月1日至2009年6月30日的劳务派遣协议书中,约定的派遣人数共计102人,在2009年7月1日至2011年6月30日的劳务派遣协议书中,约定的派遣人数共计389人。

本院认为,申某某自入职长客公司起,一直在长客公司担任客车驾驶员,其工作地点和工作岗位均无变化。长客公司在未与申某某解除或终止劳动关系的情况下,安排益群公司与申某某签订劳务派遣劳动合同,且通过该项劳务派遣协议书派遣的人数众多,长客公司的上述行为,与劳动合同法中禁止用人单位设立劳务派遣单位向本单位或者所属单位派遣劳动者的立法本意相冲突,实质上就是自行设立劳务派遣单位向本单位派遣劳动者,原审据此认定申某某与益群公司签订的劳务派遣劳动合同无效,符合法律规定。

笔者通过检索判例发现,此类情况比较特殊,在有独立的第三方劳务派遣公司参与的劳务派遣关系中,还应结合劳动者与用人单位之间劳动关系的始末,并考虑民生及社会稳定等客观因素进行综合判断,上述南京中院的判例仅作为参考。

第六十八条 【非全日制用工的概念】

(重点法条)非全日制用工,是指以小时计酬为主,劳动者在同一用人单位一般平均每日工作时间不超过四小时,每周工作时间累计不超过二十四小时的用工形式。

一、非全日制用工工时限制的法律规定

非全日制用工系标准劳动关系的重要补充形式,本条以立法形式明确了非全日制用工的时间要求。在标准劳动关系下,劳动者延长工作时间对应支付加班工资,即劳动报酬比之未加班时要增多。但在非全日制用工下,劳动者延长工作时间既可能对应着劳动报酬的增加,也可能引起用工形式的根本变化,量变引起质变。

在全日制劳动关系下,劳动者每日工作 8 小时,现用人单位要求劳动者每日延长工作时间 1 小时,则增加的 1 小时应支付加班工资。

在非全日制劳动关系下,劳动者每日工作 2 小时,现用人单位要求劳动者每日延长工作时间 1 小时,则增加的 1 小时应支付该 1 小时的劳动报酬。但当劳动者每日工作 4 小时,现用人单位要求劳动者每日延长工作时间 1 小时,若每周累计工作时间超过 24 小时,且用人单位又未按照加班工资标准支付或进行调休的,此时便存在着双方之间的劳动关系由"非全日制用工"转变为"全日制用工"的法律风险。

二、非全日制用工详解

(一)关于"日"的法律定义及实务详解

本条中的"平均每日工作时间不超过四小时"的"日",指的并非普通的自然日或工作日,而是劳动者根据约定在一周内应当出勤的天数。

举例来讲:

(1)若用人单位安排劳动者每天工作 3 小时,每周工作 7 天,则符合非全日制用工的要求。

(2)若用人单位安排劳动者每天工作 7 小时,每周工作 3 天,则不符合非全日制用工的要求。

(3)若用人单位前三天安排劳动者每日工作 5 小时,后三天每日安排劳动者工作 3 小时,则亦符合平均每日工作 4 小时的规定。

部分用人单位对本条中的"平均每日"有着错误理解,安排劳动者每周的前三天每天工作 7 小时,后四天不出勤,自认为按照每周 7"日"来平均,得出平均每日工作时间只有 3 小时的结论——但这样的观点在上述比对中已经明晰,属于对本条错误的理解。本条中"日"的内涵是指"约定的应出勤日",约定出勤 3 日、每日 7 小时的,用于平均的天数只有 3 日;约定出勤 7 日、每日 3 小时的,用于平均的天数是 7 日。

综上所述,本条中的"平均每日"系对劳动者在一周内应出勤工作时间的平均。

(二)周工作总量的法律定义及实务详解

非全日制用工的工时既限制了平均每天不超过四小时,也限制了每周工作总时间不得超过二十四小时。此处的结算单位只能是周,而不能是月、季或更长的计量单位。

部分用人单位对本条错误理解后,安排劳动者前半个月每天工作 8 小时(做五休二),后半个月轮休,以月为周期平均后,得出平均每日工作未超过 4 小时、平均每周总工作时间也未超过 24 小时的结论。但该行为不符合本条构成,有被判定为全日制用工的风险。

(三)非全日制用工特殊情况示例解读

非全日制用工的"平均每日",如前所述,应当为劳资双方约定的"应出勤日",但当出现以下情况时,是否不符合非全日制用工的限制要求呢?

例 1:假设劳动者与用人单位约定每周出勤 6 天、每天 4 小时,若劳动者在当周的第一天因生病、私事等请假,而将缺勤的小时数在该周的其他应出勤日一次性补足,即该周其中四天每天出勤 4 小时,一天出勤 8 小时。

例 2:假设劳动者与用人单位约定每周出勤 6 天、每天 4 小时,若劳动者因生病、私事等请假一周,而于下一周补足了上周全部请假时长,即该周总工作时长变为 6 天×(4×2)小时=48 小时。

当以上情形出现时,笔者认为在有约定且偶发的情况下,属于将应出勤"日"或"周"中的应工作时长调整到其他出勤的"日"或"周"中,非全日制用工的时长判定,仍应按照原本的约定计算,即按照"应出勤日"计算,而非"实际出勤日",亦不会导致不符合非全日制用工的要求。

例 1 中的每日平均工作时长,应按照"(0+4 小时×4 日+8 小时×1 日)/6 日=4 小时/日"进行计算。

例 2 中的每日平均工作时长,仍应按照原约定认定,不应某周未出勤而导致下一周的平均工作时长超过法定限制;同时,每周工作累计时长,亦应按照两周内工作总时长相加后,再行平均计算。

三、非全日制用工加班工资支付规定

(一)学界理论观点梳理

(1)用人单位与劳动者约定的每日工作时间固定时,对超出约定时间的延时工作时间均视为加班,应当按照工资 1.5 倍支付加班工资。

例如:劳资双方约定每日工作 2 小时、每周工作 5 天,其中某天劳动者工作 4 小时的,则超出的 2 小时部分应当支付加班工资。

(2)用人单位与劳动者约定的每日工作时间固定,对每日超出约定工作时间但未满每周 24 小时工作时长,按照时薪计薪,不作为加班;当该周总工作时长超出 24 小时后,超出的部分视为加班,需支付加班工资。

例如:劳资约定每日工作 4 小时、每周工作 5 天,其中某天工作了 12 小时,则只有当该周的总工作时长达到 24 小时后,超出部分按照平时工资 1.5 倍计发加班工资。

（3）用人单位与劳动者约定的每日工作时间固定,其中某天工作了12个小时,该日超过8小时的部分,直接计算为加班工资。

该观点来源于《劳动法》第三十六条对于延时加班的相关规定:"国家实行劳动者每日工作时间不超过八小时、平均每周工作时间不超过四十四小时的工时制度。"最高院民一庭也采纳了这一观点①:

我们认为,在非全日制用工条件下,是否存在加班问题,应当视具体情况而论。由于非全日制用工的工资计算方法分为两种:一种是按小时计算,这是绝大多数非全日制用工的计酬方式;另外一种则是按天或者月计算。

在双方当事人约定休息日、法定节假日工作是否支付加班费的情况下,考虑到非全日制用工的特殊性,原则上应当认定该约定有效,依照当事人的约定处理。在未约定的情形下,则是否构成加班,需要考虑。

我们认为,从我国《劳动法》关于延长工作时间的规定来看,一方面为了保护劳动者身心健康,对加班的时间予以限制;另外一方面,对于延长工作时间的,应当按照相应的标准支付工资报酬,从而使用人单位和劳动者的权益得到平衡。

以此立法目的衡量,在非全日制用工场合,劳动者在超出制度工作时间以外的时间计算加班费,即如果劳动者的当天工作时间超过8小时,则8小时之外的工作时间应当计算加班费。对于休息日和法定节假日工作的情形,则应当计算相应的加班费。

（二）实务观点归集

（1）在非全日制用工关系中,劳动者与用人单位若对休息日加班的加班工资进行过约定,则该约定有效,劳动者可依据约定主张加班工资。

（2）在没有约定的情况下,笔者倾向认为,非全日制用工的劳动者无休息日加班的加班工资,理由如下:

首先,非全日制用工本身即为全日制用工的补充,以灵活性为主,出勤次多量少是常态,休息日出勤按照时薪计薪符合其用工特点,并不因在约定的出勤日为休息日而造成加班的情况。若休息日上班需按加班工资标准支付,影响其设立的目的。

其次,超过约定且无法调休的休息日加班才需要支付加班工资,此时按照延时加班工资标准支付加班工资更为妥当。

（3）在非全日制劳动关系中,用人单位安排劳动者在法定节假日工作的,是否应当支付加班工资,各地观点较为统一。

---

① 最高人民法院民事审判第一庭编著《最高人民法院劳动争议司法解释(三)的理解与适用》,人民法院出版社2015年版(重印本),第145页。

根据《劳动法》第44条①的规定:法定休假日安排劳动者工作的,支付不低于工资的百分之三百的工资报酬。但并未区分非全日制劳动关系或全日制劳动关系,结合诸多省市的单行规定,我们可以看到不同的规定方式。

北京市人民政府颁布的《北京市工资支付规定》

第十四条 用人单位依法安排劳动者在标准工作时间以外工作的,应当按照下列标准支付劳动者加班工资……

第十八条第二款 用人单位招用非全日制工作的劳动者,可以不执行本规定第十四条的规定,但用人单位安排其在法定休假日工作的,其小时工资不得低于本市规定的非全日制从业人员法定休假日小时最低工资标准。

湖南省劳动保障厅《关于加强我省非全日制用工管理的实施意见》(湘劳社发〔2003〕147号)(已失效,供参考)

三、关于非全日制从业人员的工资支付问题(三)用人单位支付非全日制从业人员在法定节日期间工作的小时工资不得低于当地最低小时工资标准的3倍。

甘肃省劳动厅《关于甘肃省非全日制用工若干问题的实施意见》(甘劳社发〔2004〕23号)

(十三)对于日薪制的劳动者,若周六、周日提供了劳动,视为正常工作,不享受加班工资待遇。若劳动合同期内的法定节假日提供了正常劳动,则用人单位应按规定支付加班工资。

由此可以看出,用人单位安排非全日制用工的劳动者在法定节假日工作的,应当支付额外的工资,但该金额的性质是否为加班工资,有的地区并未进行明确。例如:北京地区安排了特定的"法定节假日小时最低工资标准",湖南地区原规定了法定节假日上班支付的时薪不得低于"当地最低小时工资标准的3倍"。

综合诸多省市的单行规定,可归纳结论如下:

(1)非全日制用工劳动者的时薪如果等同或接近当地最低小时工资标准,应当享受法定节假日加班工资,形式上可能有区别。

(2)非全日制用工劳动者的时薪如果远大于当地最低小时工资标准(甚至超过当地最低小时工资标准3倍),要结合各地相关规定进行判定:

① 当地规定按照本人工资300%给付的,仍旧享有加班工资。

② 当地规定按照当地最低小时工资标准300%"给付"的,且劳动者时薪超过

---

① 《劳动法》第四十四条:"有下列情形之一的,用人单位应当按照下列标准支付高于劳动者正常工作时间工资的工资报酬:……(二)休息日安排劳动者工作又不能安排补休的,支付不低于工资的百分之二百的工资报酬。(三)法定休假日安排劳动者工作的,支付不低于工资的百分之三百的工资报酬。"

最低工资标准 3 倍的,不再享有加班工资。

③ 当地规定按照当地最低小时工资标准 300%"给付"的,劳动者时薪未超过最低工资标准 3 倍的,享有差额部分(但可能并非以"加班工资"的名义)。

四、非全日制用工的工资结算形式及周期

本条规定了非全日制用工的工资形式。所谓工资形式,是指工资分配所采取的具体方式,最基本的两种方式是计时工资和计件工资。

计时工资是根据职工工资标准和工作时间来计算工资额的一种方式。计件工资是按照职工生产的合格产品数量或者完成的工作量,根据企业内部确定的计件工资单价计算工资额的一种方式。

计件工资主要适合一些生产型企业,在目标取向上与非全日制用工不一致,计件工资有利于提高劳动生产率,一般是在企业生产任务饱满的情况下实施的。而非全日制用工一般适用于服务行业工作任务不平均的情形。因此,非全日制用工一般不实行计件工资,而是采取以小时计酬的计时工资形式。

计时工资一般有四种具体计算标准:小时工资制、日工资制、周工资制和月工资制。鉴于非全日制用工具有用工临时性、工作时间短且灵活等特点,无论是实行日工资制、周工资制还是月工资制都存在一些客观障碍,容易产生纠纷,故而更适合以小时计酬的方式。目前,各地都已制定最低小时工资标准,这有利于更好地保护劳动者的合法权益。

本条调整的核心是每日工作时间和每周累计工作时间,相对于平均每日工作时间的歧义,每周累计工作时间不超过 24 小时较易理解,核算每位非全日制用工的劳动者每周累计工作时长即可。

本条对于计薪方式的调整,属于建议式调整,既可以以小时报酬作为非全日制用工的劳动者的薪酬计算方式,也可以以计件、计时、提成或多种计薪方式结合作为非全日制用工的劳动者的薪酬计算方式,但必须满足劳动者小时薪酬不低于当地最低小时工资标准。

但本条并不排斥用人单位与劳动者约定以周或更长周期结算工资。在实践中过于短促及频繁地结算工资,很大程度上会增加用人单位的负担,因此在合法性的基础上合理性设定工资结算周期,于法无悖。

五、非全日制用工的漏洞及实务分析

非全日制用工的要求是在"同一用人单位"每日工作不超过 4 小时,排斥了同一劳动者在同一用人单位先工作一上午,再换个岗位或工作地点工作一下午。但本条并未就"关联公司"是否属于"同一单位"进行规定,即存在着用人单位安排同

一劳动者在同一股东控制的 A、B 两家单位中,分上、下午出勤的情形。

在实践中,不少用人单位钻了本条规定的漏洞,利用当前注册公司简单快捷的登记制度,注册并控制了多家公司主体,安排劳动者上午在自身控制的 A 公司工作 4 小时,下午在自身控制的 B 公司工作 4 小时,工作内容相同、岗位相同,甚至工作地点也相同。

上述特殊的用工安排,在劳动者无异议时,仍属于两段非全日制用工关系。但在劳动者存有异议时,裁判机构将对用工安排进行实质审查。若用人单位仅为逃避法定义务而注册多个公司主体、以求形式上满足本条需求,不应认定为非全日制用工关系,其中实质用工的用人单位应承担建立全日制用工关系的法律后果。

第六十九条　【非全日制用工的劳动合同】

非全日制用工双方当事人可以订立口头协议。

从事非全日制用工的劳动者可以与一个或者一个以上用人单位订立劳动合同;但是,后订立的劳动合同不得影响先订立的劳动合同的履行。

一、非全日制用工协议的订立形式

非全日制用工的劳资双方,可以订立口头协议,但反而实务中订立书面劳动合同的居多。

本条确属本法的特别调整事项,在非全日制劳动关系中,双方无须订立书面劳动合同。因此,就非全日制劳动关系而言,不存在未签订书面劳动合同而导致用人单位需支付双倍工资差额的情形(或称"二倍工资")。

虽然法律并不要求劳资双方订立书面劳动合同,但相较于全日制劳动关系,非全日制用工订立书面合同的比例并不低。究其原因,全日制劳动关系中劳动者的法定权利和用人单位的法定义务众多。因此,不排除其中部分的非全日制劳动关系是用人单位为规避全日制劳动关系中的法定义务而产生的。

用人单位与劳动者订立非全日制用工的劳动合同的目的在于:固定双方订立非全日制劳动关系的意思表示。换言之,书面劳动合同是双方意思表示的载体,劳动者签署了明确为"非全日制劳动关系"的书面合同,可以用于对抗其后续提出的赔偿金、经济补偿、补缴社会保险公积金等诉求,属于最有力、最直接的证据。

如果用人单位未与劳动者订立非全日制用工的书面劳动合同,当劳动者提出赔偿金、社会保险公积金等基于全日制用工的诉求时,用人单位则需就劳动者符合非全日制劳动关系条件(每日平均工作时长、每周累计工作时长、工资结算周期等)承担更多的举证义务。

非全日制用工依据本法第六十八条,必须满足每日平均工作时长不超过 4 小时,每周累计工作时长不超过 24 小时。但结合司法实践,突破该原则的用工,并不一定导致用工形式自非全日制用工转为全日制用工。

劳动关系属于民事法律关系的一种,劳动者与用人单位的权利和义务来源于两者在建立劳动关系、订立劳动合同时的真实意思表示,尤其是作为弱势一方的劳动者的意思表示。若劳动者作出了明确要求订立非全日制劳动关系的意思表示,则在司法实践中,一般以固定为非全日制用工关系为原则。即使该段劳动关系中,每日或每周的工作时长、工资结算周期与本法规定略有超出,裁判机关一般也不会轻易确认为全日制劳动关系。

在(2016)吉 02 民终 739 号等系列案件中,人民法院查明了劳动者每日平均工作时长为 5 小时,但基于双方签订了书面的非全日制用工劳动合同,劳动者已经作出了明确的要求订立非全日制劳动关系的意思表示,虽然每日平均工作时长及工作结算方式均与本法规定存在差异,但在该差异不影响劳动关系实质的情况下,仍然不支持劳动者要求确定全日制劳动关系的诉请。

二、非全日制用工原则上允许兼职

(一)允许兼职符合非全日制用工灵活性的原则

非全日制用工属于灵活用工的一种,立法本意即强调了此种用工形式的灵活性。因此,劳动合同法以法条的形式对此予以明确。

从事非全日制用工的劳动者得以与一个以上的用人单位订立劳动合同的,根据本条的文义,应当均订立为非全日制的劳动合同,如果其中一份劳动合同为全日制的劳动合同,则受本法第三十九条第四项的调整。

本条虽明确了非全日制用工允许兼职,而且后订立的劳动合同不得影响先订立的劳动合同的履行。但若其中之一的用人单位与劳动者在非全日制劳动合同中约定不得兼职,并不必然导致劳动关系的性质变更,需结合工作时长、双方订立劳动合同的真实意思表示、劳动关系的实质来确定。

在周某与宁海县十里红妆演出艺术有限公司劳动争议二审民事判决书【案号:(2014)浙甬民一终字第 111 号】中,宁波中院认为:"周某另主张十里红妆公司存在超过 15 天才发放工资、禁止员工对外兼职等行为。但上述行为如果确实存在,亦应属于非全日制劳动合同履行过程中的违法行为,并不对用工关系的性质产生影响。因此,周某据此主张双方当事人的用工关系是全日制用工,缺乏事实和法律依据,本院对此不予采信。"

（二）原则之例外

非全日制劳动合同中,用人单位与劳动者关于"不得兼职"的约定是否有效,需区分以下情形:

（1）竞业限制类的"不得兼职"的约定可能有效,如果劳动者符合本法第二十四条规定的"高级管理人员、高级技术人员和其他负有保密义务的人员",则该约定有效。

（2）非竞业限制类的"不得兼职"的约定,特别是相应的违约金条款属于无效条款。

后一类约定不仅侵犯了劳动者的劳动权,还同时违反了本法第二十五条"除本法第二十二条保密义务和第二十三条竞业限制规定的情形外,用人单位不得与劳动者约定由劳动者承担违约金"的禁止性条款。

非全日制用工本身给付较少的金钱购买劳动者较少的时间,如果限制了劳动者寻求其他工作,则劳动者无法通过自身劳动获取维持自身及家庭生活的足够多的劳动报酬,亦不符合《宪法》第四十二条①之精神。

第七十条　【非全日制用工不得约定试用期】

非全日制用工双方当事人不得约定试用期。

本条是以法律的形式首次明确提出非全日制劳动不得约定试用期。在本法实施之前,原劳动和社会保障部颁发的《关于非全日制用工若干问题的意见》和《江苏省劳动合同条例》等均做了类似的规定。

对于用人单位而言,不约定试用期就不能适用试用期工资打折的相关规定,从而保障了劳动者全额获得劳动报酬的权利。用人单位违反本法规定与非全日制用工的

---

① 《宪法》第四十二条:"中华人民共和国公民有劳动的权利和义务。国家通过各种途径,创造劳动就业条件,加强劳动保护,改善劳动条件,并在发展生产的基础上,提高劳动报酬和福利待遇。劳动是一切有劳动能力的公民的光荣职责。国有企业和城乡集体经济组织的劳动者都应当以国家主人翁的态度对待自己的劳动。国家提倡社会主义劳动竞赛,奖励劳动模范和先进工作者。国家提倡公民从事义务劳动。国家对就业前的公民进行必要的劳动就业训练。"

劳动者约定了试用期的,按照本法第八十三条①的规定,承担相应的法律责任。

检索结果显示,截至 2023 年 2 月 27 日,全国范围内暂未出现非全日制劳动关系中因用人单位违法约定试用期而涉诉的相关案例。

第七十一条 【非全日制用工的终止用工】

非全日制用工双方当事人任何一方都可以随时通知对方终止用工。终止用工,用人单位不向劳动者支付经济补偿。

一、非全日制用工劳动关系的终止

就解除劳动关系本身而言,本条为用人单位提供了更灵活的解决途径,即非全日制用工双方当事人任何一方均可随时通知对方终止用工。

相对于全日制用工模式下,用人单位必须具有合法事由才可以解除的法律规定,非全日制用工模式下的任意终止权赋予了用人单位极大的灵活性。同时在终止用工时,用人单位无须向劳动者支付经济补偿,更是减轻了用人单位的经济负担。

对于劳动者来说,在全日制用工模式下,劳动者提出解除劳动合同的,在试用期内需提前三天通知,转正后需要提前三十天通知用人单位。在非全日制用工模式下,劳动者的义务也随之同等地减轻。

总体看来,当前劳动争议纠纷一个重要的纠纷类型即解除劳动关系的合法性,而在非全日制劳动关系中,用人单位在解除劳动关系时,无举证解除合法性的负担;同样的,劳动者的义务也同时降低。

二、非全日制用工劳动关系的终止和经济补偿有约定的从约定

本条是在原劳动和社会保障部《关于非全日制用工若干问题的意见》的基础上,作出的更为宽松的规定。《关于非全日制用工若干问题的意见》规定:"非全日制劳动合同的终止条件,按照双方的约定办理。劳动合同中,当事人未约定终止劳动合同提前通知期的,任何一方均可以随时通知对方终止劳动合同;双方约定了违约责任的,按照约定承担赔偿责任。"

---

① 《劳动合同法》第八十三条:"用人单位违反本法规定与劳动者约定试用期的,由劳动行政部门责令改正;违法约定的试用期已经履行的,由用人单位以劳动者试用期满月工资为标准,按已经履行的超过法定试用期的期间向劳动者支付赔偿金。"

虽然《关于非全日制用工若干问题的意见》属于部门规章,而《劳动合同法》属于法律,按照《立法法》第七十九条的规定,劳动合同法的效力更高。但在劳动合同法实施后,该意见并未废止。在北京、山东、广东等省份的案件审理中,仍有法院予以引用。

究其原因,应当是该规章与本条的规定并不冲突,"有约定从约定,无约定按法定"。在双方约定了解除非全日制劳动合同的经济补偿或赔偿金、违约金时,从其约定,如无约定,则解除无需支付经济补偿。

此处应注意,上述约定的合法性还应取决于承担额外责任的主体是用人单位还是劳动者。根据当前司法实践,如约定非全日制劳动合同解除时,用人单位给付经济补偿的,当属有效。如约定劳动者给付赔偿金或违约金的,依本法第二十五条的禁止性规定,当属无效。

特别提示:在非全日制用工的劳动关系中,用人单位应特别注意劳动合同文本的选择或拟订,如照抄全日制用工的劳动合同版本或政府指导版本,可能造成终止用工后必须支付经济补偿的不利后果。

第七十二条 【非全日制用工的劳动报酬】

非全日制用工小时计酬标准不得低于用人单位所在地人民政府规定的最低小时工资标准。

非全日制用工劳动报酬结算支付周期最长不得超过十五日。

一、非全日制用工最低工资标准适用特定标准

非全日制用工的小时最低工资标准,与全日制用工月最低工资标准在性质上并无本质区别,均是由省级人民政府公布设区的市的最低工资标准,一般在公布当年度的月最低工资标准时,一并公布,遵照执行。

值得注意的是,非全日制用工的"小时计酬标准"是法律予以特别规定的名词和标准,既不是"每小时的最低工资",也不是"月最低工资标准除以 21.75 除以 8",而是"非全日制从业人员最低小时工资标准"。

前两者描述的是在全日制用工下对最低工资标准进行的折算,而后者才是非全日制用工下的最低工资标准。其在制定时考虑了用人单位及劳动者本人应缴纳的养老、医疗、失业保险费等因素(特别是前者),在金额上往往高于按月最低工资标准除以 21.75 再除以 8 所得出的金额。故而用人单位在用工时,应针对不同的

劳动关系适用不同的最低工资标准。

另外,在北京等地区,除上述规定之外,还特殊规定了非全日制从业人员法定节假日小时最低工资,用人单位安排非全日制从业人员在法定节假日工作的,应该遵循特定的小时最低工资标准。

示例:

《关于调整北京市 2023 年最低工资标准的通知》(京人社劳发〔2023〕20 号)

各区人力资源和社会保障局、北京经济技术开发区社会事业局,各人民团体,中央、部队在京有关单位及各类企、事业等用人单位:

按照国家有关要求,经市委、市政府批准,对我市 2023 年最低工资标准进行调整。现将有关事宜通知如下:

一、我市最低工资标准由每小时不低于 13.33 元、每月不低于 2 320 元,调整到每小时不低于 13.91 元、每月不低于 2 420 元。

下列项目不作为最低工资标准的组成部分,用人单位应按规定另行支付:

(一)劳动者在中班、夜班、高温、低温、井下、有毒有害等特殊工作环境、条件下的津贴;

(二)劳动者应得的加班、加点工资;

(三)劳动者个人应缴纳的各项社会保险费和住房公积金;

(四)根据国家和本市规定不计入最低工资标准的其它收入。

二、综合考虑本市降低社会保险费率和调整社保缴费基数等因素,非全日制从业人员小时最低工资标准确定为 26.4 元/小时,非全日制从业人员法定节假日小时最低工资标准确定为 62 元/小时。以上标准包括用人单位及劳动者本人应缴纳的养老、医疗、失业保险费。

通过该示例可见,全日制劳动关系下的每小时最低工资是 13.33 元,非全日制用工的小时最低工资标准则为 26.4 元,两者存在差异。此处提醒企业用工和劳动者维权时,应注意辨别。

二、非全日制用工的工资结算周期

根据本条规定,非全日制用工劳动报酬的结算周期,应该最长不超过十五日。结算周期的不同,系非全日制用工与全日制用工的重要区别,亦是裁判机关用于甄别非全日制用工和全日制用工的形式特征之一。

从合法合规的角度出发,用人单位在采用非全日制用工时,最长结算周期应当不超过十五天。

但从司法实践的角度出发,用人单位在采用非全日制用工时,如双方约定按月或按次结算薪酬且实际履行的,并不必然导致非全日制用工向全日制用工转变。

裁判机关更注重于双方的真实意思表示,在保护劳动者合法利益不受侵犯的同时,也适当考虑用人单位用工的客观实际便利。

三、非全日制用工要点归纳

(一)非全日制用工形式四要件

关于非全日制劳动关系,必须具备本法所规定的形式四要件,分别如下。

(1)工作时长:平均每日工作时长不超过 4 小时,且每周工作时长不超过 24 小时。

(2)允许兼职:后订立的劳动合同不得影响先订立的劳动合同的履行。

(3)无试用期:非全日制劳动合同不允许约定试用期。

(4)结算期短:工资结算支付周期不得超过十五日。

当一份劳动合同约定及实际履行均不符合上述四要件时,便存在了被认定为全日制劳动关系的法律风险。

其中,按重要程度进行排名,工作时长应该为核心要件,如果一份劳动合同约定了每日工作时长 8 小时并实际履行了,即使其他三要件均能具备,亦必然不符合非全日制用工的定义,应该认定为全日制用工。

(二)用工形态改变的确认由劳动者享有选择权

用工形态改变的确认需要劳动者提起相关的劳动仲裁或诉讼,当劳动者提起了确认全日制劳动关系(并非所有省份均支持直接提起该诉请)之诉,或经济补偿/赔偿金、未签订书面劳动合同的双倍工资差额(或称“二倍工资”)等专属于全日制劳动关系的诉请时,裁判机关需要针对用工形态是否改变、是否应当确认为全日制劳动关系进行审理。

当劳动者未提起上述诉讼,仅要求用人单位支付非全日制劳动关系中拖欠的劳动报酬或加班工资的,裁判机关一般不对用工形态是否改变进行审理。即使此段劳动关系中工作时长等要件不符合非全日制用工的相关规定,一般也不会径行判定用工形态改变。换言之,是否要求确认为全日制劳动关系取决于劳动者的诉讼请求。

第六章　监督检查

第七十三条　【劳动合同制度的监督管理体制】

县级以上地方人民政府劳动行政部门负责本行政区域内劳动合同制度实施的监督管理。

县级以上各级人民政府劳动行政部门在劳动合同制度实施的监督管理工作中，应当听取工会、企业方面代表以及有关行业主管部门的意见。

一、劳动行政部门的分级及对应职责

根据本条规定，劳动合同制度实施的监督和管理由劳动行政部门负责。劳动行政部门是指，依照劳动法律的规定，享有劳动行政管理权，综合管理劳动工作的国家机关。

人力资源和社会保障部，作为国务院设立的、承担劳动行政工作的职能部门，负责全国范围内劳动合同制度实施的监督管理。人社部统一运用国家权力促进劳动合同制度的有效实施，为劳动者提供强有力的国家层面的保障，包括但不限于制定部门规章、发布各种标准、部委层面监督检查劳动合同法的实施执行。

省市县三级的人民政府劳动行政部门，负责本行政区域内劳动合同制度实施的监督管理。其中，上级劳动行政部门指导下级劳动行政部门的工作。地方的劳动行政部门是劳动合同制度实施的监督管理的主力军，在劳动行政部门监督管理体系中占据基础和重要地位。一般而言，地方的劳动行政部门指代同级的人力资源和社会保障局，其主要任务是在国务院和各级人民政府的领导下，综合管理劳动行政工作。

劳动行政部门即人社部（局）本身。劳动监察、社保中心稽查（科）属于人社部

（局）的授权执法机构。

二、劳动行政部门监督管理职权的内涵和外延

监督管理的内涵和外延均较为广泛，主要有以下五项。

（1）宣传教育：广泛开展劳动领域法律法规的宣传教育，使广大劳动者和用人单位更多地知晓劳动法规，体现法律应有的教育、预防和威慑作用。具体表现为，让劳动者更多地知晓自身的权利内容，可以利用法律法规更好地保护自身权益不受侵害。同时，让用人单位知晓自身应承担的义务，以及违反此类义务时，需要承担的法律后果。

（2）监督检查：监察用人单位对于劳动法规的遵守及执行情况，督促用人单位更好及正确地贯彻执行劳动法规。在对法律的理解存在不明或有误的情况下，劳动行政部门起到了引导用人单位正确理解和正确执行法律规定、全面履行自身义务的作用。同时，对用人单位在经营管理中存在的违法违规行为，劳动行政部门应当予以指出和纠正。

（3）受理立案：受理劳动者对用人单位违反劳动法律法规行为的举报、投诉。其中，举报是劳动者对用人单位整体违法行为的举报。投诉是劳动者要求用人单位解决其个人劳动权益问题（用人单位违法行为导致）的投诉。经审查，若劳动者的举报和投诉属于受理范围，则予以立案，并开展调查工作。

（4）纠正及处罚：劳动行政部门依法纠正和查处用人单位违反劳动合同法律、法规或者规章的行为等。劳动行政部门对违法行为的处理，以纠正为主，处罚为辅。用人单位在收到劳动行政部门开具的限期整改文书后，应当在规定的时间内予以整改；若用人单位拒不整改，再给予其行政处罚。

（5）规范指导：人力资源和社会保障部作为国家最高行政机关的职能部门，还应当依照法律法规的规定，制定劳动合同、集体合同等制度的实施规范，以此指导地方劳动行政部门依法履行监督管理职责等。在实践中，省市县三级的劳动行政部门均会结合各级各地区实践，制定劳动合同、集体合同等制度的实施规范（以发文的形式），并指导下级劳动行政部门依法履职。

三、劳动行政部门监督管理的特点

劳动行政部门的监督管理与其他监督管理方式相比，具有以下五个特点：

（1）劳动行政部门监督管理是一种行政执法行为。

劳动行政部门执法行为具有国家意志性、执行性、具体性、强制性、优益性和单向性。

（2）劳动行政部门监督管理是一种行政法律行为。

劳动行政部门监督管理的结果会导致一定的法律后果的产生，如对违法现象和不当行为采取制裁措施等。

（3）劳动行政部门监督管理是主动和被动相结合的。

劳动行政部门可以主动对所管辖的企业进行监督检查，对违法现象提出限期整改或行政处罚；也可以由权利受到侵害的劳动者（或认为自身权利受到侵害的劳动者）发起投诉或举报，劳动行政部门被动地受理、立案后开展工作。而仲裁机构和人民法院对于上述违法现象，只能被动等待劳动者提起仲裁或诉讼后，予以立案处理。

（4）劳动行政部门监督管理是定时和不定时相结合的。

劳动行政部门对于所管辖的企业，既可以定期开展季度、年度检查监督，也可以不定时地对某些上级交办的工作任务或偶发的问题进行突击检查。

（5）劳动行政部门监督管理是普查和抽查相结合的。

劳动行政部门既可以对某项普遍存在的问题开展普查，也可以针对部分企业可能存在的违法现象开展专项抽查。

四、劳动行政部门开展监督管理工作的意见听取

劳动行政部门开展监督管理工作除受理劳动者的投诉举报外，还应听取以下三方面的意见：

（1）工会。工会是职工自愿结合的工人阶级的群众组织，代表职工即劳方的利益，负有维护职工合法权益、监督用人单位履行劳动合同情况的职责。

（2）企业。企业代表资方的利益，负有贯彻执行劳动合同制度的责任。

（3）行业主管部门。有关行业主管部门，负有在各自职责范围内对用人单位执行劳动合同制度的情况进行监督管理的职责。

为了保证劳动行政部门履行监督管理职责的合法性，劳动行政部门应当听取以上三方面的意见，审慎对待、认真研究、依法履行职责。

五、劳动行政部门系劳动者要求补缴社保的救济渠道之一

在劳动争议纠纷的诉讼案件中，当劳动者和用人单位存在劳动关系，但未建立社会保险关系或已经建立社会保险关系但未依法缴纳社会保险费时，劳动者往往会向人民法院提起诉讼要求用人单位建立社会保险关系或缴纳社会保险费。人民法院常依据本条及本法第七十四条的规定对劳动者的此类诉请予以驳回，裁定该争议不属于人民法院关于劳动人事争议的受案范围，劳动者应向劳动行政部门或相关征收机构寻求解决。

在实践中，当劳动行政部门对用人单位就其与劳动者存在劳动关系或人事关

系,但未建立社会保险关系或存在其他违反劳动法规行为而给予行政处罚时,用人单位常以劳动行政部门无权对其违法行为予以检查纠正或行政处罚为由提起行政诉讼。人民法院同样依据本条及本法第七十四条的规定判决驳回诉讼请求。

例如:

在(2014)常行终字第133号案件中,常州市中级人民法院认为:

《中华人民共和国劳动合同法》第七十三条规定:"国务院劳动行政部门负责全国劳动合同制度实施的监督管理;县级以上地方人民政府劳动行政部门负责本行政区域内劳动合同制度实施的监督管理。"《中华人民共和国劳动合同法》第七十四条规定县级以上地方人民政府劳动行政部门依法对用人单位与劳动者订立和解除劳动合同的情况进行监督检查。《劳动保障监察条例》第十三条第一款规定:"对用人单位的劳动保障监察,由用人单位用工所在地的县级或者设区的市级劳动保障行政部门管辖。"天宁人社局作为县级劳动保障行政部门,依法实施劳动保障监察,职权法定。

上述常州中院的"认为"段,体现了本条可作为以下两个抗辩的重要驳斥:

(1)用人单位以劳动行政部门无权管辖并给予行政处罚的实体抗辩——县级以上地方人民政府劳动行政部门正是劳动合同制度实施的监督管理的主管部门。

(2)管辖权异议的程序性抗辩——用人单位用工所在地的劳动行政部门正是拥有对应管辖权的单位,

第七十四条 【劳动行政部门监督检查事项】

县级以上地方人民政府劳动行政部门依法对下列实施劳动合同制度的情况进行监督检查:

(一)用人单位制定直接涉及劳动者切身利益的规章制度及其执行的情况;

(二)用人单位与劳动者订立和解除劳动合同的情况;

(三)劳务派遣单位和用工单位遵守劳务派遣有关规定的情况;

(四)用人单位遵守国家关于劳动者工作时间和休息休假规定的情况;

(五)用人单位支付劳动合同约定的劳动报酬和执行最低工资标准的情况;

(六)用人单位参加各项社会保险和缴纳社会保险费的情况;

(七)法律、法规规定的其他劳动监察事项。

一、劳动行政部门对用人单位规章制度的监督检查

（一）建立规章制度的法定义务性

作为市场经济的用工主体，用人单位应当依法建立规章制度。该法定义务源自本法第四条第一款，用人单位应当依法建立和完善劳动规章制度。故而，劳动行政部门首先监督检查的是用人单位是否建立了规章制度，解决"有和无"的问题。

（二）规章制度的制定程序合法性

用人单位制定劳动规章制度的程序应当符合法律规定，即程序正义。程序正义是实体合法的先决条件、前置要素，制定程序错误或制定程序缺失的规章制度，其本身就存在不发生法律效力的风险，甚至无须去探究其实体内容部分的合法性。

制定规章制度的法定程序又称为"民主程序"，即涉及上述方面的规章制度在起草完成后，应当先由职工代表大会或者全体职工提出方案和意见，再由用人单位与工会或者职工代表平等协商，最终予以确定。其法理依据，源自本法第四条第二款。

但用人单位制定规章制度并非全部适用程序正义性规则，程序正义性原则仅限于用人单位制定、修改直接涉及劳动者切身利益的劳动报酬、工作时间、休息休假、劳动安全卫生、保险福利、职工培训、劳动纪律以及劳动定额管理等方面的规章制度。在制定其他方面的规章制度时，法律并未要求必须经过上述法定程序。

（三）规章制度的公告及送达规则

用人单位劳动规章制度必须告知劳动者，并确保劳动者知悉，这也是制定规章制度程序要求的一部分。

告知的方式主要有两种：公告和送达。

用人单位对直接涉及劳动者切身利益的规章制度应当进行公示，让劳动者知悉，对于规章制度制定后入职的员工，用人单位应当向其送达，使其全面地知晓规章制度的内容，一般采用新员工入职签订劳动合同时书面签收的方法。

（四）规章制度的实体合法性

规章制度的实体内容应当符合法律规定，例如：加班应当有加班工资、员工应当享受法定年休假、不得随意扣减工资等。劳动行政部门对于规章制度实体内容的检查是全面的，其检查的标准，依据的是《劳动法》《劳动合同法》及各部单行法规。

（五）规章制度的执行情况

合法制定的规章制度是否得到正确、全面的遵守和执行，也是劳动行政部门监督的内容。当合法、具体、明确的规章制度在制定完成后，用人单位应当按照其载明的内容，严格执行。

（六）劳动仲裁和劳动监察的职能差异

同为人力资源和社会保障局的职能部门,劳动监察部门与劳动争议仲裁机构对待用人单位的规章制度有以下区别:

（1）劳动监察部门可以受理劳动者对用人单位程序错误、实体违法的投诉,但劳动争议仲裁机构不可以直接受理。

（2）劳动监察部门可以直接判定用人单位的规章制度违法,劳动争议仲裁机构只能在审理劳动者权益受损的案件中予以认定用人单位的规章制度程序错误、实体违法或不合理,从而不予适用该规章制度。

（3）劳动监察部门可以强令用人单位改正错误的规章制度,逾期不整改的作出行政处罚,但劳动争议仲裁机构并没有相应的行政权力,不能强令用人单位改正。

二、劳动行政部门对用人单位执行劳动合同制度的监督检查

（一）用人单位是否与劳动者订立书面劳动合同

根据本法第十条的规定,在劳动者入职后一个月内,用人单位应当与其订立书面劳动合同。即用人单位应当在用工之日起一个月内与劳动者订立书面劳动合同。未及时订立的,产生两种后果:一是民事责任,未签订书面劳动合同的双倍工资差额及用工满一年后视为建立无固定期限劳动关系;二是行政责任,劳动行政部门依法予以查处。上述两种后果可并罚,但一般劳动者通过劳动仲裁提起仲裁申请后,劳动监察会以本案已经进入了仲裁程序,不再受理投诉举报为由拒绝立案。

（二）劳动合同的订立是否符合法律规定

依据本法第三条和第十七条,订立劳动合同应当遵循合法、公平、平等自愿、协商一致、诚实信用的原则,同时以下条款必须具体、明确,且为必备内容:

（1）用人单位的名称、住所和法定代表人或者主要负责人。

（2）劳动者的姓名、住址和居民身份证或者其他有效身份证件号码。

（3）劳动合同期限。

（4）工作内容和工作地点。

（5）工作时间和休息休假。

（6）劳动报酬。

（7）社会保险。

（8）劳动保护、劳动条件和职业危害防护。

（9）法律、法规规定应当纳入劳动合同的其他事项。

（三）用人单位是否要求劳动者提供担保等

依据本法第九条，用人单位招用劳动者，不得要求劳动者提供担保或者以其他名义向劳动者收取财物，不得扣押劳动者的居民身份证等证件。

用人单位违规的，劳动者可于在职或离职后2年内向劳动监察投诉，劳动监察可直接予以处理。但若涉及的部分担保事项复杂的，劳动者仍需向人民法院起诉以解决争议。

（四）用人单位与劳动者约定的劳动合同期限是否合法

依据本法第十四条，应当订立无固定期限劳动合同的，用人单位应当与该员工订立无固定期限劳动合同：

（1）劳动者在该用人单位连续工作满十年的。

（2）用人单位初次实行劳动合同制度或者国有企业改制重新订立劳动合同时，劳动者在该用人单位连续工作满十年或者距法定退休年龄不足十年的。

（3）连续订立两次固定期限劳动合同后续订的。

在部分省份，应该订立无固定期限劳动合同而未订立的，劳动行政部门可以要求用人单位改正，拒不改正的，可以予以行政处罚。

（五）用人单位与劳动者约定的试用期是否合法

劳动行政部门对用人单位与劳动者约定试用期情况进行监督检查，该项检查一般针对全日制劳动合同。同时，依据本法第十九条的规定，对于非全日制劳动合同不得约定试用期的现象，亦可能有所涉及。

三、劳动行政部门对用人单位解除劳动合同情况的监督检查

（一）用人单位与劳动者解除劳动合同合法性的形式审查

用人单位解除劳动合同的，必须有法律依据，未出现法律规定的情形，用人单位不得随意解除劳动合同。

劳动行政部门对于劳动合同解除事由的监督检查，不涉及事由的实体部分，一般仅处于"是否有法定事由"的形式审查，而不审查该事由的合法性、合理性及程序正义。劳动行政部门的检查与裁判机构的审理存在重要的区别，仅针对有无，不做细致审查。

（二）用人单位是否依法支付经济补偿

依据本法第四十六条及其他相关法律法规，用人单位解除劳动合同，且符合支付经济补偿法定情形的，必须支付经济补偿；未支付的，由劳动行政部门责令支付。

关于该解除事由是否符合支付经济补偿法定情形的判定，以及经济补偿金额

的确定,劳动行政部门均有权自行作出,无须等待裁判机构判定。

(三)用人单位是否为劳动者办理了退工相关手续

相关手续指代退工、退保、离职证明。用人单位应当在解除或者终止劳动合同后,及时为劳动者办理档案和社会保险关系转移手续,主要包括:①办理网上退工备案登记手续;②出具退工单或离职证明;③办理社会保险的转移或退保手续;④办理公积金封存或转移手续;⑤办理档案的转移手续。

但在当前实践中,一般企业类型的用人单位不具备档案管理职责,劳动者的档案都存放于户籍所在地的职介所,在终止用工时并不需要用人单位办理档案转移手续。

四、劳动行政部门对劳务派遣关系中用人单位合法性的监督检查

(一)劳务派遣单位是否依法取得行政许可

企业拟经营劳务派遣业务的,应当向劳动行政部门依法申请行政许可。未经许可,任何单位和个人不得经营劳务派遣业务。

劳务派遣的行政许可必须前置,经许可后,方可经营劳务派遣。劳动行政部门对未经许可即经营的企业予以行政处罚或更严厉的措施。

(二)劳务派遣单位的合同订立情况

劳务派遣单位应当与用工单位订立《劳务派遣协议》,明确派遣岗位和人员数量、派遣期限、劳动报酬和社会保险费的数额与支付方式以及违反协议的责任。

同时,劳务派遣单位作为用人单位,应当与被派遣劳动者订立符合法律规定的《劳动合同》,其中包括:

(1)劳动合同必备条款是否完备。劳务派遣单位与被派遣劳动者订立的劳动合同,除应当载明普通劳动合同必备事项外,在有明确用工单位信息和岗位的情况下,还应当载明被派遣劳动者的用工单位以及派遣期限、工作岗位等情况。

(2)劳动合同期限是否合法。劳务派遣的劳动合同与直接用工的劳动合同不同,劳务派遣单位应当与被派遣劳动者订立两年以上的固定期限劳动合同。

(三)劳务派遣单位收取费用情况的监督检查

劳务派遣单位不得收取劳动者费用,不得以任何来自劳动者的费用作为收入来源,违反该规定的,应立即整改或承担其他法律责任。同时,劳务派遣单位不得克扣被派遣劳动者的劳动报酬,劳务派遣单位基于劳务派遣业务所收取的所有费用均应当来自用工单位。

五、劳动行政部门对劳务派遣关系中用工单位合法性的监督检查

用工单位应当合法履行自身义务,主要包括:①执行国家劳动标准,提供相应

的劳动条件和劳动保护;②如实告知被派遣劳动者的工作要求和劳动报酬;③足额支付加班费、绩效奖金,提供与工作岗位相关的福利待遇,且不得向被派遣劳动者收取费用;④对在岗被派遣劳动者进行工作岗位所必需的培训;⑤若连续用工的,实行正常的工资调整机制。

同时,用工单位不得存在违法派遣的情况,即主要以下两种情况:

(1)转派遣。用工单位应当按照《劳务派遣协议》的约定使用被派遣劳动者,不得将被派遣劳动者再派遣到其他用人单位。

(2)自己派遣。用工单位不得自设劳务派遣单位,向本单位或者所属单位派遣劳动者。

六、劳动行政部门对用人单位履行工时制度、最低工资制度的监督检查

(一)当前我国工时制度种类及一般性规定

根据《劳动法》等法律法规的规定,我国的工时制度包括标准工时制、不定时工作制和综合计算工时制。

用人单位应当遵守国家有关工时和休息休假的规定,不得违反本法的规定超过法定上限标准延长劳动者的工作时间或者剥夺劳动者的休息休假权利。

对于标准工时制和综合工时制的劳动者,用人单位可以适量安排加班,但应该支付加班工资。

对于不定时工时制的劳动者,用人单位应当合理安排其进行休息休假。

(二)用人单位是否按照劳动合同的约定按时足额支付劳动报酬

用人单位应当按照劳动合同的约定按时足额支付劳动者劳动报酬。此处不只考量书面的劳动合同,还要考虑经过实际履行已经变更过的劳动合同,即实际应支付的劳动报酬。用人单位支付的劳动报酬,应当按照动态变化的劳动合同的最新状态足额支付。

(三)用人单位是否执行最低工资标准

在劳动者提供了正常劳动(即满勤、无病事假)的情况下,用人单位应支付给劳动者的工资在剔除下列各项以后,不得低于当地最低工资标准(特别上海地区):

(1)延长工作时间工资。

(2)中班、夜班、高温、低温、井下、有毒有害等特殊工作环境、条件下的津贴。

(3)法律、法规和国家规定的劳动者福利待遇等。

(4)上海地区还包括了社会保险及公积金的个人承担部分。

实行计件工资或提成工资等工资形式的用人单位,在科学合理的劳动定额基础上,其支付劳动者的工资不得低于相应的最低工资标准。

七、劳动行政部门对用人单位履行社会保险制度的监督检查

劳动行政部门应当对用人单位是否参加各项社会保险、缴纳社会保险费的情况进行监督检查。社会保险包括养老保险、失业保险、医疗保险、工伤保险、生育保险。用人单位应当依法参加社会保险,缴纳各项社会保险费。

本项监察内容,是劳动争议仲裁机构/人民法院不具备的职能,同时也是普通劳动者对于劳动监察和社保中心了解最多的一项职能,其对依法维护劳动者社会保险缴纳的权利起到了至关重要的作用。

用人单位缴纳社会保险情况违法的,劳动行政部门可责令其改正,并可予以行政处罚。

八、劳动行政部门其他执行或执法事项

本条条款中明确列举的劳动行政部门的劳动监察事项,劳动行政部门应当依照规定进行监督检查。对于本法未列举而其他法律、法规有规定的,如《劳动保障监察条例》规定的事项,劳动行政部门同样应当依照其执行或执法。

第七十五条 【监督检查措施和依法行政、文明执法】

县级以上地方人民政府劳动行政部门实施监督检查时,有权查阅与劳动合同、集体合同有关的材料,有权对劳动场所进行实地检查,用人单位和劳动者都应当如实提供有关情况和材料。

劳动行政部门的工作人员进行监督检查,应当出示证件,依法行使职权,文明执法。

为了规范劳动行政部门实施监督检查的行为,明确劳动行政部门可以采取的调查、检查措施以及方式,本条对劳动行政部门监督检查职权和执法行为规范作了规定。

正如公安机关的行政职权由《人民警察法》《治安管理处罚法》等法律予以制约和保障,劳动行政部门监督检查的职权同样由《劳动合同法》等相关法律法规予以制约和保障。

一、劳动行政部门具备查阅与劳动合同、集体合同有关材料的职权

劳动行政部门实施的监督检查,是针对劳动合同制度的实施情况,即企业、个

体经济组织、民办非企业单位以及其他用人单位执行劳动合同法的情况。而用人单位是否执行了劳动合同法的规定,主要体现在用人单位与劳动者订立的劳动合同以及集体合同是否符合法律规定。

因此,县级以上地方人民政府劳动行政部门实施监督检查时,有权查阅与劳动合同、集体合同有关的材料,用人单位和劳动者应当予以配合,如实提供有关情况和材料。

当前司法实践中,劳动行政部门查阅的对象包括但不限于劳动合同、工资表、财务凭证、考勤记录。其中工资表可与考勤记录相印证,用于计算用人单位是否安排劳动者加班、是否发放加班工资、加班工资发放是否精确。

在监督检查的过程中,劳动者的配合程度一般较高,用人单位的配合程度较低,且会以各种理由拒绝,或在劳动行政部门要求查阅时,隐匿、销毁工资表、考勤记录,并谎称负责人暂时离岗、前任负责人未交接,或称其从未制作过考勤及工资表。此时,劳动行政部门可依据《劳动法》第一百零一条①予以罚款,情节严重的,依法追究刑事责任。

二、劳动行政部门具备对劳动场所进行实地检查的权利

有关工作内容、工作地点、劳动保护以及劳动条件等,直接关系到劳动者的生命安全和人身健康的事项,法律、行政法规作了一系列强制性规定,《劳动合同法》也将这些事项明确规定为劳动合同的必备条款。

但如果只是查阅劳动合同或者集体合同等书面材料,难以判断用人单位是否严格执行了法律的规定。因此,县级以上地方人民政府劳动行政部门实施监督检查时,有权对劳动场所进行实地检查。

现场的检查既可以是预先告知的,也可以是突击进行的,突击进行的实地检查,有利于劳动行政部门获取证据,例如工资表、考勤记录(包含考勤机)等材料。

三、劳动行政部门实施监督检查时的程序性要求

根据本条规定,劳动行政部门的工作人员在进行监督检查时,应当出示证件,依法行使职权,文明执法,这体现了监督检查的程序性要求。

《劳动保障监察条例》对监督检查作出了更多的限制性规定:

第十二条第二、三款 劳动保障监察员应当忠于职守,秉公执法,勤政廉洁,保

---

① 《劳动法》第一百零一条:"用人单位无理阻挠劳动行政部门、有关部门及其工作人员行使监督检查权,打击报复举报人员的,由劳动行政部门或者有关部门处以罚款;构成犯罪的,对责任人员依法追究刑事责任。"

守秘密。

任何组织或者个人对劳动保障监察员的违法违纪行为,有权向劳动保障行政部门或者有关机关检举、控告。

第十六条 劳动保障监察员进行调查、检查,不得少于二人,并应当佩戴劳动保障监察标志、出示劳动保障监察证件;

劳动保障监察员办理的劳动保障监察事项与本人或者其近亲属有直接利害关系的,应当回避。

第七十六条 【其他有关主管部门的监督管理】

县级以上人民政府建设、卫生、安全生产监督管理等有关主管部门在各自职责范围内,对用人单位执行劳动合同制度的情况进行监督管理。

劳动关系的本质是社会经济关系,涉及各行各业,其中不乏许多专业领域。因此,除了劳动行政部门负责的范围之外,人民政府其他行政主管部门或其他主管部门的稽核科/稽核机关,一样负有监督管理职责。

一、建设行政主管部门的监督检查及其依据

(一) 建设行政主管部门监督检查的项目和权力范围

建设局(住建局)或建设委员会对建筑的安全生产负责、同时对建筑行业特定的劳动关系负责,如保证金制度、项目参保(以某个建筑项目为整体参加工伤保险投保)、进城务工人员欠薪保障制度等。

建筑行政主管部门监督检查建筑行业及其相关领域的劳动关系问题时,除依据本法外,还可依据《建筑法》的相关规定,对用人单位或劳动者予以处罚。

建筑施工企业必须依法加强对建筑安全生产的管理,执行安全生产责任制度,采取有效措施,防止伤亡和其他安全生产事故的发生。

(二) 建设行政主管部门监督检查的法律依据

《建筑法》

第四十三条 建设行政主管部门负责建筑安全生产的管理,并依法接受劳动行政主管部门对建筑安全生产的指导和监督。

第四十四条 建筑施工企业必须依法加强对建筑安全生产的管理,执行安全生产责任制度,采取有效措施,防止伤亡和其他安全生产事故的发生。

建筑施工企业的法定代表人对本企业的安全生产负责。

第四十六条　建筑施工企业应当建立健全劳动安全生产教育培训制度,加强对职工安全生产的教育培训;未经安全生产教育培训的人员,不得上岗作业。

第四十七条　建筑施工企业和作业人员在施工过程中,应当遵守有关安全生产的法律、法规和建筑行业安全规章、规程,不得违章指挥或者违章作业。作业人员有权对影响人身健康的作业程序和作业条件提出改进意见,有权获得安全生产所需的防护用品。作业人员对危及生命安全和人身健康的行为有权提出批评、检举和控告。

第四十八条　建筑施工企业应当依法为职工参加工伤保险缴纳工伤保险费。鼓励企业为从事危险作业的职工办理意外伤害保险,支付保险费。

二、卫生行政主管部门的监督检查及其依据

（一）卫生行政主管部门监督检查的项目和权力范围

卫生行政主管部门的监督检查主要体现在职业病防治和职业卫生保护领域。其中,国家级别的卫生行政主管部门负责制定标准,地方政府的卫生行政主管部门负责监督检查和接受举报投诉。

用人单位应当为劳动者创造符合国家职业卫生标准和卫生要求的工作环境和条件,并采取措施保障劳动者获得职业卫生保护。

（二）卫生行政主管部门监督检查的法律依据

《职业病防治法》

第九条　国家实行职业卫生监督制度。

国务院卫生行政部门、劳动保障行政部门依照本法和国务院确定的职责,负责全国职业病防治的监督管理工作。国务院有关部门在各自的职责范围内负责职业病防治的有关监督管理工作。

县级以上地方人民政府卫生行政部门、劳动保障行政部门依据各自职责,负责本行政区域内职业病防治的监督管理工作。县级以上地方人民政府有关部门在各自的职责范围内负责职业病防治的有关监督管理工作。

县级以上人民政府卫生行政部门、劳动保障行政部门(以下统称职业卫生监督管理部门)应当加强沟通,密切配合,按照各自职责分工,依法行使职权,承担责任。

第十一条　县级以上人民政府职业卫生监督管理部门应当加强对职业病防治的宣传教育,普及职业病防治的知识,增强用人单位的职业病防治观念,提高劳动者的职业健康意识、自我保护意识和行使职业卫生保护权利的能力。

第十二条　有关防治职业病的国家职业卫生标准,由国务院卫生行政部门组织制定并公布。

国务院卫生行政部门应当组织开展重点职业病监测和专项调查,对职业健康风险进行评估,为制定职业卫生标准和职业病防治政策提供科学依据。

县级以上地方人民政府卫生行政部门应当定期对本行政区域的职业病防治情况进行统计和调查分析。

第十三条　任何单位和个人有权对违反本法的行为进行检举和控告。有关部门收到相关的检举和控告后,应当及时处理。

对防治职业病成绩显著的单位和个人,给予奖励。

三、安监部门的监督检查及其依据

(一)安监监督检查的项目和权力范围

安监部门作为强势的行政主管部门和行政执法单位,其对所辖企业综合监督管理的范围既包括企业是否遵循了相关标准进行安全生产,亦包括劳资双方是否按照安全生产的规定普及安全生产的意识、配备安全生产防护物品等。

安监部门对于劳资双方(主要是企业)的监督检查不仅可依据本法,更可依据安全生产法,必要时依据刑法会同公安机关予以查处。

(二)安监部门及公安机关监督检查的法律依据

《安全生产法》

第六十二条　县级以上地方各级人民政府应当根据本行政区域内的安全生产状况,组织有关部门按照职责分工,对本行政区域内容易发生重大生产安全事故的生产经营单位进行严格检查。

应急管理部门应当按照分类分级监督管理的要求,制定安全生产年度监督检查计划,并按照年度监督检查计划进行监督检查,发现事故隐患,应当及时处理。

第六十三条　负有安全生产监督管理职责的部门依照有关法律、法规的规定,对涉及安全生产的事项需要审查批准(包括批准、核准、许可、注册、认证、颁发证照等,下同)或者验收的,必须严格依照有关法律、法规和国家标准或者行业标准规定的安全生产条件和程序进行审查;不符合有关法律、法规和国家标准或者行业标准规定的安全生产条件的,不得批准或者验收通过。对未依法取得批准或者验收合格的单位擅自从事有关活动的,负责行政审批的部门发现或者接到举报后应当立即予以取缔,并依法予以处理。对已经依法取得批准的单位,负责行政审批的部门发现其不再具备安全生产条件的,应当撤销原批准。

第六十四条　负有安全生产监督管理职责的部门对涉及安全生产的事项进行

审查、验收,不得收取费用;不得要求接受审查、验收的单位购买其指定品牌或者指定生产、销售单位的安全设备、器材或者其他产品。

第六十五条　应急管理部门和其他负有安全生产监督管理职责的部门依法开展安全生产行政执法工作,对生产经营单位执行有关安全生产的法律、法规和国家标准或者行业标准的情况进行监督检查,行使以下职权:

(一)进入生产经营单位进行检查,调阅有关资料,向有关单位和人员了解情况;

(二)对检查中发现的安全生产违法行为,当场予以纠正或者要求限期改正;对依法应当给予行政处罚的行为,依照本法和其他有关法律、行政法规的规定作出行政处罚决定;

(三)对检查中发现的事故隐患,应当责令立即排除;重大事故隐患排除前或者排除过程中无法保证安全的,应当责令从危险区域内撤出作业人员,责令暂时停产停业或者停止使用相关设施、设备;重大事故隐患排除后,经审查同意,方可恢复生产经营和使用;

(四)对有根据认为不符合保障安全生产的国家标准或者行业标准的设施、设备、器材以及违法生产、储存、使用、经营、运输的危险物品予以查封或者扣押,对违法生产、储存、使用、经营危险物品的作业场所予以查封,并依法作出处理决定。

监督检查不得影响被检查单位的正常生产经营活动。

《刑法》

第一百三十四条

【重大责任事故罪】在生产、作业中违反有关安全管理的规定,因而发生重大伤亡事故或者造成其他严重后果的,处三年以下有期徒刑或者拘役;情节特别恶劣的,处三年以上七年以下有期徒刑。

【强令违章冒险作业罪】强令他人违章冒险作业,或者明知存在重大事故隐患而不排除,仍冒险组织作业,因而发生重大伤亡事故或者造成其他严重后果的,处五年以下有期徒刑或者拘役;情节特别恶劣的,处五年以上有期徒刑。

第一百三十四条之一

【危险作业罪】在生产、作业中违反有关安全管理的规定,有下列情形之一,具有发生重大伤亡事故或者其他严重后果的现实危险的,处一年以下有期徒刑、拘役或者管制:

(一)关闭、破坏直接关系生产安全的监控、报警、防护、救生设备、设施,或者篡改、隐瞒、销毁其相关数据、信息的;

(二)因存在重大事故隐患被依法责令停产停业、停止施工、停止使用有关设备、设施、场所或者立即采取排除危险的整改措施,而拒不执行的;

（三）涉及安全生产的事项未经依法批准或者许可，擅自从事矿山开采、金属冶炼、建筑施工，以及危险物品生产、经营、储存等高度危险的生产作业活动的。

第一百三十五条

【重大劳动安全事故罪】安全生产设施或者安全生产条件不符合国家规定，因而发生重大伤亡事故或者造成其他严重后果的，对直接负责的主管人员和其他直接责任人员，处三年以下有期徒刑或者拘役；情节特别恶劣的，处三年以上七年以下有期徒刑。

第七十七条 【劳动者权利救济途径】

劳动者合法权益受到侵害的，有权要求有关部门依法处理，或者依法申请仲裁、提起诉讼。

劳动者的合法权益在受到侵害后，其救济渠道一般为两种，一是劳动仲裁，二是劳动监察，两者既有联系，也有区别。

一、劳动仲裁与劳动监察的受理范围不同

（一）劳动仲裁受理范围

《劳动争议调解仲裁法》第二条规定了劳动争议仲裁机构实体上的受理范围，即中华人民共和国境内的用人单位与劳动者发生的下列劳动争议，适用本法：

（1）因确认劳动关系发生的争议。

（2）因订立、履行、变更、解除和终止劳动合同发生的争议。

（3）因除名、辞退和辞职、离职发生的争议。

（4）因工作时间、休息休假、社会保险、福利、培训以及劳动保护发生的争议。

（5）因劳动报酬、工伤医疗费、经济补偿或者赔偿金等发生的争议。

（6）法律、法规规定的其他劳动争议。

（二）劳动监察的受理范围

《劳动保障监察条例》第十一条对劳动监察机构的受理范围作出规定，劳动保障行政部门对下列事项实施劳动保障监察：

（1）用人单位制定内部劳动保障规章制度的情况。

（2）用人单位与劳动者订立劳动合同的情况。

（3）用人单位遵守禁止使用童工规定的情况。

（4）用人单位遵守女职工和未成年工特殊劳动保护规定的情况。

（5）用人单位遵守工作时间和休息休假规定的情况。

（6）用人单位支付劳动者工资和执行最低工资标准的情况。

（7）用人单位参加各项社会保险和缴纳社会保险费的情况。

（8）职业介绍机构、职业技能培训机构和职业技能考核鉴定机构遵守国家有关职业介绍、职业技能培训和职业技能考核鉴定的规定的情况。

（9）法律、法规规定的其他劳动保障监察事项。

二、劳动仲裁与劳动监察的时效规定不同

（一）劳动仲裁的时效规定

1. 时效的一般规定

劳动仲裁受理范围的时效主要分为两类，通称为普通时效和特殊时效，劳动报酬类适用于特殊时效，系劳动关系终止之日起一年内，其他项目属于普通时效，直接向前倒算一年，仲裁时效适用中止、中断规则。其主要规定体现在《劳动争议调解仲裁法》第二十七条：

劳动争议申请仲裁的时效期间为一年。仲裁时效期间从当事人知道或者应当知道其权利被侵害之日起计算。

前款规定的仲裁时效，因当事人一方向对方当事人主张权利，或者向有关部门请求权利救济，或者对方当事人同意履行义务而中断。从中断时起，仲裁时效期间重新计算。

因不可抗力或者有其他正当理由，当事人不能在本条第一款规定的仲裁时效期间申请仲裁的，仲裁时效中止。从中止时效的原因消除之日起，仲裁时效期间继续计算。

劳动关系存续期间因拖欠劳动报酬发生争议的，劳动者申请仲裁不受本条第一款规定的仲裁时效期间的限制；但是，劳动关系终止的，应当自劳动关系终止之日起一年内提出。

2. 加班工资的特殊时效规定

加班工资虽属于劳动报酬，但相较于工资确定可向前追溯至入职之日，加班工资根据省份的不同，相应的规定亦有不同。

浙江省规定了加班工资仅能向前追溯两年时间。

《关于审理劳动争议案件若干问题的意见（试行）》浙法民一〔2009〕3 号

第十三条　劳动者与用人单位之间因加班工资发生争议的，其申请仲裁的时效期间为二年，从当事人知道或者应当知道其权利被侵害之日起计算；但劳动关系

终止的,其申请仲裁的时效期间为一年,从劳动关系终止之日起计算。

山东省更灵活,一般只支持两年,但是证据特别充分的可以继续向前追溯至入职之日。

《山东省高级人民法院、山东省劳动争议仲裁委员会、山东省劳动人事争议仲裁委员会关于适用〈中华人民共和国劳动争议调解仲裁法〉和〈中华人民共和国劳动合同法〉若干问题的意见》鲁高法〔2010〕84 号

36. 劳动者主张加班费,应当提供加班事实的相关证据。用人单位否认劳动者加班的,用人单位应当对劳动者未加班的事实负举证责任。用人单位以已经劳动者确认的考勤记录证明劳动者未加班的,对用人单位的考勤记录应予采信。

劳动者追索两年前的加班费,举证确实充分的,应予支持,但法律法规等另有规定的除外。

(二)劳动监察的时效规定

《劳动保障监察条例》第二十条对时效进行了规定:

违反劳动保障法律、法规或者规章的行为在两年内未被劳动保障行政部门发现,也未被举报、投诉的,劳动保障行政部门不再查处。前款规定的期限,自违反劳动保障法律、法规或者规章的行为发生之日起计算;违反劳动保障法律、法规或者规章的行为有连续或者继续状态的,自行为终了之日起计算。

该两年时间,与刑事犯罪的若干年未被发现即时效经过有较大相似性,即使用人单位确实存在违法行为,但劳动者不举报、不投诉,也未被劳动保障行政部门发现的话,两年时间经过,不再查处,但行为具有连续性的除外。

同时,该时效性规定未明确是否适用于时效的中止和中断。一般认为,法律未明确规定不适用的,则视为可以适用时效的中止和中断制度,不属于除斥期间。

三、适用人民法院直接救济的特殊情形

人民法院作为劳动者或用人单位不服劳动仲裁裁决结果起诉的受理机构,人民法院的受案范围及时效规定无须予以单独说明。但特殊情况下,劳动者亦可针对其合法权益受到侵害的情况,在劳动仲裁未作出实体裁判的情况下,直接向人民法院起诉,包括:

(1)未取得就业证的外籍就业人员与境内企业等组织发生劳动争议的。

(2)境外法人或其他组织擅自招用劳动者在境内就业发生劳动争议的。

(3)办事处的法定代表人与办事处发生劳动争议的。

(4)劳动仲裁受理后六十日内未依法裁决的。

(5)劳动争议仲裁机构不予受理的。

其中,外籍就业人员与境内企业等组织发生劳动争议的、境外法人或其他组织擅自招用劳动者在境内就业发生劳动争议的,在《上海市高级人民法院民一庭关于审理劳动争议案件若干问题的解答》中明确提及,内容如下:

一、劳动争议案件的提起与受理

(一)未领取就业证的国(境)外自然人,与本市用人单位之间形成劳动关系,发生劳动权利义务内容争议的,是否作为劳动争议案件?

答:此类争议符合民诉法规定的民事案件受理条件的,目前可作为一般民事案件由人民法院直接受理。

(二)国(境)外法人或其他组织擅自招用劳动者在本市就业,发生劳动权利义务争议的,是否作为劳动争议案件受理?

答:此类争议符合民诉法规定的民事案件受理条件的,目前可作为一般民事案件受理,以国(境)外法人或其他组织为当事人。

对于外籍就业人员的特殊情况,在其主体身份不符合劳动合同法规定的情况下,不作为劳动争议处理,亦不属于劳动仲裁或劳动监察管辖。其作为普通的民事法律纠纷,由人民法院直接受理管辖,并适用民事诉讼法中的时效规定。

第七十八条 【工会监督检查的权利】

工会依法维护劳动者的合法权益,对用人单位履行劳动合同、集体合同的情况进行监督。用人单位违反劳动法律、法规和劳动合同、集体合同的,工会有权提出意见或者要求纠正;劳动者申请仲裁、提起诉讼的,工会依法给予支持和帮助。

中国工会又称中华全国总工会,是中国共产党领导的职工自愿结合的工人阶级群众组织,是社会团体之一。工会制度设定的初衷是每家企业都设置基层工会组织,由工会对企业的用工状况进行监督。

企业的用工状况主要包括履行劳动合同和集体合同的情况,既包括违法性审查,也包括违约性审查。

一、工会对用人单位违法性的审查

违法性审查是指审查用人单位否违反劳动法律及相应法规。在劳动法领域,劳动者的权益大部分来自法律法规的直接规定,而很少来源于记载于劳动合同中

的约定。究其原因:

（1）在劳动关系中,用人单位一般相对强势,劳动者相对弱势,用人单位在与劳动者订立劳动合同时,除了极少一部分外,基本上不会将对用人单位不利的条款设计在内。用人单位甚至会聘请专业律师或人力资源专家设计劳动合同范本、员工手册、试用期录用条件等文档,旨在通过合同约定和规章制度扩大用人单位的权利,相对减少劳动者的自由度或增加劳动者的义务。

（2）劳动关系中用人单位与劳动者地位存在不平等性。国家通过劳动法律和法规赋予了劳动者诸多的权利。在法律方面,以《劳动法》和《劳动合同法》为代表;在法规方面,以《职工带薪年休假条例》和《女职工劳动特别保护规定》为代表,将签订书面劳动合同、带薪年休假、女职工特别保护等权利规定于上述法律法规之中,以调整劳动合同约定之不足。

（3）劳动关系中用人单位与劳动者存在信息不对等。劳动者常以个体的形式出现,用人单位常以组织的形式出现,个体获取知识的能力低于组织,并且该组织有较大可能会常设劳动法或人力资源相关的职位、人员,以获取相关知识。同时组织比个体有更多的活动经费,在当前知识需要付费的时代,组织的学习能力更强,其对劳动法规有着更强的习得能力。

因此,劳动者需要以结社的形式形成工会,以组织的形式与组织（用人单位）对抗,保护自身利益。同时,基于社会主义国家的特殊性,我国政府另规定了工会组织的经费来源自用人单位汇缴的工会经费,并且以财务会计准则的方式明确了该笔费用的列支。

基于用人单位与劳动者地位的不平等性、信息的不对等性,需要工会组织介入,以监督用人单位是否履行了大部分载明于法律法规中的法定义务、是否保障了劳动者的合法权益。

二、工会对用人单位违约性的审查

我国系成文法的国家,劳动者的权利和用人单位的义务虽已经由法律法规作出了规定,但成文法不可避免地具有滞后性。在法律层面,《劳动法》和《劳动合同法》均已制定和颁布超过 10 年。在法规层面,人大或委办局行通过一部法规文件都需要相当的时长,常以年为跨度单位。因此,劳动关系中除了以法律法规作为调整外,在法律允许的范围内,以用人单位与劳动者双方之间的劳动合同及集体合同约定作为补充调整。

根据我国现行司法解释规定,集体合同较为稳定,其约定的权利和义务一般不会随着劳动关系的履行而发生较大变化。但劳动合同则不同,现行司法解释允许用人单位与劳动者双方通过协商一致的方式变更劳动合同,甚至以实际履行的方式来对劳动合同内容进行变更。因此劳动关系中,劳动合同一直处于动态变化调整中。

此处工会审查用人单位是否违反劳动合同的约定,不能只审查用人单位对于书面劳动合同的遵守情况,还应审查用人单位对于不断动态变化调整的劳动合同的遵守情况。

三、工会监督权的实现

在《企业工会工作条例(试行)》(总工发〔2006〕41号)和各地的工会工作条例中规定了两种制度以保证工会监督权的实现。

(一)建立劳动法律监督委员会

根据条例规定,地方总工会及产业、乡镇(街道)工会应当设立工会劳动保障法律监督委员会。职工人数较少的企业应设立工会劳动法律监督员,基层工会根据实际需要可以设立工会劳动保障法律监督委员会,对企业执行有关劳动报酬、劳动安全卫生、工作时间、休息休假、女职工和未成年工保护、保险福利等劳动法律法规情况进行群众监督。同时,对于委员会成员的身份也有着相应的要求。工会劳动保障法律监督委员会的成员为本级工会劳动保障法律监督员。镇、街道以上工会的工会劳动法律监督组织可以委派工会劳动法律监督员进入本辖区内的用人单位,履行监督、调查职责。工会劳动法律监督员应当具备以下条件:一是熟悉劳动法律、法规,具备一定的政策水平和工作能力;二是热心维护职工群众的合法权益;三是奉公守法,清正廉洁。工会劳动保障法律监督员由工会发给监督员证。

(二)建立劳动保护监督检查委员会,在生产班组中设立工会小组劳动保护检查员

根据条例规定的要求,工会应该建立完善工会监督检查、重大事故隐患和职业危害建档跟踪、群众举报等制度,建立工会劳动保护工作责任制,依法参加职工因工伤亡事故和其他严重危害职工健康问题的调查处理。同时,协助与督促企业落实法律赋予工会与职工安全生产方面的知情权、参与权、监督权和紧急避险权。开展群众性安全生产活动。

工会作为一级组织,其具备自身利益。劳动者/工人阶级成立工会的根本目的是维护劳动者的利益,这与企业为了获取剩余利润的根本目的背道而驰。因此,工会的监督权仅针对用人单位方行使,与本条的规定相吻合。

四、工会对劳动者申请仲裁、提起诉讼的支持和帮助

对于劳动者违反法律法规及违反劳动合同、集体合同约定的情形,由用人单位

予以处置,严重者可移送司法机关处理。用人单位系有人员、有经费的组织,其具备足够的知识和能力来维护自身的合法权益,无须工会协助。且基于工会的设立目的,其也不应得到工会的协助。

劳动者申请仲裁、提起诉讼的,工会依法给予支持和帮助。工会在劳动者申请仲裁的过程中,发挥两个作用:

1. 组织协调劳动争议案件的处理

根据现行司法实践,本级工会及上级工会一般会派员参与本级仲裁委员会,于该组织中担任兼职仲裁员。其在处理具体案件、制定裁判口径时,将发挥自身组织属性的作用。同时,在应对大批量、集体性的劳动争议案件时,可利用工会组织和劳动人事争议仲裁委员会的优势地位,与用人单位方开展谈判、调解、和解工作。

2. 提供法律援助

在现行司法实践中,法律援助主要由司法局和工会提供。现行市、区司法局的法律援助需要满足多种条件,如劳动者经济困难或农村户籍,导致大部分的劳动者均不符合条件。但工会的法律援助则不同,工会法律援助仅需被援助劳动者系工会会员即可。

工会在劳动者提起诉讼的过程中,基于司法的独立性,一般仅能提供法律援助作为支持。

第七十九条 【对违法行为的举报】

任何组织或者个人对违反本法的行为都有权举报,县级以上人民政府劳动行政部门应当及时核实、处理,并对举报有功人员给予奖励。

一、投诉举报的主要渠道

举报检查是指劳动监察机构在劳动监察范围内处理组织和个人检举和控告的违反劳动法律法规行为而进行的专门劳动监察。为了做好举报检查工作,各级劳动行政部门应当设立举报、投诉信箱,公开举报、投诉电话,依法查处举报和投诉反映的违反劳动合同法律的行为。

在实务中,举报的渠道一般分三种,电话举报、现场举报和信函举报。

电话举报,在上海地区劳动者可拨打12333和12345进行投诉和举报。其中前者是人社局热线,后者是市民热线,市民热线的优先级更高,但其对于专业问题的答复、反馈,均通过工单的形式下发给人社局系统。热线电话会询问并记录劳动者的姓名、岗位、工作年限、所涉及的问题及其用人单位,匿名举报则不记录劳动者的个人信息。

现场举报的使用频率并不低于电话举报,劳动者携带身份证件前往劳动监察大队、社保中心即可,现场会有工作人员接待、记录劳动者的投诉和举报,并处理或转交有关部门处理。

信函举报在上海地区使用得较少,通过信件的方式进行举报,既不如电话举报的方式方便快捷,也不如现场举报的方式让人心定心安。劳动监察大队或社保中心在收到举报的函件后,通常会通过电话方式与当事人沟通,或要求当事人到现场了解、核实情况。

二、投诉和举报的异同

投诉和举报,主体、客体、行为类型均相同。主体上,投诉和举报均是由劳动者或其他组织发起,针对的对象为用人单位(或用工单位);客体为违反本法的行为;行为类型均是通过上文中提到的形式对违法行为进行检举。

投诉与举报两者的不同之处在于:

1. 两者与违法行为是否具有利害关系

投诉人一般为被违法行为侵害的本人,而举报人并不一定与违法行为有直接的利害关系。

2. 两者所追求的结果不同

投诉针对个体性的事件,旨在解决投诉人的个人问题;通俗来讲,即个人认为自身权益受到了侵害,故而向劳动监察部门告发,这便是投诉。

而举报是针对某个用人单位普遍性的违法行为,旨在将该用人单位所有的违法行为及现象全部纠正。即个人发现用人单位存在违法行为,去劳动监察部门告发,这便是举报。

3. 是否需要告知身份信息

投诉人的告发途径一般为现场投诉,且为解决个人的实际问题,劳动监察部门需要针对性地作出处理和回复,故而劳动监察部门需要知晓投诉人的身份信息。但举报人的告发途径多样,可以是匿名举报,且为了保护个人信息的安全,并不一定要求告知身份信息。

三、立案受理的条件和程序性规定

对于符合法律规定条件的投诉,劳动行政部门应当在接到投诉之日起5个工作日内依法受理,并于受理之日立案查处。投诉受理的条件包括:

(1) 违反劳动合同法律的行为发生在两年内的。

（2）有明确的被投诉用人单位，且投诉人的合法权益受到侵害是被投诉用人单位违反劳动合同法律的行为所造成的。

（3）属于劳动行政部门监督检查职权范围并由受理投诉的劳动行政部门管辖。

就投诉的形式而言，投诉应当由投诉人向劳动行政部门递交投诉文书。书写投诉文书确有困难的，可以口头投诉，由劳动保障监察机构进行笔录，并由投诉人签字。

投诉文书应当载明下列事项：

（1）投诉人的姓名、性别、年龄、职业、工作单位、住所和联系方式，被投诉用人单位的名称、住所、法定代表人或者主要负责人的姓名、职务；

（2）劳动合同合法权益受到侵害的事实和投诉请求事项。对于应当通过劳动争议处理程序解决的，已经按照劳动争议处理程序申请调解、仲裁的，以及已经提起劳动争议诉讼的，劳动行政部门应当告知投诉人依照劳动争议处理或者诉讼程序办理。

对不符合规定的投诉，劳动行政部门应当在接到投诉之日起五个工作日内决定不予受理，并书面通知投诉人。对投诉材料不符合规定的投诉，劳动行政部门应当告知投诉人补正投诉材料。

对通过举报发现用人单位有违反劳动保障法律的行为，需要进行调查处理的，应当及时立案查处：

（1）立案应当填写立案审批表，报劳动保障监察机构负责人审查批准，批准之日即为立案之日。

（2）调查、检查不得少于两人。

（3）调查应当自立案之日起六十个工作日内完成，情况复杂经劳动行政部门负责人批准可以延长三十个工作日。

（4）经调查，认定违法事实不能成立的，应当撤销立案；违法事实成立的，应在十五个工作日内作出行政处罚（行政处理或者责令改正）决定。

四、保密及奖励

根据《劳动保障监察条例》的规定，任何组织或者个人对违反劳动保障法律、法规或者规章的行为，有权向劳动保障行政部门举报；劳动保障行政部门应当为举报人保密。《关于实施〈劳动保障监察条例〉若干规定》中也规定了在调查、检查时为举报人保密。

同时，《劳动保障监察条例》和《关于实施〈劳动保障监察条例〉若干规定》也均规定了，对举报属实，为查处重大违反劳动保障法律的行为提供主要线索和证据的举报人，给予奖励。

第七章　法　律　责　任

第八十条　【规章制度违法的法律责任】

用人单位直接涉及劳动者切身利益的规章制度违反法律、法规规定的,由劳动行政部门责令改正,给予警告;给劳动者造成损害的,应当承担赔偿责任。

一、违反法律法规规定的规章制度不具备法律效力

若用人单位所制定的直接涉及劳动者切身利益的规章制度违反法律、法规规定,属于无效条款,不对劳动者产生拘束力,劳动者可以不予遵守。

例如:用人单位的规章制度规定每天必须加班 4 小时,提前下班的视为旷工。此时劳动者拒绝加班,看上去是违反了用人单位的规章制度,但从劳动法、劳动合同法的规定出发,劳动者的行为反而是维护自身合法权益的行为,形成"负负得正"的法律效果。

若用人单位以劳动者严重违反规章制度为由解除劳动关系的,用人单位应当就解除劳动关系的合法性承担举证责任,既要有劳动者违规的事实依据,也要有相应的规章制度条款作为依据。但若该依据本身违法违规的,用人单位依据上述条款进行解除,则存在构成违法解除的法律风险。

综上,可以得出结论,用人单位制定的直接涉及劳动者切身利益的规章制度违反法律、法规规定的,劳动者可以不遵守。

二、劳动行政部门对于违法的规章制度的处置

劳动行政部门发现或经举报查实用人单位规章制度违法时,可予以责令改正。

"责令改正"本身并非行政处罚措施,是行政机关对违法行为人发出的一种作为命令。根据《行政处罚法》的规定,行政处罚的种类包括:警告、罚款、没收违法所得、没收非法财物、责令停产停业、暂扣或者吊销许可证、暂扣或者吊销执照,并不包括责令改正。但在行政法范畴,对任何一种违法行为,都应当责令违法行为人及时予以纠正,不能"只罚不管",或者"以罚代管"。

用人单位制定的规章制度违反法律、法规规定的,劳动行政部门同样要责令该用人单位改正违法行为,即对违法的规章制度进行纠正,使之符合法律、法规的规定,成为有效的规章制度。

例如:用人单位规定的劳动者试用期的期限超过了法律规定的最高时限,则必须予以改正,缩短到法律规定的幅度内,使之成为有效的规章制度。

对于用人单位制定的直接涉及劳动者切身利益的规章制度违反法律、法规规定的,劳动行政部门除了责令用人单位改正违法行为外,还要给予用人单位警告的行政处罚,使用人单位能够对自己的违法行为有所警醒,避免下次再出现违法行为。

三、用人单位制定的规章制度给劳动者造成损失的应承担民事赔偿责任

用人单位制定的规章制度给劳动者造成损失的,应当承担民事赔偿责任。该赔偿责任与本法第八十三条所涉的赔偿金有着显著的区别。后者系本法针对用人单位违法解除劳动关系的特殊调整,依据经济补偿的标准翻倍进行惩罚。而前者的计算方式则不由本法进行设定,而由其他民事法律进行调整。

用人单位的上述赔偿责任分为物质损害赔偿和精神损害赔偿。

(1)物质损害赔偿适用"填平原则",即以劳动者的损失金额为限,使劳动者的损失能够得以弥补,而非惩罚性赔偿,与未签订书面劳动合同支付两倍工资存在本质区别。

例如,用人单位制定的劳动卫生、劳动安全保护相关的规章制度不符合劳动法规及职业病防治法之要求时,若给劳动者造成人身伤害和财产损失的,用人单位依法承担赔偿责任。

(2)精神损害赔偿是指公民因其人身权利受到不法侵害而遭受精神痛苦或精神利益受到损害,要求侵权人进行金钱赔偿的一种法律制度。根据《民法典》第一百零九条、第一百一十条及第一千一百八十三条规定[1],可以请求精神损害赔偿且

---

[1] 《民法典》第一百零九条:"自然人的人身自由、人格尊严受法律保护。"第一百一十条:"自然人享有生命权、身体权、健康权、姓名权、肖像权、名誉权、荣誉权、隐私权、婚姻自主权等权利。"第一千一百八十三条:"侵害自然人人身权益造成严重精神损害的,被侵权人有权请求精神损害赔偿。因故意或者重大过失侵害自然人具有人身意义的特定物造成严重精神损害的,被侵权人有权请求精神损害赔偿。"

与劳动关系有关的情形包括：侵害自然人的人格权利（生命权、健康权、身体权；姓名权、肖像权、名誉权、荣誉权；隐私权），以及基于人身自由、人格尊严产生的其他人格权益的行为。

在实践中，用人单位通过制定非法的规章制度，以暴力手段强迫劳动、强制搜身检查、规定上厕所的次数及时间等，都是侵犯了劳动者的人格权利，劳动者可依法要求用人单位给予精神损害赔偿。用人单位承担精神损害民事责任的方式如下：

（1）致人精神损害的，根据实际侵权情况适用停止侵害、消除影响，恢复名誉、赔礼道歉。

（2）致人严重精神损害的，还应赔偿相应的精神损害抚慰金，以起到对劳动者抚慰、对加害的用人单位制裁，以及对其他用人单位的警示作用。

第八十一条 【缺乏必备条款、不提供劳动合同文本的法律责任】

用人单位提供的劳动合同文本未载明本法规定的劳动合同必备条款或者用人单位未将劳动合同文本交付劳动者的，由劳动行政部门责令改正；给劳动者造成损害的，应当承担赔偿责任。

一、劳动合同的必备条款及行政管辖

劳动合同的条款，分为必备条款和约定条款两种。所谓必备条款，是指法律规定必须具备的条款，如劳动合同期限、工作内容、劳动报酬、劳动保护和劳动条件等。所谓约定条款，是指用人单位与劳动者协商约定的条款，如试用期、培训、保守商业秘密、补充保险、福利待遇等。其中必备条款的范围在本法第十七条中进行了规定。

劳动合同缺乏必备条款的，虽属于违反本法的行为，但并不导致劳动合同无效，而由劳动行政部门责令改正，责令用人单位补全文本或条款。

在用人单位提供的劳动合同文本中，即便没有载明本条规定的劳动合同必备条款，也不能免除用人单位的法定责任。例如：用人单位在劳动合同中未约定为劳动者缴纳社会保险的条款，但不免除用人单位缴纳社会保险的义务，且在劳动者发生工伤时，用人单位仍须依法承担法定责任①。

---

① 《工伤保险条例》第六十二条："依照本条例规定应当参加工伤保险而未参加工伤保险的用人单位职工发生工伤的，由该用人单位按照本条例规定的工伤保险待遇项目和标准支付费用。"

本条的规定同时排斥了其他部门对劳动合同必备条款缺乏的管辖权,在未对劳动者造成损害的前提下,劳动者的救济渠道只能是向劳动行政部门投诉或举报。

二、用人单位未交付劳动合同文本的救济路径及实务建议

劳动合同作为用人单位和劳动者缔结的书面合同,应该根据缔约合同的普遍原则,按照当事人的人数进行制作,一式两份或多份,并由当事人各自执有、保存起码一份。少数不规范的用人单位在劳动者签署劳动合同后,谎称需要集中用印,收回了全部的劳动合同,不再下发,此种情形对劳动者有"百害而无一利"。例如:在发生工伤赔偿、补缴社保等争议时,劳动者常因没有书面劳动合同,无法直接处理相关争议或只能要求行政机关进行处理,此时就须从通过劳动仲裁确认劳动关系开始,耗时耗力。

因此,当用人单位不予返还盖章的劳动合同文本时,劳动者应当积极维权。维权的方式可以略有技巧,既可以针对自身的情形,向劳动行政部门投诉,也可以为保护自身隐私、继续在用人单位工作的前提下,改为向劳动行政部门匿名举报,要求劳动行政部门责令用人单位改正。

对于用人单位而言,应当及时将签署完毕的劳动合同交付给劳动者,并设置签收单或劳动档案台账,对每一名劳动者的入职日期、劳动合同签订日期、劳动合同交付日期等事项一一登记,并由劳动者签字确认。在受到劳动行政部门的监督检查或劳动者的投诉举报时,用人单位也可以此签收单或劳动档案台账证明已经履行交付劳动合同的义务。

因用人单位未将劳动合同交付劳动者,从而给劳动者造成损害的情形在实践中较为少见。在类似的司法实践中,一般以劳动者明确要求用人单位提供劳动合同原件作为前提,若用人单位拒不提供的,一旦造成劳动者损失,用人单位应当承担赔偿责任,并应当适用填平原则,对劳动者的损失予以弥补。

第八十二条 【不订立书面劳动合同的法律责任】

(重点法条)用人单位自用工之日起超过一个月不满一年未与劳动者订立书面劳动合同的,应当向劳动者每月支付二倍的工资。

用人单位违反本法规定不与劳动者订立无固定期限劳动合同的,自应当订立无固定期限劳动合同之日起向劳动者每月支付二倍的工资。

一、关于未签订书面劳动合同两倍工资的专题解析

劳动合同法的立法宗旨即完善劳动合同制度,明确劳动合同双方当事人的权利和义务,保护劳动者的合法权益,构建和发展和谐稳定的劳动关系,其中重要的一环便是规制用人单位与劳动者之间书面劳动合同缺失、短期劳动合同频发的现象。同时,结合用人单位在劳动关系中的强势地位,规制上述现象最有效的办法是对用人单位的违法行为设置处罚措施,以达到威慑的作用。

针对用人单位故意不与劳动者订立书面劳动合同的行为,《劳动合同法》创设了用人单位须支付两倍工资的特殊惩罚性赔偿机制。即自用工之日起,用人单位未与劳动者订立书面劳动合同超过一个月的,劳动者得以向用人单位主张双倍工资差额的请求,直至双方签订书面劳动合同或者期满一年。这一强劲的处罚力度,有力地推进了用人单位劳动合同制度的建立。

未签书面劳动合同双倍工资差额的诉请,由本法提供了法律依据与基础,结合《调解仲裁法》以及各地方法律法规对双倍工资差额的时效、计算基数等作出的规定,我们可以发现,法条之规定虽仅寥寥数语且相对固定,但各地对其的理解和适用,差异极大,以下特做专题分析。

本专题旨在从十个方面进行法规及案例的检索,若省级高院有统一法规或实务指南的,以省级法规为原则;若地级市中院有不同于高院法规的判决或观点的,则为例外;若省级高院无指导性意见的,则对各地级市中院的判例进行检索,初步归纳裁判观点。特别说明的是,部分省份将"双倍工资差额"称为"二倍工资"或"另一倍工资",其诉请的本质等同。

同时,鉴于篇幅原因,本书重点介绍上海地区的裁判要旨,其他地区做总体统计介绍,有关其他省份的具体内容可以通过关注"东方劳动"微信公众号进行查阅。

(一)上海地区裁判要旨

上海作为我国经济金融中心,相对而言其法规完备、口径齐全,但就部分细节问题,法规确尚有未明确之处,以下通过案例检索进行展示。

(1)双倍工资差额的仲裁时效起算点如何认定?

从未签订书面劳动合同的第二个月起按月计算仲裁时效。

法律依据:

《上海市高级人民法院关于劳动争议若干问题的解答》上海市高级人民法院民一庭调研指导〔2010〕34 号

一、关于双倍工资的几个问题

……

2. 关于双倍工资的时效问题

我们认为,鉴于双倍工资的上述性质,双倍工资中属于双方约定的劳动报酬的部分,劳动者申请仲裁的时效应适用《劳动争议调解仲裁法》第27条第2至第4款的规定,而对双方约定的劳动报酬以外属于法定责任的部分,劳动者申请仲裁的时效应适应《劳动争议调解仲裁法》第27条第1款至第3款的规定,即从未签订书面劳动合同的第二个月起按月分别计算仲裁时效。

(2) 双倍工资差额仲裁时效长度及特殊规定有哪些?

仲裁时效长度为一年,按月分别计算,依据同上。

在实务中,上海地区劳动争议仲裁机构及人民法院按照劳动者申请仲裁之日(含调解)起,往前倒推365天,超出365天的,则为超过仲裁时效。超过仲裁时效的部分,如用人单位提出时效抗辩的,劳动者丧失胜诉权。上海地区部分劳动争议仲裁机构亦会主动审查时效。

(3) 双倍工资差额的计算基数如何认定?

① 按照约定月工资计算。

② 若未约定月工资或约定不明的,按《劳动合同法》第十八条确定正常工作时间的月工资,其中上海地区明确了双倍工资差额的计算基数是不包括加班工资的。

③ 若仍无法确定的,则按实际月收入扣除加班工资、非常规奖金、福利性、风险性项目收入后确定,工资构成项目由用人单位负责举证。

④ 该计算基数不得低于本地月最低工资标准。

法律依据:

《上海市高级人民法院关于劳动争议若干问题的解答》上海市高级人民法院民一庭调研指导〔2010〕34号:

一、关于双倍工资的几个问题

……

3. 关于双倍工资的计算基数的确定

经研究认为,劳动关系双方对月工资有约定的,双倍工资的计算基数应按照双方约定的正常工作时间月工资来确定。双方对月工资没有约定或约定不明的,应按

《劳动合同法》第18条规定了确定正常工作时间的月工资,并以确定的工资数额作为双倍工资的计算基数。

如按《劳动合同法》第18条规定仍无法确定正常工作时间工资数额的,可按劳动者实际获得的月收入扣除加班工资、非常规性奖金、福利性、风险性等项目后的正常工作时间月工资确定。

如月工资未明确各构成项目的,由用人单位对工资构成项目进行举证,用人单

位不能举证或证据不足的,双倍工资的计算基数按照劳动者实际获得的月收入确定

按上述原则确定的双倍工资基数均不得低于本市月最低工资标准。

(4) 劳动合同是否允许倒签/补签? 若倒签/补签至之前的日期时,是否能够抗辩劳动者主张双倍工资差额?

即使劳动者事后同意补签了劳动合同,仍需支付双倍工资差额。补签的行为不能视为劳动者放弃了双倍工资差额的权利。

判例依据:

上海纳铁福传动系统扭矩科技有限公司(简称纳铁福公司)诉谢某某追索劳动报酬纠纷一案二审民事判决书【案号:(2017)沪01民终4876号】

一审法院认为(二审维持):谢某某与上海市××有限公司签订的劳动合同于2015年6月21日到期,谢某某的劳动关系于2015年6月22日转至纳铁福公司,双方未及时签订书面劳动合同,后补签2015年6月22日至2016年4月30日的劳动合同。谢某某称该合同系于2016年5月20日补签。根据在案证据,该合同确实系补签,合同落款处谢某某签写的"2015"中的"5"有由"6"改动而来的痕迹,谢某某在2016年6月22日的电子邮件中提及"上个月公司叫我补签"等,而纳铁福公司称现无法确定该合同的补签日期,故酌情采纳谢某某主张,认定该合同系于2016年5月20日补签。纳铁福公司自直接用工之日起超过一个月未与谢某某签订劳动合同,应当支付2015年7月22日至2016年4月30日的未签劳动合同双倍工资差额。

(5) 因劳动者个人原因无法订立书面劳动合同,若用人单位继续用工,是否需要支付双倍工资差额?

无需支付。但上海地区对该问题分析得较为深入,关键在于"诚实磋商义务"。只有当用人单位与劳动者磋商订立劳动合同时,尽了诚实磋商义务,才可以免除支付双倍工资差额的义务。假如用人单位故意以低于原谈妥的工资标准或劳动条件等让劳动者签署劳动合同,用人单位仍具备过失,对应的法律后果是需要支付双倍工资差额。

法律依据:

《上海市高级人民法院关于适用〈劳动合同法〉若干问题的意见》 沪高法〔2009〕73号

二、劳动关系双方当事人未订立书面合同的处理

劳动合同的订立和履行,应当遵循诚实信用原则。劳动者已经实际为用人单位工作,用人单位超过一个月未与劳动者订立书面合同的,是否需要双倍支付劳动者的工资,应当考虑用人单位是否履行诚实磋商的义务以及是否存在劳动者拒绝

签订等情况。如用人单位已尽到诚信义务,因不可抗力、意外情况或者劳动者拒绝签订等用人单位以外的原因,造成劳动合同未签订的,不属于《中华人民共和国劳动合同法实施条例》第六条所称的用人单位"未与劳动者订立书面劳动合同"的情况;因用人单位原因造成未订立书面劳动合同的,用人单位应当依法向劳动者支付双倍工资;但因劳动者拒绝订立书面劳动合同并拒绝继续履行的,视为劳动者单方终止劳动合同。

劳动合同期满后,劳动者继续为用人单位提供劳动,用人单位未表示异议,但当事人未续订书面劳动合同的,当事人应及时补订书面劳动合同。如果用人单位已尽到诚实信用义务,而劳动者不与用人单位订立书面劳动合同的,用人单位可以书面通知劳动者终止劳动关系,并依照《劳动合同法》第四十七条规定支付经济补偿;如劳动者拒绝订立书面劳动合同并拒绝继续履行的,视为劳动者单方终止劳动合同,用人单位应当支付劳动者已实际工作期间的相应报酬,但无须支付经济补偿金。

判例依据:

张某与上海格展制药机械有限公司(简称格展公司)劳动合同纠纷二审案件二审民事判决书【案号:(2019)沪01民终7206号】

一审法院认为(二审认为):关于未签订劳动合同的双倍工资差额。已经建立劳动关系,未同时订立书面劳动合同的,应当自用工之日起一个月内签订书面劳动合同。然而,自2017年10月31日张某进入格展公司起至2018年1月30日格展公司解除劳动合同止,双方未签订劳动合同,格展公司应自张某入职后第二个月起按照法律规定支付张某双倍工资差额。格展公司称曾三次要求张某签订劳动合同遭到拒绝,然而从格展公司提供给一审法院的三份劳动合同中,两份合同约定的工资标准与第三次提交张某签订的劳动合同工资标准明显不一致,亦与双方约定的工资标准不符,即便是张某不签订该劳动合同,亦有其合理性,格展公司存在一定过失。

此外,结合双方就签订劳动合同事宜的磋商材料,张某提出的时间等条款事宜确为合同重要组成内容,在格展公司未能补充的情况下,其有权拒绝签订合同。因此格展公司应当支付张某未及时签订合同期间即2017年11月30日至2017年12月27日期间的双倍工资差额。根据该期间张某实际收入情况,一审法院确认格展公司应赔偿金额为4371元。但2017年12月28日格展公司提供给张某第三份劳动合同与双方协商的工资标准等劳动合同事项基本一致,张某仍拒绝签署且提出22天制的签约要求。对张某主张的自2017年12月28日至2018年1月30日的未签订劳动合同的双倍工资,因是张某无正当理由,拒不签订双方事前约定工资等相关内容的劳动合同,故一审法院对张某的此项主张不予支持。

(6)当劳动合同被确认无效,或双方签订的就是无效的劳动合同时,用人单位是否应支付双倍工资差额?

截至 2023 年 4 月 10 日暂未通过检索明确。结合实务经验,倾向于认为无需支付双倍工资差额。

(7)具有订立劳动合同权限的高级管理人员,若未订立劳动合同,用人单位是否应支付双倍工资差额?

截至 2023 年 4 月 10 日未检索到统一裁判意见。用人单位并不必然能以员工为高级管理人员为由,而无需支付双倍工资差额;仍应结合该高级管理人员的职务性质,以及未签订劳动合同是否存在过错进行综合判定。

判例依据:

卢某与上海富银恒通国际农产品交易中心有限公司(简称富银恒通公司)劳动合同纠纷审判监督民事裁定书【案号:(2018)沪民申 2014 号】

本院认为:至于未签劳动合同的双倍工资差额问题,卢某作为富银恒通公司的高级管理人员,对公司的管理负有职责,且其自认企业与员工签订劳动合同是有关单位对富银恒通公司进行验收的要求之一,卢某未及时与公司签订劳动合同,其本人亦负有相当过错,故原审对其要求富银恒通公司支付其应签未签劳动合同的双倍工资差额的诉讼请求不予支持,亦无不妥。

延伸法律依据:

《上海市高级人民法院关于劳动争议若干问题的解答》上海市高级人民法院民一庭调研指导〔2010〕34 号

一、关于双倍工资的几个问题

……

5. 对于企业人力资源高管利用自身的工作或职务便利,故意造成未签订书面合同假象,如何处理的问题。

对于一些企业经理、人事主管等负责企业人力资源管理的高管,通过隐匿书面劳动合同等不良手段,使用人单位无法提供已签订过的书面劳动合同,企业高管以此为由主张双倍工资差额的,我们认为,用人单位虽无法提供书面劳动合同的原件,但有其他证据证明双方已签订了书面劳动合同的,不属于《劳动合同法》第82条第 1 款关于用人单位未与劳动者订立书面劳动合同的情形,对其提出要求用人单位支付双倍工资差额的诉请不予支持。

延伸案例:

杨某与杭州攀普科技有限公司(简称攀普公司)劳动合同纠纷二审民事判决书【案号:(2014)沪二中民三(民)终字第 109 号】

本院认为:对于一些企业经理、人事主管等负责企业人力资源管理的高管,可能通过隐匿书面劳动合同等不良手段,使用人单位无法提供已签订过的书面劳动合同,企业高管以此为由主张双倍工资差额的,用人单位虽无法提供书面劳动合同的原件,但有其他证据证明双方已签订了书面劳动合同的,不属于《劳动合同法》第82条第1款关于用人单位未与劳动者订立书面劳动合同的情形,对其提出要求用人单位支付双倍工资差额的诉请不予支持。本案中,杨某为攀普公司在上海分公司的总经理,全面负责上海分公司的工作,其工作职责范围理应包含了签订劳动合同等涉及员工管理的内容,并且从其本人签字的《攀普科技销售员绩效促进计划书》上载明的内容,也明确了双方曾签订劳动合同,因此,杨某称攀普公司从未与其签订书面劳动合同,与事实不符,本院难以采信。原审法院对于杨某要求攀普公司支付其未签订书面劳动合同的双倍工资差额之诉讼请求不予支持,并无不当,本院予以维持。

(8)若因工伤、怀孕等本法第四十二条相关事由出现,劳动合同未续签的,用人单位是否需要支付双倍工资差额?

无需支付。

判例依据

上海久鼎绿化混凝土有限公司(简称久鼎公司)与徐某某劳动合同纠纷二审民事判决书【案号:(2019)沪01民终8426号】

本院认为:《中华人民共和国劳动合同法》第四十五条规定,劳动合同期满,有本法第四十二条规定情形之一的,劳动合同应当续延至相应的情形消失时终止。该法第四十二条第(四)项系女职工在孕期、产期、哺乳期。本案中,徐某某曾与久鼎公司就续订劳动合同的工资标准进行磋商,但未达成一致。虽然双方签订的劳动合同于2017年5月7日期满,但徐某某2017年10月12日生育,此前存在孕期,系法律规定的劳动关系延续期,久鼎公司不得以劳动合同期满为由终止。在双方就工资标准磋商未能达成一致的情况下,久鼎公司在徐某某孕期、产期、哺乳期延续劳动关系,系保护女职工的合法权益,不具有不订立书面劳动合同的主观恶意,不属于法律所规定的应当支付二倍工资的情形。

(9)用人单位因受疫情影响无法及时与劳动者订立或续订书面劳动合同的,用人单位是否要支付未订立或未续订书面劳动合同双倍工资差额?

截至2023年4月10日未通过检索明确。但根据《上海市高级人民法院、上海市人力资源和社会保障局关于疫情影响下劳动争议案件处理相关指导的意见》(沪高法〔2020〕203号)中第七点①"关于劳动合同在隔离期间到期是否可以终止的问

---

① 《上海市高级人民法院、上海市人力资源和社会保障局关于疫情影响下劳动争议案件处理相关指导的意见》:"七、如劳动者系新冠肺炎患者、疑似病人、密切接触者,根据相关规定被采取隔离观察、医学观察或其他紧急措施,在此期间劳动合同到期的,劳动合同期限可以顺延至隔离期、医学观察期或其他紧急措施期满时终止。"

题",倾向性认为在疫情期间劳动合同到期的,则劳动合同本身的期限进行顺延,故而在疫情期间劳动合同并未到期终止,用人单位亦无须承担在此期间另行签订书面劳动合同的义务。

同时,该意见还提到"如用人单位已尽到诚信义务,因不可抗力、意外情况或者劳动者拒绝签订等用人单位以外的原因,造成劳动合同未签订的,不属于《中华人民共和国劳动合同法实施条例》第六条所称的用人单位'未与劳动者订立书面劳动合同'的情况"。

(10)劳动者非因本人意愿被原用人单位安排到新用人单位工作,与新用人单位未签订书面劳动合同的,在劳动者与原用人单位签订的劳动合同期间内,劳动者是否能够主张在新用人单位工作期间的双倍工资差额?

截至2023年4月10日未通过检索明确。笔者倾向于认为,此时原劳动合同尚在有效期内,新用人单位如能够与原用人单位签署共享用工协议(非同一集团)或调任协议(同一集团),视为劳动者仍在履行原劳动合同,能够对抗劳动者双倍工资差额的主张。

如新用人单位无法取得原用人单位的配合,可能被视为劳动者从原用人单位离职,与新用人单位建立了新的劳动关系,新用人单位负有与劳动者订立劳动合同的义务,此时无法对抗劳动者双倍工资差额的主张。

(二)全国不同地区双倍工资差额裁判规则梳理

1. 疫情期间未及时续签劳动合同是否应当支付双倍工资差额

受新冠疫情的冲击,我国大部分省份在2020年的2月、3月甚至4月涉及停工停产,员工无法正常回归用人单位履职上班。在此期间,出现了大量劳动合同到期,但用人单位无法与员工续签劳动合同的情况,那此时用人单位是否应当支付双倍工资差额?这也成了当前年份值得探究的问题。

(1)已有检索结论。

根据检索结果(截至2023年4月10日),宁夏、北京、辽宁、江苏、浙江、陕西、上海、甘肃、广东等省份均认为无须支付。其中北京、上海、江苏、陕西、甘肃、广东等省份出台了相应法规,宁夏、辽宁、浙江有明确的判例。

(2)无明确规定省份。

对于其余未有明确规定的省份,笔者认为,双倍工资差额是否应当支付,应当结合劳动合同无法签订的原因,以及用人单位是否存在过错考虑。如因疫情防控因素,双方无法碰面或快递的,特别是在双方无签订线上电子合同之惯例情形下,可认为用人单位不存在过错,不应支付该期间的双倍工资差额。若劳动者于线上提供劳动并已明确要求续订劳动合同,用人单位予以拒绝的,此时用人单位存在过错,应当支付双倍工资差额。

但就用人单位和劳动者可以快递劳动合同文本仅无法碰面之情形,是否应支付双倍工资差额,基于国家疫情控制得较好,除了 2020 年 2 月至 4 月的湖北省,若有一方或双方处于湖北境内的,确实存在连快递都无法发送的情形,其他大部分的地区,均可以快递往返文档。此种情形下,观点并不明确,传统的观点可能会认为签订劳动合同需要双方磋商,在无法碰面的情形下,双方无法确定合同条款,因此无法支持劳动者要求双倍工资差额的诉情。

值得提醒的是,用人单位得以以上述理由予以抗辩的期间,仅限疫情较为严重的前三个月份(个别后期疫情短时严重的县市除外),在疫情已经基本稳定且劳动者已经实际返岗复工的情况下,再以疫情不可抗力为由抗辩未签订书面劳动合同的双倍工资差额,不具备合理性。

虽然目前新冠疫情对我国的影响已经很弱,但因新冠疫情所引发的问题和思考仍然值得借鉴。

2. 劳动者非因本人意愿被原用人单位安排到新用人单位工作,与新用人单位未签订书面劳动合同的,在劳动者与原用人单位签订的劳动合同期间内,劳动者能否主张在新用人单位工作期间的双倍工资

在实务中,用人单位因市场形势的变化而需变更发展方向、转变发展主体的,经常会出现安排劳动者到新单位工作的情形。对于劳动者而言,新工作单位系原用人单位安排的,非其本人意愿,但劳动者如不同意,则面临着既没有了新工作,也要丢了老工作的窘境。在此种情形下,若新单位未与劳动者及时签订劳动合同(处于劳动者与原用人单位劳动合同期间),劳动者往往会向新用人单位主张未签订书面劳动合同的双倍工资差额。

(1) 已有检索结论。

根据检索结果(截至 2023 年 4 月 10 日),有判例支持或明确地方性法规的省份有:陕西、湖南。其中陕西省较为详细地规定为:"劳动者在劳动合同期限内,由于主管部门调动或转移工作单位而被解除劳动合同,未造成失业的,用人单位可以不支付双倍工资或经济补偿金。"

(2) 无明确规定省份。

对于未有明确规定的省份,笔者认为,存在以下两种可能的观点:

观点一:法条本意/立法本意说。劳动合同法的立法本意即为规制用人单位不与劳动者签订劳动合同的现象,原用人单位与新用人单位系两个独立的法人主体,当劳动者与新单位之间建立了劳动关系,无论原用人单位与其的劳动合同期限如何,已经与当前存续的劳动关系无关了。基于本条,新用人单位有义务与劳动者订立书面劳动合同,未订立的,当然应当支付双倍工资差额。

观点二:过错说。新用人单位虽承接了劳动者,但原用人单位未解除其劳动关系,原用人单位与劳动者的劳动合同尚在有效期内,一旦双方因劳动报酬、解除等事由发生争议,劳动者诉至人民法院后,将两用人单位列为共同被告,人民法院是能够查明上述事实的。

此时,新用人单位是否要支付未签订书面劳动合同的双倍工资差额,要依据新用人单位是否存在过错来确定。判定单位是否存在过错的主要因素有:是否依法为员工缴纳社会保险、是否及时足额支付劳动报酬、是否提供劳动保护、是否刻意规避劳动者在原用人单位的工龄。新单位存在过错时,其应当受到惩罚,应向劳动者支付双倍工资差额。当用人单位不存在上述情形时,应当认为劳动者的合法权益受到了保护,新单位不应支付双倍工资差额,特别是当劳动者的工资支付、社会保险缴纳仍通过原用人单位发放时,原劳动关系并未解除,劳动者与新用人单位建立的法律关系更偏向于"借调"。

3. 用人单位在劳动合同范本中设置的到期自动顺延条款能否规避双倍工资差额

部分用人单位自身人力资源管理制度尚未完善、负责人事的人员数量也不够。为了避免劳动合同到期后未能及时发现并续签导致自己承担双倍工资差额情况,在劳动合同的范本中直接设置"双方均对劳动合同的继续履行无异议的,劳动合同顺延,期限和权利义务均不变"。

在此种情况下,原劳动合同到期后,用人单位继续用工,劳动关系及相应权利义务自动延续,但此时双方确实未订立新的书面劳动合同,那么用人单位是否因未签订书面劳动合同而要支付双倍工资差额?

根据检索结果,截至 2023 年 4 月 10 日,仅能判断山东地区的观点为必须支付双倍工资差额。其代表了一种观点:劳动合同自动顺延的条款,是用人单位排除自身法定义务、规避法定责任的行为,对于免除自身责任的行为,此时用人单位存在过错,应当支持劳动者要求支付双倍工资差额的诉请。

上述观点另有可能的延伸含义:劳动关系延续,但是在原劳动合同履行的末期,双方的权利义务实际上相对于原劳动合同初始的书面载明可能已经发生了变化。尤其是劳动者的工资标准,在劳动合同订立时,可能是较低的金额,经过劳动者若干年的辛勤工作,合同到期时,已经到了一个比较高的标准。因此劳动合同的权利义务直接延续,实际无法保障劳动者的合法权益。尤其是部分地区的加班工资计算基数系依据基本工资/合同工资予以计算的情形下。

其他观点则认为原劳动合同的权利、义务、期限均已通过顺延条款得以延续,且劳动者在原劳动合同到期后亦未提出异议,则劳动者的权利足以得到保护,因此不应支付未签订书面劳动合同的双倍工资差额。

但应当注意劳动合同自然延续的情形,不应包括连续两次签订固定期限劳动合同后的自动延续。如果第二次固定期限劳动合同到期后继续顺延或者第一次固定期限劳动合同到期后连续两次顺延,则此次顺延的劳动合同会被认定为固定期限合同,而非应当订立的无固定期限劳动合同。此种情形不应再受到本法第八十二条第一款的调整,而应受第八十二条第二款的调整,即用人单位需支付未签订无固定期限劳动合同而导致的双倍工资差额。

4. 特别事项

特别事项 1:未签订劳动合同期间,用人单位亦未安排劳动者实际劳动的,是否应当支付该期间双倍工资差额?

贵州省高级人民法院、贵州省人力资源和社会保障厅《关于劳动争议案件若干问题的会议纪要》(黔高法〔2012〕136 号)

27. 在用人单位未安排劳动者工作期间,如果用人单位未与劳动者签订书面劳动合同,因劳动者未提供劳动,劳动者请求支付未签订书面劳动合同两倍工资的,不予支持。

用人单位是否应支付双倍工资差额,与劳动者是否提供劳动乍一看是两个无关的问题,但实际上确实有一定关联性,应区分讨论。

(1)劳动者从未提供过劳动。符合该情形的,应当认为劳动者尚未入职过用人单位,双方仅有订立劳动合同的意向,但实际未建立劳动关系。既然未建立事实劳动关系,则用人单位本就无须与之签订书面劳动合同,亦不应支付双倍工资差额。

(2)劳动合同到期后,劳动者未再提供过劳动。符合该情形的,双方劳动关系应认定为已终止更为合适,劳动合同已终止后未重新建立劳动关系的,用人单位无需支付双倍工资差额。

(3)劳动者已提供部分劳动、劳动合同期满后劳动者又提供部分劳动的。符合该情形的,双方劳动关系已经建立且处于持续状态,应进行进一步分类:

① 因劳动者工伤、医疗期内病假等法定事由不能提供劳动的。

② 因劳动者主观过错而不到岗不提供劳动的。此时劳动者固然具有过错,但劳动关系仍延续,用人单位应及时要求其返岗,未返岗的尽早作出处理。未及时处理的,应更进一步讨论:

第一,如当地省份允许"自动离职"或劳动者认可其属于自动离职,此种多日劳动者与用人单位两方两不相找的,应视为劳动者已经自动离职,用人单位无需支付双倍工资差额;

第二,如当地省份不允许"自动离职",劳动关系的解除一定要一方当事人做出解除的意思表示的,此时劳动关系仍存续,用人单位有仍需支付双倍工资差额的

风险;

第三,因用人单位原因不给劳动者安排工作的(如劳动者岗位灭失的),此时劳动者无法提供劳动,用人单位具备过错,应当支付劳动者双倍工资差额,但贵州省因有地方性规定,可以例外。

特别事项2:未续签劳动合同的,是否有1个月的宽限期?

新入职员工与用人单位建立事实劳动关系后,用人单位应于1个月内与其订立书面劳动合同,那么劳动合同期满后,是否仍有1个月的宽限期? 根据法条原文,"用人单位自用工之日起超过一个月不满一年未与劳动者订立书面劳动合同的,应当向劳动者每月支付二倍的工资",由此产生了两种主流观点。

第一种观点认为,对"自用工之日"仅作字面解释,即指第一次建立劳动用工关系,仅对应新入职的员工。

劳动合同期满的,本身处于用工过程中,则不存在"自用工之日"的说法,因此也不存在宽限期。从客观实际来讲,用人单位与劳动者在前一份劳动合同到期前,有着充分的时间对是否续签劳动合同进行磋商和准备,应当在前一份劳动合同到期时及时与劳动者订立书面劳动合同。

第二种观点认为,当前一份劳动合同期满时,该段劳动关系已告终止。

一方面,新的劳动合同即为重新建立了一段新的用工关系,符合"自用工之日"的特征。从另一方面讲,若"自用工之日"仅对应新入职的员工,那么劳动合同期满未续签的员工主张双倍工资差额的诉请便失去法律依据,并未有明确的法律规定"期满未续签劳动合同应支付双倍工资差额",因此"期满未续签劳动合同但继续用工"实际上属于"新一段用工",只有将其理解为新一段用工,要求支付期满未续签劳动合同才有法律依据——既然如此,那么用人单位必然又有了新的宽限期。例如,《北京市高级人民法院、北京市劳动人事争议仲裁委员会关于审理劳动争议案件解答(一)》(京高法发〔2024〕534号)就"41.《劳动合同法》第八十二条'二倍工资'的认定与起止时间、计算方法、仲裁时效的适用?"的解答:"……(3)如果劳动合同期满后,劳动者仍在用人单位工作,用人单位未与劳动者订立书面劳动合同的,计算二倍工资的起算点为自劳动合同期满的次日,截止点为双方补订书面劳动合同的前一日,最长不超过十二个月。"

上海地区目前已统一为该观点,即赋予了用人单位新的宽限期。

另外,还有少数派的第三种观点认为,劳动合同到期未续签而继续用工的,不享有双倍工资。

甘肃省人力资源和社会保障厅、甘肃省高级人民法院《甘肃省劳动人事争议仲裁与诉讼衔接座谈会会议纪要》(2020年12月23日发布)

28. 劳动合同期满后,劳动者仍在原用人单位工作,超过一个月双方仍未续签劳动合同,劳动者主张用人单位支付劳动合同续延期间未签订劳动合同双倍工资差额的,不予支持。但双方未续签劳动合同超过一年的应视为双方之间已订立无固定期限劳动合同。

二、关于未签订无固定期限劳动合同两倍工资的专题解析

(一)用人单位应支付未订立无固定期限劳动合同两倍工资的前提条件一

用人单位应当支付未订立无固定期限劳动合同两倍工资的前提条件与未订立书面劳动合同而支付两倍工资的情形有所区别,在未签订无固定期限劳动合同的客观情况下,还增设了"违反本法规定"作为前提条件。

这里提到的"本法规定"指的是违反本法第十四条第二款的规定:

用人单位与劳动者协商一致,可以订立无固定期限劳动合同。有下列情形之一,劳动者提出或者同意续订、订立劳动合同的,除劳动者提出订立固定期限劳动合同外,应当订立无固定期限劳动合同:

(一)劳动者在该用人单位连续工作满十年的;

(二)用人单位初次实行劳动合同制度或者国有企业改制重新订立劳动合同时,劳动者在该用人单位连续工作满十年且距法定退休年龄不足十年的;

(三)连续订立二次固定期限劳动合同,且劳动者没有本法第三十九条和第四十条第一项、第二项规定的情形,续订劳动合同的。

符合上述三种情形,且用人单位未与劳动者订立无固定期限劳动合同的,方才属于"违反本法规定"之应支付未订立无固定期限劳动合同两倍工资的情形。

(二)用人单位应当支付未订立无固定期限劳动合同两倍工资的前提条件二

用人单位与劳动者双方于上一段劳动合同到期后,劳动者依然为用人单位提供劳动,双方之间的劳动关系存续,此为用人单位支付该两倍工资的第二项前提条件。

若双方劳动合同到期后,劳动者不愿意继续提供劳动,主动提出不续签,则不存在支付两倍工资之情形。

若双方劳动合同到期前,用人单位直接向劳动者发出了劳动合同到期终止的通知,此时亦不存在支付两倍工资的情形。如果终止合法,则只需支付经济补偿即可。如果终止违法,则应支付赔偿金,均不涉及未订立无固定期限劳动合同的两倍工资问题。

(三)用人单位应当支付未订立无固定期限劳动合同两倍工资的前提条件三

在事实劳动关系存续期间,用人单位未与劳动者签订劳动合同,是用人单位应当支付该两倍工资的第三项前提。

本项的情形相较于本条第一款的规定存在异同。

（1）相同点：一旦用人单位与劳动者之间订立了劳动合同，无论该劳动合同是否为无固定期限劳动合同，除有证据证明该劳动合同的签署存在胁迫或违背劳动者真实意思表示的，用人单位对于支付本条所涉两倍工资的义务均告消灭。

若用人单位与劳动者订立了无固定期限劳动合同，则用人单位的行为已经符合了劳动合同法本条的规定，两倍工资的支付义务随之消灭。

若用人单位与劳动者订立了固定期限劳动合同，对于本条第一款而言，用人单位已经履行了订立书面劳动合同的义务，不存在支付未订立书面劳动合同的两倍工资的前提条件。但对于本条第二款而言，看似用人单位仍未履行完毕订立无固定期限劳动合同的义务，但结合本法第十四条第二款"除劳动者提出订立固定期限劳动合同外，应当订立无固定期限劳动合同"的规定，并作实务性理解，在劳动者与用人单位已订立了固定期限劳动合同后，无论劳动者在订立前是否表示了异议、订立后是否表示了异议，均视为双方在订立时达成了合意，该合同不违反法律规定，对双方均有约束力。因此劳动者此时再主张未签订无固定期限的两倍工资，也将无法得到支持。

（2）不同点：用人单位与劳动者磋商订立劳动合同的行为是否能够构成合理抗辩理由存在较大差异。

对于本条第一款而言，用人单位只需与劳动者对订立书面劳动合同进行了磋商，履行了善意磋商义务。那么在用人单位不具备恶意的情形下，足以抗辩劳动者要求用人单位支付未订立书面劳动合同两倍工资的诉请。在上述情形中，用人单位存在的恶意也仅限于其以低于入职时或前一份劳动合同履行时确定的劳动报酬、劳动保护等条件与劳动者订立书面劳动合同。

但对于本条第二款而言，用人单位必须与劳动者磋商订立不低于原条件的无固定期限劳动合同才符合抗辩要求。如劳动者符合订立无固定期限劳动合同之情形，且提出了订立无固定期限劳动合同，用人单位仅与劳动者协商订立固定期限或其他类型劳动合同的，均不属于善意磋商。

（四）用人单位应当支付未订立无固定期限劳动合同两倍工资的前提条件四

劳动者提出过签订无固定期限劳动合同，是用人单位应当支付该二倍工资的第四项前提条件。

根据本法第十四条第二款"劳动者提出或者同意续订、订立劳动合同的，除劳动者提出订立固定期限劳动合同外，应当订立无固定期限劳动合同"。但第十四条调整的是用人单位必须订立无固定期限的劳动合同的情形，在实务中一旦劳动者同意续订、订立劳动合同并实际签署后，该劳动合同已然成立，则用人单位不存在两倍工资的支付义务了。

同理,劳动者一旦提出订立固定期限劳动合同,如果用人单位同意签订的,则双方合意签订固定期限劳动合同,两倍工资义务消灭;用人单位不同意签订的,构成劳动合同到期未续签的情形,属于第八十二条第一款所调整。

因此,存在应当签订而未签订无固定期限劳动合同的情形仅限于劳动者提出订立无固定期限劳动合同之情形。

(五)连续订立二次固定期限劳动合同后,用人单位是否必须与劳动者续订无固定期限劳动合同的理解与实务操作

劳动者可以主张订立无固定期限劳动合同的情形,除两种在本单位连续工作十年之情形外,还有一种情形即"连续订立二次固定期限劳动合同,且劳动者没有本法第三十九条和第四十条第一项、第二项规定的情形,续订劳动合同的"。但在第二次订立的固定期限劳动合同到期时,用人单位是否有权选择到期终止不再续签即是否可以合法终止劳动关系,成了这一情形下存在的最大争议。

观点一:当第二次固定期限劳动合同到期时,员工提出续签,用人单位仍具有用工自主权,即有权选择继续聘用该员工,或在劳动合同到期终止后不再续签并依法支付经济补偿金。进一步展开,就签订无固定期限劳动合同的动议,需要由劳动者提出,并应当有相应的证据予以证明,采纳类似观点的省市有:上海、大连。

1. 上海地区观点

虽然符合了连续两次订立固定期限劳动合同的条件,但如若双方第三次仍订立了固定期限的劳动合同,该劳动合同对双方仍然合法有效、对双方均具备约束力。但"连续两次"后第三次订立劳动合同之情形,仅限于劳动者入职后最初两次订立固定期限劳动合同后的第三次续签,而不包含第四次、第五次。

在两次固定期限劳动合同期满后续订无固定期限劳动合同的前提是双方均有续订劳动合同的合意,若双方达不成合意的,则第二次固定劳动合同期满终止。

法律依据:

《上海市高级人民法院关于适用〈劳动合同法〉若干问题的意见》 沪高法〔2009〕73号

四、涉及无固定期限劳动合同的几个问题

(二)符合订立无固定期限劳动合同的条件,但当事人订立了固定期限合同的效力

劳动者符合签订无固定期限劳动合同的条件,但与用人单位签订固定期限劳

动合同的,根据《劳动合同法》第十四条及《实施条例》第十一条的规定,该固定期限劳动合同对双方当事人具有约束力。合同期满时,该合同自然终止。

（四）用人单位与劳动者连续订立几次固定期限劳动合同以后,续订合同应当订立无固定期限合同

《劳动合同法》第十四条第二款第（三）项的规定,应当是指劳动者已经与用人单位连续订立二次固定期限劳动合同后,与劳动者第三次续订合同时,劳动者提出签订无固定期限劳动合同的情形。

案例依据1:黄某某与上海丰诚物业管理有限公司（简称丰诚物业）劳动合同纠纷二审民事判决书【案号:（2021）沪02民终2168号】

本院认为:《劳动合同法》第十四条规定,用人单位与劳动者协商一致,可以订立无固定期限劳动合同。连续订立二次固定期限劳动合同,且劳动者没有本法第三十九条和四十条第一项、第二项规定的情形,续订劳动合同的。劳动者提出或者同意续订、订立劳动合同的,除劳动者提出订立固定期限劳动合同外,应当订立无固定期限劳动合同。可见,双方签订无固定期限劳动合同的前提条件是劳动者与用人单位就续订劳动合同协商一致,如双方未就劳动合同是否续签达成合意,则签订无固定期限劳动合同无从谈起。本案中,丰诚物业向黄某某送达《不续签通知书》,明确表达了公司不再续签劳动合同的意思表示,故黄某某要求恢复双方之间劳动关系的请求缺乏法律依据……根据查明的事实,双方末次劳动合同于2020年1月31日到期,一审法院据此认定双方的劳动合同系期满终止,而非丰诚物业单方解除劳动合同,并无不妥,本院予以认同。

案例依据2:洪某与普拉达时装商业（上海）有限公司（简称普拉达公司）劳动合同纠纷二审民事判决书【案号:（2021）沪02民终3014号】

本院认为:关于洪某主张普拉达公司未经征求其是否同意续订劳动合同即解除劳动合同属于违法解除的意见,一审法院已言明两次固定期限劳动合同期满后续订无固定期限劳动合同的前提是双方均有续订劳动合同的合意,本院予以认同,普拉达公司并无续订劳动合同的意思表示,故对洪柳上述上诉理由,亦不予采信。

案例依据3:黄某某与上海海通国际汽车码头有限公司（简称海通公司）劳动合同纠纷二审民事判决书【案号:（2019）沪01民终6522号】

本院认为:根据《劳动合同法》第十四条第二款第（三）项的规定,应当是指劳动者已经与用人单位连续订立二次固定期限劳动合同后,与劳动者第三次续订合同时,劳动者提出签订无固定期限劳动合同的情形。本案中,海通公司与黄某某已连续订立三次固定期限劳动合同,黄某某系在第四次续订合同时提出要求签订无固定期限劳动合同,因此不符合上述法律规定的情形。

2. 大连地区观点

用人单位与劳动者协商一致续订劳动合同是订立无固定期限劳动合同的必要条件之一,如双方无法就续订事宜达成一致,用人单位可以终止劳动合同。

若劳动者未向用人单位提出要求订立无固定期限劳动合同,用人单位与其订立固定期限劳动合同的,与法无悖,该劳动合同到期后,依法可以终止。

案例依据 1:王某某与大连爱思爱电子有限公司劳动合同纠纷一案二审民事判决书【案号:(2016)辽 02 民终 4062 号】

一审法院认为:用人单位应当与劳动者订立无固定期限劳动合同需同时满足以下三个条件:一、劳动者与用人单位连续签订两次固定期限劳动合同;二、劳动者没有《中华人民共和国劳动合同法》第三十九条和第四十条第一项、第二项规定的情形;三、双方续订劳动合同。本案中,劳动合同到期前,原、被告就不再续签劳动合同进行协商未果,被告亦于合同到期前通知原告到被告处办理终止或续签劳动合同手续,但双方未就续签劳动合同达成合意,最终原、被告双方签订了终止劳动合同证明书,因此原、被告之间不符合签订无固定期限劳动合同的条件。原、被告双方劳动合同期满终止,被告已支付原告经济补偿金,符合法律、法规的规定。

案例依据 2:杜某某与大连丽景大酒店有限公司劳动合同纠纷二审民事判决书【案号:(2017)辽 02 民终 8688 号】

本院认为:首先,关于双方在 2016 年 6 月 30 日之后是否存在无固定期限劳动关系问题。《中华人民共和国劳动合同法》第十四条第二款第三项规定,连续订立二次固定期限劳动合同,且劳动者没有本法第三十九条和第四十条第一项、第二项规定的情形,劳动者提出或者同意续订、订立劳动合同的,除劳动者提出订立固定期限劳动合同外,应当订立无固定期限劳动合同。该法律条款清楚地表明,在具备连续订立二次固定期限劳动合同的基础上,劳动者如要与用人单位订立无固定期限劳动合同,尚需劳动者提出申请。本案中,虽然上诉人与被上诉人多次连续订立过固定期限劳动合同,但上诉人没有证据证明在 2016 年 6 月 30 日前,即双方之间最后一次固定期限劳动合同期限届满前,提出过申请要求与被上诉人签订无固定期限劳动合同,根据前述法律规定,至 2016 年 6 月 30 日,双方之间的最后一次固定期限劳动合同期限届满,此后双方之间不再存在劳动合同关系。因此,被上诉人作出的《终止劳动合同证明书》系劳动合同期限正常届满而终止劳动关系,而非违法解除劳动关系,一审没有支持杜某某该项诉请并无不当,进而驳回杜某某要求给付违法解除劳动关系赔偿金的诉请也是正确的。

案例依据 3:田某某与大连慧搜网络技术有限公司劳动争议一案一审民事判决书【案号:(2019)辽 0293 民初 238 号】

本院认为:本案中,双方实际已经连续签订了三次固定期限劳动合同,在双方已经连续签订两次固定期限劳动合同后,劳动者应提出与用人单位签订无固定期限劳动合同,此时用人单位与劳动者签订无固定期限劳动合同就成了用人单位的义务,但劳动者仍选择与用人单位签订固定期限劳动合同,则意味着劳动者已经放弃了与用人单位签订无固定期限劳动合同的权利,同时这也是劳动者自由行使劳动权利的体现。现劳动者并未向法院提交充分证据证明其曾向用人单位提出过签订无固定期限劳动合同,应承担举证不能的后果。即使原告曾向被告提出上述要求,但原告自 2015 年 11 月 1 日双方第三次签订书面《劳动合同书》之日起,并未在法律规定的仲裁时效期间内向被告主张权利,而是实际履行了该份劳动合同书并同意被告于劳动合同期满后与其终止劳动合同关系。综上,原告第三次签订固定期限劳动合同的行为应视为对连续两次签订固定期限后仍签订后续固定期限劳动合同的同意,原告要求被告支付未签订无固定期限劳动合同双倍工资差额 206 528.31 元的诉讼请求没有事实及法律依据,本院依法不予支持。

观点二:第三次订立劳动合同时,员工提出续签,用人单位没有选择合同到期终止的权利,必须按照不低于原合同标准续订无固定期限劳动合同。

采纳类似观点的省市有:成都、重庆、长沙、厦门、武汉、石家庄、太原、深圳、苏州、南京、北京、天津、广州、济南。

1. 北京地区

二次固定期限劳动合同到期后,用人单位无权选择到期终止。但若劳动者与用人单位订立了固定期限劳动合同,除用人单位存在欺诈、胁迫、乘人之危之外,固定期限劳动合同合法有效。且北京地区认为《劳动合同法》第十四条第二款第三项所称"连续二次订立固定期限劳动合同"后的第三次,属于动态的概念,既包含第三次,也包含第四次、第五次等,只要之前是连续二次订立固定期限劳动合同,就属于该项调整的范围。

若用人单位违背诚信和公平原则,为规避订立无固定期限劳动合同的义务,将劳动者派驻关联单位或有相似行为的,工作年限连续,订立固定期限劳动合同的次数亦连续。固定期限劳动合同履行过程中,用人单位与劳动者协商对劳动合同终止时间作出延长的变更,应当认定属于签订了两次劳动合同,适用必须签订无固定期限劳动合同的规定。

法律依据:

《北京市高级人民法院、北京市劳动人事争议仲裁委员会关于审理劳动争议案件解答(一)》(京高法发〔2024〕534 号)

47. 用人单位与劳动者连续订立二次固定期限劳动合同的,第二次固定期限劳动合同到期时,用人单位能否终止劳动合同?

根据《劳动合同法》第十四条第二款第三项规定,劳动者有权选择订立固定期限劳动合同或者终止劳动合同,用人单位无权选择订立固定期限劳动合同或者终止劳动合同。上述情形下,劳动者提出或者同意续订、订立无固定期限劳动合同,用人单位应当与劳动者订立无固定期限劳动合同。

48. 用人单位与劳动者连续订立二次固定期限劳动合同后,劳动者与用人单位再次订立固定期限劳动合同的,最后一次固定期限劳动合同到期时,用人单位是否可以终止劳动合同?

在用人单位与劳动者连续订立二次固定期限劳动合同后,劳动者与用人单位再次订立固定期限劳动合同的,适用《劳动合同法》第十四条规定。在最后一次固定期限劳动合同到期时,应认定符合连续订立二次固定期限劳动合同的条件,排除法定情形外,劳动者提出或者同意续订、订立无固定期限劳动合同,用人单位应当与劳动者订立无固定期限劳动合同。

50. 对用人单位存在规避签订无固定期限劳动合同和连续计算工作年限的情况,如何处理?

用人单位存在规避《劳动合同法》第十四条规定的下列行为,劳动者订立固定期限劳动合同的次数和工作年限仍应连续计算:

(1)为减少计算劳动者的工作年限,迫使劳动者与其解除或终止劳动合同后重新与其签订劳动合同的;

(2)利用关联用人单位与劳动者交替变换签订劳动合同的;

(3)仅就劳动合同的终止期限进行变更,用人单位无法做出合理解释的;

(4)采取注销原单位、设立新单位的方式,将劳动者重新招用到新单位,且单位经营内容与劳动者的工作地点、工作内容均没有实质性变化的;

(5)其他明显违反诚信和公平原则的规避行为。

52. 劳动者依照《劳动合同法》规定符合与用人单位签订无固定期限劳动合同条件,但已与用人单位签订了固定期限劳动合同的,现劳动者要求将其固定期限合同变更为无固定期限合同的,如何处理?

劳动者与用人单位签订了固定期限劳动合同后,劳动者要求变更为无固定期限劳动合同的,不予支持,但有证据证明用人单位存在欺诈、胁迫、乘人之危等情形的除外。

85. 固定期限劳动合同履行过程中,用人单位与劳动者协商对劳动合同终止时间作出变更,是否认定属于签订了两次劳动合同?

用人单位与劳动者协商一致变更固定期限合同终止时间的,如变更后的终止时间晚于原合同终止时间,使整个合同履行期限增加,视为用人单位与劳动者连续订立两次劳动合同。对初次订立固定期限合同时间变更的,按连续订立两次固定期限劳动合同的相关规定处理,对两次及多次订立固定期限合同时间变更的,按订立无固定期限劳动合同的相关规定处理。如变更后的终止时间比原合同终止时间提前,使整个合同履行期限减少,则仅视为对原合同终止时间的变更。

2. 济南地区

在第三次订立劳动合同时,劳动者提出订立无固定期限劳动合同的,用人单位无权进行选择,只能按照劳动者的要求与其订立无固定期限劳动合同,无权终止劳动合同。当劳动者符合上述情形并要求订立无固定期限劳动合同时,用人单位不与其订立合同而继续用工的,视为双方已经订立无固定期限劳动合同。

案例依据1:济南大学与苗某经济补偿金纠纷二审民事判决书【案号:(2019)鲁01民终4518号】

本院认为:……只要劳动者符合签订无固定期限劳动合同的条件,并提出签订无固定期限劳动合同的,单位就应当签订无固定期限劳动合同。除劳动者提出订立固定期限劳动合同外,用人单位没有选择权,即用人单位不能终止劳动合同,必须订立无固定期限的劳动合同。因此,一审法院判决济南大学不与苗某签订无固定期限劳动合同违法,适用法律正确,依法应予维持。

案例依据2:丁某某与山西证券股份有限公司(简称山西证券公司)劳动争议二审民事判决书【案号:(2017)鲁01民终6926号】

本院认为:本案中,山西证券公司连续与丁某某签订了两次固定期限合同,双方第二次固定期限劳动合同届满(2014年9月18日)时,山西证券公司向丁某某出具《不予续签劳动合同通知书》,提出终止劳动关系,不符合上述法律法规的规定。丁某某拒绝《不予续签劳动合同通知书》上签字的行为表明了其愿意续订劳动合同,且其多次要求与山西证券公司签订无固定期限劳动合同,因此,丁某某在本案中要求确认其与山西证券公司自2014年9月19日起存在无固定期限劳动合同,符合上述法律法规的规定,本院予以支持。

案例依据3:济南城安建工有限责任公司(简称城安公司)与张某劳动争议二审民事判决书【案号:(2018)鲁01民终644号】

本院认为:……根据《中华人民共和国劳动合同法》第十四条第二款的规定,有该法律规定的情形之一的,除非劳动者提出不再订立劳动合同而终止劳动关系或者提出订立固定期限劳动合同,否则双方应当订立无固定期限劳动合同。可见,在此情形下用人单位不能单方终止劳动合同。城安公司在双方的劳动合同到期前直接向张某出具终止劳动合同通知书不符合法律规定

（六）"视为签订无固定期限劳动合同"并非劳动者主张"未签订无固定期限劳动合同"的两倍工资的客观依据

在本法第十四条第三款、《劳动合同法实施条例》第七条①及各省市地方性规定中，均有着对于"视为订立无固定期限劳动合同"的相关规定，即在用人单位用工满一年后仍不与劳动者订立书面劳动合同的情形下，将被视为已经与劳动者订立了无固定期限劳动合同。

但在众多的裁判文书中，笔者注意到不少劳动者或代理劳动者方的律师对于这两个概念存在着认知错误，将"视为签订无固定期限劳动合同"用于"主张未签订无固定期限劳动合同的二倍工资"。但根据法律规定，"视为签订无固定期限劳动合同"的形成原因系用人单位超过一年时间仍未与劳动者签订书面劳动合同（或仍未续签劳动合同），是用人单位违反法律法规导致的法律后果，是用人单位承担的法律责任。用人单位的违法情形自用工之日起超过一个月但未满一年的，则应当向劳动者支付未签订书面劳动合同的两倍工资；当用人单位的违法行为自用工之日起超过一年的，其承担的是更为严重的法律责任，即视为与劳动者订立了无固定期限劳动合同，不再支付双倍工资。

此时，用人单位仍然具有订立书面劳动合同的法定义务，但不再承担由此导致的未签订书面劳动合同以及未签订无固定期限劳动合同双倍工资的法律责任。

三、应当支付两倍工资情形的法条内部竞合

（一）竞合情形

在某些特定的情形下，本法条存在着内部竞合的情形。在劳动者符合本法第十四条的情形下，如用人单位与劳动者已经连续订立过二次固定期限劳动合同，继续用工，但未订立下一段劳动合同的，此时既属于未订立书面劳动合同的情形，也属于未依法订立无固定期限劳动合同之情形。

笔者认为，在此种情形下，应首先明确本条第一款和第二款并非包含的关系，第一款虽然看上去内涵和外延比较广阔（即未签订无固定期限劳动合同亦属于未签订书面劳动合同），但并不能直接吸收第二款的特定情形，两者的前提不同，对应的后果、仲裁时效的计算均不相同。在适用法律时，应根据实际情况适用其中一款，不能两者同时主张。

---

① 《劳动合同法实施条例》第七条："用人单位自用工之日起满一年未与劳动者订立书面劳动合同的，自用工之日起满一个月的次日至满一年的前一日应当依照劳动合同法第八十二条的规定向劳动者每月支付两倍的工资，并视为自用工之日起满一年的当日已经与劳动者订立无固定期限劳动合同，应当立即与劳动者补订书面劳动合同。"

（二）举证责任分配

（1）如适用本条第一款，作为劳动者方，举证责任有二：

① 用人单位与劳动者之间上一段劳动合同的到期时间。

② 上一段劳动合同到期后双方之间建立了事实劳动关系（继续用工的事实）。

（2）如适用本条第二款，作为劳动者方，举证责任则相对较重，有四点：

① 用人单位与劳动者之间上一段劳动合同的到期时间。

② 上一段劳动合同到期后双方之间建立了事实劳动关系（继续用工的事实）。

③ 劳动者符合本法第十四条之情形。

④ 劳动者已提出订立无固定期限劳动合同。

（三）实务建议

在特定情况下两者出现竞合时，作为劳动者一方，应当先考量以哪一款作为主张诉请的法律依据。通过上述举证责任分配的对比，可以明显发现，适用第一款主张两倍工资的举证责任更轻，对劳动者更有利。在诉讼中，需要承担的举证义务越少，法律风险越小、胜诉可能性越高。

（四）裁判观点

在司法实践中，在出现两款法条竞合的情况下，常有裁判机关驳回劳动者主张未签订无固定期限劳动合同的两倍工资的诉讼请求，主要原因在于劳动者不符合本法第十四条之情形，或该劳动者未能举证曾提出过签订无固定期限劳动合同。

与之相反的是，当劳动者直接仅以用人单位未签订书面劳动合同（未续签）为由主张两倍工资时，除了用人单位能够举证已履行善意磋商义务或未签订劳动合同的原因在于劳动者之外，大部分都能获得裁判机关支持。

第八十三条 【违法约定试用期的法律责任】

用人单位违反本法规定与劳动者约定试用期的，由劳动行政部门责令改正；违法约定的试用期已经履行的，由用人单位以劳动者试用期满月工资为标准，按已经履行的超过法定试用期的期间向劳动者支付赔偿金。

一、违法约定试用期相关情形及前置法条依据

本条的前置法条依据是用人单位违反本法的规定与劳动者约定试用期，简称"试用期约定违法"，具体适用条款为本法第十九条前三款：

劳动合同期限三个月以上不满一年的,试用期不得超过一个月;劳动合同期限一年以上不满三年的,试用期不得超过二个月;三年以上固定期限和无固定期限的劳动合同,试用期不得超过六个月。

同一用人单位与同一劳动者只能约定一次试用期。

以完成一定工作任务为期限的劳动合同或者劳动合同期限不满三个月的,不得约定试用期。

其中,第十九条第一款的情形相对常见,系依据用人单位与劳动者订立的劳动合同期限来确定试用期的最长期限,超过最长期限的即为违法约定试用期。例如:劳动合同期限为两年,约定试用期六个月,则违法约定了四个月的试用期;又如:劳动合同期限为三年,约定试用期九个月,则违法约定的试用期为三个月。

第十九条第二款的情形亦不罕见,有部分企业在劳动者入职之初,与其约定了两个月的试用期,但在第二个月月底时,用人单位认为劳动者的表现不尽如人意,因此决定将其试用期再延长一个月。此种情形既包含了延长后总的试用期时长超过了法定上限的情形,也包含了延长后总的试用期时长未超过法定上限的情形。在第一种情形下,属于违反了本条第一款关于期限的规定,也违反本条第二款关于次数的规定;在第二种情形下,虽然试用期的总时长未超过法定最长期限,但仍违反第二款中关于只能约定一次试用期的规定,亦属于违法约定试用期。

根据司法实践,如劳动者主动提出延长试用期并且延长后的总试用期时长不超过法定上限,可被允许,不属于第十九条第二款规制的范围。

第十九条第三款的情形相对少见,在三个月内劳动合同中再约定任何的试用期均为违法,在以一定工作任务为期限的劳动合同中约定的任何试用期亦属违法。

二、违法约定试用期的行政救济

根据本法的规定,用人单位如出现违反本法规定约定试用期的,应当由劳动行政部门责令改正,此处的劳动行政部门特指劳动监察(大队)。基于此款的规定,明确了针对该违法行为属于劳动监察(大队)管辖范围。

那么,由此可知,对于用人单位的违法行为,除了适用本法外,同样还适用《劳动保障监察条例》:

第三十条 有下列行为之一的,由劳动保障行政部门责令改正;对有第(一)项、第(二)项或者第(三)项规定的行为的,处2000元以上2万元以下的罚款:(一)无理抗拒、阻挠劳动保障行政部门依照本条例的规定实施劳动保障监察的(二)不按照劳动保障行政部门的要求报送书面材料,隐瞒事实真相,出具伪证或者隐匿、毁灭证据的;(三)经劳动保障行政部门责令改正拒不改正,或者拒不履行劳动保障行政部门的行政处理决定的;(四)打击报复举报人、投诉人的,违反前款规定,构成违反治安管理行为的,由公安机关依法给予治安管理处罚;构成犯罪的,依法追究刑事责任。

综上,用人单位违反本法规定与劳动者约定试用期的,劳动者可以向劳动监察(大队)举报,劳动监察(大队)经过调查后责令其改正,用人单位拒不改正的,用人单位不仅应根据《劳动合同法》承担相应的法律后果,劳动监察(大队)还可以对其处 2 000 元以上 2 万元以下的罚款。

三、已实际履行违法约定的试用期的实务指南(上海地区观点)

根据本条规定,用人单位与劳动者违法约定试用期,如已实际履行,用人单位将承担赔偿金,该赔偿金的计算基数系以劳动者试用期满月工资为标准。

结合上海地区的实务判例,对于该条的理解有以下三个维度。

(一)违法约定的试用期已经得到了实际履行

该实际履行通过两个角度来判断:

1. 用人单位未为劳动者办理转正手续

对于大部分的企业而言,劳动者入职之初系试用期,经过一段时间的考察、考核,到试用期结束,必然存在必要的转正手续。该转正手续或流程基于用人单位的规章制度或文字记录或公司运营习惯等而保存。若用人单位始终未履行该程序,则劳动者将被认定为处于试用期,并未予以转正。

案例:仲某某与深兰科技(上海)有限公司(简称深兰公司)劳动合同纠纷二审民事判决书【案号:(2020)沪 01 民终 7509 号】

一审法院认为(二审维持):根据(试用期)绩效考核表内容,其中虽在正常转正处打钩,但仲某某系于 2019 年 5 月 31 日才填写、签字并书写"服从公司转正审批日期"的字样,深兰公司人事和部门领导也予以签字确认,同时双方也未能对各自主张提供其他确凿证据佐证,故对于仲某某关于深兰公司一直未给予其转正的主张以及深兰公司关于视为仲某某于 2019 年 5 月 1 日转正的主张均不予采信,认定仲某某的转正日期为该表所载的 2019 年 5 月 31 日。

该案例中,法院认定的劳动者转正日期为《转正审批表》所载的日期,即以转正审批手续经办的日期作为劳动者脱离试用期转正的时间节点。

2. 用人单位是否按照转正工资标准计发工资并非审查的重点(供参考)

根据当前劳动用工实践,劳动者在试用期内的工资标准是转正工资的八折。如果劳动者的法定试用期限已经届满,用人单位仍然按照试用期的工资标准给其计发劳动报酬,此种情形虽属可印证劳动者未转正的依据,但并非审查的重点。裁判机关在审查用人单位是否需要支付违法约定试用期赔偿金时,更为关注是否存在违法约定试用期的实质,即是否约定违法,或者是否有证据证明在超过法定试用期限上限时并未进行转正的程序。在约定合法的情况下,若用人单位仍按照试用期标准计发劳动报酬,并不当然构成试用期未转正的认定。

就该观点,未在上海市的判例中予以明确,但笔者检索到一例广东省中山市的判例,以说理部分予以参考。

案例:中山市南朗镇墨廷饮食店、徐某某劳动合同纠纷二审民事判决书【案号:(2017)粤 20 民终 6132 号】

本院认为:关于焦点一,生效的法律文书已查明徐某某于 2015 年 12 月 25 日入职墨廷饮食店,认定徐某某入职墨廷饮食店的时间为 2015 年 12 月 25 日。关于焦点二,徐某某与墨廷饮食店签订的劳动合同约定,合同试用期自 2016 年 2 月 5 日起至 2016 年 8 月 5 日止,合同自 2016 年 8 月 6 日起至 2018 年 8 月 6 日止,试用期工资为 6 400 元/月,约定工资为 8 000 元/月。根据《中华人民共和国劳动合同法》第十九条的规定,试用期包含在劳动合同期限内,认定该劳动合同的期限为 2016 年 2 月 5 日至 2018 年 8 月 6 日。墨廷饮食店主张虽然约定了 6 个月的试用期,但并未有实际履行,其方支付徐某某 2016 年 3 月工资 4 700 元/月,2016 年 4 月起的工资均超过 8 000 元。墨廷饮食店未提交依据证明其方于 6 个月内已将徐某某转为正式员工,也没有提交其方撤销试用期约定的证据。墨廷饮食店依法应承担举证不能的不利后果,故对墨廷饮食店的主张不予采信,并认定徐某某与墨廷饮食店双方劳动合同约定的试用期(2016 年 2 月 5 日至 2016 年 8 月 5 日)已实际履行。因双方劳动合同的期限为两年半,根据《中华人民共和国劳动合同法》第十九条的规定,徐某某与墨廷饮食店双方的劳动合同约定的试用期不得超过二个月。墨廷饮食店与徐某某双方合同约定的试用期超过了法律规定的试用期,属于违法约定试用期。

(二)试用期约定合法但实际履行违法仍需支付赔偿金

从法条文义来看,试用期约定违法系用人单位触犯本条而需支付赔偿金的前提,但结合判例,虽然用人单位与劳动者关于试用期期限的约定合法,但实际履行中用人单位违反原约定的试用期,未为劳动者办理转正手续,仍按照试用期的工资标准给劳动者发放劳动报酬的,也属于本条调整的对象。

案例:仲某某与深兰科技(上海)有限公司劳动合同纠纷二审民事判决书【案号:(2020)沪 01 民终 7509 号】

一审法院认定事实(二审维持):仲某某于 2018 年 11 月 1 日入职,担任企业文化总监。双方订立过期限为 2018 年 11 月 1 日至 2021 年 10 月 31 日的劳动合同，约定试用期 6 个月，试用期工资为 25 000 元，转正后为 28 000 元。2019 年 7 月 11 日仲某某递交辞职信以"试用期时长及其他个人"原因提出离职，最后工作至同月 15 日。深兰公司以 25 000 元的标准支付仲某某工资至 2019 年 7 月 15 日（其中每月 10 日发放仲某某上月工资）。

一审法院认为（二审维持）：故对于仲某某关于深兰公司一直未给予其转正的主张以及深兰公司关于视为仲某某于 2019 年 5 月 1 日转正的主张均不予采信，认定仲某某的转正日期为该表所载的 2019 年 5 月 31 日……故深兰公司应以仲某某试用期满月工资 28 000 元为标准，按已经履行的超过法定试用期的期间即 2019 年 5 月 1 日至 5 月 30 日向仲某某支付违法约定试用期赔偿金 26 783 元。

在本案中，双方劳动合同期限为 3 年，试用期 6 个月，并不属于违法约定试用期的情形，但用人单位延迟了一个月的时间给劳动者转正，因此也应当承担实际履行试用期违法的赔偿金。

（三）劳动行政部门的责令改正并非劳动者主张赔偿金的前置程序

本条规定，用人单位违反本法规定与劳动者约定试用期的，由劳动行政部门责令改正。但劳动行政部门的责令改正与劳动者主张实际履行违法约定的试用期赔偿金并无关联关系，系两种不同的处理渠道而已，与本法第八十五条的"加付赔偿金"存在显著区别。

劳动者依据本法第八十五条要求用人单位加付赔偿金的前置程序系"用人单位在劳动行政部门责令限期支付后仍逾期不支付"。该前置程序的规定是明确的，也是人民法院审查该赔偿金是否应得到支持的重要事项。

但在本条的规定中，未有如此的表述。在试用期约定违法时，劳动者即可要求劳动行政部门责令改正。而在实际履行后，即使劳动者未要求劳动行政部门责令改正，也可以直接要求用人单位支付赔偿金，这是两种相互独立的情形。同时，结合判例中裁判机关审查的实际方向，亦可得出劳动行政部门是否责令改正并非劳动者主张本条所涉赔偿金的前置程序。

四、延长试用期同样属于违法约定试用期的情形

根据上海地区的司法实践，劳动者主张违法约定试用期赔偿金所涉较多的情形系劳动合同中约定的试用期违法，如劳动合同期限 1 年，约定了 6 个月的试用期。但在实践中，有部分用人单位与劳动者订立了为期 1 年的劳动合同，在履行完约定的 1 个月试用期后认为劳动者在试用期并未达到转正要求，因此又要求劳动者延长 2 个月的试用期的情况，这属于另一种较为常见的违法约定试用期的情形，

其违反了《劳动合同法》第十九条的第二款"同一用人单位与同一劳动者只能约定一次试用期"。

上海 A 软件科技有限公司与 B 劳动合同纠纷上诉案【案号:(2009)沪一中民一(民)终字第 4018 号】

一审法院查明(二审确认):原审法院查明,B 于 2007 年 11 月 20 日进入 A 公司工作,担任销售经理。双方签订了期限为 2007 年 11 月 20 日至 2010 年 11 月 19日的劳动合同。2008 年 1 月 22 日,B、A 公司签订了一份协议(该协议由 A 公司制作),明确"经双方协商,公司决定延长其(B)试用期二个月"。

一审法院认为(二审维持):根据法律规定,同一用人单位与同一劳动者只能约定一次试用期,用人单位与劳动者违法约定的试用期已经履行的,用人单位应以劳动者试用期满月工资为标准,按已经履行的超过法定试用期的期间向劳动者支付赔偿金。本案中 B、A 公司在签订劳动合同时约定了两个月的试用期,故 B 在 A 公司处的试用期应为 2007 年 11 月 20 日至 2008 年 1 月 19 日。自 2008 年 1 月 20 日起,B 根据劳动合同约定转正,应享受 5 000 元的月工资待遇。双方于 2008 年 1 月22 日签订的试用期延长协议违反了相关法律规定,应属无效。B 要求 A 公司支付违法延长试用期的赔偿金的请求,原审法院予以支持。上述赔偿金足以弥补 B 在超出法定试用期的期间内的工资损失,故其同时要求 A 公司支付 2008 年 1 月 22日至 31 日期间转正工资与实发工资差额和 2008 年 2 月 1 日至 15 日工资差额的诉讼请求,原审法院不予支持。

本案中,双方劳动合同期限为 3 年,经过延长后的试用期期限共 4 个月,未超过法定上限,因此不违反本法第十九条第一款的规定,但仍违反了第十九条第二款的规定而导致试用期约定违法,需要支付赔偿金。

五、违法约定试用期赔偿金小结暨实务操作判断指南(上海地区)

结合前文所检索和归纳的内容,裁判机关在审查用人单位是否应支付本条所涉违法约定试用期赔偿金时,一般按照以下顺序进行审查(见图 7-1):

1. 在劳动合同中约定的试用期是否超过了法定试用期期限的上限?

如是,转到 7;如否,转到 2。

2. 用人单位是否与劳动者多次约定了试用期,或在原试用期到期后延长了试用期?

如是,转到 7;如否,转到 3。

3. 用人单位处是否存在劳动者转正的制度性或程序性规定?

如是,转到 5;如否,转到 4。

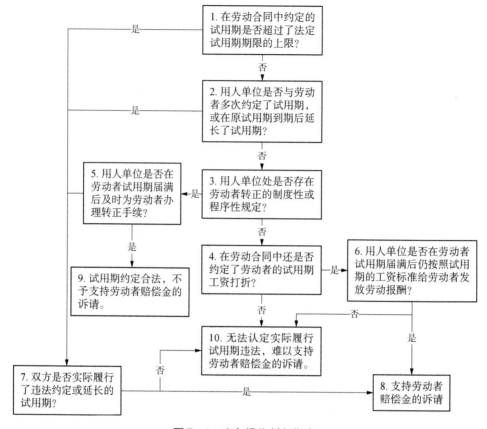

图 7-1　实务操作判断指南

4. 在劳动合同中是否约定了劳动者的试用期工资打折?

如是,转到 6;如否,转到 10。

5. 用人单位是否在劳动者试用期届满后及时为劳动者办理转正手续?

如是,转到 9;如否,转到 7。

6. 用人单位是否在劳动者试用期届满后仍按照试用期的工资标准给劳动者发放劳动报酬?

如是,转到 8;如否,转到 10。

7. 双方是否实际履行了违法约定或延长的试用期?

如是,转到 8;如否,转到 10。

8. 支持劳动者赔偿金的诉请。

9. 试用期约定合法,不予支持劳动者赔偿金的诉请。

10. 无法认定实际履行试用期违法,难以支持劳动者赔偿金的诉请。

另，目前暂未检索到上海地区"用人单位违反本法第十九条第三款，劳动者主张赔偿金"的判例，故无法分析。

第八十四条 【扣押劳动者身份等证件的法律责任】

用人单位违反本法规定，扣押劳动者居民身份证等证件的，由劳动行政部门责令限期退还劳动者本人，并依照有关法律规定给予处罚。

用人单位违反本法规定，以担保或者其他名义向劳动者收取财物的，由劳动行政部门责令限期退还劳动者本人，并以每人五百元以上二千元以下的标准处以罚款；给劳动者造成损害的，应当承担赔偿责任。

劳动者依法解除或者终止劳动合同，用人单位扣押劳动者档案或者其他物品的，依照前款规定处罚。

一、用人单位违法扣押劳动者居民身份证的法律责任

用人单位违反本法规定，扣押劳动者居民身份证的行为，除受《劳动合同法》调整之外，还受《居民身份证法》调整。在《就业促进法》中还规定职业中介机构扣押劳动者居民身份证的情形。

《居民身份证法》

第十六条 有下列行为之一的，由公安机关给予警告，并处二百元以下罚款，有违法所得的，没收违法所得：……（三）非法扣押他人居民身份证的。

《就业促进法》

第六十六条 违反本法规定，职业中介机构扣押劳动者居民身份证等证件的，由劳动行政部门责令限期退还劳动者，并依照有关法律规定给予处罚。

就扣押行为的本质而言，用人单位并无法律上之权利能够要求劳动者上交身份证并对其身份证进行保管。《居民身份证法》与《劳动合同法》对用人单位扣押他人居民身份证的行为，有着不同的处罚尺度，但都对用人单位扣押劳动者身份证的行为作出了明确的否定性规定。在调整范围上，《居民身份证法》针对的是一切主体包括了自然人、法人，而《劳动合同法》仅针对用人单位。在法律位阶上，两法同为法律，并无普通法与特别法之分。

因此当发生用人单位扣押劳动者身份证的行为时，劳动者具备选择权，劳动者可以选择向劳动行政部门（即劳动监察）主张权利，此时将适用本法的规定，由劳动监察（大队）要求用人单位限期改正，用人单位拒不改正的，可援引《劳动保障监察

条例》第三十条第三款予以处罚。具体规定及幅度如下：

《劳动保障监察条例》

第三十条 有下列行为之一的,由劳动保障行政部门责令改正;对有第(一)项、第(二)项或者第(三)项规定的行为的,处2000元以上2万元以下的罚款:……(三)经劳动保障行政部门责令改正拒不改正,或者拒不履行劳动保障行政部门的行政处理决定的。

《关于印发〈上海市人力资源和社会保障局关于劳动保障监察行政处罚裁量基准的规定〉的通知》(沪人社监发〔2015〕24号)(经沪人社规〔2020〕9号依法延长)

附件:上海市人力资源和社会保障系统执行《劳动保障监察条例》行政处罚裁量基准

5. 经劳动保障行政部门责令改正拒不改正,或者拒不履行劳动保障行政部门的行政处理决定的:

单位存在以下情形之一的:a. 责令单位改正单位拒不改正的;b. 拒不履行劳动保障行政部门的行政处理决定的,但之后仍能配合改正或配合履行行政处理决定的。处2000元以上8000元以下的罚款。

单位存在以下情形之一的:a. 责令单位改正单位拒不改正的;b. 拒不履行劳动保障行政部门的行政处理决定的。处8000元以上16000元以下的罚款。

单位存在以下情形之一的:a. 单位在责令改正期限内未改正,且存在加重违法情形的;b. 单位继续违法的行为对员工身心健康造成严重危害的;c. 单位继续违法行为且对社会造成恶劣影响的;d. 向劳动保障行政部门提供虚假改正材料的。处16000元以上20000元以下的罚款。

当劳动者选择向公安机关报案时,则由公安机关依据《居民身份证法》对用人单位予以行政处罚。

二、劳动者主张用人单位返还违法扣押的其他证件的实务指南

用人单位扣押劳动者居民身份证之情形,在当代劳动法司法实践中已经比较少见了。究其原因,一是二代身份证施行后,居民身份证在日常生活中的应用场景得到了极大丰富,需要使用身份证的场合越来越多,也使得劳动者在客观上需要自行保管身份证;二是随着法治建设和劳动者法律观念的增强,"身份证不得扣押"的理念深入人心,劳动者懂法,而用人单位亦不敢挑战公安机关或劳动监察机关的权威;三是扣押身份证的实际作用变小,身份证只有配合劳动者本人才能使用,用人单位扣押此证件只能作为威胁,并不能成为完全阻碍劳动者离职或再就业的障碍;四是当前部分地区已经可以跨县市挂失补办身份证,用人单位扣押身份证后劳动者就近派出所挂失补办,不过是等待两周时间;五是电子身份证的运用越来越广

泛,即使扣押了实体证件,只要劳动者拥有智能手机,大部分的功能都可以使用电子身份证。

相较于身份证,建筑类证件给用人单位带来的利益远远超过普通身份证件。例如一级建造师的证件,能够使得用人单位的在相关建筑领域的资质提升,从而给用人单位带来实质性的收益。因此,当代劳动法司法实践中,用人单位扣押此类资质类证件引起的纠纷更为多见。

依据本条的规定,用人单位应当于劳动者离职后将相关证件返还劳动者,用人单位拒绝返还的,劳动者可向劳动监察(大队)寻求救济。劳动者在寻求救济时,必须首先举证证明该证件保存在用人单位处,原因在于劳动监察(大队)要求用人单位返还违法扣押证件的执法基础是该证件(可被证明)在用人单位处,因此,劳动者应提供微信聊天记录、证件网上备案登记等证据作为依托。

其次,劳动者可要求用人单位返还的证件为独立存在的证件。若系用人单位聘用劳动者的注册类证件,虽持证人系劳动者,但聘用方为用人单位,劳动者离职后该证件已失去效果,用人单位可抗辩不予返还。此时劳动者固然可以向劳动监察(大队)寻求救济,但会出现劳动监察(大队)要求用人单位返还证件的法律依据不足,只能通过沟通,而无法强制的情形。

举例来说:一级建造师的执业资格证书系独立存在的证书,劳动者可用于挂靠任一用人单位;但一级建造师注册证书系劳动者依存用人单位的证书,该证书明确载明了劳动者受聘于该用人单位,一旦劳动者离职,聘用关系不复存在,应由原单位申报注销,由新单位重新注册。

最后,劳动者向劳动监察(大队)主张此类证件返还时,应注意先后顺序,特别是在用人单位与劳动者争议较大时:①要求用人单位出具离职证明;②要求用人单位返还独立归属于劳动者的资格证书或执业证书;③要求用人单位返还聘用劳动者的证件,如用人单位拒不返还此类的证件的,要求用人单位于住建部等职业网站上注销(本劳动者的)登记。

三、劳动者主张用人单位返还违法收取的财物的请求权基础选择

用人单位以担保或其他名义收取劳动者财物的行为,系本条调整的对象。其行为构成与用人单位未足额支付劳动报酬有一定区别,劳动者依本法主张返还财物的,选择法律条款不同,导致请求权基础不同,从而最终裁决支持的事项也有所不同。

(1)用人单位如直接在劳动报酬中以各种名义扣除了劳动者应得的劳动报酬,在行为上构成未足额支付劳动报酬,同时也构成了用人单位以担保或其他名义收取劳动者财物。前者以本法第三十条进行调整,后者以本法第九条和本条进行

调整。

此时,劳动者若要求用人单位支付工资差额,依据的是本法第三十条,仅可请求用人单位返还相应未发放的劳动报酬。

劳动者若要求用人单位返还被违法收取的财物,依据本条,可请求用人单位返还相应的劳动报酬和赔偿损失,没有实际损失的,一般按照同期人民银行活期存款利息计算。

案例:周某、成都丰华运业有限公司(简称丰华公司)劳动争议二审民事判决书【案号:(2021)川 01 民终 2348 号】

本院认为:本案中,丰华公司克扣周某部分工资作为保证金,应当向周某予以退还并赔偿周某该部分工资被克扣而造成的损失,因周某并未举证证明其因丰华公司克扣 15 000 元未发放而对外负担了人民银行同期贷款利率利息的损失,故其要求按照中国人民银行同期贷款利率计算利息损失的依据不足,本院按照中国人民银行同期活期存款利率计算周某该部分金额的利息损失,因丰华公司早在与周某建立劳动关系之时就已经收取风险金,故本院对周某主张的计息期间自 2017 年6 月 4 日起予以支持,计算至丰华公司实际退还风险金之日止。

(2) 若用人单位先将劳动报酬发放给劳动者,再以担保或其他名义从劳动者手中收取,仅构成本法第九条和第八十四条所调整规制的情形,劳动者以第三十条主张工资差额的,属于请求权基础错误,劳动者仅可依据本条要求用人单位返还该金额并赔偿损失。

四、用人单位扣押辞职劳动者的物品或档案的法律责任

1. 劳动者提出解除或终止劳动关系的情形

本条此款对应的情形主要出现在劳动者主动提出解除或终止劳动关系时,即劳动者根据本法第三十六条、三十七条、三十八条提出解除劳动关系,或依据本法第四十四条提出终止劳动关系。

劳动者依据本法第三十六条与用人单位协商解除劳动关系的,或者依据本法第四十四条第二款依法退休的,虽然一般来说双方之间的矛盾较小,但也不能排除用人单位扣押劳动者物品或档案的可能性。

在实务中,当劳动者主动提出辞职或者约定的服务期未满,甚至不履行提前三十日通知的义务时,用人单位多出于各种理由或者主观因素,故意扣押劳动者的物品或档案。

2. 本条的调整不包含用人单位拒不退工或出具离职证明的情形

本条调整的范围,仅限于用人单位扣押劳动者的物品或档案,用人单位在劳动者辞职后拒不退工或出具离职证明的,由本法第八十九条予以调整,并不适用本条

的规定。

第八十九条 用人单位违反本法规定未向劳动者出具解除或者终止劳动合同的书面证明,由劳动行政部门责令改正;给劳动者造成损害的,应当承担赔偿责任。

3. 有证据证明劳动者的物品或档案被扣留时,用人单位应当返还

参考本条第一款时的处理方式,劳动者应有证据证明物品被扣留在用人单位处。关于人事档案,因档案的转移和接受的流转痕迹较为明显,举证责任相对较轻。

即使劳动者无证据证明,仍可向劳动监察(大队)发起请求,但此时用人单位可抗辩未接收过物品或档案。

劳动者有证据证明的,用人单位应当返还,拒不返还的,由劳动行政部门责令限期退还劳动者本人,并以每人五百元以上二千元以下的标准处以罚款;若给劳动者造成损害的,还应当承担赔偿责任。

第八十五条 【未依法支付劳动报酬、经济补偿等的法律责任】

用人单位有下列情形之一的,由劳动行政部门责令限期支付劳动报酬、加班费或者经济补偿;劳动报酬低于当地最低工资标准的,应当支付其差额部分;逾期不支付的,责令用人单位按应付金额百分之五十以上百分之一百以下的标准向劳动者加付赔偿金:

(一)未按照劳动合同的约定或者国家规定及时足额支付劳动者劳动报酬的;

(二)低于当地最低工资标准支付劳动者工资的;

(三)安排加班不支付加班费的;

(四)解除或者终止劳动合同,未依照本法规定向劳动者支付经济补偿的。

一、"加付赔偿金"的法律渊源

"加付赔偿金"的法条被众多劳动者所熟悉,究其原因正是自 1994 年劳动法体系建立之初就颁布实行,并且在劳动法规体系的完善过程中,反复多次被不同层级、不同部门的法律法规所提及,例如:

《劳动法》(1995 年 1 月 1 日施行)(已被修订)

第九十一条 用人单位有下列侵害劳动者合法权益情形之一的,由劳动行政

部门责令支付劳动者的工资报酬、经济补偿,并可以责令支付赔偿金:

(一)克扣或者无故拖欠劳动者工资的;

(二)拒不支付劳动者延长工作时间工资报酬的;

(三)低于当地最低工资标准支付劳动者工资的;

(四)解除劳动合同后,未依照本法规定给予劳动者经济补偿的。

《违反和解除劳动合同的经济补偿办法》(劳部发〔1994〕481号)(1995年1月1日施行,已于2017年11月24日失效)

第三条 用人单位克扣或者无故拖欠劳动者工资的,以及拒不支付劳动者延长工作时间工资报酬的,除在规定的时间内全额支付劳动者工资报酬外,还需加发相当于工资报酬百分之二十五的经济补偿金。

第四条 用人单位支付劳动者的工资报酬低于当地最低工资标准的,要在补足低于标准部分的同时,另外支付相当于低于部分百分之二十五的经济补偿金。

第十条 用人单位解除劳动合同后,未按规定给予劳动者经济补偿的,除全额发给经济补偿金外,还须按该经济补偿金数额的百分之五十支付额外经济补偿金。

《劳动保障监察条例》(2004年11月1日中华人民共和国国务院令第423号公布,自2004年12月1日起施行)

第二十六条 用人单位有下列行为之一的,由劳动保障行政部门分别责令限期支付劳动者的工资报酬、劳动者工资低于当地最低工资标准的差额或者解除劳动合同的经济补偿;逾期不支付的,责令用人单位按照应付金额50%以上1倍以下的标准计算,向劳动者加付赔偿金:

(一)克扣或者无故拖欠劳动者工资报酬的;

(二)支付劳动者的工资低于当地最低工资标准的;

(三)解除劳动合同未依法给予劳动者经济补偿的。

《上海市企业工资支付办法》(沪人社综发〔2016〕29号,2016年8月1日施行,根据《上海市人力资源和社会保障局关于延长部分社会保险类行政规范性文件有效期的通知》,本法规有效期被延长至2026年8月15日)

二十一、企业克扣或者无故拖欠劳动者工资,低于最低工资标准支付劳动者工资,以及安排劳动者加班不按规定支付加班工资的,由人力资源社会保障行政部门责令企业按规定限期支付;逾期不支付的,还应按应付金额百分之五十以上百分之一百以下的标准向劳动者加付赔偿金。

在上海地区,几乎与劳动法有关的重要法律和法规都反复提到了"加付赔偿金"的概念,因此在司法实践中,也常见劳动者提出这一仲裁/诉讼请求。

二、"加付赔偿金"的历史沿革

1994 年制定的《劳动法》就已经明确提出了"加付赔偿金"的说法。同时,为配合劳动法的施行,国务院颁布了《违反和解除劳动合同的经济补偿办法》(以下简称《补偿办法》)。《劳动法》对加付赔偿金的定义比较模糊,且未规定具体加付的比例或金额。而《补偿办法》则直接明确了适用情形及相应的比例。因此,在《补偿办法》被废止之前,劳动者在提起仲裁或诉讼时,以 25% 的赔偿金作为自己的仲裁/诉讼请求。

2017 年 11 月 24 日,《补偿办法》被宣布废止,基于该法规的 25% 的赔偿金不再得到支持。劳动者只得依据本法本条的规定提起仲裁或诉讼。

上述法律规定的变迁导致劳动者在主张加付赔偿金时的依据和前置条件发生了变化,在《补偿办法》中关于额外加付的经济补偿或其他赔偿金并不需要行政执法部门的行为作为前置,仅需用人单位存在拖欠劳动者劳动报酬、经济补偿以及工资低于最低工资标准,即可实现额外加付赔偿金的条件。

而在本法的规定中,要求由劳动行政部门先行责令用人单位限期支付,只有在用人单位逾期仍不支付的,才能责令其按应付金额百分之五十以上百分之一百以下的标准向劳动者加付赔偿金。在性质上,前者属于司法管辖,后者属于行政管辖。

三、"加付赔偿金"的司法实践现状(上海地区)

笔者检索了上海市第一中级人民法院裁判的二审案件,截至 2023 年 5 月 3日,共 41 件,对于劳动者主张"加付赔偿金"的诉讼请求,一律不予支持。法院不予支持的原因有以下三种(根据时间顺序):

1. 劳动者应当向劳动行政执法部门反映或寻求救济, 该事项不属于人民法院处理范围

参考案例:

上诉人甲、上诉人乙公司因劳动合同纠纷一案二审民事判决书【案号:(2010)沪一中民三(民)终字第 409 号】

一审法院认为(二审未改判):根据法律规定,用人单位安排劳动者加班,逾期不支付加班费的,由劳动行政部门责令用人单位按应付金额百分之五十以上百分之一百以下的标准向劳动者加付赔偿金,故原审法院对甲要求乙公司支付其第 1至第 8 项诉讼请求总金额 50% 赔偿金的诉讼请求不作处理。

2. 劳动者未证明加付赔偿金依据的前置事项已经经过了劳动行政部门的处理

参考案例:

上诉人甲公司、上诉人甲因劳动合同纠纷一案二审民事判决书【案号：(2013)沪一中民三(民)终字第 325 号】

一审法院认为(二审未改判)：本案争议焦点之三为甲公司应否因未及时支付 2012 年 6 月 15 日《补偿金协议书》所载钱款而加付赔偿金。依据《劳动合同法》第 85 条的规定，用人单位解除或者终止劳动合同，未依照该法规定向劳动者支付经济补偿的，由劳动行政部门责令限期支付；逾期不支付的，责令用人单位按应付金额百分之五十以上百分之一百以下的标准向劳动者加付赔偿金。故劳动者主张未付解除或终止劳动合同经济补偿的赔偿金，须经劳动行政部门先行处理。本案中，甲未举证证明其已就甲公司拖欠解除劳动合同经济补偿向劳动行政部门作过投诉，并由劳动行政部门责令支付但甲公司仍未支付，故要求甲公司支付 2012 年 6 月 15 日《补偿金协议书》约定补偿款 50％的赔偿金不予支持。在《劳动合同法》施行之后，甲仍要求按《违反和解除劳动合同的经济补偿办法》第 10 条进行处理的意见缺乏依据，不予采纳。

3. 本法该条规定要求用人单位履行义务的主体是劳动行政部门，而非人民法院，因此不予支持

袁某某与马勒汽车技术(中国)有限公司(简称马勒公司)劳动合同纠纷二审民事判决书【案号：(2019)沪 01 民终 8401 号】

本院认为：本案的争议焦点之三为关于 100％赔偿金的争议。根据《中华人民共和国劳动合同法》第八十五条的规定，用人单位未按照劳动合同的约定或者国家规定及时足额支付劳动者劳动报酬的，低于当地最低工资标准支付劳动者工资的，安排加班不支付加班费的，由劳动行政部门责令限期支付劳动报酬、加班费或者经济补偿，劳动报酬低于当地最低工资标准的，应当支付其差额部分，逾期不支付的，责令用人单位按应付金额百分之五十以上百分之一百以下的标准向劳动者加付赔偿金。该条规定的权利行使主体均为"劳动行政部门"，相对应的执法措施也是"责令"，包括加罚 50％～100％赔偿金的规定，也是劳动行政部门对用人单位进行行政处罚的依据。因此，袁某某要求马勒公司支付 100％赔偿金，缺乏依据，本院不予支持。

上述第一和第三种观点在对劳动者权利实现途径的认定上基本相近，均是要求其向劳动行政部门投诉、举报，由劳动行政部门对劳动者的权利进行救济，人民法院在上述事项未经行政执法部门处理前，均不予以支持。

第二种观点则认为，只有当行政执法部门已经对该"加付赔偿金"的基础请求(未发放的劳动报酬、经济补偿、加班工资)责令用人单位改正，而用人单位拒不改正的，才能够得到人民法院的支持。

因此，我们可以得出如下结论：劳动者主张加付赔偿金的请求，应当先就未发放的劳动报酬、经济补偿、加班工资等事项寻求劳动行政部门的救济，此为必要前置要件。

四、"加付赔偿金"的劳动行政部门执法流程

劳动行政部门负责"加付赔偿金"的前置程序，即依据本法、《劳动法》和《劳动保障监察条例》对用人单位克扣或者无故拖欠劳动者工资报酬、支付劳动者的工资低于当地最低工资标准、安排劳动者加班不支付加班费、解除劳动合同未依法给予劳动者经济补偿的行为作出处理。

此处的劳动行政部门专指劳动监察大队，其对于具备管辖权的企业，在受理劳动者的投诉或举报，或主动监察中发现用人单位存在以上情形的，按照以下步骤进行：

（1）出具《劳动保障监察限期改正指令书》，责令用人单位于若干个工作日之内予以整改。

（2）上述行政文书送达用人单位后，用人单位逾期未整改/未支付的，劳动监察大队向用人单位发出行政处理决定，行政处理决定中载明了加付赔偿金的金额和支付日期。

（3）用人单位既不行政复议，亦不行政诉讼的（或者复议、诉讼被驳回的），以人力资源和社会保障局为申请执行人向当地人民法院申请强制执行。

（4）人民法院作出行政裁定书，强制执行。

参考案例：

上海市徐汇区人力资源和社会保障局与上海铭珏服饰有限公司其他行政裁定书【案号：（2017）沪0104行审23号】

申请执行人：上海市徐汇区人力资源和社会保障局，住所地上海市，法定代表人陈某某

被执行人：上海铭珏服饰有限公司，住所地上海市，法定代表人胥某某

上海市徐汇区人力资源和社会保障局于2016年11月7日作出徐人社监(2016)理字第206号行政处理决定，责令被执行人在收到行政处理决定书之日起十五日内补发蔡某某2016年6月1日至2016年7月25日工资报酬5086.4元，补发2016年3月、4月、6月延长工资时间的工资报酬528.01元，两项合计人民币5614.41元，并按应付金额100%的标准向劳动者加付赔偿金，计人民币5614.41元，两项合计人民币11228.82元。因被执行人在法定期限内既不履行该处罚决定，也未申请行政复议或提起行政诉讼，申请执行人于2017年6月8日向本院申请对被执行人强制执行：要求该单位支付蔡某某2016年6月1日至2016年7月25日工资报酬5086.4元，补发2016年3月、4月、6月延长工资时间的工资报酬528.01元，两项合计人民币5614.41元，并按应付金额100%的标准向劳动者加付

赔偿金,计人民币5614.41元,两项合计人民币11228.82元。本院受理后,依法组成合议庭,对上述具体行政行为的合法性进行了审查。

本院审查认为,上海市徐汇区人力资源和社会保障局作出的具体行政行为证据确凿,适用法律、法规正确,符合法定程序。依照《中华人民共和国行政诉讼法》第九十七条及最高人民法院《关于执行〈中华人民共和国行政诉讼法〉若干问题的解释》第九十三条之规定,裁定如下:

上海市徐汇区人力资源和社会保障局于2016年11月7日作出徐人社监(2016)理字第206号行政处理决定,本院予以执行。

第八十六条 【订立无效劳动合同的法律责任】

劳动合同依照本法第二十六条规定被确认无效,给对方造成损害的,有过错的一方应当承担赔偿责任。

一、劳动合同被确认无效的情形

在《劳动合同法》实施之前,根据《劳动法》第十八条的规定,下列劳动合同无效:"(一)违反法律、行政法规的劳动合同;(二)采取欺诈、威胁等手段订立的劳动合同。"

在2008年《劳动合同法》实施后,根据其第二十六条第一款的规定,劳动合同被确认无效的情形主要有三种:"(一)以欺诈、胁迫的手段或者乘人之危,使对方在违背真实意思的情况下订立或者变更劳动合同的;(二)用人单位免除自己的法定责任、排除劳动者权利的;(三)违反法律、行政法规强制性规定的。"

在三种情形中,第一种情形既有可能因用人单位引起,也有可能因劳动者而引起。而第二种情形仅可能由用人单位方引起。

上述确认劳动合同无效的情形应做广义理解,既可以确认劳动合同整体无效,也可以确认劳动合同部分条款无效,同时亦可以确认用人单位与劳动者签署的其他协议无效。

为进一步理解该条第一项所列情形,可以参考《劳动部办公厅对〈关于如何理解无效劳动合同有关问题的请示〉的复函》(劳办发〔1995〕268号)

北京市劳动局:

你局《关于如何理解无效劳动合同有关问题的请示》(京劳仲文〔1995〕115号)收悉。经研究,现函复如下:

最高人民法院《关于贯彻执行〈中华人民共和国民法通则〉若干问题的意见》（试行）第68条规定："以给公民及其亲人的生命健康、名誉、荣誉、财产等造成损害，或者以给法人的名誉、荣誉、财产等造成损害为要挟，迫使对方作出违背真实的意思表示的，可以认定为胁迫行为。"第69条规定："一方当事人乘对方处于危难之际，为牟取不正当利益，迫使对方作出不真实的意思表示，严重损害对方利益的，可以认定为乘人之危。"据此精神，劳动部《关于印发〔关于贯彻执行〈中华人民共和国劳动法〉若干问题的意见〕的通知》（劳部发〔1995〕309号）第16条规定中所说的"职工被迫签订的劳动合同"，是指有证据表明职工在受到胁迫或被对方乘己之危的情况下，违背自己的真实意思而签订的劳动合同。"未经协商一致签订的劳动合同"，是指有证据表明用人单位和劳动者不是在双方充分表达自己意思的基础上、经平等协商、取得一致的情况下签订的劳动合同。

劳动部办公厅

一九九五年十月十八日

同时，在最高人民法院《关于贯彻执行〈中华人民共和国民法通则〉若干问题的意见（试行）》中还对欺诈行为进行了明确的定义：

欺诈行为是指，一方当事人故意告知对方虚假情况，或者故意隐瞒真实情况，诱使对方当事人作出错误意思表示的。

而乘人之危与胁迫的区别在于：胁迫者是以直接实施或将要实施某种不法行为，使相对方出于恐惧而不得已地签订合同；乘人之危行为人并没有实施某种不法行为，只是利用了对方的处境或自身的优势地位而使对方不得不订立合同。

虽然该意见在《民法典》实施后已经失效，但其规定的情形仍然可以帮助劳动者和用人单位对法律规定在现实中的应用起到指引作用。

二、劳动合同被确认无效后关于劳动报酬的处理

根据本法第二十八条的规定，劳动合同被确认无效，劳动者已付出劳动的，用人单位应当向劳动者支付劳动报酬。劳动报酬的数额，参照本单位相同或者相近岗位劳动者的劳动报酬确定。

虽然劳动合同被确定无效的原因可能由用人单位引起，也可能由劳动者引起，但都不影响劳动者就其已经付出的劳动要求用人单位支付相应劳动报酬的权利，即无论劳动者对造成劳动合同无效是否有过错，对其实际付出的劳动都应支付劳动报酬。

劳动合同属于合同的一种，但又不同于普通的民事合同。两者在被认定合同无效后的处理上也存在着明显的差异。普通的民事合同被认定无效后，各方当事人需要就其在导致合同无效过程中承担的过错大小来确定相应的责任比例。若按

照此原则,劳动者原因导致劳动合同无效的,由于劳动者存在过错,其无法主张或全额主张相应的劳动报酬。

但基于我国的实际国情及目前的就业环境,众多的劳动者在劳动合同法律关系中仍属于弱势群体,在劳动合同法律关系中,需要更注重和强调对劳动者的特殊保护。故本条和第二十八条均明确保障了劳动者获得劳动报酬的权利。具体如何确定劳动报酬仍要视情况进行讨论:

(1)若劳动合同中关于劳动报酬的条款有效,其他部分条款无效,应当按照双方合同约定的标准和金额支付劳动报酬。

(2)若包括约定劳动报酬条款在内的整体劳动合同被认定为无效,或者劳动合同中没有约定劳动报酬标准或约定不明的,则应当按照本单位的同期、同工种、同岗位的工资标准来支付劳动报酬,如果用人单位没有可直接参照适用的标准,亦可参照其他单位同期、相类似工种、类似岗位的工资标准来确定劳动报酬的数额。

(3)如果在被确认无效之前双方约定的劳动报酬标准过高,则应"参照本单位相同或者相近岗位劳动者的劳动报酬确定"。换言之,在原本过高的劳动报酬标准下多支付的劳动报酬差额部分,用人单位有权要求劳动者返还。

三、关于劳动合同无效时的损害赔偿

当劳动合同被确认无效时,其中一方主张损害赔偿的请求与劳动者主张劳动报酬的请求在适用法律规定上截然不同。根据本条规定,当劳动合同因"(一)以欺诈、胁迫的手段或者乘人之危,使对方在违背真实意思的情况下订立或者变更劳动合同的;(二)用人单位免除自己的法定责任、排除劳动者权利的;(三)违反法律、行政法规强制性规定的"而被确认无效时,若给无过错方造成损害,有过错的一方负有损害赔偿的责任。

在《劳动合同法》颁布实施之前,《劳动法》的第九十七条规定:"由于用人单位的原因订立的无效合同,对劳动者造成损害的,应当承担赔偿责任。"以及劳动部《关于违反〈劳动法〉有关劳动合同规定的赔偿办法》第二条第(二)项亦规定:"由于用人单位的原因订立无效劳动合同或订立部分无效劳动合同,对劳动者造成损害的,应赔偿劳动者损失。"

只是关于如何赔偿,《劳动法》和《劳动合同法》均没有明文规定,但在《违反〈劳动法〉有关劳动合同规定的赔偿办法》第三条明确了用人单位给劳动者造成损失时相应的赔偿标准,可以用以参考:

(一)造成劳动者工资收入损失的,按劳动者本人应得工资收入支付给劳动者,并加付应得工资收入25%的赔偿费用;

(二)造成劳动者劳动保护待遇损失的,应按国家规定补足劳动者的劳动保护

津贴和用品;

（三）造成劳动者工伤、医疗待遇损失的,除按国家规定为劳动者提供工伤、医疗待遇外,还应支付劳动者相当于医疗费用 25% 的赔偿费用;

（四）造成女职工和未成年工身体健康损害的,除按国家规定提供治疗期间的医疗待遇外,还应支付相当于其医疗费用 25% 的赔偿费用;

（五）劳动合同约定的其他赔偿费用。

同样的,若过错方为劳动者时,该如何赔偿亦没有明确的法条规定,但参考《违反〈劳动法〉有关劳动合同规定的赔偿办法》第四条,劳动者违反规定或劳动合同的约定解除劳动合同,对用人单位造成损失的,劳动者应赔偿用人单位下列损失:

（一）用人单位招收录用其所支付的费用;

（二）用人单位为其支付的培训费用,双方另有约定的按约定办理;

（三）对生产、经营和工作造成的直接经济损失;

（四）劳动合同约定的其他赔偿费用。

用人单位在劳动者原因导致的劳动合同无效情形下,可以主张上述损失。同时,若劳动者违反了相关保密义务,给用人单位造成损失,用人单位还可以援引《反不正当竞争法》来保护自身的合法权益。

四、劳动合同无效的案例检索报告

截至 2023 年 5 月 3 日案例检索结论,在全国范围内(特别上海地区),裁判机关在判决时无一例对于本法条赔偿责任部分的运用,主要理由分为以下三个层次:

（1）损害赔偿的前提不存在。在绝大多数案例中,无论是劳动者,还是用人单位,在要求确认劳动合同无效并依据本条要求对方赔偿损失时,实际上依据的劳动合同并不存在无效的情形,导致该劳动合同无法依据本法第二十六条确认无效,故要求赔偿的前提不存在,导致其赔偿请求无法得到裁判机构支持。

（2）在一些案例中,劳动合同确属无效,但无效的原因在于劳动者,而用人单位并未主动起诉,仅在劳动者提起的诉讼中依据本条抗辩无需支付经济补偿或不应给予赔偿,裁判机关无法在该诉讼中支持用人单位的赔偿请求。

（3）最为接近的案例中,劳动合同确属无效,受侵害方亦向过错方主张了权利,但法院仍未适用本条判决予以赔偿,其原因有二:

① 不存在可赔偿的损失。如用人单位原因导致的无效中,用人单位已支付了劳动者相应的劳动报酬。即使存在未缴纳的社会保险、公积金,解除应支付的经济补偿、赔偿金,亦系按照其他法律法规或本法其他法条予以判决,与本条无关。

在劳动者欺诈入职导致的劳动合同无效中,虽然劳动者的学历可能并非与其入职时陈述的一致,但当其仍提供了与工资金额匹配的劳动水平时,裁判机关认为用人单位亦不存在实际损失。

② 损失难以界定或未依法举证。如劳动者欺诈入职导致的无效中,劳动者确存在能力、履历、资源方面的严重不足或不符,给用人单位带来了损失,但用人单位并不能准确举证证明劳动者所造成损失的金额——即可以定性,但无法定量计算。特别是用人单位的生产、销售工作大部分时候都是集体性的劳动,一个员工的履历、能力、资源方面的缺失,无法准确计量他给企业带来的损失金额,当金额无法计算或无法准确计算时,仍难以获得支持。

综上,本条的适用,在本法颁布至今的司法实践中并无明确的运用先例。笔者建议用人单位在完善自身规章制度的同时,可考虑预设相应的损失金额,通过用人单位与劳动者合意的形式预先明确"如果劳动者被判定欺诈而应支付的赔偿金额或赔偿项目",以期在后续的仲裁/诉讼中相对减轻对定量计算部分的举证责任。

第八十七条 【违反解除或者终止劳动合同的法律责任】

用人单位违反本法规定解除或者终止劳动合同的,应当依照本法第四十七条规定的经济补偿标准的二倍向劳动者支付赔偿金。

一、关于违法解除或终止劳动合同赔偿金的支付条件

在《劳动合同法》中,存在若干种形式的赔偿金,比如逾期不支付劳动报酬的赔偿金、违法约定试用期的赔偿金等。但在劳动法司法实践中提到未加任何前缀的赔偿金,一般即指本条所调整的违法解除劳动合同/关系的"赔偿金"。

用人单位违反本法规定而解除或者终止劳动合同的,应当向劳动者支付赔偿金,此处的违法解除或终止,包含四种情形(以下列举非法定列举,系依据实务经验归纳,存在递进关系):

(1)用人单位解除或终止劳动合同时未提供理由,仅作出了明确的解除或终止的意思表示,系无故解除,一般均属违法解除,但劳动合同期满终止的除外。

(2)用人单位解除或终止劳动合同的理由并非本法所规定的能够解除或终止劳动合同的理由,一般均属违法解除。

(3)用人单位解除或终止劳动合同的理由系本法第三十九、四十、四十一、四十四条所记载的内容,但不符合法条所规定的法定要件,存在实体上的瑕疵,一般均属违法解除。

(4)用人单位解除或终止劳动合同的理由系本法第三十九、四十、四十一、四

十四条所记载的内容,且符合法条所规定的法定要件,但不符合第四十二、四十三、四十五条的规定,即存在阻却用人单位解除或终止的法定事由的,亦属违法解除。此种情形也包括不符合其他法律法规的强制性规定的情形,例如《工会法》第十九条规定"基层工会专职主席、副主席或者委员自任职之日起,其劳动合同期限自动延长,延长期限相当于其任职期间;非专职主席、副主席或者委员自任职之日起,其尚未履行的劳动合同期限短于任期的,劳动合同期限自动延长至任期期满。但是,任职期间个人严重过失或者达到法定退休年龄的除外"。

(5)用人单位解除或终止劳动合同的理由系本法第三十九、四十、四十一、四十四条所记载的内容,且符合法条所规定的法定要件,也符合第四十二、四十三、四十五条的规定,不与其他法律法规的强制性规定相冲突,但与用人单位的自身规定或双方的约定相冲突的,亦属违法解除。例如:用人单位的规章制度或与劳动者订立的劳动合同载明"劳动者被依法追究刑事责任的可以解除劳动合同,但过失犯罪的除外",此种情形下,用人单位的解除权被自身的规章制度限缩了,应当在法律规定之外,再服从自身规定或约定。

综上,虽然本条规定赔偿金的金额系依据经济补偿的两倍来计算,但是赔偿金的支付条件,与支付经济补偿的条件并不相同。

同时,应当注意到,用人单位违法解除或终止劳动合同对应的后果有两种,即本法第四十八条规定的恢复劳动关系(劳动合同继续履行)和支付赔偿金。只有当劳动者不要求恢复劳动关系或者劳动合同确实不具备恢复可能性的情况下,用人单位才得以支付赔偿金。

二、赔偿金的定量计算——计算基数(一般情形)

本法第四十七条规定:经济补偿按劳动者在本单位工作的年限,每满一年支付一个月工资的标准向劳动者支付。六个月以上不满一年的,按一年计算;不满六个月的,向劳动者支付半个月工资的经济补偿。

劳动者月工资高于用人单位所在直辖市、设区的市级人民政府公布的本地区上年度职工月平均工资三倍的,向其支付经济补偿的标准按职工月平均工资三倍的数额支付,向其支付经济补偿的年限最高不超过十二年。

本条所称月工资是指劳动者在劳动合同解除或者终止前十二个月的平均工资。

结合本条与第四十七条内容,赔偿金系经济补偿标准的两倍,故要确定赔偿金的金额,须先确定经济补偿的金额。经济补偿的计算基数系依据第四十七条的第三款,以劳动合同解除或终止前十二个月的平均工资确定,一般称作"离职前十二个月平均工资"。在实务中,若最后一个月不满整月的,最后一个月不计算,再继续往前回溯一个月,计算平均工资。

示例:劳动合同于2023年8月15日解除,本应自2022年9月计算到2023年8月,但因2023年8月不满整月,故当月不计算,从2022年8月计算到2023年7月。但值得注意的是,此种情形并不绝对,当劳动者与用人单位对自2022年9月计算到2023年8月不提出异议的,法官一般也不会主动调整(特别是当2023年8月发放了大额的奖金或提成时,劳动者一方一般不会提出异议)。

同时,离职前十二个月平均工资并非计算用人单位已经发放的工资,在以下两种情况时应作调整:

(1)已经发放的某工资或提成等并非归属于离职前十二个月平均工资,应剔除。

例如,在上述案例中,劳动者在2022年8月10日收到的2022年7月的劳动报酬,则不属于离职前十二个月平均工资的计算范围,应剔除;又如,用人单位欠发的2021年的提成奖金在2022年12月发放的,亦不属于,应剔除。

(2)应发放未发放的劳动报酬,亦应纳入离职前十二个月的平均工资。

例如,在上述案例中,用人单位自2023年2月起无故拖欠(并非劳动者不出勤导致)劳动报酬的,应当将2023年2月至2023年7月应发放未发放的劳动报酬纳入计算范围。

三、赔偿金的定量计算——计算基数(高于社平工资三倍的情形)

当赔偿金的计算基数高于本地区上年度职工月平均工资(即社平工资)的三倍时,以上年度社平工资三倍作为计算基数。

上述上年度社平工资三倍的封顶的时间节点,有两种情形:

(1)解除或终止的年份,以当年度的上年度职工月平均工资作为封顶的基数。接原例,2023年8月15日解除劳动关系的,应当以2022年社平工资作为基数。

(2)是否应当以解除后新颁布的上年度社平工资作为封顶数的,存在争议。如果解除或终止的年份在下半年,一般不存在争议。

例如:原例的2023年8月15日,一般当年度的上年度社平工资已经公布,不存在争议。但如果解除劳动合同的时间在2023年3月15日,当年度的上年度社平工资尚未公布,但在劳动者发起仲裁或起诉时,是否应适用于新颁布的上年度社平工资——如2023年3月15日劳动合同解除时,社平工资11396元系2022年的上年度职工月平均工资(即2021年的社平工资),但当劳动者于2024年2月1日发起仲裁时,新的2023年上年度职工月平均工资已经公布,那么一般来说,此时应适用后者,即2022年的社平工资12183元。

但也有更特殊的情形,2023年3月15日劳动合同解除,2023年3月底就发起仲裁了,此时以 11 396 元的三倍作为封顶(即 2021 年的社平工资),等到了一审起诉后,颁布了新的社平工资标准,此时劳动者可以变更诉讼请求,将原请求的解除劳动合同的赔偿金金额调增到 12 183 元的标准。

该变更属于劳动者的诉讼权利,但应注意的是,基于劳动争议纠纷案件的特殊性,超出原仲裁请求部分的金额由于并未经过劳动仲裁前置,原则上不予处理。

在实践中,部分裁判机关也认为若该诉讼请求所依据的事实和理由、请求主体均未变更,仅金额调增的,仍属于已经经过仲裁前置,可以依据民事诉讼的相关规定予以变更、增加请求。

四、赔偿金的定量计算——系数

赔偿金的系数与劳动者的司龄(在该用人单位的工作年限)密切相关,一般分为三种情形。

(1) 当劳动者的计算基数封顶时(即离职前十二个月平均工资高于上年度本地区社会平均工资三倍时),赔偿金的计算系数以十二个月封顶,该规定与经济补偿的封顶规定存在区别。

示例:劳动者 2023 年 8 月 15 日离职,当其离职前十二个月平均工资高于12 183 元的三倍时,无论其是 1993 年入职,还是 2001 年入职,抑或是 2008 年入职,均无区别,赔偿金计算系数以 12 封顶。

但在计算经济补偿金时,若该劳动者入职时间在 2008 年之前,应当依据劳动者解除/终止的理由,分段计算劳动者的经济补偿。根据上海市的观点,并不直接将经济补偿金的金额乘以 2 作为赔偿金的金额。

上海市高级人民法院《关于适用〈劳动合同法〉若干问题的意见》 沪高法〔2009〕73 号

第二十一条第(四)项:根据《劳动合同法实施条例》第二十五条的规定,用人单位违反《劳动合同法》的规定解除或终止劳动合同,依法支付劳动者赔偿金,赔偿金的计算年限自用工之日起计算。如劳动者在劳动合同被违法解除或终止前十二个月的月平均工资高于上年度本市职工月平均工资三倍的,根据《劳动合同法》第八十七条规定,应当按照第四十七条第二款规定的经济补偿标准计算。

(2) 当劳动者的计算基数不封顶,且入职时间在 2008 年 1 月 1 日之后时,赔偿金与经济补偿的计算基数并无区别,赔偿金的系数以司龄计算。

示例:劳动者 2023 年 8 月 15 日离职,当其离职前十二个月平均工资为 8 000 元,其入职时间为 2008 年 1 月 2 日的,司龄折算为 16 年,赔偿金和经济补偿的计算系数均为 16。

《劳动合同法实施条例》

第二十五条　用人单位违反劳动合同法的规定解除或者终止劳动合同,依照劳动合同法第八十七条的规定支付了赔偿金的,不再支付经济补偿。赔偿金的计算年限自用工之日起计算。

(3)当劳动者的计算基数不封顶,且入职时间在2008年1月1日之前的,赔偿金的系数计算与经济补偿的计算基数存在区别,赔偿金的系数以司龄计算,经济补偿分段计算。

示例:劳动者2023年8月15日离职,当其离职前十二个月平均工资为8000元,其入职时间为1993年1月2日的,司龄折算为31年,赔偿金的计算系数亦为31。

经济补偿则应依据解除或终止的理由,并结合该法定事由所依据的法律/法规/司法解释于何时施行,再具体确定。

例如:劳动者因用人单位未支付劳动报酬而提出解除劳动合同的,应依据原《最高人民法院关于审理劳动争议案件适用法律若干问题的解释》的规定计算经济补偿。

第十五条:用人单位有下列情形之一,迫使劳动者提出解除劳动合同的,用人单位应当支付劳动者的劳动报酬和经济补偿,并可支付赔偿金:

(一)以暴力、威胁或者非法限制人身自由的手段强迫劳动的;

(二)未按照劳动合同约定支付劳动报酬或者提供劳动条件的;

(三)克扣或者无故拖欠劳动者工资的;

(四)拒不支付劳动者延长工作时间工资报酬的;

(五)低于当地最低工资标准支付劳动者工资的。

该司法解释的生效日期为2001年4月30日,故针对上述情形可自2001年4月30日开始计算经济补偿的系数,与赔偿金显然不同。赔偿金除了计算基数封顶的情形外,均自用工之日开始计算。

第八十八条 【侵害劳动者人身权益的法律责任】

用人单位有下列情形之一的,依法给予行政处罚;构成犯罪的,依法追究刑事责任;给劳动者造成损害的,应当承担赔偿责任:

(一)以暴力、威胁或者非法限制人身自由的手段强迫劳动的;

(二)违章指挥或者强令冒险作业危及劳动者人身安全的;

(三)侮辱、体罚、殴打、非法搜查或者拘禁劳动者的;

(四)劳动条件恶劣、环境污染严重,给劳动者身心健康造成严重损害的。

一、用人单位强迫劳动的法律责任

本条规定了以暴力、威胁或者非法限制人身自由的手段强迫劳动的,应给予行政处罚,构成犯罪的,依法追究刑事责任;给劳动者造成损害的,应当承担责任。

1. 行政处罚所依据的法律规定

《劳动法》

第九十六条用人单位有下列行为之一,由公安机关对责任人员处以十五日以下拘留、罚款或者警告;构成犯罪的,对责任人员依法追究刑事责任:

(一)以暴力、威胁或者非法限制人身自由的手段强迫劳动的;

《中华人民共和国治安管理处罚法》第四十条有下列行为之一的,处十日以上十五日以下拘留,并处五百元以上一千元以下罚款;情节较轻的,处五日以上十日以下拘留,并处二百元以上五百元以下罚款:

(二)以暴力、威胁或者其他手段强迫他人劳动的。

结合上述法条,相比于《劳动法》规定相对宽泛,《治安管理处罚法》的规定则更为明晰,其对于处罚的程度、类别均作出了详细的规范。

2. 刑事责任所依据的法律规定及立案标准

《刑法》

第二百四十四条

【强迫劳动罪】以暴力、威胁或者限制人身自由的方法强迫他人劳动的,处三年以下有期徒刑或者拘役,并处罚金;情节严重的,处三年以上十年以下有期徒刑,并处罚金。

明知他人实施前款行为,为其招募、运送人员或者有其他协助强迫他人劳动行为的,依照前款的规定处罚。

单位犯前两款罪的,对单位判处罚金,并对其直接负责的主管人员和其他直接责任人员,依照第一款的规定处罚。

《最高人民检察院、公安部关于公安机关管辖的刑事案件立案追诉标准的规定(一)的补充规定》(公通字〔2017〕12号)

六、将《立案追诉标准(一)》第31条修改为:〔强迫劳动案(刑法第244条)〕以暴力、威胁或者限制人身自由的方法强迫他人劳动的,应予立案追诉。

明知他人以暴力、威胁或者限制人身自由的方法强迫他人劳动,为其招募、运送人员或者有其他协助强迫他人劳动行为的,应予立案追诉。

从刑法和立案标准的规定来看,罪与非罪的界线并不明显,实践中强迫劳动的行为是否构成犯罪,当以刑事领域的实务观点为准。

3. 民事责任承担的规定

《民法典》

第九百九十五条　人格权受到侵害的,受害人有权依照本法和其他法律的规定请求行为人承担民事责任。受害人的停止侵害、排除妨碍、消除危险、消除影响、恢复名誉、赔礼道歉请求权,不适用诉讼时效的规定,应当承担相应的民事责任。

第一千一百八十三条　侵害自然人人身权益造成严重精神损害的,被侵权人有权请求精神损害赔偿。

民法典系普通法,本法系特别法,违反本法本条之规定的违法行为,被害人可以要求加害人停止侵害、排除妨碍、消除危险、消除影响、恢复名誉、赔礼道歉请求权,还可同时要求加害人承担精神损害赔偿责任,且不适用诉讼时效的规定。

对于民事责任的承担,本条其他三项的规定并无区别,故此处不再赘述。

二、用人单位强令、组织劳动者违章冒险作业的法律责任

在劳动关系的正常履行过程中,劳动者应当服从用人单位的正常工作安排,尽到勤勉义务,做好自身本职工作。但在实践中,特别是在一些特殊的工种领域,例如建筑施工领域,存在着用人单位要求劳动者从事危险作业,或者违反安全法规进行劳动的情况。这些行为显然侵害了劳动者合法权益,并可能对劳动者及公共安全产生巨大的风险。而当劳动者拒绝时,用人单位又以劳动者不服从管理作出处罚,甚至逼迫或者强制要求劳动者服从。

故,本条的设置便是为了警示用人单位不得强令或组织他人违章冒险作业。若触犯,则将面临轻则行政处罚,重则触犯刑法的法律风险。若该行为给劳动者造成损害,还应承担赔偿责任。

虽然《劳动合同法》本身未就用人单位应承担何种行政处罚或刑事处罚进行规定,但笔者检索了部分法律法规,以举例说明本条的实际运用。

1. 行政处罚的法律规定

《消防法》

第六十四条　违反本法规定,有下列行为之一,尚不构成犯罪的,处十日以上十五日以下拘留,可以并处五百元以下罚款;情节较轻的,处警告或者五百元以下罚款:

(一)指使或者强令他人违反消防安全规定,冒险作业的;

《建筑法》

第七十一条　建筑施工企业违反本法规定,对建筑安全事故隐患不采取措施予以消除的,责令改正,可以处以罚款;情节严重的,责令停业整顿,降低资质等级或者吊销资质证书;构成犯罪的,依法追究刑事责任。

建筑施工企业的管理人员违章指挥、强令职工冒险作业,因而发生重大伤亡事故或者造成其他严重后果的,依法追究刑事责任。

2. 刑事责任承担的法律规定

《刑法》

第一百三十四条第二款

【强令、组织他人违章冒险作业罪】强令他人违章冒险作业,或者明知存在重大事故隐患而不排除,仍冒险组织作业,因而发生重大伤亡事故或者造成其他严重后果的,处五年以下有期徒刑或者拘役;情节特别恶劣的,处五年以上有期徒刑。

《最高人民法院、最高人民检察院关于办理危害生产安全刑事案件适用法律若干问题的解释》法释〔2015〕22 号

第五条 明知存在事故隐患、继续作业存在危险,仍然违反有关安全管理的规定,实施下列行为之一的,应当认定为刑法第一百三十四条第二款规定的"强令他人违章冒险作业":

(一)利用组织、指挥、管理职权,强制他人违章作业的;

(二)采取威逼、胁迫、恐吓等手段,强制他人违章作业的;

(三)故意掩盖事故隐患,组织他人违章作业的;

(四)其他强令他人违章作业的行为。

对于强令冒险及违章作业的行为,罪与非罪的界线较为明显,最高检和最高法的司法解释已经做出了明确的规定,参照认定即可。

三、用人单位侮辱、体罚、殴打、非法搜查和拘禁劳动者的法律责任

在一些密集型制造型企业中,存在着大量的基础岗位员工,实行封闭式或军事化的管理,导致在处理日常纠纷时,用工单位或用人单位会将自身设定为一个上位者的角色,在日常管理中随意地辱骂劳动者,或对劳动者进行体罚、殴打。若出现财物上的纠纷,甚至会对劳动者进行非法搜身。这些行为都严重侵害了劳动者的健康权和人格权,应当予以严厉禁止。结合本条以及其他法律法规,现整理相关的法律规定如下。

1. 行政处罚的规定

《劳动法》

第九十六条 用人单位有下列行为之一,由公安机关对责任人员处以十五日以下拘留、罚款或者警告;构成犯罪的,对责任人员依法追究刑事责任:……(二)侮辱、体罚、殴打、非法搜查和拘禁劳动者的……

2. 刑事责任的规定

符合本条规定的犯罪行为与劳动者的主体行为无关。

《刑法》

第二百三十七条

【强制猥亵、侮辱罪】以暴力、胁迫或者其他方法强制猥亵他人或者侮辱妇女的,处五年以下有期徒刑或者拘役。

聚众或者在公共场所当众犯前款罪的,或者有其他恶劣情节的,处五年以上有期徒刑。

第二百四十六条

【侮辱罪】【诽谤罪】以暴力或者其他方法公然侮辱他人或者捏造事实诽谤他人,情节严重的,处三年以下有期徒刑、拘役、管制或者剥夺政治权利。

前款罪,告诉的才处理,但是严重危害社会秩序和国家利益的除外。

通过信息网络实施第一款规定的行为,被害人向人民法院告诉,但提供证据确有困难的,人民法院可以要求公安机关提供协助。

第二百三十四条

【故意伤害罪】故意伤害他人身体的,处三年以下有期徒刑、拘役或者管制。

犯前款罪,致人重伤的,处三年以上十年以下有期徒刑;致人死亡或者以特别残忍手段致人重伤造成严重残疾的,处十年以上有期徒刑、无期徒刑或者死刑。本法另有规定的,依照规定。

第二百四十五条

【非法搜查罪】【非法侵入住宅罪】非法搜查他人身体、住宅,或者非法侵入他人住宅的,处三年以下有期徒刑或者拘役。

司法工作人员滥用职权,犯前款罪的,从重处罚。

第二百三十八条

【非法拘禁罪】非法拘禁他人或者以其他方法非法剥夺他人人身自由的,处三年以下有期徒刑、拘役、管制或者剥夺政治权利。具有殴打、侮辱情节的,从重处罚。

犯前款罪,致人重伤的,处三年以上十年以下有期徒刑;致人死亡的,处十年以上有期徒刑。使用暴力致人伤残、死亡的,依照本法第二百三十四条、第二百三十二条的规定定罪处罚。

3. 其他劳动相关罪名

《型法》

第一百三十四条

【重大责任事故罪】在生产、作业中违反有关安全管理的规定,因而发生重大伤亡事故或者造成其他严重后果的,处三年以下有期徒刑或者拘役;情节特别恶劣的,处三年以上七年以下有期徒刑。

第一百三十四条之一

【危险作业罪】在生产、作业中违反有关安全管理的规定,有下列情形之一,具有发生重大伤亡事故或者其他严重后果的现实危险的,处一年以下有期徒刑、拘役或者管制:

(一)关闭、破坏直接关系生产安全的监控、报警、防护、救生设备、设施,或者篡改、隐瞒、销毁其相关数据、信息的;

(二)因存在重大事故隐患被依法责令停产停业、停止施工、停止使用有关设备、设施、场所或者立即采取排除危险的整改措施,而拒不执行的;

(三)涉及安全生产的事项未经依法批准或者许可,擅自从事矿山开采、金属冶炼、建筑施工,以及危险物品生产、经营、储存等高度危险的生产作业活动的。

第一百三十五条

【重大劳动安全事故罪】安全生产设施或者安全生产条件不符合国家规定,因而发生重大伤亡事故或者造成其他严重后果的,对直接负责的主管人员和其他直接责任人员,处三年以下有期徒刑或者拘役;情节特别恶劣的,处三年以上七年以下有期徒刑。

四、用人单位劳动条件恶劣、环境污染严重给劳动者身心健康造成严重损害的法律责任

在一般劳动关系中,用人单位作为用工主体,不但要按照劳动合同的约定提供相应的岗位,支付足额的劳动报酬,保障劳动者合法休息的权利,还要为劳动者提供健康的工作环境。

对于在类似从事煤矿开采,或是在有毒有害物质环境下工作的劳动者,用人单位应当尽到安全保障义务,避免劳动者因劳动条件或工作环境的污染而遭受侵害。

本条并未从要求用人单位如何进行切入,而是通过负面清单的方式告知用人单位:若因“劳动条件恶劣、环境污染严重”给劳动者身心健康造成严重损害,将面临行政和刑事责任,并承担民事赔偿责任,从而迫使用人单位主动实施保障劳动者免受此类侵害的措施。

1. 关于本款赔偿责任的其他法律规定

本款所记载的“劳动条件恶劣、环境污染严重,给劳动者身心健康造成严重损害的”,对应安全生产事故给劳动者造成的事故伤害和职业环境污染给劳动者造成的职业病。遇到这两种情况除常规的工伤保险外,劳动者亦享有其他民事赔偿权益。

《安全生产法》

第五十六条　生产经营单位发生生产安全事故后,应当及时采取措施救治有关人员。

因生产安全事故受到损害的从业人员,除依法享有工伤保险外,依照有关民事法律尚有获得赔偿的权利的,有权提出赔偿要求。

《职业病防治法》

第五十八条　职业病病人除依法享有工伤保险外,依照有关民事法律,尚有获得赔偿的权利的,有权向用人单位提出赔偿要求。

《使用有毒物品作业场所劳动保护条例》(国务院令第三百五十二号)2002年5月12日生效

第四十五条　劳动者除依法享有工伤保险外,依照有关民事法律的规定,尚有获得赔偿的权利的,有权向用人单位提出赔偿要求。

2. 本款所称赔偿责任的类型

《最高人民法院关于审理人身损害赔偿案件适用法律若干问题的解释》(2022年5月1日实施)

第三条　依法应当参加工伤保险统筹的用人单位的劳动者,因工伤事故遭受人身损害,劳动者或者其近亲属向人民法院起诉请求用人单位承担民事赔偿责任的,告知其按《工伤保险条例》的规定处理。

结合上述司法解释,在应当参加工伤保险的劳动者与用人单位之间发生工伤事故的,其人身损害赔偿的仅能按《工伤保险条例》处理,不能按照普通人身损害赔偿的侵权法律关系主张权益,那么关于《安全生产法》和《职业病防治法》中所称的"额外赔偿责任"又是哪种类型的赔偿责任呢?

《广东省高级人民法院印发〈广东省高级人民法院关于审理劳动争议案件疑难问题的解答〉的通知》(粤高法〔2017〕147号)(当前处于失效状态)

14. 因生产安全事故发生工伤或患职业病的劳动者或其近亲属在劳动争议案件中能否一并主张精神损害赔偿?

为减少当事人累,因生产安全事故发生工伤或患职业病的劳动者或其近亲属在劳动争议案件中一并主张精神损害赔偿的,人民法院可一并处理,并根据工伤职工的工伤或职业病情况酌情确定精神损害赔偿数额。

《深圳市中级人民法院关于印发〈深圳市中级人民法院关于审理工伤保险待遇案件的裁判指引〉的通知》　深中法发〔2015〕12号

二十二、劳动者因生产安全事故发生工伤或被诊断患有职业病,劳动者或者其近亲属依据最高人民法院《关于确定民事侵权精神损害赔偿责任若干问题的解释》的规定要求用人单位承担精神损害赔偿责任的,应按照劳动者伤残等级进行确定,十级伤残为1万元,逐级增加1万元,一级伤残或死亡的为10万元。

第八十九条 【不出具解除、终止书面证明的法律责任】

用人单位违反本法规定未向劳动者出具解除或者终止劳动合同的书面证明，由劳动行政部门责令改正；给劳动者造成损害的，应当承担赔偿责任。

一、用人单位未出具解除或者终止劳动合同的书面证明承担责任的法律渊源

本条所称用人单位被责令改正和承担赔偿责任的行为依托于本法的第五十条第一款。

第五十条第一款和本条相结合，形成了完整的法条逻辑，前者规定了用人单位的法定义务，后者规定了用人单位违反义务导致的法律后果，及需承担的法律责任。

其他法律法规对离职证明文件亦有着相关规定，但在本法施行之后，本法第五十条和本条作出了更权威和更详尽的规定，因此，仅按照本法进行处理相应事宜即可，其他法律法规可作为参考或赔偿责任计算的地方性依据。

例如《上海市劳动合同条例》

第四十一条 劳动合同解除或者终止，用人单位应当出具解除或者终止劳动合同关系的有效证明。

劳动者可以凭有效证明材料，直接办理失业登记手续。

二、劳动行政部门负责行政处理用人单位未开具离职证明/退工单的违法行为

本条所称"解除或者终止劳动合同的书面证明"，就上海地区而言，一般指本地户籍劳动者的"退工单"和外地户籍劳动者的"离职证明"。

大部分的用人单位在招聘劳动者时，均要求劳动者在办理入职手续时提交上一家用人单位出具的离职证明文件。若劳动者无法提供离职证明，新用人单位可以拒绝劳动者入职。在司法实践中，部分新用人单位在劳动合同内约定"入职一个月内未提供合法离职证明、未转移社会保险及公积金的，劳动合同可视为无效"，该约定并不属于法律规定的无效情形。若原用人单位未在规定时间为劳动者出具离职证明，劳动者与新用人单位的劳动合同可能被视为无效，新用人单位可以解除劳

动关系且无需支付经济补偿。

因此，离职证明虽然在劳动者与用人单位劳动关系存续期间并不起眼，但当劳动者从原用人单位离职，要入职新用人单位时，其地位和重要性将陡然间拔高，甚至到了没有离职证明无法求职、无法就业的地步。

对于大多数的劳动者而言，就业权相比于其他权利而言是更为重要的权利，关系到劳动者的物质生活保障。而原用人单位不出具离职证明的行为，将严重影响到劳动者的正常就业。因此，虽然本条同时规定了用人单位对于未开具离职证明要承担赔偿责任，但赔偿责任需要向劳动仲裁部门提出请求，并经过调解、劳动仲裁，甚至一审、二审方能实现。在时限上，劳动仲裁阶段要 45～60 日甚至更长，在用人单位行使救济权利申请一审和二审时，时间耗费则更为漫长。

基于此，涉及离职证明事项的，劳动者选择仲裁和诉讼程序难以快速解决问题，可能造成劳动者长期无法得到离职证明并正常就业，失去获得劳动报酬的机会和权利，基本生活无法得到保障。

故此种情况下，用人单位违法不出具/开具离职证明的，劳动者可向劳动行政部门投诉，由劳动行政部门责令改正，部分地区甚至可以在劳动行政部门调查确定劳动关系的解除事实后，在劳动者出具承诺函的前提下，由劳动行政部门、就业促进部门等人力资源和社会保障局的经办部门直接开具离职证明。

三、延误退工经济损失的专题分析

（一）用人单位承担延误退工经济损失的法定前提

本条仅规定了"未向劳动者出具解除或者终止劳动合同的书面证明"的责令改正和赔偿责任，但从实务层面分析，应结合第五十条第一款确定用人单位承担本款赔偿责任的法定前提。

关于用人单位承担本条所称赔偿责任的诉讼请求，在上海地区，一般称为"延误退工经济损失"。在其他地区（特别是江苏地区），一般称为"就业损失"。为方便阅读，以下统称"就业损失"。

用人单位承担就业损失，存在定性和定量两个前提。

（1）定性的前提是用人单位未开具或延误开具离职证明/退工单、未转移或延误转移档案、未转移或未封存或延误转移社会保险。

（2）定量的前提之一是用人单位未在劳动者离职后的十五日内开具离职证明且办理档案转移、社会保险封存或转移。

（3）定量的前提之二是存在着可量化的损失，损失类型有两种，一种是用人单位未开具离职证明，导致劳动者无法领取失业金的损失。此时损失将以当地失业金为标准;另一种是用人单位未开具离职证明,导致劳动者无法入职新单位,此时损失将以新单位的录用通知书载明的新工作薪酬为标准。

同时,根据本条的规定,并未将劳动者向劳动行政部门申请救济作为主张赔偿责任的前置程序,劳动者既可以向劳动行政部门寻求救济,也可以直接向劳动仲裁部门提起仲裁要求原用人单位承担损害赔偿责任,还可以向劳动仲裁部门提起仲裁要求用人单位开具离职证明。

但应注意,法律法规对用人单位开具的"离职证明"并无进一步的要求,用人单位若在离职证明中陈述劳动者在职期间存在过错或违纪,导致劳动者无法入职新公司,则不属于本条所规制的内容,劳动者可以以其他案由提起诉讼。

(二)用人单位承担就业损失赔偿责任之一——以失业金为标准

用人单位未给劳动者开具离职证明,造成的劳动者损害包含着四种类型,其中之一为以失业金为标准。

《上海市劳动和社会保障局关于实施〈上海市劳动合同条例〉若干问题的通知(二)》(沪劳保关发〔2004〕4 号)

五、关于未及时办理退工手续的赔偿问题

(一)劳动合同关系已经解除或者终止,用人单位未按《条例》规定出具解除或者终止劳动合同关系的有效证明或未及时办理退工手续,影响劳动者办理失业登记手续造成损失的,用人单位应当按照失业保险金有关规定予以赔偿;给劳动者造成其他实际损失的,用人单位应当按照劳动者的请求,赔偿其他实际损失,但不再承担法定失业保险金的赔偿责任。

(二)因劳动者原因造成用人单位未能及时办理退工手续的,其损失由劳动者承担。

根据该文,在上海地区若因用人单位延误退工而给劳动者造成损失,但劳动者又无进一步证据证明实际损失,一般按照失业金的标准予以支持。

案例:上海天坊信息科技有限公司(简称天坊公司)与寿某某劳动合同纠纷二审案件二审民事判决书【案号:(2019)沪 01 民终 13109 号】

一审法院认为(二审维持):天坊公司在 2018 年 10 月 18 日解除与寿某某的劳动合同后,应当在十五日内将退工单、劳动手册交给寿某某。现天坊公司在 2018年 12 月 7 日向寿某某发送短信要求其前来领取退工单及劳动手册,寿某某主张2018 年 11 月 9 日至 12 月 6 日延误退工经济损失于法有据,应予支持,但在寿某某未能提供证据证明其实际损失的情况下,寿某某估算该期间延误退工经济损失金额为 25000 元缺乏依据,天坊公司应当按照失业保险金的标准支付 2018 年 11 月 9日至 12 月 6 日期间延误退工经济损失,经核算,天坊公司应当支付寿某某 2018 年

11月9日至12月6日延误退工经济损失1640.58元。

（三）用人单位承担就业损失赔偿责任之二——以新单位的录用通知书载明的薪资为标准

劳动者有证据证明自原单位离职后，已应聘新单位且收到了新单位的入职要求，或已准备建立劳动关系，但因原单位未出具《离职证明》而无法入职或无法及时入职新单位，按照新单位的"录用通知书"所载或者拟给予的薪资为标准计算赔偿责任。

案例：北京长和大蕴儿科诊所有限公司（简称长和公司）与夏某某劳动争议二审民事判决书【案号：（2019）京03民终15346号】

一审法院经审理认定事实如下：……转正工资10 000元，双方的劳动关系于2018年6月1日解除。

夏某某主张离职后面试其他公司并达成入职意向及15 000元的期望月薪，因长和公司未为其出具离职证明，致使其无法入职新公司并造成损失。夏某某提交了离职声明，记载其于2018年6月1日向公司提出离职，要求长和公司及时办理离职手续；提交了三星电子中国研究院发送的面试通知电子邮件，夏某某的收件邮箱为×××；提交了上海才梓教育科技有限公司出具的录用通知书及证明，证明出具时间为2018年9月25日，记载夏某某曾于2018年6月5日与该公司达成就职意向，约定基本工资为15 000元，但因其未能提供原单位开具的离职证明，最终未能被该公司录用；提交了北京英伦启教文化教育科技有限公司发送的入职邀约函电子邮件，发送时间为2018年10月12日，要求准备的办理入职手续包含与原单位解除劳动关系证明信，夏某某的收件邮箱为×××。

长和公司主张通知过夏某某领取离职证明，但夏某某没有来领取。长和公司提交了离职证明、离职证明领取通知、短信通知、顺丰快递记录及签收底单、通知函，记载长和公司于2018年11月7日向夏某某×××邮箱发送邮件，通知夏某某领取离职证明，2018年11月23日长和公司再次向夏某某上述邮箱发送领取离职证明通知，2019年3月1日长和公司向夏某某邮寄了领取离职证明通知函。夏某某认可于2019年3月2日收到领取离职证明通知函，主张此前没有收到过电子邮件，上述邮箱是其很久之前使用的。夏某某认可于2019年4月8日收到长和公司出具的离职证明。

一审法院认为（二审维持）：用人单位违反本法规定未向劳动者出具解除或者终止劳动合同的书面证明，由劳动行政部门责令改正；给劳动者造成损害的，应当承担赔偿责任。

本案中，现有证据表明：夏某某与长和公司解除劳动合同时，长和公司未给夏某某开具解除劳动关系证明。夏某某提交的证据显示其原拟定入职其他公司,因其未能提供原单位开具的离职证明等资料,导致最终未能被该公司录用。此后长和公司曾于2018年11月7日向夏某某×××邮箱发送邮件,通知夏某某领取离职证明,夏某某主张邮箱是其很久之前使用的,没有收到过电子邮件,但其提交的其接收三星电子中国研究院、北京英伦启教文化教育科技有限公司的入职邮件的邮箱亦为×××。故夏某某在2018年11月7日收到长和公司的领取离职证明通知邮件时,应积极到长和公司处领取离职证明。

结合上述证据,长和公司未给夏某某出具解除劳动合同证明,对夏某某的就业产生了一定的不利影响,但夏某某主张的经济损失周期过长、数额过高,一审法院综合考虑夏某某在长和公司及其他公司的工资标准、录用通知书及证明记载的工资标准,并结合长和公司为夏某某缴纳社会保险等情况酌情予以确定。

综上,依照《中华人民共和国劳动合同法》第八十九条之规定,判决:……三、长和公司于判决生效后七日内为夏某某出具解除劳动合同的证明(已执行);四、长和公司于判决生效后七日内支付夏某某未开具解除劳动合同证明的损失55 000元。

上述案件中,劳动者2018年6月1日离职,6月5日收到第三人公司的录用通知书,载明了新工作基本工资15 000元/月,法院认定原用人单位完成本法条所载离职证明出具义务的日期为2018年11月7日。鉴于离职证明等文件的出具有15日的宽限期,应当自6月16日起算,但6月16日至18日系端午节假期,故延期至6月19日起算。根据试算,6月剩余工作日9天,11月1日至7日共工作日5天。(9/21.75+4+5/21.75)=4.64个月。55 000元/4.64个月=11853元/月。

法院酌定参考的赔偿经济损失的标准,从试算结果倒推,大于劳动者在原单位的工资标准10 000元,小于新单位录用通知书标准15 000元,系以录用通知书载明的新单位薪酬为基准,结合老单位的薪酬和主张时间酌定判决。

(四)用人单位承担就业损失赔偿责任之三——以离职前平均工资为基准

当用人单位未开具离职证明、扣留证件导致劳动者无法入职新公司,甚至无法在该行业求职时,用人单位应该赔偿劳动者的就业损失。当劳动者确因原用人单位的过错无法求职,但无法提供证据予以证明期待利益的损失,甚至连录用通知书都无法提供时,劳动者可以以在原单位的离职前平均工资作为主张的标准。

此时,一般法院对于该就业损失的在定性方面予以认可,在定量方面可能会依据劳动者离职前平均工资作为基数,也有可能因劳动者并未实际举证而以失业金的标准判决。

案例:蔡某某诉南京金中建幕墙装饰有限公司(简称金中建公司)劳动合同纠纷案二审民事判决书【案号:(2016)苏01民终652号】【最高院公报劳动争议案例

裁判规则汇总(2004—2020)之三】

关于金中建公司是否应当支付蔡某某因拖延归还证件不办理离职手续,致蔡某某无法找到工作的损失,蔡某某称其现在没有工作,随便到哪家单位应聘都被要求提供相关证书,其中南京倍利达新材料有限公司要求其提供一级建造师证书、离职证明、社保转移手续等,金中建公司在2015年7月份新的项目经理到位后,仍未返还相关证书。

本院认为:……7.关于未及时退还证件导致的损失问题。蔡某某于2015年4月28日离职,金中建公司应当在合理期限内积极为蔡办理相关证件的转出手续,金中建公司至2015年11月30日才将相关证件退还给蔡某某,超出了合理期限。原审按照蔡某某离职前平均工资13 975元的标准酌定金中建公司支付蔡某某4个月工资损失,并无不当。

(五)用人单位承担就业损失赔偿责任之四——以当地社会平均工资为标准

以当地社会平均工资为赔偿标准的情况,往往发生在该劳动者的薪酬标准较高,超过了当地的社会平均水平情况下。当劳动者以实际损失进行主张,裁判机关认为过高时,以当地社会平均工资进行酌定。

究其本质来看,还是以预期利益损失为标准主张就业损失,只是在实际裁判时,裁判机关酌情进行调整,最终确定以社会平均工资进行了认定。劳动者如果直接以当地社会平均工资为标准来主张,反倒失去了主张依据,不具备可行性。

案例:上海理工大学与DAVID劳动合同纠纷二审民事判决书【案号:(2015)沪二中民三(民)终字第620号】

一审法院认为(二审维持):争议焦点之三为离职证明是否应办理及未开具的赔偿金是否应支付,DAVID、上海理工大学的劳动合同于2013年8月31日期满之日终止,上海理工大学作为用人单位有义务在终止劳动合同时出具终止劳动合同的证明,上海理工大学以其系事业单位无需开具退工单及离职证明为由至今未出具离职证明的行为欠妥,上海理工大学应依法向DAVID出具离职证明。

与本国劳动者办理招退工手续不同,DAVID系外国人,其在求职应聘时出具作为能反映其在中国前期从业经历的离职证明,足以影响新的用人单位决定是否予以录用。DAVID现已举证证明因无离职证明致其无法履行与新用人单位已经签订的劳动合同,故DAVID主张其离职至今因校方未出具离职证明造成的就业损失,原审法院予以支持。

由于DAVID与新的用人单位所签劳动合同并未实际履行,DAVID也未实际提供劳动,该损失为预期损失,实际履行中亦可能存在各种导致劳动合同权利义务发生变更的情况,故DAVID主张按合同约定的税前工资40 000元计算每月损失,依据不足,原审法院酌情按上海市平均工资标准计算。

至于时间,上海万仕和商务咨询有限公司通知DAVID于2013年10月8日报到并开始工作,故DAVID要求自该日起计算损失,并无不妥,予以支持。故该损失自2013年10月8日(报到日)计算至本案宣判之日,确定为89 780元。

(六) 延误退工经济损失的时效规定

(1) 延误退工经济损失的时效适用一年的一般时效,即劳动者可主张的延误退工经济损失的时间为其申请仲裁时往前倒推不超过一年。

(2) 延误退工经济损失的时效规定还具有一定的特殊性,如用人单位始终未办结退工、劳动者始终未能再就业,经济损失持续发生,劳动者可主张该项权利直至用人单位办结退工手续。

(3) 延误退工经济损失可多次主张,在实践中,因劳动者与用人单位双方矛盾巨大、冲突激烈,用人单位在收到承担延误退工经济损失的生效法律文书后仍拒绝履行退工的法定义务的,劳动者可再次主张前一次仲裁之日起至用人单位办结退工手续或劳动者重新就业之日的延误退工经济损失。

(七) 延误退工经济损失与解除是否合法无关

办理退工手续属于用人单位的法定义务,该义务不因劳动关系解除的定性而变化,只要有解除的事实发生,用人单位就必须履行。部分用人单位以劳动者的违纪、违法予以抗辩不支付延误退工经济损失,系混淆了请求权基础,抗辩无效。

(八) 关于劳动者与用人单位涉退工类损害赔偿的实务操作指南

通过上述案件和法律规定,可归纳劳动者依据"新单位录用通知书"主张实际损失路径如下:

(1) 确定与原单位解除劳动关系的时间。该组证据在原单位解除劳动合同/关系的情形下,可以是解除通知书或者其他书面文件,以及录音证据;在劳动者解除劳动合同/关系的情形下,可以是解除通知书、EMS快递底单及签收记录、微信、电子邮件等。

(2) 提供新单位的录用通知书、面试经过、录用通知书收回/作废通知。

① 录用通知书,应当明确载明劳动者的薪资标准,特别是基本工资部分,以作为损害赔偿的定量依据;同时应载明离职证明作为入职的必须文档及缺失的后果,如不提供会导致入职失败/无法入职,以作为损害赔偿的定性依据。

② 面试经过,作为辅助该录用通知书的证据存在,印证真实性,可以包含面试通知电子邮件、面试问答的聊天记录等。

③ 录用通知书收回/作废通知,载明因劳动者延期或无法提供离职证明,本次入职或录用失败,录用通知书因劳动者的原因收回/作废。

（3）提供原单位的工资标准。一般而言，劳动者的职业生涯中，从一家用人单位到下一家用人单位，工资不会实现过分大的跃迁。因此，提供原单位的工资标准有利于印证新单位的工资标准的可信度。同时，如果劳动者不提供原单位的工资标准，原单位自己也会基于抗辩目的而举证。在实践中，劳动者在准备这方面材料时，与其等待对方提供用于证明对方的证明目的的证据，不如自身先行提供。

综上，可归纳用人单位方抗辩路径如下：

（1）已经告知劳动者领取离职证明的通知。用人单位可以短信、微信、电话等方式通知劳动者。如均未得到合理回应，可依据劳动者在职期间书面记载的住址/文书送达地址，使用邮政快递 EMS 形式向劳动者寄送领取通知，并做好完整的备注，留好快递底单。

（2）若劳动者系前往单位签收离职证明，则用人单位应当制作签收回执并让劳动者亲笔签名回收备查；若劳动者不愿意到单位签收离职证明，用人单位可使用邮政快递 EMS 形式向劳动者寄送离职证明，将离职证明放入时拍摄视频，做好完整的备注，留好底单。

（3）查询劳动者主张发出录用通知书的新单位是否与该劳动者存在某种密切关系，以对该录用通知书的真实性进行抗辩。

（4）结合劳动者在职期间的工资标准和表现情况，对劳动者主张的新工作的薪酬标准提出异议。即使异议不成功，也可以"法院酌定"为抗辩，尽可能降低赔偿的金额。

第九十条 【劳动者的赔偿责任】

（重点法条）劳动者违反本法规定解除劳动合同，或者违反劳动合同中约定的保密义务或者竞业限制，给用人单位造成损失的，应当承担赔偿责任。

一、关于劳动者违法解除劳动合同的赔偿责任的专题解析

（一）劳动合同以继续履行为原则

劳动合同虽属特别法调整的有名合同，但仍具有普通民事合同的一般属性，在发生争议时，裁判机关秉持着维护市场经济活动正常进行的司法精神，在没有法定或约定的解除或终止情形出现时，仍以维持继续履行为原则。

在全日制劳动关系下的劳动合同分为固定期限、无固定期限、完成一定工作任

务为期限三种,基于本法的特别调整,对于终止的情形有着明确的法律规定,并不允许劳动者与用人单位订立随时可以终止的劳动合同。

当出现劳动合同的期限届满、劳动者到达退休年龄、工作任务已完成等法定终止事项后,劳动合同可以终止;除协商一致以外,当劳动者出现严重违纪,或用人单位存在未依法缴纳社会保险等法定解除情形出现时,劳动合同方可被解除。

除上述情形外,劳动合同应当遵循民事合同的普遍原则,以继续履行为原则。

(二)劳动者的合法解除/终止情形

劳动者的合法解除情形集中分布于本法的第三十六至三十八条,分别为第三十六条的协商一致解除、第三十七条的提前三十日任意解除、第三十八条因用人单位的违法行为的即时解除(或称被迫解除)。

劳动者导致的终止情形更少,仅有本法的第四十四条所载明两项在实务中较为多见,即为劳动合同期满终止(且劳动者方不同意续签)及劳动者依法享受退休待遇。

(三)劳动者违法解除劳动合同的情形

除上述"(二)劳动者的合法解除/终止情形"的情形外,劳动者以其他情形单方解除劳动合同的行为均属于违法解除。

与用人单位合法解除劳动合同的构成相一致,劳动者合法解除劳动合同也需同时具备事实和法律依据。但在程序上的要求显著低于用人单位:

(1)对于依据本法第三十六条的协商一致解除,仅需劳动者与用人单位双方自愿平等协商、达成一致,并在约定的日期离职,完成相关义务即可。

(2)对于依据本法第三十七条的任意解除,劳动者需要提前三十日发出通知并再工作满三十日,且劳动者不负有培训服务期义务。

(3)对于依据本法第三十八条的即时解除,则需要用人单位确实出现了法律规定的违法行为,劳动者方能行使即时解除权。同时,该解除权行使的合法性还需在后续的仲裁及诉讼程序中得到裁判机关的认可。此时还应注意,即使解除权的行使合法,并不必然导致用人单位必须支付经济补偿。部分违法行为可能相对轻微,或存在争议,导致劳动者因地方的裁判口径不同而得不到经济补偿的支持,但即时解除仍然合法有效。

(4)对于劳动者的合法终止:劳动合同到期终止的合法性要件系劳动者不负有培训服务期义务。自然终止则仅需劳动者达到退休年龄的标准。

(四)劳动者违法解除劳动合同的检索报告(上海地区)

1. 本检索报告依托的范围及复现办法

检索平台:威科先行。

检索范围：上海地区法院已生效案例。

复现办法：使用 https://law. wkinfo. com. cn/judgment-documents/list7tipw 网址，选择"全文"，输入关键字"劳动者违反本法规定解除劳动合同"，选择审理法院为"上海市"。

经检索，上海地区自 2008 年起涉及本法本条本款情形的生效案例，截至 2023 年 5 月 3 日共计 14 件。其中同一用人单位对多位劳动者提起的相似诉讼不重复计数。

2. 检索结论

结论一：以劳动者未能提前三十日提出而单方面违法解除劳动合同的情形，为实务中最为常见的情形。

在司法实践中，存在着劳动者以用人单位存在过错为由提出解除劳动合同，但最终解除理由未能得到裁判机关的认可，导致劳动者的解除行为属于违法解除的情形。但这一违法行为并不必然导致用人单位得以主张因劳动者单方解除劳动合同而要求劳动者赔偿的事实依据。

在用人单位主张劳动者承担赔偿责任的案例中，最为常见的理由是劳动者未能提前三十天通知用人单位而擅自离职，导致的诉讼纠纷。

结论二：劳动者解除行为的违法性，能够得到裁判机关确认。

单就劳动者未能按照法律规定的程序及要求单方解除劳动合同的，裁判机关会在裁判文书中确认劳动者解除行为的违法性，并对这一客观事实进行法律评价。但这并不意味着用人单位的赔偿请求必然能够得到裁判机关的支持。

结论三：上海地区检索到的全部 14 件案例中，均未判决劳动者承担赔偿责任。其中，部分案例中劳动者不存在违法行为，部分案例系用人单位未就实际损失举证，更多的案例则系用人单位无法有效举证经济损失的具体金额。

案例 1（劳动者不存在违法行为）：

上海金伯利钻石首饰有限公司与蒋某某劳动合同纠纷一审民事判决书【案号：(2020)沪 0115 民初 2974 号】

本院认为：我国劳动合同法第三十七条规定，劳动者提前三十日以书面形式通知用人单位，可以解除劳动合同。第九十条规定，劳动者违反本法规定解除劳动合同，或者违反劳动合同中约定的保密义务或者竞业限制，给用人单位造成损失的，应当承担赔偿责任。被告虽于 2019 年 7 月 16 日向原告提出当天离职的申请，但原告于即日已经同意被告的离职申请；况且原告没有举证证明被告的辞职行为给其造成相应的经济损失，故原告以该项理由要求被告赔偿的诉讼请求，依据不足，本院不予支持。

本案中用人单位未获得支持的原因有二，一是劳动者虽当天提申请、当天就要离职,但用人单位审批同意了该申请,视为用人单位放弃了追究劳动者违法解除的权利;二是用人单位未能举证劳动者的辞职行为给用人单位造成经济损失,这也是此类案件中用人单位败诉的最多、最常见原因。

案例2(用人单位未就实际损失举证):

上海市徐汇区A洗衣服务部与徐某某劳动合同纠纷二审民事判决书【案号:(2013)沪一中民三(民)终字第406号】

本院认为:劳动合同法第九十条规定,劳动者违反本法规定解除劳动合同,或者违反劳动合同约定的保密义务或者竞业限制,给用人单位造成损失的,应当承担赔偿责任。服务部以徐某某于2012年2月13日突然提出辞职并离开为由,要求徐某某返还2012年1月的工资,但是,服务部就徐某某突然离职给服务部造成的损失未提供任何依据,故服务部此项主张,本院不予采信。

案例3(用人单位无法有效举证经济损失的具体金额):

××公司与樊某劳动合同纠纷二审民事判决书【案号:(2012)浦民一(民)初字第770号】

本院认为:劳动者违反本法规定解除劳动合同,给用人单位造成损失的,应当承担赔偿责任。本案中,被告2011年5月26日向原告提交辞职报告,5月27日起即不再至原告处工作,未提前三十日通知,显然不符合法律规定。在此情况下,原告要求被告承担赔偿责任,并无不当,但原告应当就被告未提前三十日通知解除劳动合同而对其造成的损失进行举证。原告提供的增值税专用发票抵扣联、上海市××公司发票联、汤某和与李某共同出具的证明仅能证实原告支付过票据载明的费用,而无法证明即是原告主张的原料报废损失和电费损失,原告也未能举证证明相应费用的产生和被告的离职存在因果关系,故对原告的第一项请求不予支持。

结论四:用人单位主张赔偿无法得到支持的难点在于,无法有效举证证明自身损失的存在,及该损失与劳动者违法解除之间的因果关系。

根据案例检索统计,在大多数涉及本法条的案例中,劳动者单方解除劳动合同行为的违法性能够得到确认,但用人单位要求赔偿的诉请无法得到支持。究其原因,是用人单位主张的经济损失与劳动者违法解除的因果关系难以被认定,以及用人单位因劳动者单方违法解除劳动合同导致的经济损失无法量化举证。

结论五:事先约定的赔偿金额标准不被法院认可。

案例1:上海泰兹电气有限公司(简称泰兹公司)与林某劳动合同纠纷二审民事判决书【案号:(2015)沪一中民三(民)终字第859号】

一审查明(二审确认):泰兹公司作为甲方、林某作为乙方,签订了期限为2013年11月26日至2016年11月30日的《干部劳动合同》(2011.03版),约定:试用期6个月,林某在财务部门担任"网管/数管(岗位)"工作,每月工资4200元。另,上述合同第8.1条载明:"甲、乙方无法定理由提前单方面解除本合同给对方造成经济损失的,应按损失的程度依法承担赔偿责任。乙方无法定理由提前单方面解除本合同,且无法确定给甲方所造成的经济损失的具体数额的,双方一致同意该赔偿数额按照乙方前12个月的月平均实际收入计算。乙方工作不满12个月的,以实际工作的月份折算赔偿金额。"

本院认为:《中华人民共和国劳动合同法》第三十七条对于劳动者无理由解除劳动合同的情形作了明确规定,即只要劳动者提前三十日以书面形式通知用人单位,就可以解除劳动合同。该条对于劳动者未履行提前三十日的通知义务,是否需向用人单位支付一个月工资以替代提前通知期,并未作出规定。

《中华人民共和国劳动合同法》第九十条中规定了劳动者违反本法规定解除劳动合同,给用人单位造成损失的,应当承担赔偿责任。根据上述两条法律规定的内容,劳动者无理由解除劳动合同,无需承担支付用人单位一个月工资以替代提前通知期的责任,如给用人单位造成实际损失的,应当承担相应的赔偿责任。因此,劳动者未提前一个月通知解除劳动合同,给用人单位造成了实际损失,是劳动者承担赔偿责任的前提,该损失的举证责任由用人单位承担。

至于双方是否可以事先约定损失的金额或计算方式。鉴于赔偿损失的属性是补偿,弥补非违约人所遭受的损失,该属性决定了赔偿损失的适用前提是违约行为造成财产等损失的后果,如果违约行为未给非违约人造成损失,则不能用赔偿损失的方法来追究违约人的责任。因此,本案中双方事先约定损失的金额不符合赔偿损失的属性,该约定的实质属于事先约定违约金。

又由于劳动法律关系的公法特征决定了劳动合同关系不同于一般民事合同关系完全遵从双方意思自治的特殊性,劳动合同法对于在何种情形下,劳动合同双方可以约定违约金亦作出了一定的限制,即劳动合同法第二十五条规定,只有在劳动者违反服务期的约定或竞业限制约定的情形下,用人单位才能与劳动者约定由劳动者承担违约金,而约定服务期的前提条件是用人单位为劳动者提供专项培训费用,对劳动者进行专业技术培训。本案中,不存在泰兹公司为林某提供专业技术培训并约定服务期的情形,也就不存在适用违约金的前提。

综上所述,泰兹公司与林某预先约定劳动者解除劳动合同赔偿损失的数额,与法有悖,该约定当属无效。泰兹公司未能举证证明因林某未提前三十日通知用人单位解除劳动合同给泰兹公司造成的实际损失,故泰兹公司向林某主张赔偿金,缺乏依据。泰兹公司的上诉请求,本院不予支持。

案例2:朱某某与上海××服务有限公司劳动合同纠纷二审民事判决书【案号:(2011)浦民一(民)初字第42940号】

本院认为:……被告处《员工守则》虽规定员工擅自离职应赔付公司一个月工

资,因该规定缺乏法律依据,故本院不予采纳。现被告未能就其损失提供证据证明,应当承担不利后果。

(五)外省市劳动者因单方违法解除劳动合同被判令赔偿用人单位经济损失的案例及解析

1. 案例:长沙屋里信息技术有限公司(简称屋里信息公司)与张某某二审民事判决书【案号:(2020)湘 01 民终 9568 号】

一审查明(二审确认):……(用人单位与劳动者)约定合同期限为 2018 年 5 月 7 日至 2021 年 5 月 7 日止……担任设计师助理工作。双方约定劳动报酬实行月发工资制,每月的 10 号发放上个月的工资,张某某月工资为 1500 元(离职时劳动者自认为 2000 元)。

2019 年 9 月 10 日,屋里信息公司与北京汉仪科印信息技术有限公司(以下简称汉仪科印信息公司)签订《安卓手机主题技术制作合同》,约定汉仪科印信息公司委托屋里信息公司提供手机主题相关的素材、资源进行打包技术处理,完成符合要求并可在指定手机平台上线的最终主题产品。并约定汉仪科印信息公司将于本协议签署后一个月内,向屋里信息公司提供 30 套不同的主题素材。每一套主题素材完成全部合作平台的主题打包工作并经验收合格后,屋里信息公司可获得报酬人民币 1 200 元整,协议总价为 1 200 元/1 套/3 个平台 x30 套,即 36 000 元整。

2019 年 11 月 13 日,张某某口头以"想去外面看看"为由向屋里信息公司部门负责人提出离职,自 2019 年 11 月 14 日未再至屋里信息公司处工作,后入职与屋里信息公司存在竞争关系的用人单位工作。

2019 年 12 月 24 日,张某某向屋里信息公司出具《关于解除劳动合同的通知函》以屋里信息公司存在违法情形为由,要求屋里信息公司承担相应的法律责任。2019 年 12 月 24 日,屋里信息公司向张某某出具《回函》,就张某某出具的通知函中相关事宜作出回复。

一审法院认为(二审维持):本案的争议焦点为:一、张某某是否应提前三十日向屋里信息公司提出解除劳动合同,其离职行为是否违法;二、张某某是否应向屋里信息公司承担因其离职而造成的损失。

根据《中华人民共和国劳动合同法》第三十七条规定:"劳动者提前三十日以书面形式通知用人单位,可以解除劳动合同。劳动者在试用期内提前三日通知用人单位,可以解除劳动合同。"经审查,张某某以个人原因向屋里信息公司提出离职,并未提前三十日以书面形式通知公司,违反了劳动合同法的规定。

关于屋里信息公司主张要求张某某赔偿因其违法离职给屋里信息公司造成的

经济损失 5 万元的诉讼请求，一审法院认为，根据《中华人民共和国劳动合同法》第九十条规定："劳动者违反本法规定解除劳动合同，或者违反劳动合同中约定的保密义务或者竞业限制，给用人单位造成损失的，应当承担赔偿责任。"

张某某以个人原因提出离职，未提前三十日向屋里信息公司提出解除劳动合同，应当承担相应的赔偿责任。但屋里信息公司未提供充分的证据证明张某某擅自离职给其造成的具体损失，一审法院根据张某某离职前工资标准、工作岗位性质、工作年限以及离职原因与离职后入职的情况，酌情认定张某某应赔偿屋里信息公司损失 8 000 元。张某某主张屋里信息公司存在违反《劳动合同法》的行为，损害其劳动权益，张某某可另行主张权利。

2. 案例解析

法院归纳的争议焦点正是双方诉争之关键，对于用人单位与劳动者双方而言，上述争议焦点实质上构成了劳动者是否应就违法解除劳动合同的行为向用人单位承担赔偿责任的定性和定量之争。

（1）关于定性：

定性方面有两点必须明确：

第一，劳动者的劳动合同至 2021 年 5 月 7 日到期，其于 2019 年 11 月 13 日以"想出去看看"为由提出离职，并于次日及之后不再出勤。结合劳动者的劳动合同期限、解除理由、解除时间，确可认定劳动者方违法解除劳动合同。

第二，劳动者虽于 2019 年 12 月 24 日向用人单位出具《解除劳动合同通知书》，更换解除理由为本法第三十八条。但解除权系形成权，在意思表示到达对方时立即生效，故应以劳动者第一次的解除理由（并已到达用人单位）为准，劳动者后续更换的解除理由的行为不应作为仲裁/法院裁判的依据。

（2）关于定量：

定量方面有三点需要注意：

第一，用人单位提供了其作为乙方与第三人公司的商事合同，商事合同约定的预期收益为 36 000 元，并称该商事合同后因劳动者而终止，但该节事实法院并未予以认定；

第二，劳动者从用人单位处辞职后入职了竞争对手公司，存在着过错，一审查明并作为事实予以认定；

第三，根据结论倒推，法院判决劳动者承担的赔偿责任金额 8 000 元等同于 2 个月（工作年限）×2 000 元/月×2 倍，即如因用人单位违法解除劳动合同，应当承担的赔偿金金额。

该案例同上海地区的部分案例一致的是，对于本案，用人单位虽然提供了商事合同、预期收益金额，但商事合同的终止并未得到法院的认定，且该合同终止是否与劳动者违法解除存在因果关系未得到法院认定。按照上海地区的裁判观点,也属于因果关系不清、举证不到位的情形,依法予以驳回诉请。

但湖南省长沙市中级人民法院并未采用上海地区的严格举证责任的做法,而是在认定劳动者违法解除的基础上,参照赔偿金的标准酌情支持了赔偿经济损失的金额。

(六)用人单位方诉讼层面实务建议(劳动者违法解除时)

通过对上海地区案例的大数据检索分析,结合外省市的支持用人单位赔偿请求的案例,就用人单位如何主张损害赔偿才得以被裁判机关支持,在诉讼层面提供以下参考意见。

1. 落实劳动者单方解除劳动合同的违法性

通过固定以下证据以确认劳动者解除行为的违法性:

(1)双方劳动合同的期限。

(2)劳动者提出解除劳动合同的时间。

(3)劳动者提出解除劳动合同的理由(口头或书面)。

(4)最后工作时间(出勤时间)。

2. 明确劳动者违法解除与所主张的经济损失之间的因果关系

通过固定以下证据以明确因果关系:

(1)劳动合同及岗位说明书所载明的劳动者的岗位。

(2)该岗位在劳动者解除劳动合同时的工作量情况,旨在证明解除时不能临时/紧急缺少工作人员。

(3)用人单位因该岗位临时/紧急空缺导致了商事合同被解除/终止。

(4)用人单位因该岗位临时/紧急空缺而招录新员工产生的额外成本及相应协议(如通过猎头公司招聘)。

(5)用人单位因该岗位临时/紧急空缺而不得不花费更高的薪资标准聘用接替者。

(6)用人单位因劳动者未能及时交接而被第三方索赔或受行政处罚。

(7)用人单位因劳动者未能及时交接而导致关键数据无法导出或灭失。

(8)用人单位因劳动者未能及时交接而导致关键账户无法使用/登录/被禁用/导致支付额外的成本。

3. 明确经济损失的金额

通过举证以下与劳动者违法解除具备因果关系的证据以明确经济损失的金额:

(1)被解除/终止的商事合同预期利益。

（2）用人单位已经就被解除/终止的商事合同赔偿了相应金额（如已就该合同纠纷被提起诉讼并判决赔偿最佳）。

（3）用人单位已因该商事合同产生了其他损失。

（4）用人单位支付给猎头公司额外费用/加急费用（在法院要求不高的情形下，可以将支付给猎头公司的全部费用纳入）。

（5）用人单位支付给接替者的高于原标准部分的薪资待遇。

（6）用人单位遭受行政处罚的决定书。

（7）淘宝/支付宝等扣除押金/罚款/缴纳滞纳金的书面依据。

（8）账户重置的开销/费用等。

（七）用人单位方非诉层面实务建议（劳动者违法解除时）

通过对上海地区案例的大数据检索分析，以及外省市的支持用人单位赔偿请求的案例，结合劳动法实务工作中的操作经验，在非诉层面就企业日常用工风险防范提供以下参考意见：

（1）在劳动合同及规章制度中明确员工必须依法行使解除权，否则在法定期限内（即十五日）用人单位有权不予办理退工手续、开具离职证明。

（2）在劳动合同及规章制度中明确员工离职时必须交接，未完成交接人员的提成/绩效/奖金暂不发放（部分用人单位甚至在规章制度中载明未完成交接或提前离职不发放提成/绩效/奖金，但直接取消并不能得到法院100%的支持），不予办理退工、出具离职证明。

（3）在劳动合同及规章制度中明确员工违法解除劳动合同时的赔偿范围，包括但不限于招聘成本（如雇佣猎头的费用）、岗位接替者的签字费、商事合同被提前终止/解除的实际损失和预期利益损失、用人单位的维权费用等。

（4）在劳动者非因法定理由提出立即辞职时，固定劳动者的解除时间和理由，并明确回复不同意立即辞职，要求按照法律规定履行提前三十天通知的义务，以其提出辞职之日作为起算点。

（5）在劳动合同及规章制度中设立威慑性条款，例如明确员工离职时若为违法解除，双方合意当违法事实存在而实际损失暂时无法计算时，劳动者暂以×××××元赔付，待实际标准能够明确时多退少补。

（6）若劳动者违法解除劳动合同导致商事合同的履行出现问题，用人单位不宜主动妥协，应等待商事合同的相对方提出的索赔主张实现以便固定证据（需从劳动法和民法典合同编的角度权衡利弊）。

（7）用人单位应就劳动者违法解除劳动合同后，产生的一切损失或成本，保留书面的材料，以作为后续诉讼的证据。

二、关于劳动者违反保密义务的法律责任的专题解析

（一）劳动法体系下违反保密义务的法律责任

在劳动法体系下,劳动者违反保密义务的法律责任主要分为两部分,一部分是劳动关系能否存续的法律责任,对应本法第三十九条,用人单位无需支付解除劳动合同的经济补偿或赔偿金;另一部分是劳动者对用人单位的赔偿责任,对应着本条,劳动者需向用人单位赔偿经济损失。

1. 劳动者违反保密义务可能承担劳动合同被合法解除的法律后果

《劳动合同法》

第三十九条　劳动者有下列情形之一的,用人单位可以解除劳动合同:

（二）严重违反用人单位的规章制度的;

（三）严重失职,营私舞弊,给用人单位造成重大损害的;

（六）被依法追究刑事责任的。

保密义务作为劳动合同的附随义务,是劳动者在履行劳动合同过程应当承担的法定义务之一,在大多数用人单位的规章制度中亦会要求员工对公司的商业秘密承担保密的义务。

依据上述法条,结合实务经验,在发生劳动者泄密事项时,用人单位通常会选择与其解除劳动合同,其法律依据一般为上述法条的第（二）项,并通过援引《员工手册》或其他规章制度中的保密条款和解除条款,将劳动者的泄密行为与规章制度中的禁止行为相对应,同时结合解除条款中对该行为的程度定义,对应至"严重违反规章制度"的程度（即达到立即解除劳动合同的程度）。

若劳动者违反保密义务的行为不仅仅是泄密,还存在着为自身谋私利的行为,则可能涉及"营私舞弊"。在此情况下,如果亦符合"给用人单位造成重大损害"要件,则用人单位可依据第（三）项解除双方劳动合同。

若劳动者违反保密义务的行为已经"被依法追究刑事责任",则用人单位可直接依据第（六）项解除双方之间的劳动合同。

值得注意的是,用人单位依据第三十九条第（二）项解除双方劳动合同的,必须有着相应的规章制度做支撑,且由于该规章制度已经影响到劳动者的根本性权利,该规章制度必须经过民主程序制定,并向劳动者送达、签收,才能依法适用于违纪的劳动者。

无论用人单位依据的是上述三项中的哪一项,解除的意思表示在到达劳动者时,双方劳动关系即宣告解除,且依法无需支付经济补偿。

2. 劳动者违反保密义务可能需对用人单位的经济损失承担民事赔偿法律责任

依据本条的规定,劳动者违反了保密义务,并且给用人单位造成损失的,应当

承担赔偿责任。

法条的规定虽然清晰、明确,但是在实际操作中难度巨大,用人单位必须向裁判机关进行充分举证,以证明如下四点:

(1) 双方明确约定了保密义务。

(2) 劳动者违反了相应的保密义务。

(3) 用人单位产生了实际的经济损失。

(4) 用人单位的经济损失与劳动者的泄密行为存在因果关系。

前两点的实操难度并不大,保密义务的约定一般会体现在劳动合同或者保密协议中。在劳动者因泄密被解除劳动合同,而向用人单位主张赔偿金的案件中,用人单位也需要举证双方关于保密义务的约定(劳动合同)或规章制度,以及劳动者违反了相应保密义务的客观事实。

而(3)往往是用人单位难以举证的部分。在用人单位起诉劳动者要求赔偿经济损失的案件中,通常因无法举证己方的实际损失而败诉,即劳动者确实存在泄密的行为,但实际损害可能并未发生,或用人单位无法计算具体的损失金额。由于违反保密义务对应的法律责任是损害赔偿,而非违约责任,用人单位的诉请无法得到支持。

最后,即使用人单位举证了实际损失,还需承担对因果关系的举证义务。若无法证明上述损失与劳动者的泄密行为存在因果关系,则用人单位主张仍无法得到裁判机关的支持。

3. 上海地区劳动者违反保密义务案例检索报告——用人单位依据本条主张劳动者赔偿违反保密义务的经济损失的大数据分析

(1) 本检索报告依托范围及复现办法。

检索平台:威科先行。

检索范围:上海地区法院已生效案例。

复现办法:https://law. wkinfo. com. cn/judgment-documents/listftip,选择"全文",输入关键字"劳动""泄密""商业秘密",选择审理法院为"上海市",选择案由为"劳动合同纠纷"。

经查阅及调整,上海地区自2008年至2022年涉及本法本条本款情形的生效案例,共计6件,均归入竞业限制纠纷的子案由,其中用人单位1起胜诉,其余5起均败诉。

(2) 用人单位败诉原因归纳。

案例1:共颖信息科技(上海)有限公司(简称共颖公司)与姚某劳动合同纠纷一审判决书【案号:(2019)沪0104民初1487号】

本院认为:对于第二项诉请(违反保密义务的经济损失),共颖公司提出姚某在职期间利用公司资源经营相关业务,故应赔偿经济损失 10 000 000 元,但未就该损失提供相应证据予以证明,故本院不支持该项诉请。

判例解析:

在该案件中,对于劳动者违反保密义务的行为、劳动者和用人单位之间的关于保密义务的约定,均已经得到法院的认定,但用人单位未就实际经济损失提供相应证据,因此未能得到法院的支持。

在另外一案中【案号:(2012)沪一中民三(民)终字第 491 号】,用人单位因同样的情形败诉。

案例 2:××信息科技有限公司与王某竞业限制纠纷一审判决书【案号:(2013)嘉民四(民)初字第 714 号】

本院认为:"管家婆"软件系原告授权使用的软件,并不是原告研发或经营形成的商业秘密;同时,原告未举证证明"×公司"使用的"管家婆"软件系被告违法取得的,因此,原告尚无证据证明被告在职期间存在泄露、告知、公布、发布、出版、传授、转让或者其他任何方式使任何第三方知悉属于原告或者虽属于他人但原告承诺有保密义务的商业秘密的行为,故原告要求被告返还 2009 年 8 月 17 日至 2013 年 3 月 28 日间已付保密费的请求,没有事实依据,本院难以支持。相关法律未规定劳动者泄露商业秘密应承担违约金,因此,双方就此所作的约定没有法律依据;况且,原告亦未举证证明被告存在泄露商业秘密的事实,故原告要求被告支付违反保密协议违约金的请求,没有事实及法律依据,本院不予支持。

判例解析:

在该案件中,用人单位未得到支持的原因有三处:

① 该软件不属于用人单位的商业秘密。用人单位的软件系统并非自行研发,可以通过市场渠道向第三方申请授权使用。

② 无证据证明劳动者泄露商业秘密。用人单位未提供有效证据证明劳动者泄露了商业秘密。

③ 法律未规定劳动者泄密应承担违约金。依据本法的禁止性规定,不允许用人单位在劳动关系中与劳动者约定除竞业限制和培训服务期以外的其他违约金。

在另外一案中【案号:(2012)徐民五(民)初字第 916 号】用人单位败诉情形相同。

(3) 胜诉案例分析。

高某某与上海纬乾液压自动化系统有限公司(简称纬乾公司)竞业限制纠纷上诉案二审判决书【案号:(2019)沪 02 民终 7553 号】

一审法院认定事实如下(二审维持):两份《劳动合同》均有约定:(保密约定)高某某在合同期内不得从事任何与企业利益相竞争或抵触的行为,不得兼任同行业其他单位职务或持有股份,高某某承诺如违反将承担相应责任,并按纬乾公司实际损失金额 25 倍赔付违约金,最低不少于 100 000 元;(竞业限制约定)高某某自离职后五年内不得自营或为他人经营与纬乾公司有竞争的业务,不得泄露在纬乾公司工作期间接触的技术参数、图纸及客户资料,违反的则按纬乾公司实际损失金额赔付违约金,最少不低于补偿金的 5 倍。

纬乾公司与上海瑞吉机械传动技术有限公司(以下简称瑞吉公司)是关联公司,法定代表人同为一人,股东重合。

鄠磊公司于 2016 年 4 月 8 日登记成立,高某某自始是股东。鄠磊公司经营范围包括:五金交电、机械设备、劳防用品、消防器材、机电设备、电子产品、化工产品及原料、仪器仪表、服装鞋帽,从事机械设备技术、电子技术领域内的技术开发、技术转让、技术咨询、技术服务等。

2016 年 12 月至 2017 年 9 月即高某某在纬乾公司就职期间,以鄠磊公司名义自瑞吉公司订购联轴器等货物,后转卖第三方。纬乾公司称共计发生订购交易 7 笔,分别为:①2016 年 12 月 9 日,合同总价 1 150 元;②2016 年 12 月 15 日,合同总价 3 450 元;③2017 年 2 月 27 日,合同总价 3 450 元;④2017 年 3 月 16 日,合同总价 4 680 元;⑤2017 年 5 月 17 日,合同总价 3 190 元;⑥2017 年 8 月 11 日,合同总价 11 340 元;⑦2017 年 9 月 30 日,合同总价 19 980 元。高某某称 2016 年 12 月 9 日的订单实际并未履行,并就另 6 笔交易提供与第三方签署的买卖合同,合同载明总价与上述②—⑦对应:5 700 元、5 700 元、7 155 元、4 257 元、15 600 元、19 700 元。

另,离职当日,高某某与纬乾公司法定代表人及人事部主管有过对话,审理中纬乾公司提供录音资料一份。录音可见,人事主管说"我们做了调查,发现你利用公司这个平台,卖公司的产品给你,中间赚取差价"。高某某回复"我从中没有赚一分钱,我没有办法选择,很多客户他自己想赚中间差价,这只是一种操作形式","我承认这个事情是我做得不对","我不想说对公司、瑞吉还有什么想法,我完全可以坚持到年底,谈下年终奖,但没有谈,是觉得给公司带来损失⋯⋯"当日高某某还签署《离职申请》,具明:因个人原因申请离职。高某某同时签署《承诺书》,言明:离职后不做任何与公司有竞争关系的产品及业务,不泄露、使用与公司产品有关的技术信息及文件。

一审法院认为(二审维持):经查,高某某在就职纬乾公司期间曾任逊麦公司股东、担任鄠磊公司股东,逊麦公司、鄠磊公司与纬乾公司经营范围重合,纬乾公司认定两公司是竞业公司尚属有据可依,且高某某以鄠磊公司之名入货后加价转售,实系从事竞业业务,不论高某某所称的系为维系纬乾公司客户而为、没有竞业主观恶意是否属实或成立,从行为性质与结果而言,上述行为系违反合同关于保密条款的约定。

同理,不因查证金额大小、主观恶意程度大小而改变违约行为的认定。高某某故当承担上述违反保密及竞业义务的违约之责。

《劳动合同》虽就两项违约行为均设违约金,但一方面高某某以损失 25 倍、不低于 100 000 元或补偿金 5 倍等约定显属过高为由请求调整,一方面纬乾公司自行确认诉请虽冠名违约金,但实系自行估算的损失,故一审法院结合法律相关规定及全案事实,就纬乾公司主张的违反保密义务违约之责及违反竞业限制义务违约之责作出相应调整。

虑及高某某不当行为性质与程度、纬乾公司藉此势必造成的损失、高某某在职与离职时长、在职时工资收入等因素,一审法院酌情确定高某某赔偿违反保密义务损失 12 022 元,违反竞业限制义务违约金 168 480 元。

应言明,竞业限制期限依法最长不超离职后二年,合同关于超过部分的约定没有效力,高某某无需履行。纬乾公司称违反保密义务亦系违反劳动纪律,就此主张赔偿损失 100 000 元没有依据,一审法院不予支持。

判例解析:

关于保密义务的确定:双方通过《劳动合同》对于保密义务进行了明确的约定。记载于劳动合同中的约定,无须考虑民主程序和送达的问题。

关于泄密行为的确定:劳动者利用职务之便,泄露公司商业秘密、利用公司客户资料,与自有公司进行自我交易,将货物倒卖给公司的现有客户。

关于实际损失的确定:本案中,对于用人单位实际损失金额的固定,系劳动者及其掌控的企业通过用人单位及其关联公司购买产品并转售给第三方的差价。经计算,该 6 笔经劳动者自认、一审法院查明的订单的差价恰为 12 022 元,与一审法院支持的违反保密义务的损失金额相吻合,这也体现了填平原则在此类纠纷中的作用。目前我国在侵权类纠纷中的损害赔偿仍以填平被侵权人的实际损失或预期利益损失为主,惩罚性赔偿较少,只有在消费者权益保护等小部分领域,才存在着惩罚性赔偿的规则。

结合本案,无论劳动者的行为如何恶劣,或者用人单位的隐形损失有多大,裁判机关仍根据可实际计算的损失来确定最终的判决金额。

(4)保密义务的履行并不以用人单位支付保密费为对价。

案例:丁某某与上海市对外服务有限公司、雅泰地产咨询(上海)有限公司(简称雅泰公司)劳务派遣合同纠纷案一审判决书【案号:(2015)浦民一(民)初字第5612 号】

本院认为,用人单位与劳动者可以在劳动合同中约定保守用人单位的商业秘密和与知识产权相关的保密事项。虽然雅泰公司与原告的合同附件三"保密和竞业限制承诺"中,原告承诺保守雅泰公司的相关保密信息,并认同该保密信息的基础价值为 50 万元,但该附件中并未约定,原告履行了上述保密义务,其可向雅泰公司要求支付同等价值的补偿金或赔偿金,因此原告要求雅泰公司支付保密协议的赔偿金 50 万元的请求,无事实和法律依据,本院不予支持。同理,虽然上述合同附件三中明确,原告承诺如因其本人原因有任何违反合同项下义务,其同意支付雅泰公司违约金 25 万元,但该附件中并未约定,原告未违反合同项下义务,其有权要求雅泰公司支付 25 万元,因此原告要求雅泰公司支付违反合同约定的赔偿金 25 万元的请求,亦无事实和法律依据,本院亦不予支持。

判例解析:

保密义务和竞业限制义务通常作为紧密结合的一对法律义务出现在实务中,但两者有着本质的区别。

竞业限制是对劳动者就业权的限制,该权利属于劳动者自身权利、宪法性权利;竞业限制协议的存在,将使劳动者的就业范围受到较大程度的限制。

特别是在当前社会市场经济高度分工的情形下,劳动者往往在较长时间的职业生涯中,均从事的是同一领域/同一行业的同一岗位,竞业限制协议的存续使得劳动者在离职后 2 年或约定的时间内不得从事与原职业相关的业务,使原有几年、几十年积累的工作经验和资源无法使用。

在此种情形下,劳动者的收入、寻找工作的可能性均受到了极大约束,这也是法律明确规定即使用人单位与劳动者在竞业限制协议中并未约定竞业限制补偿金,劳动者亦能够依据法定标准主张。

保密义务则与之不同,保密义务只需要劳动者在离职/在职期间,不违反原用人单位的保密义务、不泄露相关秘密信息。这不影响劳动者在离职后从事任何其他工作,劳动者的就业可能性、收入情况并不因其遵守了保密义务而降低。因此,当前劳动法律法规并未设置法定的保密费作为劳动者遵守保密义务的对价。

《最高人民法院关于审理劳动争议案件适用法律问题的解释(一)》(法释〔2020〕26 号)

第三十六条 当事人在劳动合同或者保密协议中约定了竞业限制,但未约定解除或者终止劳动合同后给予劳动者经济补偿,劳动者履行了竞业限制义务,要求用人单位按照劳动者在劳动合同解除或者终止前十二个月平均工资的 30%按月支付经济补偿的,人民法院应予支持。

前款规定的月平均工资的 30%低于劳动合同履行地最低工资标准的,按照劳动合同履行地最低工资标准支付。

(5)总结。

关于涉及保密纠纷的案由确定:在劳动争议案件中,用人单位因劳动者违反保密义务起诉要求赔偿的案件,基本上均归类于竞业限制纠纷子案由。

关于违反保密义务的一般行为模式:员工违反保密义务的行为模式区分为两种,一种是仅对保密义务的违反,如将公司的商业秘密泄露给第三方;另一种则是既违反了保密义务,同时亦违反了竞业禁止,如员工入职了与原用人单位属于同业竞争的公司,并泄露了原用人单位的商业秘密。

关于违约条款的法律效力:根据《劳动合同法》的规定设定违约条款的情形只能是法定情形,而无法由用人单位与劳动者自行约定,故而保密责任不能设置违约金,即使约定了,也属无效条款。

关于赔偿损失:在劳动者违反保密义务引起的纠纷中,最大的疑难点在于用人单位无法举证自身的实际经济损失,而人民法院在此类案件的审理中(上海地区),不采用判定违约后直接酌定损失金额的方式来判决,而是必须要求用人单位明确举证证明自身的实际损失。

关于裁判结果情况:基于本法调整下的涉及保密义务赔偿损失的案件,以用人单位败诉为主。在部分案件中,用人单位能够得到确认劳动者的行为违反保密协议的认定,但往往因为无法证明自身的经济损失(或不存在损失)而无法就损失部分得到裁判机关的支持。

(二)普通民事法律中劳务合同体系下的违反保密义务的法律责任

1. 劳务合同体系下的大数据分析

(1)本检索报告依托范围及复现办法。

检索平台:威科先行。

检索范围:上海地区法院已生效案例。

复现办法:使用 https://law.wkinfo.com.cn/judgment-documents/list7tipw 网址,选择"全文",输入关键字"劳动""泄密""商业秘密",选择审理法院为"上海市",选择案由为"劳务合同纠纷"。

经检索,上海地区自 2008 年至 2022 年涉及本法本条本款情形的生效案例,目前共计 5 件,均归入"劳务合同纠纷"的子案由,其中用工单位 2 起胜诉,其余 3 起败诉。

(2)用工单位败诉原因解析。

案例1:上海宝力路润滑工程有限公司与张某某劳务合同纠纷一审民事判决书【案号:(2014)虹民四(民)初字第 1973 号】

本院认为:根据原、被告陈述,2007 年 4 月起双方建立的并非劳动关系,无论是劳务关系抑或合作关系,就此关系而言,双方之间的权利义务不再受劳动法律关系的调整,而应由民事法律规范调整,即按"有约定从约定"的原则执行,但双方对保密事项未再有新的约定。因此,原告主张原劳动合同及保密协议继续履行,并无事实和法律依据。

再者,原被告在原劳动合同、保密协议中均未对违约金及金额有具体约定,所以即使被告应承担违约责任,在双方无约定的情况下原告要求被告支付违约金,亦没有事实和法律依据。

综上,原告现以劳务关系为双方基础法律关系,以原劳动合同和保密协议为依据,主张被告自 2012 年 11 月起,违反保密协议、竞业限制,要求被告承担违约金的诉请,于法无据,本院不予支持。

判例解析:

若双方处于劳务关系中,不受《劳动合同法》调整,保密义务不再属于法定义务。故在对保密义务缺乏约定的情况下,即使劳动者出现了泄密行为,用人单位也无法要求劳动者支付违约金。

案例 2:上海九艺生物科技有限公司与郑某某劳务合同纠纷一审民事判决书【案号:(2014)闵民一(民)初字第 3802 号】

本院认为:就原告主张被告承担违反保密协议的损失 500 000 元之诉请,本院认为,被告虽然在保密承诺书中签名,但原告从未支付过被告有关履行保密义务的对价。且原告就其主张的 500 000 元,并未提供充分有效之证据证明。综上,原告此项诉请,本院实难支持。

判例解析:

用工单位未就保密义务支付相应对价(注:本案双方在保密协议中约定了对价),且该保密协议约定的违约责任为赔偿损失,而非违约金。关于赔偿损失的界定,裁判机关对于双方之间为劳务关系还是劳动关系并无区别,均遵循"谁主张谁举证"的原则。若用工单位未能就被泄密产生的实际损失进行举证,则自行承担不利后果。

案例 3:上海筑诚会计服务有限公司(简称筑诚会计公司)与范某某劳务合同纠纷二审民事判决书【案号:(2020)沪 01 民终 7565 号】

一审查明(二审确认):合同还就其他事项进行了约定。同日,双方还签订《保密及禁止披露协议》,约定为确保员工严格遵守合同约定,公司向员工支付保密费 300 元/月。

本院认为:本案中,范某某与筑诚会计公司解除劳务关系后,仍继续为筑诚会计公司原三家客户单位提供记账服务,虽然筑诚会计公司的既有客户流失确已成为事实,但现有证据无法反映范某某继续为该三家单位提供记账服务与违反《劳务合同》《保密及禁止披露协议》之间有何直接关系。

判例解析:

若用人单位无法证明劳动者存在违反保密义务的行为,或者说损害结果的发生与劳动者之间存在因果关系,即使能够举证存在实际损害的发生,也会因无法证明是员工的违约行为导致的而无法得到裁判机构的支持。

2. 小结

(1) 在劳务关系中允许约定违反保密义务的违约金。

劳务关系与劳动关系两个体系最大的区别在于,劳务关系不再受《劳动合同法》调整,受到《民法典》的调整,双方之间属于普通民事合同关系。因此,用工单位可以直接与劳务人员约定违约金。在劳务人员发生违反保密义务的情况下,用工单位可以要求其支付违约金,不再局限于损害赔偿的请求,主张违约金时亦无须就其自身的经济损失进行举证。

(2) 退休返聘人员的保密协议需要重新约定。

在当前人力资源实务层面,存在着大量的用人单位与劳动者从劳动关系自然过渡到劳务关系的情况。此类法律关系转变的原因大多为劳动者达到法定退休年龄或依法享受退休养老保险待遇,劳动关系因法定情形而自然终止。

在此种情形下,双方当事人均未发生变化,但法律关系发生了性质上的变化。部分裁判机关认为员工退休后与单位建立的是劳务关系,之前劳动关系期间的合同、约定均因劳动关系的法定终止而不再适用。如用工单位在该员工退休后仍需其继续履行保密义务,应当与其重新约定。

笔者认为,该观点存在争议,在劳动合同纠纷的案件中,无论劳动者系在职还是离职,保密协议对其始终有效,且在绝大多数的保密协议文本中亦会约定"无论乙方是否离职、离职出于何种原因,保密协议始终有效"或"本保密协议不因乙方的离职而失效"。因此,从理论的角度,该观点可能确实失之偏颇,但从实务的角度出发,仍然建议用人单位在员工退休后与其重新约定保密义务(或在劳务合同中记载保密义务)。

(3) 保密费应当依约支付。

劳务关系与劳动合同关系不同,劳务关系作为普通民事法律关系,其遵循民法的契约精神,不受《劳动法》或《劳动合同法》之类的特别法的调整。在劳务关系中,若双方约定员工在履行保密义务的同时,用工单位需要支付相应保密费,那么员工在发生违反保密义务的行为后,在法理上可援引用工单位未履行在先义务进行抗辩。此时,用工单位要求劳动者支付违约金的主张可能因此而败诉。

但笔者认为,在实践中,即使用工单位未支付保密费用,劳动者并不当然可以直接违反保密义务。原因在于,劳动者与用工单位基于合同关系而互负责任和义务。在一方未履行合同义务时,另一方得以主张违约责任或要求解除该合同关系,而不能以违约对抗违约。即,在用工单位未按约定支付保密费用时,员工取得的是要求用工单位支付保密费用以及要求承担违约责任的权利，而不是员工可以免除自身保密义务的权利。只有当员工基于用工单位的违约行为而要求解除保密协议后，方不受保密协议的约束。

另外，在劳务关系下，若劳动者与用工单位约定了保密费用，则用工单位应当支付。但若双方仅约定劳动者需遵守保密义务，而未约定用工单位支付保密费用，一般认为保密义务的对价已经包含在用工期间的劳务报酬中，用工单位无须再行支付保密费用。

（4）劳务人员就违约责任承担与损害赔偿责任的性质不同。

由于劳务关系不受《劳动合同法》的调整，用工单位与劳动者可以直接在保密协议中约定违约条款。当劳务人员发生违约行为时，用工单位得以起诉至人民法院要求其直接承担违约责任（如：支付违约金）。

若双方仅约定保密义务，未约定违约责任，用工单位只能按照与本专题第一节相同的办法，举证自身因劳动者的泄密行为而产生了实际经济损失，并依据《民法典》要求劳务人员承担损害赔偿责任（包括但不限于赔偿经济损失）。

（5）非诉实务建议。

用工单位应充分了解到劳务关系与劳动关系在涉及保密协议时存在的巨大差异，在与员工建立劳务关系时，按照普通民事法律关系来对待，而不能与劳动关系混淆。保密协议的拟定和起草应当按照民商事合同的要求尽可能约定完整及明确，对泄密行为作出定义，并设定相对应的违约责任。必要时，可以同时就维权费用的承担作出约定。

用工单位应当特别注意退休返聘人员的保密协议管理，建议在员工退休返聘时，重新订立基于劳务关系而制定的保密协议。单独订立保密协议存在障碍的，可将相应的保密义务及违约责任条款糅合到劳务合同中。

如双方约定用工单位需支付保密费用，亦建议在劳务费用之外单独进行约定，并在支付时，与劳务费用区分支付，以便证明用工单位已实际履行了支付保密费用的义务。

（三）反不正当竞争法体系下违反保密义务的法律责任

侵害商业秘密民事纠纷主要分为：侵害经营秘密纠纷、侵害技术秘密纠纷。引发诉讼的主要原因一般为行为人不正当地获取、披露、使用或允许他人使用未被披露或未被授权使用的被侵权人之商业秘密。

例如，劳动者离开原用人单位后，向第三人或向由自身、近亲属设立的公司，私自泄露、使用原用人单位商业秘密，从而违反保密条款约定，侵害原用人单位的合法权益。

在反不正当竞争法体系下,最重要的一环且与本法交叉的一块即:劳动者泄露用人单位的商业秘密。因此,本法本条所涉及的劳动者违反保密义务的法律责任,可能同样适用于反不正当竞争。

1. 反不正当竞争法体系下的大数据分析

本检索报告依托范围及复现办法。

检索平台:威科先行。

检索范围:上海地区法院已生效案例。

检索时间:2023 年 5 月 3 日。

复现办法:使用"https://law. wkinfo. com. cn/judgment-documents/list?tip="网址,选择"全文",输入关键字"劳动""泄密""商业秘密",选择审理法院为"上海市"。

经检索,上海地区自 2008 年起涉及本法本条本款情形的生效案例,截至 2023 年 5 月 3 日共计 30 件,其中 10 件归入"侵害技术秘密纠纷"的子案由,20 件归入"侵害经营秘密纠纷"的子案由。分析相关案件裁判结果,用人单位在侵害技术秘密纠纷案件中的胜诉率为 80%,在侵害经营秘密纠纷案件中的胜诉率为 70%。

2. 商业秘密的类型

涉及商业秘密的民事案件子案由有两项,分别为:侵害经营秘密纠纷和侵害技术秘密纠纷。

商业秘密包括技术信息、经营信息以及其他商业信息。

技术信息主要包括与技术有关的结构、原料、组分、配方、材料、样品、样式、植物新品种繁殖材料、工艺、方法或其步骤、算法、数据、计算机程序及其有关文档等信息。

经营信息主要包括与经营活动有关的创意、管理、销售、财务、计划、样本、招投标材料、客户信息、数据等信息。

其他商业信息是指符合商业秘密构成要件,除技术信息、经营信息以外的商业信息。

根据大数据分析结论,实务中商业秘密类型中的"其他"未见到,侵害商业秘密类型的纠纷只有技术信息和经营信息两类。

与《劳动合同法》关联度最高的情形为侵害公司经营秘密类商业秘密,究其原因在于公司经营秘密归属及侵权人侵害商业秘密的行为与劳动关系有着密切的联系。

3. 商业秘密范围的确定

在侵害公司商业秘密纠纷的司法实践中,用人单位作为原告往往出于尽可能扩大保护范围的目的,或者对法律规定、涉案技术内容不熟悉等原因,在起诉时会主张一个较为抽象、宽泛的商业秘密范围,甚至可能会包括一些为公众所知悉的信息。

但依据《反不正当竞争法》及其司法解释的规定,此类诉讼中,用人单位作为原告应完成以下几个步骤:

(1) 必须先行明确其主张商业秘密保护的范围。在立案或案件审理之初,原告所主张的商业秘密保护的范围一般较为宽泛,审理法官会通过多次释明的方式要求原告从两个方向缩小所主张的"商业秘密"的范围:

属于商业秘密的公司秘密或信息才能成为被侵权的对象。《反不正当竞争法》与《劳动合同法》有着显著的区别,泄露公司信息可能构成违纪或严重违纪,但《反不正当竞争法》仅保护构成商业秘密的信息,两者的范围存在着显著差异。关于《反不正当竞争法》调整的商业秘密的范围,将在后续篇章中详述。

被侵权的商业秘密才纳入案件诉争范畴。对于诉讼案件而言,并非用人单位的所有商业秘密均应被列入案件的审理过程中,应仅限于被侵权、被泄露的商业秘密。

(2) 必须提交相应证据。商业秘密属于秘密的范畴,而因为民事诉讼中证据必须与对方进行交换的规则,部分用人单位在很多时候并不愿意披露自己的商业秘密,担忧自己的商业秘密可能原本未完全或大范围泄密,但在诉讼过程中反而因举证规则被对方完全得知,尤其是针对某些技术秘密和客户名单。

但就诉讼本身而言,用人单位作为原告理应尽到合理举证义务,就被侵害的商业秘密进行举证,证明该商业秘密的客观存在、商业秘密的归属,以及是否具有商业秘密的属性。从法理上讲,认定被侵害的对象亦是案件审理的重要环节,并不因为该对象属于商业秘密而减轻用人单位的举证义务。

(3) 确定技术信息保护的范围。

原告主张有关技术信息构成技术秘密的,应当明确构成技术秘密的具体内容,并将其与公众所知悉的技术信息予以区分和说明。

如原告主张设计图纸或生产工艺构成技术秘密的,应当具体指出设计图纸或生产工艺中的哪些内容、环节、步骤构成技术秘密。原告坚持其主张的技术信息全部构成技术秘密的,应当明确该技术秘密的具体构成、具体理由等。

(4) 确定经营信息保护的范围。

原告主张有关经营信息构成经营秘密的,应当明确构成经营秘密的具体内容,并将其与公众所知悉的经营信息予以区分和说明。

在审判实践中,涉及"客户信息"商业秘密案件的审理难度较大。随着信息网络技术的发展,检索、搜集特定客户信息的难度已显著降低。《侵犯商业秘密民事案件司法解释》中已不再使用"客户名单"的表述,而是使用"客户信息",该信息包括客户的名称、地址、联系方式以及交易习惯、意向、内容等信息。如原告主张其经营信息构成客户信息,应当明确其通过商业谈判、长期交易等获得的独特内容(譬如交易习惯、客户的独特需求、特定需求或供货时间、价格底线等),而不能笼统地称"××客户"构成客户信息,避免将公众所知悉的信息纳入商业秘密保护范围。

上述司法解释将"客户名单"修改至"客户信息"的变迁是符合时代背景的,也更贴合市场经济实际。在互联网时代之前,普通企业通常需要通过陌生拜访、参加展会、购买黄页等渠道来获取客户的联系方式、地址等信息,此时的客户名单都是企业花费了大量时间、精力及金钱成本而产生的,具有独特的价值属性和秘密属性。而随着互联网时代来临,企业能够通过各种网站直接快速、廉价地获取目标客户的注册地址、联系地址、联系电话等信息,并且在某些 App 中就可以实现通过某些特定信息(如股东姓名、实际控制人姓名)搜索到相应企业。

企业的信息更加透明化、公开化,企业获取客户名单所耗费的时间及成本大为降低,使得单纯的客户名单不再具有特殊的秘密属性以及昂贵的市场价值属性,导致在司法实践中并不能当然作为商业秘密进行认定。

4. 商业秘密的构成要件

确定一项商业信息是否符合商业秘密的构成要件,既不以原告的陈述为依据,也不因原被告双方确认而确定,人民法院认定商业秘密的主要依据是《反不正当竞争法》第九条第四款,及《最高人民法院关于审理侵犯商业秘密民事案件适用法律若干问题的规定》第三、四、五、六、七条等规定的内容。

人民法院在审查该信息是否构成商业秘密时,关注的是:该信息在被诉侵权行为发生时是否"不为公众所知悉"、是否具有"商业价值"。同时,用人单位在被诉侵权行为发生以前是否对该信息采取了必要的"保密措施"。只有满足以上全部要件的,人民法院才认定原告主张的信息构成商业秘密。

需要注意的是,商业秘密只是某种信息,而不是载体,因此应当将某种信息认定为商业秘密,而不能将承载该信息的载体认定为商业秘密。

例如,某一化合物为公众所知悉,其本身可能是商业秘密的载体,但并不能成为商业秘密的保护对象。能够作为商业秘密保护的只能是该化合物的配方、制造、加工或者储藏的工艺等。

又如,某药企研发出了某个新药,该药物属于商业秘密的载体,并不是商业秘密的保护对象。但该药物的配方、制造方法、加工方式,甚至储藏、运输的工艺都可能成为商业秘密。

法条依据:

《反不正当竞争法》

第九条第四款 本法所称的商业秘密,是指不为公众所知悉、具有商业价值并经权利人采取相应保密措施的技术信息、经营信息等商业信息。

《最高人民法院关于审理侵犯商业秘密民事案件适用法律若干问题的规定》

第三条　权利人请求保护的信息在被诉侵权行为发生时不为所属领域的相关人员普遍知悉和容易获得的,人民法院应当认定为反不正当竞争法第九条第四款所称的不为公众所知悉。

第四条　具有下列情形之一的,人民法院可以认定有关信息为公众所知悉:

(一)该信息在所属领域属于一般常识或者行业惯例的;

(二)该信息仅涉及产品的尺寸、结构、材料、部件的简单组合等内容,所属领域的相关人员通过观察上市产品即可直接获得的;

(三)该信息已经在公开出版物或者其他媒体上公开披露的;

(四)该信息已通过公开的报告会、展览等方式公开的;

(五)所属领域的相关人员从其他公开渠道可以获得该信息的。

将为公众所知悉的信息进行整理、改进、加工后形成的新信息,符合本规定第三条规定的,应当认定该新信息不为公众所知悉。

第五条　权利人为防止商业秘密泄露,在被诉侵权行为发生以前所采取的合理保密措施,人民法院应当认定为反不正当竞争法第九条第四款所称的相应保密措施。

人民法院应当根据商业秘密及其载体的性质、商业秘密的商业价值、保密措施的可识别程度、保密措施与商业秘密的对应程度以及权利人的保密意愿等因素,认定权利人是否采取了相应保密措施。

第六条　具有下列情形之一,在正常情况下足以防止商业秘密泄露的,人民法院应当认定权利人采取了相应保密措施:

(一)签订保密协议或者在合同中约定保密义务的;

(二)通过章程、培训、规章制度、书面告知等方式,对能够接触、获取商业秘密的员工、前员工、供应商、客户、来访者等提出保密要求的;

(三)对涉密的厂房、车间等生产经营场所限制来访者或者进行区分管理的;

(四)以标记、分类、隔离、加密、封存、限制能够接触或者获取的人员范围等方式,对商业秘密及其载体进行区分和管理的;

(五)对能够接触、获取商业秘密的计算机设备、电子设备、网络设备、存储设备、软件等,采取禁止或者限制使用、访问、存储、复制等措施的;

(六)要求离职员工登记、返还、清除、销毁其接触或者获取的商业秘密及其载体,继续承担保密义务的;

(七)采取其他合理保密措施的。

第七条　权利人请求保护的信息因不为公众所知悉而具有现实的或者潜在的

商业价值的,人民法院经审查可以认定为反不正当竞争法第九条第四款所称的具有商业价值。

生产经营活动中形成的阶段性成果符合前款规定的,人民法院经审查可以认定该成果具有商业价值。

5. 认定"不为公众所知悉"要件的原则及方法

"不为公众所知悉"是指认定某信息属于商业秘密的秘密性要件,总体上应当以"权利人请求保护的信息在被诉侵权行为发生时,不为所属领域的相关人员普遍知悉和容易获得"为审查标准。

商业秘密主要涉及技术信息和经营信息,在认定"不为公众所知悉"这一秘密性要件时,两者存在显著的区别。

(1) 技术信息因为其涉及的专业知识相对复杂,在大部分的案例中,无法仅通过原告的单方面举证和法官的直观感受认定是否属于"不为公众所知悉",均需通过技术专家、技术调查官或者其他有专门知识的人提供专业意见,必要时还可以通过技术鉴定等手段辅助解决技术事实认定层面的问题。

(2) 经营信息中最重要的组成之一部分为客户信息,认定客户信息秘密性的基本标准可以归纳为客户信息的特有性,以及获取客户信息的难易程度。

一般应当注意审查以下几个方面:

首先,原告应当提供其与客户发生交易的相关证据,比如合同、款项往来凭证等。一般而言,原告所主张的客户应当与其具备相对稳定的交易关系,而不是一次性、偶然性交易的客户。

但是,当事人仅以与特定客户保持长期稳定交易关系为由,而未明确其通过交易获知特定客户信息内容,其主张该特定客户信息属于商业秘密的,无法得到裁判机构的支持。即该客户仅与原告发生交易,原告在长期的交易过程中并未获取基于交易而产生的某种特定信息,则不属于本法所称客户信息。

举例说明:学校门口的小卖部,每天有一名学生经过,购买点心或饮料,但小卖部并未获取该学生的口味选择、价格区间选择等信息,则此种情形属于仅有稳定交易,但无特定客户信息内容,不属于商业秘密。

与此对应,若原告通过付出一定代价以获取潜在客户信息,即使原告尚未与该客户产生交易,仍不宜以未存在交易而直接否定其商业秘密属性,而应当根据客户"信息认定规则"综合认定是否构成商业秘密。

其次,原告应当证明其为开发客户信息付出一定的劳动、金钱和努力。

再次,原告应当证明客户信息的特有性。即与"为公众所知悉"信息的区别。对于普通自然人或者企业能够通过正常渠道获得的信息,一般不能认定为商业秘密。

与此对应,产品出厂价格、年订购的数量底线以及双方特定的交易需求、利润空间则很有可能被认定为商业秘密。

在中国青年旅行社诉中国旅行总社侵犯商业秘密民事纠纷一案中,法院认为,原告拥有的客户档案并不仅仅是国外旅行社的地址、电话等一般资料的记载,同时还包括双方对旅游团的来华时间、旅游景点、住宿标准、价格等具体事项的协商和确认,为其独占和正在进行的旅游业务,符合不为公众所知悉要件。虽然这一案件发生在 1994 年 9 月由北京市中级人民法院审理,距今已 30 年,但该案的审理精神仍可指导当前不正当竞争案件中关于客户信息的认定。

最后,侵权手段越特殊,客户信息具备秘密性的可能性则越大。如采用窃听电话、入室盗窃等手段获得客户信息的,该信息被认定为商业秘密的概率会大大增加。

例如,上文中所提及的 1994 年的案件中,被告中国旅行总社采用了引诱中国青年旅行社欧美部 10 余名业务骨干分别以出国探亲、游学、留学等理由"跳槽",实际上构成了特殊的侵权手段,使得原告中国青年旅行社的客户信息被认定为商业秘密的可能性显著增大。

6. 保密措施的认定原则

根据《反不正当竞争法》第九条第四款中对商业秘密的定义,能够构成商业秘密的技术信息、经营信息等,不但需要符合"不为公众所知悉""具有商业价值"的客观属性要件,还需要符合权利人"采取相应保密措施"的程序性要件。

在侵害商业秘密纠纷的案件中,对于原告是否采取了必要的保密措施以保护自己所主张的商业秘密,是相关信息能否被认定为商业秘密的必要条件。一个不设防的信息,即使其不为公众所知,并具备商业价值,但它被储存在某一公用且无密码的电脑,那么无论如何都难以被认定为商业秘密。

法院一般依据商业秘密及其载体的性质、存在形态、保密措施的可识别程度、保密措施与商业秘密价值的对应程度,以及原告的主观保密意愿等因素,综合认定原告是否采取了相应保密措施。

关于保密措施的审查可以参考以下因素:

(1) 有效性:原告所采取的保密措施需与被保密的客体相适应,应以他人不采取不正当手段或不违反约定/法定义务就难以获得为标准。例如:侵权行为人必须采取不正当的手段(甚至犯罪手段)才能获得该信息,或侵权行为人虽无须采用其他手段,其自身拥有读取该信息的职责或权利,却背弃了该岗位职责、违反了保密义务,将该信息提供给了本无法获得该信息的人或组织。

(2) 可识别性:原告采取的保密措施,在通常情况下足以使相对人意识到该信息是需要保密的信息。例如:与能够接触到该信息的人签订了保密协议,对可能接触到该信息的人有明确的通知或信号,以表明该信息是属于原告的宝贵财富、是需要保密的。

（3）适当性：保密措施应当与该信息自身所需要采取何种程度的保密措施即可达到保密要求相适应。这需要根据案件具体情况具体判别。通常情况下,适当性原则并非要求保密措施万无一失。对于重要的保密信息应采取级别高的保密措施,对于一般的保密信息可能仅仅是签订一份保密协议就是符合适当的要求。

（4）及时性：对于原告在信息形成一段时间以后才采取保密措施的,应当结合具体案情从严掌握审查标准,如无相反证据证明该信息已经泄露,可以认定保密措施成立。例如：虽然该信息一开始"不设防",但是原告已经补正了不设防的状态。而且在非因被告的侵权行为,则该信息就不会泄露的情形下,仍然可以认定原告的保密措施成立,被告的行为仍然属于侵权行为。

但如果在"不设防"的阶段该信息已经泄露或被告在该阶段已经得知了该信息,则应认定保密措施不成立。

7. 关于"采取相应保密措施"的认定

原告为防止商业秘密泄露,一般会采取保密措施。具有下列情形之一的,应当认定原告采取了相应保密措施：

（1）在《劳动/劳务合同》或《保密协议》中明确约定保密义务的。对于能够接触、获取商业秘密的员工,用人单位一般会在《劳动合同》中明确其应承担保密义务,或单独与其订立《保密协议》。通过书面约定的形式明确相应的保密内容、保密期限及违约责任等。

（2）通过章程、培训、规章制度、书面告知等方式,对能够接触、获取商业秘密的员工、前员工、供应商、客户、来访者等提出保密要求的。其中对于员工、前员工,主要是通过人力资源管理的方式进行,依据本法的民主程序制定规定员工手册及其他规章制度,再对每个涉及商业秘密的员工进行培训、送达；对于供应商、客户、来访者,则主要通过书面告知的形式,与相对方进行保密的约定。

（3）对涉密的厂房、车间等生产经营场所限制来访者,或者进行区分管理的。对于涉密的场所,通过锁闭、隔离的方式严格限制来访者进入,或者使用不同的颜色、标识、文字进行明显的区别。

（4）以标记、分类、隔离、加密、封存、限制能够接触或者获取的人员范围等方式,对商业秘密及其载体进行区分和管理的。对于商业秘密的载体,采用物理隔离的方式进行区分和管理。

（5）对能够接触、获取商业秘密的计算机设备、电子设备、网络设备、存储设备、软件等,采取禁止或者限制使用、访问、存储、复制等措施的。通过技术手段,对商业秘密的载体限制使用、访问、存储、复制,以使得商业秘密不至于被泄密。

（6）要求离职员工登记、返还、清除、销毁其接触或者获取的商业秘密及其载体,继续承担保密义务的。在员工在职期间,落实保密信息领取、使用均登记的制度。在员工离职后,要求员工依据《劳动合同》或《保密协议》的约定返还、清除、销毁其曾接触过的商业秘密及其载体,并继续履行保密义务。

（7）采取其他合理保密措施的。

8. 商业秘密价值性的认定原则

1）商业秘密价值性的认定

在法律规定的层面较为抽象,其本身的经济属性导致无法进行详细的罗列或说明,在江苏省高级人民法院《侵犯商业秘密民事纠纷案件审理指南》中,就商业秘密的价值性认定给出了一个简练的标准,即"能够带来竞争优势"。同时,该指南中还指出:"生产经营活动中形成的阶段性成果符合前款规定的,法院经审查可以认定具有商业价值。"

该原则在实践中,不仅起到了指导性的作用,还起到了一票否决的作用。

案例1:北京协合张博教育科技有限公司(简称协合张博公司)与张某某等侵害商业秘密纠纷二审民事判决书【案号:(2019)京73民终3377号】

本院认为:……协合张博公司并未证明富乐瑞英发展相关的分校校长与协合张博公司所主张的商业秘密有何必然联系,也即仅包括姓名及联系方式在内的相关学员和校长信息对于富乐瑞英公司该种经营行为起到决定性的促成作用,或是提供了相当程度的便利性。综上,由于协合张博公司主张的学员信息及分校校长信息均不符合商业秘密的法定要件……

案例2:窦某某、创想灵动科技(北京)有限公司与海纳中视文化传播(北京)有限公司(简称海纳中视公司)侵害商业秘密纠纷二审民事判决书【案号:(2017)京73民终1093号】

本院认为:客户名单是否可以作为商业秘密要根据行业特点与客户名单的获得方式进行分析。海纳中视公司通过长期合作获得客户名单,并积累了双方之间的信任,可以使用户将工作交给熟悉的合作者迅速完成,帮助制作方获得业务。因此客户名单具有商业价值,是海纳中视公司的竞争资源,能够带来竞争优势,且不为外人知悉,属于海纳中视公司的商业秘密。

2）商业秘密构成的证明与抗辩

（1）用人单位作为原告方的举证责任。

原告对其拥有的信息构成商业秘密负有举证责任。根据《最高人民法院关于审理不正当竞争民事案件应用法律若干问题的解释》(以下简称"司法解释")的规定,原告主张其拥有商业秘密的,一般应当举证证明以下两点:一是原告对其主张的信息享有权利;二是该信息符合商业秘密的法定要件,具体证据包括商业秘密的载体、具体内容、商业价值和对该项商业秘密采取的具体保密措施等。

鉴于"不为公众所知悉"这一要件属于消极事实,原告对此举证难度较大。一般而言,原告可以说明其主张的信息与为公众所知悉的信息的区别,或者提供鉴定书、检索报告证明其请求保护的信息不为公众所知悉。

换言之,作为原告来说,如果要证明一个事实的存在较为容易,要证明一个事实并不存在,则难以通过穷尽的方法来举证。因此,法院对于原告举证是否"不为公众所知悉"的要求相对较低,在部分案件中,原告仅出示了检索报告(通过专业和非专业网站搜索目标信息的报告),亦完成了举证。

同时,在司法解释第九条中也以负面清单的形式罗列了若干种不属于"不为公众所知悉"的情形。该条中罗列的情形不但能够作为被告抗辩的依据,也可以帮助原告在一定程度上证明其拥有的信息属于"不为公众所知悉"。

具体情形如下:①该信息为其所属技术或者经济领域的人的一般常识或者行业惯例;②该信息仅涉及产品的尺寸、结构、材料、部件的简单组合等内容,进入市场后相关公众通过观察产品即可直接获得;③该信息已经在公开出版物或者其他媒体上公开披露;④该信息已通过公开的报告会、展览等方式公开;⑤该信息从其他公开渠道可以获得;⑥该信息无须付出一定的代价而容易获得。

(2)员工作为被告的抗辩路径及举证。

员工作为被告时,可以选择就"信息本身是否属于商业秘密"进行抗辩,也可以选择就"不存在侵犯商业秘密的行为"进行抗辩。但在不同情况下,法律要求被告就其中某一抗辩路径进行举证。

根据《反不正当竞争法》第三十二条第一款的规定,若原告提供初步证据,证明其已经对所主张的商业秘密采取保密措施,且合理表明商业秘密被侵犯,此时由被告举证证明原告所主张的商业秘密不属于本法规定的商业秘密。在此种情况下,法律重新分配了举证责任,要求被告对该商业秘密不属于商业秘密进行举证,而非进一步要求原告对其主张的商业秘密属于商业秘密进行举证。

进一步讲,根据该条第二款的规定,若原告提供初步证据合理表明商业秘密被被告所侵犯,被告应当证明其不存在侵犯商业秘密的行为。

具体情形如下:①有证据表明涉嫌侵权人有渠道或者机会获取商业秘密,且其使用的信息与该商业秘密实质上相同;②有证据表明商业秘密已经被涉嫌侵权人披露、使用或者有被披露、使用的风险;③有其他证据表明商业秘密被涉嫌侵权人侵犯。

被告的具体举证情形:

在原告完成对其所主张的信息是否构成商业秘密、是否采取了保护措施、是否遭受侵害事实等要件进行举证后,被告在抗辩时,应当提供证据证明原告对其主张的信息不享有权利,或不属于本法所称的商业秘密。例如:该信息已为公众所知悉,原告未采取保密措施,相关信息不具有商业价值等,具体归纳如下。

被告提供证据证明存在下列情形之一的,可以认定有关信息为公众所知悉:①该信息在所属领域属于一般常识或者行业惯例的;②该信息仅涉及产品的尺寸、结构、材料、部件的简单组合等内容,所属领域的相关人员通过观察上市产品即可直接获得的;③该信息已经在公开出版物或者其他媒体上公开披露的;④该信息已通过公开的报告会、展览等方式公开的;⑤所属领域的相关人员从其他公开渠道可以获得该信息的。

但在上述不属于商业秘密的情形中仍存在例外,即"例外中的例外":①将为公众所知悉的信息进行整理、改进、加工后形成的新信息,符合不为公众所知悉标准与条件的,应当认定该新信息不为公众所知悉。②专利审查员、药品审查机构人员等政府职能部门工作人员在履行专利、药品等审批而知悉商业秘密的,不视为丧失秘密性。

3)侵犯商业秘密行为的审查和认定

(1)侵犯商业秘密行为具体规定。

在江苏省高院发布《侵犯商业秘密民事纠纷案件审理指南》中,将侵犯商业秘密行为定义为:被告不正当地获取、披露、使用或允许他人使用了原告的商业秘密;被告获取、披露、使用或允许他人使用的信息与原告商业秘密相同或实质性相同。

在具体形式上,根据《反不正当竞争法》第九条及相关法律、司法解释规定,侵犯商业秘密行为主要表现为以下形式:

① 以盗窃、贿赂、欺诈、胁迫、电子侵入或者其他不正当手段获取原告的商业秘密。

一般而言,被告以违反法律规定或者公认商业道德的方式获取原告商业秘密的,法院予以认定为属于以其他不正当手段获取原告的商业秘密。

② 披露、使用或者允许他人使用以不正当手段获取的原告的商业秘密。

被告在生产经营活动中直接使用商业秘密,或者对商业秘密进行修改、改进后使用,或者利用商业秘密调整、优化有关生产经营活动的,法院予以认定为属于使用商业秘密。

③ 违反保密义务或者违反原告有关保守商业秘密的要求,披露、使用或允许他人使用其所掌握的商业秘密。

这一规定的情形系反不正当竞争法体系与劳动法体系下最重要的交叉和融合,如果没有本款所述的裁判口径,那么在员工违反保密协议或劳动合同中的保密条款后,用人单位将只能基于劳动法体系,提起劳动仲裁至诉讼,只是在劳动法体系下的诉讼案件,又绝大多数因无法就实际损失予以查清,原告无法获得其主张的赔偿(仅能确定违反约定义务的事实而无法得到赔偿)。但在反不正当竞争体系下,原告则可依据法定的赔偿标准予以主张。

员工一旦将商业秘密带出用人单位或让其脱离用人单位的控制,则构成泄密;如果进一步将该商业秘密给到他人使用、披露给他人,则构成侵犯商业秘密的行为。两者均属于劳动法体系调整的范围,后者同时属于反不正当竞争法调整的范围,通过披露、使用、允许他人使用自己所掌握的商业秘密,实现了劳动法体系到反不正当竞争法框架的融合和交叉。

员工的行为如只符合将商业秘密脱离用人单位掌握,则用人单位仅能基于劳动法体系主张解除劳动合同,无法依据反不正当竞争法要求赔偿。

当然,基于反不正当竞争法体系下的"员工"概念的内涵和外延是要广于劳动法体系下"劳动者"概念的,劳务用工、派遣人员、临时工等均属于反不正当竞争法调整的范围,只要其负有保密义务即可。

④ 教唆、引诱、帮助他人违反保密义务或者违反原告有关保守商业秘密的要求,获取、披露、使用或者允许他人使用原告的商业秘密。

教唆、引诱、帮助他人犯前一款行为的,同样属于侵犯商业秘密的行为—民法体系与刑法体系不同,刑法体系区分主从犯的地位、危害程度,民法仅确定该行为是否符合定义,而无论主从地位或危害程度。

对于教唆、引诱、帮助人员,不要求其负有保密义务,甚至不要求其属于被侵犯商业秘密的用人单位的员工或其他工作人员,只需要其教唆、引诱、帮助的对象属于负有保密义务的员工/工作人员即可。

⑤ 第三人明知或者应知原告的员工、前员工或者其他单位、个人以盗窃、贿赂等不正当手段获取原告的商业秘密,仍获取、披露、使用或者允许他人使用该商业秘密。

本要件与前四种有着显著不同,原告的商业秘密在此时已经泄露,前员工或者其他单位、人员以不正当的手段获取了原告的商业秘密。被告在明知或应知该商业秘密的来源违法的情形下,仍然购买或使用的,构成侵害商业秘密。而前四款情形在发生时,商业秘密仍处于保密状态。

(2)关于劳动者保密义务的审查与认定。

一般而言,负有保密义务的主体范围比较宽泛,根据法律规定或者合同约定而负有保密义务的当事人均应当承担保密义务。

就劳动合同关系而言,董监高基于其职位和《公司法》的相关规定具有明确的法定保密义务,但劳动法规并未直接对其他一般岗位明确设置法定的保密义务,仅作为劳动关系中的附随义务要求普通劳动者进行遵守。因此,用人单位若需要劳动者遵守明确的保密义务,则应通过约定的方式实现,例如与劳动者订立《保密协议》或在《劳动合同》中设置保密条款，以此确认保密对象、期限等。

如果用人单位未与劳动者作保密义务的约定，但该员工确实能够接触到商业秘密，是否能够推定"该员工不负有保密义务"呢？

对于上述问题的回答是否定的，对于虽未在合同中约定保密义务，但根据诚信原则以及合同的性质、目的、缔约过程、交易习惯等，知道或者应当知道其获取的信息属于原告商业秘密的被诉侵权人，应当对其获取的商业秘密承担保密义务，明确包含了有渠道或机会获取商业秘密的原告员工、前员工、交易相对人以及其他单位或个人。

若要认定员工、前员工是否有渠道或者机会获取原告的商业秘密，可以考虑与其有关的下列因素：

① 职务、职责、权限。员工在职期间是否依据其职责或权限，能够当然地接触到保密信息。如果该员工系财务总监，则其必然能够接触到公司的财务涉密信息；如果该员工系销售总监，则其必然能够接触到公司的客户名单。这种就属于当然的判定，这样的判定方式以定性为主，但在部分情形下存在模糊之处。

② 承担的本职工作或者单位分配的任务。用人单位将某客户分配给某员工对接，则该员工必然能够接触到该客户，知晓该客户的订单信息构成。

③ 参与和商业秘密有关的生产经营活动的具体情形。虽然某员工不是销售总监，也不是第二款中被分配某客户的销售人员，但其恰好在与该客户的对接中担任"联系人"，并参与到了与该客户有关的生产经营活动中，能够得知相应的商业秘密。

④ 是否保管、使用、存储、复制、控制或者以其他方式接触、获取商业秘密及其载体。虽然某员工不是销售总监，亦不是负责的销售人员、联系人，但其曾作为用人单位的人员前往客户处运送某存储设备（该存储设备系商业秘密信息的载体），该员工同样属"明确有机会获取商业秘密的原告员工"。

（3）关于实质性相同的审查与认定。

被诉侵权信息与商业秘密"实质性相同"的认定，与"不存在实质性区别"，可以画上等号。

只要能够认定相同，或者认定不存在不相同，均可以认定该要件成立。在实践中，可以考虑下列因素：

① 被诉侵权信息与商业秘密的异同程度。相同的部分很多，不同的部分很少，可以认定存在相同，但是否存在实质性的不同，还要看不同的部分的重要程度——该认定侧重所涉信息和商业秘密的具体内容。

② 所属领域的相关人员在被诉侵权行为发生时是否容易想到被诉侵权信息与商业秘密的区别。如果相关领域的从业人员，一看到"山寨产品"就能想到原告

的商业秘密,那么可以认定实质性相同。

③ 被诉侵权信息与商业秘密的用途、使用方式、目的、效果等是否具有实质性差异——该认定侧重外观。

④ 公有领域中与商业秘密相关信息的情况。如果商业秘密与侵权行为产生的产品相似处仅集中在公有领域已经公开的信息中,则不宜认定为实质性相同。

(4)侵权行为举证责任的转移。

由于商业秘密本身具有秘密属性,侵权行为一般具有隐蔽的特点。要求原告提出直接证据证明被告实施了侵权行为非常困难,因此法律在相关的举证责任分配上进行了举证责任转移,适当降低了原告的举证难度。

举证责任转移需要原告完成:

依据《反不正当竞争法》第三十二条第二款规定,原告提供初步证据合理表明商业秘密被侵犯。

商业秘密已经被人侵犯,此处不需要证明商业秘密究竟被谁侵犯,更不需要证明商业秘密系被告侵犯,仅需提供初步证据证明自身商业秘密有被侵权的事实,且提供以下证据之一:

① 有证据表明被告有渠道或者机会获取商业秘密,且其使用的信息与该商业秘密实质上相同。

此处系两要件,必须齐备才可,仅具备前一要件的,并不足以构成举证责任转移。例如原告在市场上已经出现山寨技术时,指出正在与被告合作的某项目中,该技术在商务合同中已被标注必然会应用到合作中,同时证明被告使用的技术与该商业秘密的技术相同或实质相似。

② 有证据表明商业秘密已经被被告披露、使用或者有被披露、使用的风险——当被告已经使用过该技术或者对外披露过该技术时。虽然从原告的举证责任来看,尚未达到严密的程度,但法院已经能够相信被告曾披露或使用过商业秘密,或者有较大的披露或使用的盖然性。

③ 有其他证据表明商业秘密被被告侵犯。

当原告的举证符合上述两个要求时,此时举证责任转移,改为由被告"证明其不存在侵犯商业秘密的行为"或"未侵犯原告的商业秘密"。

4)被告(含劳动者)抗辩实务及司法审查原则

在司法实践中,当原告的举证责任满足后(或举证责任转移后),被告往往会采取以下抗辩:

(1)自行开发研制。

被告主张其使用的技术信息或经营信息系其自行开发形成。对此,被告需提供充足证据予以证明。

在反不正当竞争法的司法实践当中,被告以"自行开发形成"的理由进行抗辩的,须提供完整的开发人员、开发流程、部分技术参数和生产过程,但是否充分则交由人民法院判断。如果案涉商业秘密系客户名单,需要证明获取相关客户信息的渠道及方式,可能还会涉及对相应客户的调查。

案例:力克系统(上海)有限公司(简称力克公司)、赛趋科软件(上海)有限公司(简称赛趋科公司)侵害经营秘密纠纷二审民事判决书【案号:(2016)沪 73 民终 69 号】

原审中力克公司请求判令:……2. 赛趋科公司因不正当竞争行为赔偿力克公司经济损失 1 137 346 元(此款含歌力思公司 PLM 项目直接经济损失 687 346 元、咨询公司咨询费直接损失 15 万元)。

原审法院查明:2014 年 4 月,赛趋科公司的美国母公司赛趋科软件有限公司(CENTRICSOFTWAREINC.)向 AVENTIONINC. 购买的客户信息中,有歌力思公司信息(公司简介、地址、电话)。2014 年 11 月 2 日,歌力思公司的付某发送电子邮件给赛趋科公司的美国母公司赛趋科软件有限公司,寻求 PLM 解决方案。赛趋科软件有限公司电邮回复付某,已经将歌力思公司的申请转达给赛趋科软件有限公司的中国工作组,后者会尽快联系歌力思公司。

本院认为:本案中,力克公司主张赛趋科公司从其公司挖走了吕某某等职员,吕某某将歌力思的客户信息披露给赛趋科公司,赛趋科公司最终与歌力思达成交易,其上述行为侵害了力克公司的商业秘密。本院认为,虽然赛趋科公司并无提供歌力思公司主动寻求与美国赛趋科公司进行合作的原始邮件,但如前所述,综合本案证据,可以说明歌力思公司是主动与赛趋科公司达成交易,在上诉人(力克公司)未提供进一步反证的情况下,本院对其相关上诉理由不予采纳。

本案中,赛趋科公司作为原审被告,其提供了母公司向案外人购买了客户信息,并且已经达成的商业合作的发起系因客户主动找到原审被告,案外人的信息是由其自行通过其他渠道获得的,由此抗辩其不存在侵犯原审原告商业秘密的行为成功。

(2) 反向工程。

反向工程,又称"逆向工程",指被告抗辩其通过技术手段对公开渠道取得的产品进行拆卸、测绘、分析而获得该产品的有关技术信息,主要出现在侵犯技术信息纠纷中。

反向工程会产生两个法律效果:一是被告不构成侵权;二是反向工程并不意味着该商业秘密丧失秘密性。

需要注意:①被告以不正当手段知悉了原告商业秘密之后,又以反向工程为由主张其行为合法的,不予支持。②法律、行政法规对某类客体明确禁止反向工程的,被告的抗辩不能成立。

案例1:(经典案例)济南思克测试技术有限公司(简称思克公司)、济南兰光机电技术有限公司二审民事判决书【案号:(2020)最高法知民终538号】

本院认为:本案中,涉案技术秘密的载体为GTR－7001气体透过率测试仪,因该产品一旦售出进入市场流通,就在物理上脱离思克公司的控制,故区别于可始终处于商业秘密权利人控制之下的技术图纸、配方文档等内部性载体。

商业秘密民事案件若干规定(《最高人民法院关于审理侵犯商业秘密民事案件适用法律若干问题的规定》,笔者注)第十四条第一款、第二款规定,通过自行开发研制或者反向工程获得被诉侵权信息的,人民法院应当认定不属于反不正当竞争法第九条规定的侵犯商业秘密行为。

反向工程,是指通过技术手段对从公开渠道取得的产品进行拆卸、测绘、分析等而获得该产品的有关技术信息。

鉴于涉案技术秘密载体为市场流通产品,属于外部性载体,故思克公司为实现保密目的所采取的保密措施,应能对抗不特定第三人通过反向工程获取其技术秘密。

此种对抗至少可依靠两种方式实现:一是根据技术秘密本身的性质,他人即使拆解了载有技术秘密的产品,亦无法通过分析获知该技术秘密;二是采取物理上的保密措施,以对抗他人的反向工程,如采取一体化结构,拆解将破坏技术秘密等。

根据本院查明的事实,思克公司亦认可,通过拆解GTR－7001气体透过率测试仪,可直接观察到秘密点2、3、4、5,同时,本领域技术人员"通过常理"可知晓秘密点1和6,故涉案技术秘密不属于上述第一种情形。需要进一步分析的是,思克公司对GTR－7001气体透过率测试仪采取的保密措施是否属于上述第二种情形,从而可以对抗不特定第三人通过反向工程获取其技术秘密。

首先,如前所述,思克公司在其GTR－7001气体透过率测试仪上贴附的标签,从其载明的文字内容来看属于安全性提示以及产品维修担保提示,故不构成以保密为目的的保密措施,不属于上述第二种情形。

其次,即使思克公司贴附在产品上的标签所载明的文字内容以保密为目的,如"内含商业秘密,严禁撕毁"等,此时该标签仍不能构成可以对抗他人反向工程的物理保密措施。一方面,通过市场流通取得相关产品的不特定第三人与思克公司并不具有合同关系,故无需承担不得拆解产品的合同义务。

另一方面,不特定第三人基于所有权对相关产品行使处分行为,而不受思克公司单方面声明的约束。《中华人民共和国物权法》(以下简称物权法)第四条规定:"国家、集体、私人的物权和其他权利人的物权受法律保护,任何单位和个人不得侵犯。"该法第五条规定:"物权的种类和内容由法律规定。"该法第三十九条规定:"所有权人对自己的不动产或者动产,依法享有占有、使用、收益和处分的权利。"

根据物权法的上述规定可知,通过市场流通取得GTR-7001气体透过率测试仪的不特定第三人,其对该产品享有的所有权的内容应由法律规定,包括占有、使用、收益和处分四项权能,而不受思克公司单方面声明的约束。这一点也正是商业秘密民事案件若干规定第十四条第一款、第二款关于"通过反向工程获得被诉侵权信息不构成侵害商业秘密行为"规定的法理基础。

权利人基于所有权得对所有物行使占有、使用、收益和处分行为,因而对所有物上承载的知识产权构成一定限制,这不仅体现在反向工程对商业秘密的限制,类似的还有画作的所有权对画作著作权人展览权的限制。

特别说明:基于该案例系2020年二审判决,当年引用的《物权法》现已失效,但新实施的《民法典》并未对该法条作出更改。

《民法典》

第二百四十条 所有权人对自己的不动产或者动产,依法享有占有、使用、收益和处分的权利。

《民法典》(及之前的《物权法》)的该规定,充分保障了物的所有权人的全面性权利。对于凝结商业秘密信息的载体或产成品,所有权人有权进行使用、处分。因此,所有权人可以拆开该物品,进行检查、观测。所有权人对自己购买的物品进行处分而推导出该物所蕴含的商业秘密(或部分秘密)的行为构成"反向工程"。

物权具有对世性,但并不绝对,法律法规可以对所有权人的物权作出限制。在司法实践中,合同相对方亦可依据条款约定对反向工程作出限制。但公开发售的商品、产品不能对不特定的第三人作出限制,合同/协议条款对物权作出的限制仅能作用于特定的购买方。

案例2:马某根、袁某林、马某庆、李某钢侵犯商业秘密罪案【案号:(2005)绍刑初字第620号】

本院查明:……(4)兰亭公司与浙江金华通园建设工程有限公司、长春市政建设(集团)有限公司沥青搅拌厂、大连金州公路工程有限公司、大连北方公路工程有限公司的设备购销合同,包含买受人"不得对兰亭设备进行仿制测绘及向其他单位扩散,否则,兰亭公司有权向购买方索赔"的条款,证实兰亭公司对改性沥青成套设备买卖业务相对方提出关于禁止反向工程的要求……

本院认为:实际上兰亭公司在业务合同亦已与相对方作了禁止反向工程的约定,故辩护人以使用公开否认兰亭公司涉案技术信息具有秘密性的意见亦不能成立。

(3)个人信赖。

被告基于个人信赖进行抗辩,是在侵犯用人单位经营信息纠纷,特别是针对客户名单的案件中,常用的一种抗辩理由,即客户基于对员工(被告)个人信赖而与该员工所在单位进行交易。在该员工离职后,若能够证明客户自愿选择与该员工或者其所在新单位进行交易,法院应当认定该员工没有采用不正当手段获取原告的商业秘密。

适用该条规定时,应当注意以下三点:

① 该种抗辩适用较为强调个人技能的行业领域。例如医疗、法律服务领域等。此处的"个人技能"是指实质专业性技能,而非为人处世的能力或水平。

② 该客户是基于与原告之员工个人之间的特殊信赖关系与原告发生交易的。例如:客户因某律师在某专业的业务水平精湛而委托某律所,或因某医生治疗某特定病症卓有成效而找到某医院或医疗机构。

③ 该员工从原告处离职后,客户系自愿与该员工或其所属新单位发生交易。这里的"自愿"的范围要求并非完全严格,不要求客户完全不知晓员工就职新单位的信息、不要求员工离职后完全不与客户联系,核心是客户与员工发生交易的意思表示系"自愿",而非任何的引诱等。

(4)生存权利。

员工在单位工作过程中掌握和积累的与其所从事的工作有关的知识、经验和技能,为其生存基础性要素。

在处理相关案件时,应当注意将上述知识、经验和技能与公司的商业秘密相区分:①员工在职期间掌握和积累的知识、经验、技能是否属于商业秘密,应当根据案件情况依法确定。②员工所掌握的知识、经验、技能中属于单位商业秘密内容的,员工不得违反保密义务,擅自披露、使用或者允许他人使用其商业秘密,否则应当认定构成侵权。

值得说明的是,员工的生存权利与用人单位的商业秘密之间的界限往往比较模糊,生存权利依附于个人自身的知识和技能,而商业秘密往往具备载体,而无人身属性。

5)民事责任的范围

(1)民事责任承担的范围。

关于侵犯商业秘密类案件的民事责任主要包括:①停止侵权即不得披露、使用或允许他人使用其接触或获取的商业秘密;②赔偿损失;③销毁或返还侵权载体等。

原告提起民事诉讼有三个重要动机,一是要求被告停止侵权,以确保自身的商业秘密不再被进一步泄露,进行止损,并将损失固定。二是要求被告销毁所有包含商业秘密的载体,同样旨在维护自身的商业秘密不再被泄露。此处应注意,原告要求被告销毁的载体不仅包含被告通过侵权手段获得的商业秘密及其载体,还包括被告在职期间依据职权等获得的商业秘密。三是挽回经济利益的损失,弥补原告的损失及惩罚被告。鉴于经济利益是反不正当竞争法体系下最重要而复杂的一环,特单列章节阐述。

(2)赔礼道歉系无法得到法院支持的诉请。

由于此类侵权行为一般不会导致原告商誉损害,对于原告要求被告赔礼道歉的诉讼主张一般不予支持。在大量的案件中,原告均提出诉请要求被告赔礼道歉,但无一例外均被驳回。

(3)停止侵权。

在对侵犯商业秘密适用停止侵权责任时,停止侵权的时间节点一般应当持续到该商业秘密已为公众所知悉时为止。即如果原告(权利人)的商业秘密在判决时已公开,被告(侵权人)一般不再承担停止侵权的民事责任。但因被告的侵权行为而公开的,被告应当承担赔偿责任。对于原告诉请中关于停止侵权的持续时间明显不合理的,可以在依法保护权利人商业秘密竞争优势的情况下,判决被告在一定合理期限或者范围内停止侵权行为。

(4)侵权物品的返还及销毁。

原告请求判决被告返还或者销毁商业秘密载体,清除其控制的商业秘密信息的,一般应当予以准许,但销毁侵权载体会损害社会公共利益,或者销毁侵权载体不具有可执行性等情形的除外。针对此类诉请,原告还应举证证明被告实际持有上述载体。同时,若对于在生产线中仅部分设备存在侵犯涉案技术秘密的情形,则一般判决责令停止披露、使用或允许他人使用商业秘密,不宜判令全部销毁。

6)赔偿损失

赔偿损失作为原告起诉的重要动机之一,特单列章节阐述。

(1)一般原则。

① 赔偿数额按照原告因被侵权所受到的实际损失确定,实际损失难以计算的,按照被告因侵权所获得的利益确定。但在实践中,在确定原告拥有的商业秘密被侵权的事实方面一般并无太大障碍,但在确定侵权的损失的定量上则极为困难。因此,《反不正当竞争法》规定了一种特殊的计算方式,即在确定被告确系侵害了原告商业秘密基础上,以被告因侵权所获得的利益折为原告的实际损失。

② 侵权行为导致商业秘密成为公众所知悉的损失额的计算。此时,一般以该商业秘密的商业价值确定赔偿数额。在确定商业价值时,应当考虑研究开发成本、实施该项商业秘密的收益、可得利益、可保持竞争优势的时间等因素综合予以确定。

③ 当原告的实际损失难以确定、被告亦未利用侵权获得的商业秘密营利时,

则考量被告的侵权行为导致商业秘密被公开而使原告产生的损失。此时以该商业秘密的成本与收益(含预期利益)为基准,该计算方式中以成本计量较为简便且易举证,以收益计算则相对复杂,可能需要评估。

④ 参照许可费的合理倍数确定赔偿数额。原告实际损失额或者被告侵权获利额难以确定时,若原告的商业秘密(一般为技术秘密)已经授权给他人使用并收取许可费,可以参照该许可使用费的合理倍数确定赔偿数额。具体审查原告提供的许可使用费标准是否合理时,还需要综合考虑商业秘密的类型、侵权行为的性质和情节、许可的性质、范围、时间、许可使用合同是否实际履行或者备案、被许可人与许可人是否存在利害关系、许可费用是否实际支付、行业许可的通常标准等因素。

(2) 法定赔偿(精髓)。

《反不正当竞争法》

第十七条 经营者违反本法规定,给他人造成损害的,应当依法承担民事责任⋯⋯

经营者违反本法第六条、第九条规定,权利人因被侵权所受到的实际损失、侵权人因侵权所获得的利益难以确定的,由人民法院根据侵权行为的情节判决给予权利人五百万元以下的赔偿。

① "法定赔偿"是《反不正当竞争法》体系下,与劳动法规体系最大的不同,也是《反不正当竞争法》体系在确定损害赔偿方面的精髓,它将原告定量方面的举证义务较大幅度地降低,只需要原告在定性方面举证证明确系被告侵害了原告的商业秘密,即使原告无法确定经济损失的金额,被告也应当按照法定标准赔偿原告损失。

② 法定赔偿的考量因素。当原告的实际损失或被告的侵权获利难以确定时,可以根据商业秘密的性质、商业价值、研究开发成本、创新程度、能带来的竞争优势,以及侵权人的主观过错,侵权行为的性质、情节、后果等因素进行综合考量,判决给予原告 500 万元以下的赔偿。

③ 法定赔偿有着严格的适用范围。对于原告请求以实际损失或被告侵权获利确定赔偿数额的,法院不应简单地以"难以确定"为由直接适用法定赔偿,而应引导当事人及其诉讼代理人就因侵权行为而产生的损失额、获利额或者许可费标准等方面的事实进行举证,在确无法证明相关损失及获利的情况下,方可适用法定赔偿。

若对于原告的实际损失和侵权人的侵权获利可以基本查清,或者根据案件的具体情况,依据证据规则和市场规律,可以对赔偿数额予以确定,不宜适用法定赔偿。此外,对于原告请求按照被告侵权获利赔偿,或通过对被告财务账册进行审计确定了被告的获利额后，又要求适用法定赔偿的，人民法院一般不予准许。

（3）惩罚性赔偿。

用人单位依据《反不正当竞争法》第十七条"……经营者恶意实施侵犯商业秘密行为，情节严重的，可以在按照上述方法确定数额的一倍以上五倍以下确定赔偿数额……"提起民事诉讼的，可以主张惩罚性赔偿的。而依据劳动法体系是无法要求侵权的劳动者承担惩罚性赔偿的，只能按照实际经济损失求偿。

第一，"恶意"的认定。

综合考虑被告与原告或者利害关系人之间的关系、侵犯商业秘密行为和手段的具体情形、从业时间、受保护记录等因素认定被告主观上是否存在恶意。对于下列情形，可以初步认定被告具有侵犯商业秘密的恶意：

① 被告或其法定代表人、管理人是原告或者利害关系人的法定代表人、管理人、实际控制人。

② 被告与原告或者利害关系人之间存在劳动、劳务、合作、许可、经销、代理、代表等关系，且接触过或知悉被侵害的商业秘密。

③ 被告与原告或者利害关系人之间有业务往来或者为达成合同等进行过磋商，且接触过或知悉被侵害的商业秘密。

④ 被告以盗窃、贿赂、欺诈、胁迫、电子侵入或者其他不正当手段获取原告的商业秘密。

⑤ 被告经原告或者利害关系人通知、警告后，仍继续实施侵权行为。

⑥ 其他可以认定为故意的情形。

第二，情节严重的认定。

综合考虑侵犯商业秘密行为的手段、次数、性质、侵权行为的持续时间、地域范围、规模、后果，侵权人在诉讼中的行为等因素，认定情节是否严重。被告有下列情形的，可以认定为情节严重：

① 因侵犯商业秘密被行政处罚或者法院裁判其承担责任后，再次实施相同或者类似侵权行为。

② 以侵权为主要经营业务。

③ 伪造、毁坏或者隐匿侵权证据。

④ 拒不履行保全裁定。

⑤ 侵权获利或者权利人受损巨大。

⑥ 侵权行为可能危害国家安全、公共利益或者人身健康。

⑦ 其他可以认定为情节严重的情形。

第三，计算基数。

法院确定惩罚性赔偿数额时，应当以原告实际损失数额或者被告因侵权所获得的利益作为基数。该基数不包括原告为制止侵权所支付的合理开支。

原告的实际损失数额或者被告因侵权所获得的利益均难以计算的,法院依法参照许可使用费的合理倍数确定计算基数。

第四,倍数的确定。

法院依法确定惩罚性赔偿数额的倍数时,应当综合考虑被告主观过错程度、侵权行为的情节严重程度等因素。

因同一侵权行为已经被处以行政罚款或者刑事罚金且执行完毕,被告主张减免惩罚性赔偿责任的,法院不予支持,但在确定上述所称倍数时可以综合考虑。

7）合理开支的支付（精髓）

原告要求被告承担其为制止侵权及维护自身权益而产生的合理开支,可以在确定的损害赔偿额之外,单独列出要求被告承担。合理开支一般包括以下费用:

① 公证费。

② 档案查询费、材料印制费。

③ 因调查取证或出庭参与庭审而产生的交通费、食宿费等。

④ 因翻译外文文件作为证据而产生的翻译费。

⑤ 聘请律师而产生的律师代理费。（此处原告聘请律师的费用应根据案件的性质及难易程度、律师费是否实际支出等因素确定）

⑥ 原告为制止侵权行为及维护自身权益而支付的其他合理费用。

人民法院在确定上述合理开支时,应当审查原告合理开支发生的实际可能性、必要性、与本案的关联性、数额的合理性等因素。原告虽未能提交发票等证据证明其维权支出,但根据案件查明的事实,能够推定该项支出确已发生且系维权必要的,可以计入合理费用范围。

8）商业秘密诉讼的取证与保全

（1）调查取证与证据保全。

在侵犯商业秘密纠纷的案件审理过程中,原告申请调查取证以及申请证据保全主要集中于以下两类证据:

① 被告的侵权获利的记载文档,如企业财务账册等。

原告可以到工商、税务、海关等部门调取有关被告经营状况及利润的证据,原告因客观原因不能自行调取到上述相关证据的,可以委托代理律师向人民法院申请调查令。

此时应注意,在案件审理中,现有证据已经能够证明被告实施了侵权行为,并以此经营获利的,原告可以要求人民法院责令被告提供相应材料（提出书证命令）,如被告无法提供或拒绝提供的,应承担不利后果。

② 被告的侵权证据,如被告与客户的往来合同、被告的技术资料等。

原告应先行提供权利受到侵害且被告能够接触或者获取涉案商业秘密的初步证据,人民法院再行决定是否准许原告的申请证据保全,或者在符合《反不正当竞争法》第三十二条①规定的情形下,要求由被告提交证明其不存在侵犯商业秘密行为的相关证据。

在实施保全过程中,为防止被申请人(被告)处与本案无关的秘密信息被不当泄露,人民法院对此类信息予以保密,而且在保全过程中不允许申请方(原告)接触被保全信息。必要时法院通过委托或者聘请与双方无利害关系的第三方专家参与保全,及时甄别并排除超范围查封的内容。

(2) 行为保全。

被申请人试图或者已经以不正当手段获取、披露、使用或者允许他人使用原告所主张的商业秘密,不采取行为保全措施会使判决难以执行或者造成当事人其他损害,或者将会使原告的合法权益受到难以弥补的损害的,法院可以依法裁定采取行为保全措施。

人民法院裁定是否准许行为保全或实施行为保全坚持及时保护与稳妥保护兼顾原则。

前款规定的情形属于《民事诉讼法》第一百零三条、第一百零四条②所称"情况紧急的情形",法院应当在四十八小时内作出裁定。

---

① 《反不正当竞争法》第三十二条:"在侵犯商业秘密的民事审判程序中,商业秘密权利人提供初步证据,证明其已经对所主张的商业秘密采取保密措施,且合理表明商业秘密被侵犯,涉嫌侵权人应当证明权利人所主张的商业秘密不属于本法规定的商业秘密。商业秘密权利人提供初步证据合理表明商业秘密被侵犯,且提供以下证据之一的,涉嫌侵权人应当证明其不存在侵犯商业秘密的行为:(一)有证据表明涉嫌侵权人有渠道或者机会获取商业秘密,且其使用的信息与该商业秘密实质上相同;(二)有证据表明商业秘密已经被涉嫌侵权人披露、使用或者有被披露、使用的风险;(三)有其他证据表明商业秘密被涉嫌侵权人侵犯。"

② 《民事诉讼法》第一百零三条:"人民法院对于可能因当事人一方的行为或者其他原因,使判决难以执行或者造成当事人其他损害的案件,根据对方当事人的申请,可以裁定对其财产进行保全、责令其作出一定行为或者禁止其作出一定行为;当事人没有提出申请的,人民法院在必要时也可以裁定采取保全措施。人民法院采取保全措施,可以责令申请人提供担保,申请人不提供担保的,裁定驳回申请。人民法院接受申请后,对情况紧急的,必须在四十八小时内作出裁定;裁定采取保全措施的,应当立即开始执行。"第一百零四条:"利害关系人因情况紧急,不立即申请保全将会使其合法权益受到难以弥补的损害的,可以在提起诉讼或者申请仲裁前向被保全财产所在地、被申请人住所地或者对案件有管辖权的人民法院申请采取保全措施。申请人应当提供担保,不提供担保的,裁定驳回申请。人民法院接受申请后,必须在四十八小时内作出裁定;裁定采取保全措施的,应当立即开始执行。申请人在人民法院采取保全措施后三十日内不依法提起诉讼或者申请仲裁的,人民法院应当解除保全。"

9) 适用妨碍举证及证据披露制度确定损害赔偿数额(关联案例)

法院依法责令被告提供其掌握的与侵权行为相关的账簿、资料等,若被告无正当理由拒不提供或者提供虚假账簿、资料的,人民法院可以参考原告的主张,以及既有证据认定被告因侵权所获得的利益。若被告的行为符合《民事诉讼法》第一百一十四条规定情形的,还可依法追究法律责任。

案例:上海凡宜科技电子有限公司与上海升憬物液位控制系统有限公司(简称升憬公司)、茅某、杨某飞、庄某平侵害商业技术秘密、商业经营秘密纠纷一审民事判决书【案号:(2004)沪一中民五(知)初字第 183 号】

法院认为:《反不正当竞争法》第二十条第一款规定:"经营者违反本法规定,给被侵害的经营者造成损害的,应当承担损害赔偿责任,被侵害的经营者的损失难以计算的,赔偿额为侵权人在侵权期间因侵权所获得的利润;并应当承担被侵害的经营者因调查该经营者侵害其合法权益的不正当竞争行为所支付的合理费用。"就经济损失赔偿部分,鉴于原告未能举证证明其因被告升憬公司、茅某、杨某飞、庄某平的行为所遭受到的经济损失以及上述被告的非法获利,而被告升憬公司于 2002 年9 月成立,在其接到本院证据保全的民事裁定后,只提交了 2004 年 1 月至 5 月的少部分财务账册,不能反映其公司的全部财务状况,故由本院综合考虑上述四被告的侵权情节、手段、期间、后果等因素,酌情确定各被告所应承担的赔偿数额。原告请求被告方承担其为调查制止侵权而支出的合理费用于法有据,本院予以支持。

判决结果:一、被告上海升憬物液位控制系统有限公司、茅某、杨某飞、庄某平停止侵犯原告上海凡宜科技电子有限公司商业经营秘密的不正当竞争行为,于本判决生效之日起 1 年内,不得披露、使用原告上海凡宜科技电子有限公司享有的商业经营秘密。

二、被告上海升憬物液位控制系统有限公司赔偿原告上海凡宜科技电子有限公司经济损失人民币 50 000 元,被告茅某赔偿原告上海凡宜科技电子有限公司经济损失人民币 15 000 元,被告杨某飞赔偿原告上海凡宜科技电子有限公司经济损失人民币 10 000 元,被告庄某平赔偿原告上海凡宜科技电子有限公司经济损失人民币 3 000 元,上述四被告之间互负连带责任,于本判决生效之日起 10 日内履行完毕。

三、被告上海升憬物液位控制系统有限公司、茅某、杨某飞、庄某平于本判决生效之日起 10 日内共同赔偿原告上海凡宜科技电子有限公司为调查上述四被告的不正当竞争行为而支出的合理费用人民币 5 000 元,四被告之间互负连带责任。

四、原告上海凡宜科技电子有限公司的其他诉讼请求不予支持。

10) 经典案例一:关于离职员工的竞业行为

上海百花教育信息咨询服务有限公司(简称百花公司)与上海卓基文化传播有限公司(简称卓基公司)、胡某某等侵害经营秘密纠纷二审民事判决书【案号:

(2015)沪知民终字第 643 号】

本院认为,有 6 名学员由百花公司转到卓基公司学习的事实不能证明卓基公司、胡某某、徐某某实施了侵害百花公司商业秘密的行为。首先,百花公司主张的学员信息不属于《反不正当竞争法》保护的客户名单。这些学员信息主要包括学员及家长姓名、联系方式等信息,并不属于区别于相关公知信息的特殊客户信息。

其次,百花公司并没有提交证据证明卓基公司实施了不正当手段。胡某某虽然在其微信朋友圈发布了卓基公司教学点的照片、招生信息、课程介绍等内容,并告知评论家长其已离开百花公司至卓基公司工作,但该行为属于合理的信息发布和告知,并不存在不正当性。一方面,微信朋友圈系微信好友之间交流互动的平台,具有一定的私密性,朋友圈中的信息只能被微信好友浏览和评论,一般社会公众无法随意浏览和查看;另一方面,胡某某在朋友圈发布的信息主要是一种信息告知,虽然有关于卓基公司的招生信息,但并没有引诱、拉拢或者与百花公司进行对比的内容。

案例解析:仅包含客户姓名、联系方式等信息的客户名单并不属于反不正当竞争法体系下的"客户名单",也不属于商业秘密。客户名单必须包含客户特定的需求,能够给自身带来经济利益,减少经营成本的,方才属于商业秘密。

所以,若用人单位在《劳动合同》或《员工手册》中规定"员工泄露公司信息"属于侵犯商业秘密的,该条款的效力并不能一概而论。仅当该公司信息符合商业秘密定义、员工实施了不正当手段时,方才能够认定该员工侵犯了用人单位商业秘密。

11) 经典案例二:关于客户名单及内容构成

联邦快递(中国)有限公司上海分公司与上海木春国际货运代理有限公司、沈某某侵害经营秘密纠纷一审民事判决书【案号:(2020)沪 0104 民初 11074 号】

本院认为:根据法律规定,商业秘密是指不为公众所知悉、能为权利人带来经济利益、具有实用性并经权利人采取保密措施的技术信息和经营信息。根据《联邦快递服务结算协议书》《联邦快递国际折扣计划协议》等文件,原告的 6 个联邦快递服务账号及对应客户名称、运费折扣率均为不为公众所知悉、能为权利人带来经济利益、具有实用性的经营信息。6 个客户的实际取件地址,无论是否与营业执照注册地址一致,作为取件信息亦符合前述要件。原告对前述信息采取了员工账号密码登录查阅、在员工手册及劳动合同中规定保密责任等方式保密,属于合理的保密措施。前述信息符合商业秘密的构成条件,属于原告的商业秘密。运费金额区间信息、联系人与联系方式两项信息,原告或未举证证明为其所拥有,或未举证证明不为公众所知悉,故本院对该两项信息属于商业秘密的主张不予支持。

案例解析:正如前案例中所说,单纯的客户名单并不当然构成商业秘密,而是应根据其中包含的内容综合判断。例如:折扣率是商业秘密的一种,对于目标客户能够最大限度接受多少的折扣率,企业自身能够承受多大的折扣率,均是企业通过自身渠道或努力而获取的不为公众所知悉的信息。

12) 经典案例三:关于客户名单禁令

A(上海)国际贸易有限公司(简称 A 公司)与朱某某、上海 B 贸易有限公司(简称 B 公司)侵害经营秘密纠纷一审民事判决书【案号:(2009)浦民三(知)初字第366 号】

本院查明:2007 年 2 月 26 日,浦东人民法院依据上述事实对原告 A 公司诉被告朱某某、赵某某、张某、B 公司、某某环保设备(上海)有限公司等五被告侵害商业经营秘密纠纷一案,做出 92 号判决,判令被告朱某某和被告 B 公司在判决生效之日起两年内停止使用原告 A 公司作为商业经营秘密的重庆××××饮料有限公司、南京××食品有限公司、天津××××饮料有限公司、天津××××饮料有限公司、杭州××食品有限公司五家客户名单;并于判决生效之日起十日内共同赔偿原告凯威公司××万元。

后被告朱某某和被告 B 公司不服一审判决,提出上诉。一中院于 2007 年 7 月26 日做出(2007)沪一中民五(知)终字第 9 号民事判决,驳回上诉,维持原判。(2006)浦民三(知)初字第 92 号民事判决书已于 2007 年 7 月 26 日生效。

关于第二项争议焦点。本院认为,(一)92 号案判决书明确主文第一项为"被告朱某某和被告 B 公司在本判决生效之日起两年内停止使用原告 A 公司作为商业经营秘密的重庆××××饮料有限公司、南京××食品有限公司、天津××××饮料有限公司、天津××××饮料有限公司、杭州××食品有限公司五家客户名单",该表述清晰明朗,不存在理解上的歧义,应当清楚地理解为在上述判决生效之日起的两年期间内即 2007 年 7 月 26 日起至 2009 年 7 月 25 日间两被告不能使用上述五家客户名单,同时不能与该五家客户发生业务。

(二)……在此情况下,经(2006)浦民三(知)初字第 92 号案生效判决,原告拥有的上述五家客户名单被认定为原告拥有的商业秘密,受到相关法律的保护,该判决同时禁止两被告在判决生效后的两年内予以使用,故被告 B 公司更应当清楚地知晓,被告 B 公司与上述五家客户之所以认识并开始开展业务完全是建立在原告的基础上,所以在上述期间内,无论是上述五家客户主动与被告 B 公司联系或被动与被告 B 公司联系并进行交易,被告 B 公司都是被禁止使用上述五家客户名单并与这些客户发生业务往来的。因此被告 B 公司辩称系原告的客户基于信赖利益主动与其发生业务联系、被告不构成侵犯商业秘密的理由不能成立。

(三)即便如被告证据所表明,原告曾向上述五家客户发出电子邮件,告知生效判决的相关内容和情况,这也是原告的合法权利,原告的主动告知并不能成为被告 B 公司规避或不履行生效判决规定的法定义务的理由,换言之,不管上述五家客户通过何种途径知晓上述生效判决,在上述禁止期间,被告B公司都有义务不使用上述客户名单并与之发生业务联系,即使系客户主动,被告B公司也应当严格执行生效判决的规定,予以拒绝。

案例解析:在生效判决已经作出禁令的情形下,无论是主动还是被动,前述侵权的劳动者均不能与禁令中涉及的客户建立合作。

13) 经典案例四:关于不同体系下对用人单位规章制度的合法性要求

北京××科贸公司、北京××仪器设备有限公司与上海××仪器设备有限公司、楼某某、杨某某侵犯技术秘密纠纷、侵犯经营秘密纠纷一审民事判决书【案号:(2009)浦民三(知)初字第173号】

原告××科贸公司颁布的《企业管理制度》中明确规定对于公司产品研发及生产事项和客户及其网络的有关资料等机密内容,公司所有职员都有保守公司秘密的义务和责任。被告楼某某、杨某某虽否认公司曾组织其学习上述《企业管理制度》,但确认该管理制度系2005年起实施,当时仅组织新员工学习。本院认为,在该管理制度颁布实施时,被告楼某某、杨某某尚在原告××科贸公司处工作,即便公司仅组织新员工学习,两人作为销售部经理和生产部经理,对于本部门新人的学习资料,不可能不知晓。况且对于企业而言,一个新的规章制度实行之初,其不可能仅组织新员工学习,而免除其他员工的学习义务。否则,颁布规章制度用于规范全体职工行为规范的目的就不能实现,此有违企业人事管理制度。故本院对于被告楼某某、杨某某不知晓该管理制度的主张不予采信。现《企业管理制度》明确了企业职工的保密责任和保密范围,原告××科贸公司与被告楼某某、杨某某签订的《劳动合同》中也约定了泄露公司产品研发及技术机密等行为应承担的违约责任。上述证据足以证明两原告对其主张的技术信息和经营信息采取了保密措施,该技术信息和经营信息显然能为两原告带来经济利益,应作为两原告的商业秘密予以保护。

案例解析:此处人民法院对企业规章制度的审查角度,不同于劳动争议案件。在反不正当竞争纠纷中往往并不关注规章制度的民主程序是否齐备,对于公示制度中对劳动者的送达和告知要求也相对宽松,这与劳动争议案件中对企业规章制度合法性的严格审查存在较大区别。当然,这种民主程序和送达的要求宽松,也可能是沿袭了上海地区对于民主程序制度要求一贯的宽容。

14) 经典案例五:关于诉讼中原告的技术秘密披露义务

上海大祥化学工业有限公司(简称大祥公司)与上海联碳化学有限公司、江某某侵犯技术秘密与经营秘密纠纷一审民事判决书【(2003)沪一中民五(知)初字第213号】

本院认为:经本院审查,原告在诉讼中提供的"直接及活性染料用固色剂

SENKAFIX300DX"与"聚酰胺纤维用酸性染料固色剂 NYLONFIX501"这 2 种产品的配方组成中仍然含有未知代号,即其中部分原料名称仍以代号显示而并非以该行业内通用的化学名称表示。尤其是"直接及活性染料用固色剂SENKAFIX300DX"这一产品,原告称该产品系由代号为"DASE300"的原料加水组合而成,其对"DASE300"只解释为大祥公司的固色剂原料而未作进一步明确,因此在原告就上述 2 种产品配方未充分公开的前提下,被告亦无法作出有针对性的抗辩。科技部知产中心在此基础上作出上述 2 种产品为非公知技术信息的鉴定结论,本院认为依据不足,故本院对"直接及活性染料用固色剂SENKAFIX300DX"与"聚酰胺纤维用酸性染料固色剂 NYLONFIX501"2 种产品的配方为非公知技术信息的鉴定结论不予采纳。但原告在诉讼期间已将另 2 种产品"一剂型精炼漂白剂 C－320"与"棉分散匀染剂 MULTIFINE40DX"的配方组成充分公开,故科技部知产中心对该 2 种产品的配方认定为非公知技术信息的鉴定结论,本院予以采纳。至于两被告辩称其无法穷尽现有公开技术资料以证明原告的配方为公知技术信息等理由,本院认为,被告应当对其诉讼主张提供证据证明,而且如果被告系按公知技术生产系争产品,其亦应当能够提供相应的证据予以证明,故对被告的辩解,本院不予采纳。

案例解析:如果原告在诉讼中声称产品是自己的商业秘密的载体,则要公布相关配方,被告才能答辩,不然则无法认定。在本案中,对于"直接及活性染料用固色剂 SENKAFX300DX"与"聚酰胺纤维用酸性染料固色剂 NYLONFIX501"2 种产品,因为原告未全面披露配方,导致被告无法答辩,当承担不利后果;对于"一剂型精炼漂白剂 C－320"与"棉分散匀染剂 MULT 旧 NE40DX"2 种产品的配方组成则充分公开了,被告未做有效答辩/抗辩,则由被告承担不利后果。

三、关于劳动者违反竞业限制义务的法律责任的专题解析

(一)劳动者违反竞业限制约定的,应承担违约责任

除本条的法律规定之外,依本法第二十三条的规定,劳动者与用人单位在《竞业限制协议》或《劳动合同》中约定了相关竞业限制条款,劳动者在离职后有从事竞业工作、开办竞业企业等违反竞业限制条款行为,应承担违约责任。

《劳动合同法》

第二十三条 用人单位与劳动者可以在劳动合同中约定保守用人单位的商业秘密和与知识产权相关的保密事项。

对负有保密义务的劳动者,用人单位可以在劳动合同或者保密协议中与劳动者约定竞业限制条款,并约定在解除或者终止劳动合同后,在竞业限制期限内按月

给予劳动者经济补偿。劳动者违反竞业限制约定的,应当按照约定向用人单位支付违约金。

(二) 劳动者违反竞业限制约定的,除承担违约金外,若给用人单位造成损失,还应承担赔偿责任

此处的赔偿责任,应理解为超出违约金部分的损失赔偿。这一部分的规定不仅仅在《劳动合同法》中有相关的规定,在《民法典》中也有类似的规定。

《民法典》

第五百八十三条　当事人一方不履行合同义务或者履行合同义务不符合约定的,在履行义务或者采取补救措施后,对方还有其他损失的,应当赔偿损失。

第五百八十四条　当事人一方不履行合同义务或者履行合同义务不符合约定,造成对方损失的,损失赔偿额应当相当于因违约所造成的损失,包括合同履行后可以获得的利益;但是,不得超过违约一方订立合同时预见到或者应当预见到的因违约可能造成的损失。

依据上述规定,合同当事人中一方违反合同约定的,如果双方约定了违约金,守约方可先要求违约方承担违约金,违约金不足弥补损失的,违约方继续承担守约方的其他损失;如果双方未约定违约金,守约方则可以直接根据损失金额,要求违约方承担。此处所称的"损失",不仅包含实际损失,还可以包含预期损失。

(三) 司法判例统计(2000—2021 年):劳动者违反竞业限制约定的,承担的违约金金额是否调整的大数据研究

本款所涉及的违约金的审判规则与合同纠纷不同,在劳动者违反竞业限制的行为已经被认定的前提下(已解决了定性的问题),单就竞业限制违约金的金额而言,法院原则上参照《竞业限制协议》约定的金额予以支持。

根据《民法典》的规定,当事人一方在认为约定违约金高于实际造成的损失时,可以要求人民法院减少违约金。笔者以"竞业限制行为已定性""劳动者请求人民法院调低违约金"为关键字,检索了上海地区 2000—2021 年公开可查询的判决书,就已检索到的判决结果统计如下:

检索到与竞业限制违约金相关的判例 295 件,其中支持劳动者主张违约金调低的有 190 件,占比 64.41%;而不调低违约金,直接适用约定金额的有 88 件,占比 29.83%。

根据上述检索,可得出结论如下:

(1) 人民法院支持用人单位与劳动者基于意思自治的原则约定相应的违约责任,在相关约定未违反法律强制性规定的情况下,当属合法有效。而劳动者在签署相关协议时,也应当对于自身享有的权利、承担的义务有着清晰的认识,亦充分知晓自身违约行为而导致的法律后果。

（2）在人民法院直接适用约定违约金金额的案件中，多为：①劳动者在职期间的职位较高，能够接触到的商业秘密较多；②劳动者违约行为的主观恶性较大；③竞业限制违约金的设定与劳动者在职期间的薪资待遇以及竞业限制的补偿金相匹配。

（3）在人民法院采纳劳动者要求调低违约金的案件中，多为：①违约金的金额设置显著过高，与竞业限制的补偿金或劳动者的在职薪资待遇不匹配；②用人单位无法证明实际损失；③劳动者在被用人单位发现后有弥补措施，主动停止了违约行为。

（4）上海地区人民法院对于竞业限制违约金并非简单适用普通民法规则，而是劳动争议庭法官综合运用劳动争议审判规则和普通民法规则综合进行判定。

《民法典》

第五百八十五条　当事人可以约定一方违约时应当根据违约情况向对方支付一定数额的违约金，也可以约定因违约产生的损失赔偿额的计算方法。

约定的违约金低于造成的损失的，人民法院或者仲裁机构可以根据当事人的请求予以增加；约定的违约金过分高于造成的损失的，人民法院或者仲裁机构可以根据当事人的请求予以适当减少。

当事人就迟延履行约定违约金的，违约方支付违约金后，还应当履行债务。

（四）劳动者违反竞业限制约定的，人民法院调整违约金金额的法理研究

《第八次全国法院民事商事审判工作会议（民事部分）纪要》（以下简称《八民纪要》）

（三）关于竞业限制问题

28. 用人单位和劳动者在竞业限制协议中约定的违约金过分高于或者低于实际损失，当事人请求调整违约金数额的，人民法院可以参照《最高人民法院关于适用〈中华人民共和国合同法〉若干问题的解释（二）》第二十九条的规定予以处理。

《最高人民法院关于适用〈中华人民共和国民法典〉合同编通则若干问题的解释》

第六十五条　当事人主张约定的违约金过分高于违约造成的损失，请求予以适当减少的，人民法院应当以民法典第五百八十四条规定的损失为基础，兼顾合同主体、交易类型、合同的履行情况、当事人的过错程度、履约背景等因素，遵循公平原则和诚信原则进行衡量，并作出裁判。

约定的违约金超过造成损失的百分之三十的，人民法院一般可以认定为过分高于造成的损失。

恶意违约的当事人一方请求减少违约金的，人民法院一般不予支持。

依据《八民纪要》的规定分析,当违约金过分高于"实际损失"时,劳动者可以请求人民法院调低违约金;当违约金过分低于"实际损失"时,用人单位可以请求人民法院调高违约金。

鉴于劳动关系中用人单位处于强势地位,特别是在相关合同文件的制作和签署层面具有主导性,因此,用人单位要求人民法院依法调高违约金的情形比较罕见,故而不在本次专题研究的范畴中。在实践中,更多的是劳动者要求调低违约金。

笔者认为,《八民纪要》和合同编通则司法解释均指向了违约金金额和用人单位的损失金额的比较,当违约金金额显著高于或低于损失金额时,才"应当"调整。但在前述关于保密义务的分析中已经明确,用人单位在劳动者违反保密义务或竞业限制的案件中,很难举证实际损失的金额,这也是在保密纠纷案件中,用人单位败诉的最大症结。

如果用人单位不能就劳动者违反竞业限制义务而造成的损失金额进行证明,那么就无法以违约金显著过低而申请调高。

但此系针对用人单位方;对于劳动者而言,也不具备举证证明用人单位实际损失金额的能力,进而无从证明违约金显著高于实际损失。在此情况下,虽然部分人民法院会要求用人单位提供证据证明实际损失,但根据大数据分析的结论,人民法院并非一定会进行调整,即使调低了违约金,也非调低到损失的金额的30%。实际上案件审理的过程中,大部分案件连损失金额到底为多少都无法查明。

因此,可以进一步得出结论,人民法院是否调整竞业限制的违约金,在违约行为的定性上依据上述会议纪要和司法解释,但违约金的定量上,更多的是由法院自由裁量或酌情调整。

(五)劳动者违反竞业限制约定时,人民法院调低违约金金额的酌定事由

依据前述大数据分析,上海地区法院调低违约金金额的案例中,最大的规律是调低与酌定事由不存在线性关系,经测算调低违约金案例中的"约定违约金/实判违约金""实判违约金/员工月工资标准""实判违约金/月竞业限制经济补偿"三项指标,均未发现明显的线性关系或正态分布。故可得出结论,上海地区人民法院调低违约金与酌定事由及酌定事由的多寡不存在线性关系且无明确规律。

但通过整理上述案例,可以归纳上海地区法院调低违约金金额的酌定事由如下。

1. 用人单位未实际支付竞业限制补偿金

劳动者离职后,用人单位未实际支付劳动者竞业限制补偿金的,人民法院可以将其作为调低违约金金额的酌定事由。

案例:上海恩捷新材料科技股份有限公司与蒋某竞业限制纠纷案一审民事判决书【案号:(2015)浦民一(民)初字第4913号】

本院认为(本案无二审):……本案中,被告入职后在原告处担任华南地区销售总监,属于负有保密义务的劳动者,双方2011年12月12日所签保密和不竞争协议约定了被告具体的竞业限制义务。该协议中对竞业限制义务的约定为双方真实意思表示,亦未违反法律、行政法规强制性规定。

该协议中对竞业限制期限的约定不符合法律的规定,所生后果仅为该部分约定按相应的法律规定处理,并不影响其余条款的效力。

该协议未明确约定竞业限制经济补偿的数额及支付方式等,但双方就竞业限制义务存在一致的意思表示,被告若依约履行了竞业限制义务,可以依据《最高人民法院关于审理劳动争议案件适用法律若干问题的解释(四)》第七条的规定,获得相应的经济补偿。综上,涉案保密和不竞争协议中关于竞业限制义务的约定合法有效,双方应依约履行。

经审查,该公司与原告的经营范围存在一定范围的重合,具有业务竞争关系,被告的上述行为违反了双方关于竞业限制义务的约定,应当依约支付违约金。

综合考虑被告原月工资收入的数额、双方对竞业限制经济补偿的约定及支付情况等,双方所约1000000元违约金明显过高,根据被告的申请,本院酌情调整为30000元。结合法律规定的竞业限制最长期限及被告的离职日期,原告要求被告继续履行竞业限制义务至2015年7月31日,依法可予准许。

案例解析:对于未约定竞业限制经济补偿的数额及支付方式,或部分条款约定违反法律规定的,并不导致竞业限制协议整体无效。劳动者履行了竞业限制义务的,仍可依据法律和司法解释的规定,按照离职前十二个月月平均工资的30%获得竞业限制经济补偿。

用人单位是否已经支付竞业限制补偿金系人民法院调低违约金的重要酌定事由,从《民法典》合同编的角度出发,在合同双方当事人中(特别是双务合同中),为了降低对方的违约风险,用人单位也应承担相应的对价义务,并及时履行。若用人单位期望劳动者守约,约定了100万元的高额违约金,却不支付竞业限制经济补偿(甚至出现违约在先的情况),此时要求劳动者承担约定的高额违约金,有悖于公平原则。故法院将此作为调低违约金的重要酌定事由。

2. 劳动者的月工资标准与违约金的金额显著不成比例

(案例同上例)

案例解析:在上述(2015)浦民一(民)初字第4913号案件中,劳动者离职前十二个月的月工资标准为6000元/月,该标准与违约金100万元的差距达166倍,超过了100倍,属于典型的畸高。因此人民法院依据月工资标准与违约金的比例、未支付经济补偿的情况调低了违约金。

3. 劳动者可获得的竞业限制补偿金金额与违约金的金额显著不成比例

案例1:上海奥杰斯广告有限公司与朱某劳动合同纠纷二审民事判决书【案号:(2014)沪一中民三(民)终字第1316号】

本院认为:双方签订的劳动合同虽就竞业限制作了约定,但根据合同约定,上诉人在竞业限制期间给予被上诉人的经济补偿金仅为3000元,而被上诉人若违反竞业限制约定,则应承担竞业限制违约金300 000元,该约定内容显然有失公平……鉴于双方劳动合同约定的竞业限制违约金过高,且上诉人并未提供充分证据证明其已向被上诉人支付过竞业限制补偿金及被上诉人的违约行为给上诉人所造成的实际损失,故原审酌定被上诉人支付上诉人竞业限制违约金3000元,应属公平合理,本院予以维持。

案例解析:就本案而言,从仲裁、一审至二审的判决均体现了当劳动者获得的竞业限制违约金过少时,法院将显著调低违约金金额。但从本案的判决结果来看,违约金3000元亦过少,是否能起到警示的社会效果,存疑。但该案例属于较早时期的判例,同样是上海市第一中级人民法院,到2020年时,其裁判口径出现了一些变化。

案例2:瑞克赛尔海绵(上海)有限公司(简称瑞克赛尔公司)与方某竞业限制纠纷二审民事判决书【案号:(2020)沪01民终13532号】

本院查明:瑞克赛尔公司逐月支付了方某竞业限制补偿金24期,每期4600余元。

本院认为:关于违约金的数额,本院综合考量方某在瑞克赛尔公司的岗位及收入水平、主观违约恶意及客观违约行为、竞业限制补偿金数额等因素,酌定将双方约定的违约金数额200 000元调整至160 000元。

案例解析:就本案而言,从仲裁、一审均未支持用人单位方要求劳动者支付竞业限制违约金的请求(但支持了用人单位要求继续履行竞业限制协议),但二审出现了根本性的反转,不但支持了违约金,而且在劳动者每期补偿金仅4600余元的前提下,仍支持了用人单位160 000元的违约金主张。

由此可见,随着我国对知识产权保护从早年的"弱保护"进入现在的"强保护",特别是2020年鉴于中美第一阶段经贸协议的签署,国内知识产权保护的力度开始了大规模的转向,知识产权类的违约金不再仅是补偿性质,而更多地倾向于惩罚性质。基于此,劳动者再仅以自身所获取的竞业限制补偿金低而约定的违约金金额高作为抗辩,得到支持的力度显著降低。

4. 劳动者自觉履行竞业限制义务的时间长短、违约的主观及客观行为恶性

该酌定事由又可称为"违约恶意、违约时间和违约事实",即违约金被调低的程度,与以下三要素密切相关:

(1) 劳动者离职后自觉履行竞业限制义务的期间长短——何时开始违约的。

(2) 违反竞业限制义务的违约恶意——是否为生计所迫、是否早有预谋。

(3) 违约行为持续的时间长短——已经加入竞争对手或从事竞业行为的时间长短。

案例:韩某某与上海强华实业股份有限公司(简称强华公司)劳动合同纠纷二审民事判决书【案号:(2020)沪 01 民终 13707 号】

本院查明:韩某某于 2019 年 9 月 30 日离职。2019 年 10 月至 2020 年 6 月期间,强华公司支付韩某某竞业限制补偿每月为 2420 元,2020 年 7 月支付 2480 元。

A 公司成立于 2020 年 1 月 16 日,法定代表人祁某,注册地址江苏省启东市高新技术产业开发区××路＊＊资本 1000 万元。经营范围:石英玻璃制品制造、销售,石英制品、五金产品、电子产品、电子元器件、仪器仪表、橡胶制品、塑料制品……该公司原股东为王某及祁某,认缴出资额分别为 250 万元及 750 万元。2020 年 5 月 6 日,王某退出该公司,该公司股东变更为祁某。

2020 年 5 月 7 日,韩某某与王某在吴中区民政局签订××协议书,其中内容载有"……婚姻存续期间,女方与祁某共同投资了江苏 A 有限公司,公司未实际经营,目前正在办理退出手续。男方对此投资既不知情也不同意,此投资前期成本、后期退出产生的任何负担和可能的收益由乙方承担和享有,均与男方无涉……"

本院认为:关于韩某某是否违反了与强华公司竞业限制的约定。韩某某从强华公司离职后,其妻子王某与案外人成立了与强华公司有竞争关系的 A 公司,王某任 A 公司的股东。王某虽不是强华公司与韩某某之间竞业限制协议的相对方,但婚姻关系存续期间,夫妻一方基于共同利益的对外行为难以认定为一方的个人行为。王某作为韩某某的配偶,在无其他相反证据的情况下,担任与强华公司有竞争关系的 A 公司的股东,同样可以认定韩某某违反了与强华公司竞业限制的约定。韩某某与王某是在强华公司提起仲裁申请,要求韩某某支付违约金及返还竞业限制补偿金之后,韩某某主张王某未告知其入股 A 公司的抗辩理由,本院难以采信。一审法院认定韩某某违反了竞业限制义务,应承担支付 A 公司违约金及返还竞业限制经济补偿金的法律责任,并无不当。

(注:二审引用的一审本院认为部分)本案中,结合韩某某的原职务、收入情况及过错程度,再结合韩某某未履约的期限已至 2020 年 5 月 6 日退股行为发生时止,期限并不长,A 公司该期间刚成立不久,并未产生大的生产经营收益,对强华公司造成的损失不大,而强华公司支付韩某某的补偿金标准仅为最低工资,且强华公

司并未就违约金约定数额的合理性及特定商业秘密的经济价值进行充分举证,故一审法院认定违约金1 617 966.20元属于畸高之情形,应当予以调整。对韩某某的该项辩解意见,一审法院予以采纳。结合上述之情形,一审法院酌情认定韩某某应当支付强华公司违反竞业限制义务违约金120 000元。

关于竞业限制违约金数额。一审法院已充分考虑到韩某某离职时的岗位及收入水平、自觉履行竞业限制义务的期间长短、主观违约恶意及客观违约行为、竞业限制补偿金数额、违约行为给用人单位造成的损失等因素,将双方约定的160万余元违约金数额调整至12万元,该违约金数额并无不当,韩某某要求再行调整的上诉主张,本院不予采纳。

案例解析:本案在定性方面,人民法院对负有竞业限制义务的劳动者配偶以入股设立公司的行为认定为该劳动者亦构成违约。在确定违约金时,考虑到劳动者在离职后曾自觉履行过一段时间的竞业限制义务,开展竞业行为的时间较短,以及其竞业限制补偿金的金额仅为最低工资,最终人民法院对违约金金额进行了大幅度的调低。

（六）关于竞业限制违约金的实务建议

1. 竞业限制纠纷案件中劳动者的抗辩步骤

对于劳动者而言,当被用人单位仲裁/诉讼竞业限制违约金时,可采用以下四步骤进行抗辩:

（1）是否具有竞业限制义务,竞业限制协议是否有效、启动或被解除。

（2）劳动者本身不存在违约/竞业行为,要求用人单位对此进行举证证明。

（3）当用人单位初步举证存在违约/竞业行为后,可针对该行为的性质进行抗辩。例如:以现就职单位与用人单位不存在竞争关系为由,从地域、细分行业、主营产品/市场等角度进行说明。

（4）对违约金的金额进行抗辩,认为约定过高,申请调低。举证不存在主观恶意（或主观恶意显著轻微）、竞业时间短、离职前的月工资标准、未收到竞业限制补偿金（或补偿金过低）等。

2. 劳动者离职时应考虑向用人单位明确竞业限制协议启动与否

虽然劳动者可采用上述步骤予以抗辩违约金之诉,但在实践中用人单位选择提起仲裁或诉讼的,基本已掌握了劳动者违约的证据。所以,对于劳动者而言,其根本抗辩的核心在于用人单位是否有提起诉讼的法律基础,即竞业限制协议是否有效或实际启动。故,建议劳动者在离职时应当直接向用人单位明确,是否启动竞业限制,并通过书面或录音的形式固定证据。

当前劳动法实践中,较多的用人单位基于成本考量,对于并非关键岗位的劳动者,即使订立有竞业限制协议,在劳动者离职时也不会主动启动竞业限制,也未实际支付竞业限制补偿金。但如果事后发现该劳动者违反竞业限制,又有较大可能会提起诉讼以主张高额的违约金。

当然,如果劳动者本身并无从事竞争性行业想法,则无须与用人单位确认。在离职后,按照半年一次的频率向用人单位主张竞业限制补偿金即可。但需要提醒的是,有时候劳动者自认为的"不竞业"并非法律意义上的无竞业行为。即使新用人单位实际从事的业务与原用人单位经营的业务毫不相关,但也可能两者的营业执照经营范围存在相同之处,导致劳动者承担违约责任。

第九十一条　【用人单位的连带赔偿责任】

用人单位招用与其他用人单位尚未解除或者终止劳动合同的劳动者,给其他用人单位造成损失的,应当承担连带赔偿责任。

一、一般性理解及归责原则

(一)一般性理解

当劳动者已与其他用人单位建立劳动关系的情况下,后一用人单位又与该劳动者建立新的劳动关系,若劳动者由此给其他用人单位造成损失,后一用人单位承担连带赔偿责任。此处,承担赔偿责任的直接责任主体是劳动者;后一用人单位就劳动者应对其他用人单位承担的赔偿责任及范围负有连带赔偿责任。

拓展理解:用人单位招用与其他用人单位尚未解除或终止劳动关系的劳动者,此处的"尚未解除或终止"可以是劳动关系本身存续的情形,也可以是劳动者个人已提出解除劳动合同,但未满三十日的情况。

(二)归责原则

《劳动部关于实行劳动合同制度若干问题的通知》第十七条规定:

用人单位招用职工时应查验终止、解除劳动合同证明,以及其他能证明该职工与任何用人单位不存在劳动关系的凭证,方可与其签订劳动合同。

此类案件纠纷中,在认定新用人单位是否承担连带赔偿责任时,并不评价新用人单位主观上是否存在过错,采用无过错原则。只要新用人单位招录了未与原用人单位解除或终止劳动关系的劳动者,并且给原用人单位造成损失,就需承担连带赔偿责任。即使是在司法解释中单独提出的特殊劳动者类型,包括企业停薪留职人员、未达到法定退休年龄的内退人员、下岗待岗人员以及企业经营性停产放长假人员，仍不排除适用。

同时，本条亦明确了，新用人单位承担连带赔偿责任无须事先"明知"，即使新用人单位在录用该劳动者时并不明知其未合法解除或终止与原用人单位的劳动关系，但只要其达到应当知道的程度，就需承担连带赔偿责任。这其中存在一个本法隐含的推定，将在本专题的下一节讨论。

二、离职证明系新用人单位赔偿责任的豁免前提

本条与用人单位应出具离职证明的法律规定形成相互呼应及联动关系。

《劳动合同法》

第五十条　用人单位应当在解除或者终止劳动合同时出具解除或者终止劳动合同的证明，并在十五日内为劳动者办理档案和社会保险关系转移手续。

第八十九条　用人单位违反本法规定未向劳动者出具解除或者终止劳动合同的书面证明，由劳动行政部门责令改正；给劳动者造成损害的，应当承担赔偿责任。

上述两法条明确了前一段劳动关系在解除或终止时，原用人单位应当向劳动者开具离职证明，若未及时出具的，需向劳动者承担赔偿责任。也正因为离职证明是原用人单位对劳动关系解除或终止的书面确认，新用人单位在劳动者入职报到时，应当要求劳动者提交离职证明，以确认劳动者已经从原用人单位离职，从而豁免本条所规定的法律责任/连带赔偿责任。

此处本法蕴含的法律推定为：当劳动者合法从原用人单位离职时，必然能取得离职证明（备注：如原用人单位违法不开具的，劳动者享有救济途径，且原用人单位应当承担行政责任和民事赔偿责任）；当劳动者违法从原用人单位离职时，必然无法取得离职证明。鉴于此，新用人单位在招录劳动者时，审查其是否能够提交原用人单位出具的离职证明系法定审查义务，新用人单位怠于审查或者招录无离职证明的劳动者时，则应承担由此带来的法律后果。

《关于实行劳动合同制度若干问题的通知》（劳部发〔1996〕354号）

第十七条　用人单位招用职工时应查验终止、解除劳动合同证明，以及其他能证明该职工与任何用人单位不存在劳动关系的凭证，方可与其签订劳动合同。

三、用人单位规定"离职证明"属于劳动者录用条件的法律出处

在当前劳动法实务中，大多数的企业均通过录用通知书、劳动合同、员工手册等形式明确：劳动者应当在入职前或入职后的若干日内向用人单位提供离职证明，如未能在指定日期内提供的，则视为不符合录用条件。

不符合录用条件则对应本法第三十九条第一款，用人单位可以在试用期内解

除双方劳动合同,并无需支付经济补偿。

第三十九条 劳动者有下列情形之一的,用人单位可以解除劳动合同:

(一)在试用期间被证明不符合录用条件的。

离职证明的重要性如前所述,既能证明劳动者已经与前用人单位劳动关系的解除或终止,在无竞业限制的情况下,可以无负担地加入新用人单位开展新的工作,又能形成对本条规定法律责任的阻断。因此将其规定为录用条件之一,才成为大多数用人单位的选择。

若用人单位未将"劳动者提供离职证明"作为录用条件进行规定,直接以未提供离职证明为由,援引第三十九条第一款作解除处理的,将被认定为违法解除劳动合同,从而承担违法解除劳动合同的赔偿金。

四、限制多重劳动关系的法律依据

本条系限制多重劳动关系的法律依据,但非否定。

1. 法理分析

本条并非仅关注劳动者从原用人单位离职和入职新用人单位之间(即劳动关系"衔接"时)的法律关系,还调整了劳动者在职时的权利和义务,限制了劳动者建立双重或多重劳动关系,与本法第三十九条第四款形成呼应。

第三十九条 劳动者有下列情形之一的,用人单位可以解除劳动合同:

(四)劳动者同时与其他用人单位建立劳动关系,对完成本单位的工作任务造成严重影响,或者经用人单位提出,拒不改正的。

劳动合同法本身并不禁止双重或多重劳动关系的建立,这是基于我国国情和社会实践的综合考量,但并非毫无限制。本法第三十九条第四款系对建立多重劳动关系劳动者的约束,一旦对其本单位的工作任务造成影响,或经用人单位提出而不改正的,用人单位可以解除劳动关系。

而本条构成了对建立多重劳动关系用人单位一方的约束,即当劳动者因为建立多重劳动关系而产生侵权或违约事实,需对前一用人单位承担违约或赔偿责任时,后一用人单位要承担连带赔偿责任。所以,本条并非对多重劳动关系的否认,而是对后一用人单位侵权责任的规定。

2. 案例解析

对于双重或多重劳动关系,人民法院的观点颇多,以下仅做比对性的列举。

案例1:贾某某与北京展恒理财顾问有限公司(简称展恒公司)劳动合同纠纷二审判决书【案号:(2014)沪一中民三(民)终字第670号】

本院认为:劳动合同法第三十九条第(四)项规定,劳动者同时与其他用人单位建立劳动关系,对完成本单位的工作任务造成严重影响,或者经用人单位提出,拒不改正的,用人单位可以解除劳动合同。该法第九十一条还规定,用人单位招用与其他用人单位尚未解除或者终止劳动合同的劳动者,给其他用人单位造成损失的,应当承担连带赔偿责任。根据上述规定,可见我国劳动法律法规是限制同一劳动者同时与两家或两家以上用人单位建立全日制劳动关系的。贾某某于2013年8月5日进乾宏公司工作,与乾宏公司建立劳动关系,后又于2013年8月7日进展恒公司工作,与展恒公司建立劳动关系。虽然乾宏公司于2013年8月8日与贾某某解除劳动关系,但经过仲裁、诉讼,法院最终判定贾某某与乾宏公司的劳动关系应予恢复。在此前提下,无论展恒公司2013年9月18日与贾某某解除劳动合同的行为是否合法,因法律限制多重全日制劳动关系,且贾某某与乾宏公司建立劳动关系在先,贾某某与展恒公司的劳动关系均不应当再恢复。贾某某要求与展恒公司恢复劳动关系并基于该前提所主张的2013年9月18日之后的相关诉讼请求本院均不予支持。

案例2:合肥金美途机电设备制造有限公司(简称金美途公司)、肥西县人力资源和社会保障局、陈某某劳动和社会保障行政管理(劳动、社会保障)二审行政判决书【案号:(2021)皖01行终146号】

金美途公司主张:因陈某某与佳通轮胎公司之间存在劳动关系,其与陈某某之间仅为劳务关系。

本院认为:根据《中华人民共和国劳动合同法》第三十九条规定:"劳动者同时与其他用人单位建立劳动关系,对完成本单位的工作任务造成严重影响,或者经用人单位提出,拒不改正的,用人单位可以解除劳动合同";该法第九十一条同时规定:"用人单位招用与其他用人单位尚未解除或者终止劳动合同的劳动者,给其他用人单位造成损失的,应当承担连带赔偿责任",根据上述法律规定不难看出,劳动者可以与两个以上用人单位建立劳动关系。因此,本案上诉人金美途公司虽然以陈某某社保清单等证据主张陈某某系佳通轮胎公司的职工,但并不能以陈某某是否是佳通轮胎公司的职工来认定陈某某与上诉人金美途公司之间是否存在劳动关系。

本案中,一审法院结合《工伤认定询问笔录》、上诉人出具的《收入证明》、陈某某打卡记录以及上诉人为陈某某实际发放工资等事实,认为陈某某与上诉人金美途公司之间关系符合劳社部发〔2005〕12号《关于确立劳动关系有关事项的通知》规定情形,并认定陈某某与金美途公司之间存在事实劳动关系,该认定符合法律规定。

另,工资的支付形式并不影响劳动关系的认定,且工伤事故的发生当天因陈某某并不知自己伤情又继续去公司上班,并在金美途公司被送至医院救治,因此陈某某当日确实是去金美途公司上班。根据《最高人民法院关于审理工伤保险行政案件若干问题的规定》第三条(一)项规定,"职工与两个或两个以上单位建立劳动关系,工伤事故发生时,职工为之工作的单位为承担工伤保险责任的单位"。

因此,即使本案中受伤害职工陈某某与两个或两个以上用人单位之间具有劳动关系,并不影响根据本案工伤事故发生时的陈某某实际工作情况来确定工伤保险责任单位。

综上,被上诉人肥西县人社局作出工伤决定认定事实清楚、适用法律正确、程序合法。一审判决认定事实清楚,适用法律正确。

案例解析:上述二案例体现了当前各地对于双重或多重劳动关系的不同态度,各法院理解不同,但可以得出的结论是,本条及第三十九条第四款并非对双重或多重劳动关系的"禁止"或"否认"而是"限制",其中本条侧重于对后一用人单位侵权责任的规定。建立双重或多重劳动关系必须依托在对原用人单位/原劳动关系不产生影响,更不能造成损失,但也并非完全的禁止和否认,而是高度的限制。

需要特别提示的是,如果在"兼职"的用人单位发生因用人单位过错而造成的劳动者人身伤害,该用人单位不仅要承担工伤责任(该责任很可能因无法购买工伤险而由用人单位自行承担),还有可能要承担因劳动者无法出勤而对原用人单位造成损失的连带赔偿责任。

五、第九十一条的广义联动——违反竞业限制及保密义务的连带赔偿责任

劳动者违反竞业限制及保密义务的,其入职的新用人单位是否需承担连带赔偿责任?

1. 法理理解

本条是否仅与第九十条规定的第一种情形"违反本法规定解除劳动合同"相关? 是否仅仅关注劳动关系衔接中的违法?

笔者认为答案是否定的,本条与第九十条的整体三种情形应当均能相关及联动。当劳动者因违反竞业限制或保密义务而承担对原用人单位的赔偿义务时,新用人单位同样应承担连带赔偿责任(前提是原劳动合同未"依法"解除且在有效期内)。

当劳动者违法解除劳动关系时,竞业限制义务是处于离职后状况还是在职状态?

根据《劳动合同法》第二十三条的字面意义分析,竞业限制义务始于约定,贯穿于劳动关系的始终。只是在劳动关系解除或终止之后,用人单位应当支付补偿金。所以,无论劳动者解除劳动关系的行为是合法或违法,劳动者都应受到竞业限制的约束。

保密义务同样贯穿劳动关系始终,无论是劳动关系期间,还是解除劳动关系之后,劳动者违反保密义务的,均应承担相应的法律责任。

综上,劳动者出现本法第九十条所规定的任一情形时,均可能导致新用人单位在招用该未依法解除或终止劳动关系劳动者时对上述损失承担连带赔偿责任。同时,竞业限制和保密义务不同于单纯的违法解除劳动关系,当竞业限制和保密义务的损失更容易举证时,本条才能够真正发挥应有的保护原用人单位,以及对劳动者和新用人单位产生警示和威慑的作用。

2. 劳动者违反竞业限制及保密义务,新用人单位是否需承担连带赔偿责任相关案例评析

案例:沈阳铭郡置业有限公司(简称铭郡公司)与魏某某、沈阳亿科房地产经纪有限公司(简称亿科公司)竞业限制纠纷二审民事判决书【案号:(2015)沈中民五终字第539号】

本院认为:……(二)关于魏某某成立亿科公司的行为是否违反法律规定和双方之间的约定;魏某某是否承担责任,承担什么责任问题。

魏某某在铭郡公司工作期间,与他人设立亿科公司,任亿科公司法定代表人,该公司注册资本50万元,魏某某个人出资占55%。铭郡公司和亿科公司的经营范围均有商品房销售业务,两公司的经营地点均在沈阳。魏某某既任铭郡公司的销售经理,又任亿科公司的法定代表人,两公司之间有竞争关系。根据魏某某与铭郡公司签订的保密协议和法律规定,以及魏某某在铭郡公司的重要职位,魏某某在职期间,掌握铭郡公司商品房销售渠道和技术秘密,未经铭郡公司允许,成立与铭郡公司有竞争业务的亿科公司,并且与其他公司签署与铭郡公司同类业务的策划协议,其行为违反了保密协议约定义务,更违反劳动者在职期间竞业限制义务,是一种不诚信行为,侵害了铭郡公司的合法权益。劳动合同法第九十条规定,劳动者违反劳动合同中约定的保密义务或者竞业限制,给用人单位造成损失的,应当承担赔偿责任。

关于损失的计算问题。魏某某与铭郡公司签订的保密协议约定了违约责任,即按照劳动法、合同法、民法通则及相关法律规定承担违约责任,造成损失应赔偿直接或间接损失等。铭郡公司主张魏某某应赔偿直接损失即魏某某在铭郡公司工作期间的工资收入,间接损失11万元(亿科公司获利20万元×55%魏某某的股份额)。

劳动者造成用人单位损害,包括有形损失或无形损失,魏某某违反保密协议约定成立亿科公司,利用铭郡公司销售经理的职务所获得的经营信息和技术秘密,经营与铭郡公司同样的业务销售商品房业务,必然会给铭郡公司带来损失,其直接经济损失即为亿科公司工作获得了铭郡公司的工资收入,因此一审法院裁判魏某某赔偿铭郡公司42822.52元并无不当。铭郡公司主张间接损失11万元,但是没有提供证据证明,故对该主张不予支持。

(三)关于亿科公司是否应对魏某某的行为承担连带责任问题。《中华人民共和国劳动合同法》第九十一条规定:"用人单位招用与其他用人单位尚未解除或者

终止劳动合同的劳动者,给其他用人单位造成损失的,应当承担连带赔偿责任。"

本案中,魏某某于在职期间即与他人一同出资,注册成立亿科公司,且其股份占注册资本的55%,并成为该公司法定代表人,且另两名股东何某、张某同为铭郡公司的员工,三人的股份占亿科公司注册资本的70%,应认定亿科公司对招用铭郡公司尚未解除劳动合同员工为明知。根据上述法律规定,亿科公司应承担连带赔偿责任。

案例解析:相对于违法解除劳动关系,竞业限制和保密义务因为必然存在协议文本,在文本中可以约定违约金及损失的具体计算方式,因此后两者的损失计算比前者更灵活,也更容易举证。此时,本条中所称"损失"二字所指向的金额,可以用竞业限制协议和保密协议中违约金的金额代替,或提供约定的损失具体计算方式。

六、第九十一条的广义联动——所有损失的连带赔偿责任

本条的法条本身并未限制本条仅能与本法的第九十条产生联动,并未对"原用人单位的损失"中的"损失"二字进行定义或加修饰语。因此,但凡是劳动者给原用人单位造成的损害,在满足三要件的前提下,均可以适用本条,要求新用人单位承担连带赔偿责任。

此时,不仅局限于《劳动法》和本法的范畴,《反不正当竞争法》和《刑法》所规定的其他劳动者可对原用人单位造成的损失,均可由原用人单位向劳动者求偿,劳动者资产或收入不足以偿付时,可依据本条要求新用人单位承担连带赔偿责任。

案例:张某、江西快线通勤航空有限公司(简称江西快线航空公司)与新疆通用航空有限责任公司(简称新疆通航公司)劳动争议二审民事判决书【案号:(2021)兵08民终277号】

本院认为:……关于培训费及补偿费问题。首先,原告新疆通航公司与被告张某签订的《劳动合同》中明确约定由原告为被告张某出资培训,培训后张某服务未满十五年或者单方面不得解除劳动合同,若张某在劳动合同期限内要求解除劳动合同的,须支付原告双倍违约金。其次,《最高人民法院关于转发中国民用航空总局等〈关于规范飞行人员流动管理保证民航飞行队伍稳定的意见〉的通知》(法发〔2005〕13号)的规定,人民法院在审判工作中应当参照民航人发〔2005〕104号文确定的处理原则及培训费用计算标准来处理飞行人员解除劳动合同所引发的劳动争议案件。民航人发〔2005〕104号文规定,飞行员个人提出解除劳动合同的,应当按照劳动合同的约定承担违约责任。

该案系张某辞职,应当按照双方劳动合同的约定承担相应责任。张某在新疆通航公司从事飞行员工作,飞行员行业具有专业性和特殊性,属于高技能人才,需要长时间的能力培养过程和持续的能力保持过程。因飞行工作的需要,新疆通航

公司安排张某培训,张某在培训中飞行技能逐级提升,新疆通航公司对张某进行了培训并支付了相应的费用,该费用通过学习转化为其自身的飞行技术资源,张某的离职必然导致该公司对飞行技术资源的流失,遵循公平合理,等价有偿的原则,张某在离职时应当承担在新疆通航公司参加培训所产生的相关费用。

关于培训费的支付金额,新疆通航公司提交的相关票据明细不清,两被告不予认可,该证据不能客观真实地证明为张某支付培训费的具体金额,该院对培训费的具体金额无法准确核实并确认。考虑到飞行员的专业性及特殊性,结合该案具体情况,该院酌情判令张某支付新疆通航公司补偿费 110 万元。新疆通航公司超出之诉讼请求,该院不予支持。

关于连带责任问题。《中华人民共和国劳动合同法》第九十一条规定:"用人单位招用与其他用人单位尚未解除或者终止劳动合同的劳动者,给其他用人单位造成损失的,应当承担连带赔偿责任。"该案中,被告江西快线航空公司招用被告张某在江西快线航空公司承担飞行员工作时,张某与原告新疆通航公司之间并未依法解除劳动关系。张某随意"跳槽"的行为,势必造成原告单位损失,进而影响行业秩序。参照民航人发〔2005〕199 号文件《关于规范通用航空飞行人员流动管理有关问题的通知》的规定,被告江西快线航空公司应当承担连带赔偿责任。

案例解析:本案所涉及的损失超出了本法第九十条的范畴,系培训服务期的违约金的概念,记载于本法第二十四条。当满足本条的三要件时,同样可以要求新用人单位承担连带赔偿责任。

七、第九十一条的广义联动——劳动及人事争议中新单位的连带赔偿责任

本条属于劳动关系项下损失的连带赔偿责任,但对于事业单位人事关系同样适用。

案例:孙某与河北衡水中学(简称衡中)辞职争议二审民事判决书【案号:(2015)衡民一终字第 170 号】

本院认为:《最高人民法院关于人民法院审理事业单位人事争议案件若干问题的规定》第一条规定:"事业单位与其工作人员之间因辞职、辞退及履行聘用合同所发生的争议,适用《中华人民共和国劳动法》的规定处理。"第三条规定:"本规定所称人事争议是指事业单位与其工作人员之间因辞职、辞退及履行聘用合同所发生的争议。"

这里"适用《中华人民共和国劳动法》的规定处理"是指人民法院审理事业单位人事争议案件的程序运用《中华人民共和国劳动法》的相关规定。人民法院对事业单位人事争议案件的实体处理应当适用人事方面的法律规定,但涉及事业单位工作人员劳动权利的内容在人事法律中没有规定,适用《中华人民共和国劳动法》的

有关规定。

本案衡中与其聘用的教师孙某因解除、履行聘用合同发生的争议，依据上述法律应当属于人事争议，其涉及的实体权利义务依法应适用人事法律的相关规定，原审适用法律并无不当，依法应予维持。

关于孙某应否按照《工作合同》和《衡中工作合同变更协议》的约定给付衡中违约金 7 万元和经济赔偿 4 万元的问题……当事人任何一方违反合同规定，都要承担违约责任，违约要付给对方违约金，违约金的数额由双方当事人自行约定。上诉人孙某作为中学教师理应成为学生的学习榜样、道德楷模，诚实守信，遵守聘用合同的约定。

在双方合同履行过程中，孙某违反聘用合同约定，擅自脱离工作岗位，直接以不辞而别的方式离职，不符合《劳动合同法》关于劳动者行使解除权的规定，应当认定属于违法解除。这样不仅给衡中整体教学工作带来了不便，同时也给学生的学习生活造成了不良影响，依法应承担违约责任，并根据《劳动合同法》第九十条的规定承担赔偿责任。原审判令孙某按照与衡中的约定给付 7 万元的违约金和 4 万元经济赔偿，合情合理，本院予以维持。

《中华人民共和国劳动合同法》第九十一条规定，用人单位招用其他用人单位尚未解除或者终止劳动合同的劳动者，给其他用人单位造成损失的，应当承担连带赔偿责任。本案衡中作为全国的知名中学，在学生教育、老师管理方面有自己独特的经验和方法，其老师的突然离职必然会给学校整体教学工作造成损失。上诉人育英学校聘用未解除人事关系的孙某，应根据上述法律的规定，对衡中的损失承担连带赔偿责任。

但这种损失在客观上很难用价格予以衡量。上诉人衡中在与其聘用的老师在签订聘用合同时约定的违约金和赔偿金正是对这种损失的一种量化，故原审判令育英学校就孙某的违约金和赔偿金承担连带责任正确，本院予以维持。

案例解析：不只是劳动关系中，当符合本条的三要件时，事业单位人事关系亦可参照本法并依据本条的规定要求新用人单位承担连带赔偿责任。

《劳动合同法》

第九十六条 事业单位与实行聘用制的工作人员订立、履行、变更、解除或者终止劳动合同，法律、行政法规或者国务院另有规定的，依照其规定；未作规定的，依照本法有关规定执行。

八、原用人单位追究新用人单位连带赔偿责任的程序性实务操作指南

原用人单位依据本条向劳动者提起诉讼的，同样属于劳动争议，应当先行经过劳动仲裁程序。但劳动人事争议仲裁委员会对于此类争议的支持力度很小，不只

体现在实体上,同样表现在程序上。

劳动仲裁程序中,一般能够出现两个企业的,仅限于在涉及劳动派遣争议中,劳动者同时向用人单位、用工单位提起仲裁。鉴于上述法律关系属于劳务派遣关系,属于应当追加用人单位或应当追加用工单位,以便查明事实及要求用人单位或用工单位承担法律责任(含承担连带责任)。但若原用人单位依据本条规定,要求劳动者承担责任以及新用人单位承担连带责任,会使得在劳动仲裁程序中出现两个企业,且分属申请人和被申请人的不同诉讼地位,绝大多数的劳动人事争议仲裁委员会在程序上不会允许追加。

实务操作办法:

(1)原用人单位作为申请人应当保留向劳动人事争议仲裁委员会申请追加新用人单位作为被申请人的书面凭证或依据。

(2)在仲裁委员会裁决后,先以单被告向人民法院提起诉讼。

(3)收到人民法院受理通知后,向主审法官或合议庭再次寄送追加被告的申请,并附上前述凭证,人民法院一般予以准许。

第九十二条 【劳务派遣单位的法律责任】

违反本法规定,未经许可,擅自经营劳务派遣业务的,由劳动行政部门责令停止违法行为,没收违法所得,并处违法所得一倍以上五倍以下的罚款;没有违法所得的,可以处五万元以下的罚款。

劳务派遣单位、用工单位违反本法有关劳务派遣规定的,由劳动行政部门责令限期改正;逾期不改正的,以每人五千元以上一万元以下的标准处以罚款,对劳务派遣单位,吊销其劳务派遣业务经营许可证。用工单位给被派遣劳动者造成损害的,劳务派遣单位与用工单位承担连带赔偿责任。

一、用人单位从事劳务派遣业务必须先行取得行政许可

劳务派遣法律关系在劳动用工领域具有特殊性,其突破了一般劳动关系中用人单位与劳动者两方的基础用工模式,引入了第三方公司即用工单位。用人单位并非实际的用工单位,劳动者也并不向用人单直接提供劳动,而是根据用人单位的指派,前往某一个不确定的第三方公司进行劳动。其中对劳动者而言,不管是对用工劳动安全,还是对劳动权利的保护都存在着较大的风险和不可控因素。劳务派

遣市场在早期也一直处于比较混乱的状态,各种形式的劳务派遣泛滥,以劳务派遣规避正常用工形式。

基于此,为了保障劳动者的合法权利,在目前"放管服"的时代,对于用人单位经营劳务派遣业务,我国仍然采取"行政许可"形式的准入模式,提高经营此类业务的门槛,也便于对该类用人单位的管控。

对于劳务派遣的行政许可,国家以《劳务派遣行政许可实施办法》进行规范。对劳务派遣协议的履行、劳动者的权益保护,以及用工单位、用人单位需承担的义务则在《劳务派遣暂行规定》中予以规定。

1. 劳务派遣行政许可的实施主体

县级以上地方人力资源和社会保障行政部门负责实施本行政区域内劳务派遣行政许可工作,同时负责许可变更、延续、撤销、吊销、注销以及相关的监督监察工作。

2. 劳务派遣行政许可的资质要求及申请程序

申请经营劳务派遣业务应当具备下列条件:

(1) 注册资本不得少于人民币 200 万元。

(2) 有与开展业务相适应的固定的经营场所和设施。

(3) 有符合法律、行政法规规定的劳务派遣管理制度。

(4) 法律、行政法规规定的其他条件。

申请经营劳务派遣业务的,申请人应当向许可机关提交下列材料:

(1) 劳务派遣经营许可申请书。

(2) 营业执照或者《企业名称预先核准通知书》。

(3) 公司章程以及验资机构出具的验资报告或者财务审计报告。

(4) 经营场所的使用证明以及与开展业务相适应的办公设施设备、信息管理系统等清单。

(5) 法定代表人的身份证明。

(6) 劳务派遣管理制度,包括劳动合同、劳动报酬、社会保险、工作时间、休息休假、劳动纪律等与劳动者切身利益相关的规章制度文本;拟与用工单位签订的劳务派遣协议样本。

3. 劳务派遣行政许可的特殊规定——现场核查

许可机关决定受理申请的,应当对申请人提交的申请材料进行审查。根据法定条件和程序,需要对申请材料的实质内容进行核实的,许可机关应当指派两名以上工作人员进行核查。

4. 劳务派遣行政许可的特殊规定——企业自身情况变动的需变更许可

劳务派遣单位名称、住所、法定代表人或者注册资本等改变的,应当向许可机关提出变更申请。劳务派遣单位分立、合并后继续存续,其名称、住所、法定代表人或者注册资本等改变的,应当按照前述规定执行。劳务派遣单位分立、合并后设立新公司的,应当重新申请劳务派遣行政许可。

不同于其他有限责任公司及股份制公司的变更公司名称、住所、法定代表人、注册资本等事项,其他企业此类事项发生变更的,与行政机关关联性不大,仅需至工商登记机构做变更即可。而劳务派遣单位在上述事项发生变化时,需至原许可的行政机关做同步变更手续。

人力资源和社会保障行政部门的变更手续与工商登记部门的变更登记有本质的区别。后者是备案性质,以形式审查为主,不做实质审批。在绝大多数情形下,亦不会回退或拒绝变更申请。但前者则有可能会被驳回,不予变更。

根据《劳务派遣行政许可实施办法》的规定,符合法定条件的,许可机关应当自收到变更申请之日起十个工作日内依法办理变更手续,并换发新的《劳务派遣经营许可证》或者在原《劳务派遣经营许可证》上予以注明;不符合法定条件的,许可机关应当自收到变更申请之日起十个工作日内作出不予变更的书面决定,并说明理由。

在不予变更的情形下,如果劳务派遣经营单位在进行了工商变更的情况下,继续经营劳务派遣业务的,则属于本条第一款所规定的情形,属擅自、违法经营劳务派遣业务。

5. 劳务派遣行政许可的特殊规定——子公司和分公司的特殊规定

劳务派遣单位设立子公司经营劳务派遣业务的,应当由子公司向所在地许可机关申请行政许可。劳务派遣单位设立分公司经营劳务派遣业务的,应当书面报告许可机关,并由分公司向所在地人力资源和社会保障行政部门备案。

子公司与母公司属于不同的法律主体,且财务独立核算、各负盈亏,因此对于此类特殊的行政许可,法规规定了由子公司在其所在地人力资源和社会保障部门另行申请。

分公司属于总公司的一部分,财务不独立,非独立法人,由总公司承担法律责任。因此对于此类特殊的行政许可,法规规定了由分公司在其所在地人力资源和社会保障部门备案即可,不备案的同样属于违法经营。

6. 劳务派遣行政许可的查询

对于劳务派遣经营单位,交易对手可通过天眼查、企查查、国家企业信用公示系统等网站进行查询,先行查询该企业是否具备从事劳务派遣业务的行政许可,再查看该行政许可是否过期,如果过期是否有延续。

二、劳务派遣关系中的行政及民事法律责任

本条的第一款，针对的是劳务派遣单位未取得经营劳务派遣业务的行政许可，而擅自经营此类业务的处罚，即责令停止违法行为，没收违法所得，并处违法所得一倍以上五倍以下的罚款；没有违法所得的，可以处五万元以下的罚款。

本条的第二款分为三部分：

第一部分针对的是劳务派遣单位在已经取得相应行政许可的情况下，违反本法规定（例如：自我派遣、违反三性规定等）而应承担的行政法律责任，包括：

（1）劳动行政部门责令限期改正。

（2）逾期不改正的，以每人五千元以上一万元以下的标准处以罚款。

（3）吊销其劳务派遣业务经营许可证。

第二部分针对的是用工单位违反本法关于劳务派遣相关规定时，应承担的行政法律责任，包括：

（1）劳动行政部门责令限期改正。

（2）逾期不改正的，以每人五千元以上一万元以下的标准处以罚款。

第三部分针对发生劳动者受到用工单位损害时，劳务派遣单位应该承担连带赔偿责任的法律规定。

三、"真派遣、假外包"的法律风险

1. 劳务派遣与劳务外包的异同

劳务派遣的最大特点是：劳动关系和实际用工相分离，又称为劳动力雇佣和使用相分离。

在劳务派遣关系中，用人单位在劳动力市场依据其自身标准或目标客户标准而制定招聘需求，向求职者发出录用通知书、办理入职手续、签订劳动合同、办理离职及退工手续。用工单位在接受劳动者后，负责日常用工管理方面，对劳动者的工作绩效、劳动纪律等方面进行管理，加班加点亦由用工单位进行要求或确定。

劳务外包的最大特点是发包单位只对外包业务的最终结果及其流程进行考核，不对具体从事相关业务的人员进行考核。

劳务外包关系中，用人单位既可以依据目标客户的需求招聘人员，亦可以自身建立一支常设队伍，根据目标客户（即发包单位）的需求/工作量，安排劳动者至发包单位处开展工作（部分业务甚至无须至发包单位处），其间由用人单位自行管理。发包单位不对具体人员进行指定，亦不对单个人员的劳动纪律、工作绩效进行管理，但关注业务的总体完成情况，是否符合业务流程规范，是否对发包单位的客户造成不良影响。

劳务派遣与劳务外包的区别,首先应当从业务单位来看,劳务派遣中业务单位(用工单位)管理的是"人",劳务外包中业务单位(发包单位)管理的是"业务"。

其次,劳动者工作出现差错时,用工单位可以直接对劳动者进行处罚(或通过用人单位扣减应发放的劳动报酬),针对的是劳动者个人。发包单位则对用人单位进行处罚,至于用人单位对劳动者是否处罚/如何处罚,则与发包单位无关,其针对的是接受外包的单位。

最后,劳务派遣与劳务外包在部分场景下,以对劳动者的强管理和弱管理进行区分,劳务外包并非对劳动者丝毫不管理,基本的劳动纪律、工作素养是关注的重点。例如:将电话客服岗位外包的公司并不会任由话务员辱骂客户、将送餐岗位外包的公司并不会任由外卖员延迟到第二天才将餐品送达。一般而言,劳务派遣用工法律关系下的劳动者,应当遵守用工单位的规章制度(如《员工手册》等);而劳务外包法律关系下的劳动者,应当遵守的并非发包单位的规章制度,而是供应商操作/行为规范。

两者的相同之处为,劳务派遣与劳务外包均由用人单位向劳动者发放劳动报酬,且均由用人单位与劳动者签订劳动合同,业务单位并不参与。

2. "真派遣、假外包"的认定

(1)法定认定标准:

标准一:名义上的发包单位直接对劳动者进行管理。当名义上的发包单位直接对劳动者的考勤、绩效、劳动报酬、劳动合同期限等直接进行管理时,则偏离了劳务外包的内涵,转向了用工单位与劳动者的法律关系。

标准二:用人单位完全脱离对劳动者的日常管理。如用人单位不在该外包业务中安排管理人员,不对劳动者的考勤、绩效、劳动报酬进行管理,仅依据名义上的发包单位的指令发放劳动报酬,劳动者被要求完全服从发包单位的规章制度包括员工手册,此时,也就脱离了业务外包法律关系中用人单位对劳动者的强管理。

(2)酌定认定标准:

标准一:某岗位部分"外包",但部分使用自有员工。

一般而言,业务外包或流程外包,发包单位会将整个岗位及业务外包给第三方服务公司;而劳务派遣则不同,同一岗位部分使用自有员工,部分使用派遣员工更为常见。

但该因素并非绝对,因同一岗位部分自有员工劳动合同尚未到期,而企业发生了用工模式的变革,亦可能导致该状况的发生。

在劳动合同中直接约定工作地点位于发包单位处:一般而言,劳务外包法律关系中,劳动者在被招录时并不能确定具体的工作地点和内容。只有在发包单位发包并竞标/承揽成功后,才会到发包单位开展工作。而劳务派遣则不同,用人单位本身就依据用工单位的要求招录员工,劳动合同中也会直接约定"派遣至××单位工作"。但该因素并非绝对,长期合作的劳务外包法律关系实务中确实存在。

标准二:发包单位以劳动者个体为最小的费用结算单位。

一般而言,劳务外包法律关系中,发包单位仅关注业务的总体完成情况,与用人单位按照整体业务情况进行结算。如若发包单位按照员工的人数计费,特别是与劳动者的出勤时间挂钩计费,则可能被判定实质为"真派遣、假外包"。

3. 法律风险

在司法实践中,有的用人单位本身不具备劳务派遣资质,却以劳务外包的形式从事着实质上的劳务派遣工作,在形式上规避作为劳务派遣单位应当承担的义务,及需要获得的行政许可。这对劳动者而言,也缺乏合法保障。

随着《劳务派遣暂行规定》的出台,这一乱象得到了有效的遏制。在该规定的第二十七条中明确:"用人单位以承揽、外包等名义,按劳务派遣用工形式使用劳动者的,按照本规定处理。"这一规定将"假外包"以"真派遣"进行处理,在保护劳动者方面起到了巨大的作用,劳动者可以据此主张与用人单位(承包单位)之间存在劳动关系,并要求用工单位(发包单位)承担相应的法律责任。但就用工单位或发包单位而言,在"假外包,真派遣"的模式下,可能面临下述法律风险:

(1)用工单位(发包单位)与劳动者之间形成事实劳动关系。当用人单位(劳务外包公司)与劳动者之间未签订劳动合同(或劳动合同已经到期未续签),且用人单位(劳务外包公司)也没有为劳动者缴纳社会保险,而用工单位(发包单位)直接向劳动者支付奖金、津贴等劳动报酬,并对劳动者进行直接管理时,一旦劳动者与用工单位(发包单位)发生纠纷,若劳动者主张与用工单位(发包单位)形成事实劳动关系,则很有可能被支持。此时,用工单位(发包单位)将直接承担劳动者的劳动报酬,补缴社会保险公积金及其滞纳金。

(2)因未签订书面劳动合同的两倍工资法律风险。正如上文所述,一旦劳动者与用工单位(发包单位)被认定为事实劳动关系,因用工单位(发包单位)本身并未与劳动者签订过任何劳动合同,若用人单位也疏于管理未与劳动者签署书面劳动合同,那么用工单位(发包单位)对于劳动者要求支付未签订书面劳动合同双倍工资的请求,将无从抗辩。

(3)工伤风险。根据实务经验,一般劳动者要求确认与用工单位(发包单位)的劳动关系,大多数基于劳动者发生了工伤,而用人单位未为其缴纳工伤保险,且明显缺乏履行能力。此时,若用人单位系与用工单位(发包单位)临时合作,或用人单位与用工单位(发包单位)未签订协议(或协议对工伤的责任分担未作约定时),用人单位会推脱,甚至辩称其仅为"人事代理"。发包单位则可能会面临最终承担工伤责任的风险。

（4）行政处罚。当劳务外包被确认为劳务派遣后，用工单位（发包单位）将面临本条所载的行政处罚：劳务派遣单位、用工单位违反本法有关劳务派遣规定的，由劳动行政部门责令限期改正；逾期不改正的，以每人五千元以上一万元以下的标准处以罚款。

4. 劳务派遣关系中劳务派遣单位与用工单位的责任分担

根据《劳务派遣暂行规定》第十条规定，被派遣劳动者在用工单位因工作遭受事故伤害的，劳务派遣单位应当依法申请工伤认定，用工单位应当协助工伤认定的调查核实工作。

劳务派遣单位承担工伤保险责任，但可以与用工单位约定补偿办法。被派遣劳动者在申请进行职业病诊断、鉴定时，用工单位应当负责处理职业病诊断、鉴定事宜，并如实提供职业病诊断、鉴定所需的劳动者职业史和职业危害接触史、工作场所职业病危害因素检测结果等资料，劳务派遣单位应当提供被派遣劳动者职业病诊断、鉴定所需的其他材料。

结合本条第二款中"用工单位给被派遣劳动者造成损害的，劳务派遣单位与用工单位承担连带赔偿责任"的规定，我们可以得出以下结论：

结论1：针对劳动者在用工单位受到的伤害，分为以下三种类型处理（基础类型）：

（1）若劳动者系在用工单位处受到非用工单位过错的工伤伤害，由劳务派遣单位承担工伤保险责任，劳务派遣单位与用工单位有特别约定的，按约定处理，否则用工单位不承担责任。

（2）若劳动者系在用工单位受到由用工单位过错造成的工伤伤害，例如，用工单位过度加班给劳动者造成了脑溢血的疾病或用工单位未提供足够劳动保障的事故伤害，由用工单位和劳务派遣单位承担连带赔偿责任。依据过错责任的机制，劳务派遣单位有权向用工单位追责，最终由用工单位承担责任。

（3）若劳动者系在用工单位处受到非用工单位过错的非工伤伤害，例如劳动者在岗期间因自身犯病，则由劳务派遣单位承担医疗期和医疗补助费（如有）的责任，与用工单位无关。

案例：孙某、谭某某等劳动争议纠纷二审民事判决书【案号：（2021）辽04民终3086号】

一审法院认为（二审维持）：孙某是因滑倒撞到土豆打皮机而造成六级伤残，孙某作为成年人，明知食堂地面湿滑，已有他人因此摔倒，自身未尽到谨慎义务，现有证据不能证明抚顺石化公司（用工单位）存在过错且该过错与孙某发生工伤事故显然有因果关系，故孙某要求抚顺石化公司承担连带责任的诉请，本院不予支持。

结论2：本条所称"损害"，并非仅限于身体的损害，还应拓展延伸至对劳动者完整权利的损害,其中的权利类型包括本法第六十二条之规定(引申类型),详见前述第六十二条。

第六十二条所涉内容,就如硬币的两面,系用工单位的义务,也系劳动者的权利。当用工单位违反上述义务而给劳动者造成损害时,由用工单位和劳务派遣单位承担连带赔偿责任。但就劳务派遣单位与用工单位之间的责任分配,则按照双方协议约定进行确定。若无约定,当由用工单位承担最终责任。

案例:曹某某与上海金泰工程机械有限公司(简称金泰公司)、上海广地劳务服务有限公司(简称广地公司)劳务派遣合同纠纷二审民事判决书【案号:(2021)沪02民终4485号】

一审法院认为(二审维持):根据规定,用工单位给被派遣劳动者造成损害的,劳务派遣单位与用工单位承担连带赔偿责任。广地公司系用人单位,负有支付工资、经济补偿金的义务,金泰公司系用工单位,负有支付加班工资、高温费的义务,且广地公司对金泰公司的上述付款义务承担连带责任。

5. 特别研究:未签订书面劳动合同双倍工资差额的责任承担

若劳务派遣单位未与劳动者签订书面劳动合同,用工单位是否承担未签订书面劳动合同的双倍工资赔偿责任或连带责任?

如前所述,书面劳动合同的签订并非本法第六十二条所规定的用工单位应承担的责任。故从法律规定来看,用工单位无须承担法律责任。从法理上同样可以解释,劳务派遣单位作为实际用人单位,理应承担劳动关系中的权利及义务,签订书面劳动合同的义务本在于用人单位。而用工单位仅是劳动力的实际使用方,并不与劳动者建立劳动关系,就用人单位是否与劳动者订立书面劳动合同本无关联,亦不存在过错。

在司法实践中,主流观点也认为用工单位不需要承担责任,对此类判例,不再罗列。但仍有少数案例,从经济司法及保护劳动者权益的角度考虑,支持用工单位和劳务派遣单位承担连带责任。

案例:郑某与上海黄浦劳动力资源开发有限公司、上海艾怡美容制品有限公司劳动合同纠纷二审民事判决书【案号:(2015)沪二中民三(民)终字第305号】

一审法院认为(二审维持):应签未签劳动合同二倍工资差额应予以计发。另,鉴于劳务派遣的特殊性,从经济司法及保护劳动者权益的角度考虑,对郑某的诉讼请求中涉及用人单位及用工单位的责任,法院将予以分别确定。

判决如下:……上海艾怡美容制品有限公司应于本判决生效之日起七日内一次性支付郑某2012年12月31日一天的未签劳动合同二倍工资差额123.76元;上海黄浦劳动力资源开发有限公司承担连带责任。

第九十三条 【无营业执照经营单位的法律责任】

对不具备合法经营资格的用人单位的违法犯罪行为,依法追究法律责任;劳动者已经付出劳动的,该单位或者其出资人应当依照本法有关规定向劳动者支付劳动报酬、经济补偿、赔偿金;给劳动者造成损害的,应当承担赔偿责任。

一、不具备合法经营资格的情形及相应地方性法规、会议纪要

本条所指"不具备合法经营资格"的情形包括:

(1) 应当取得而未依法取得营业执照,或行政许可,或其他批准文件的。

(2) 已经办理了注销登记,或被吊销营业执照的。

(3) 营业执照有效期届满后未按照规定重新办理登记手续的。

对于不具备合法经营资格的用人单位,可能不具备用工主体资格,也可能具有用工主体资格,但不具有从事相关业务资格。此时,当劳动合同无效,甚至用人单位被依法追究刑事责任时,如何保护劳动者权利,是本条调整的重点。

根据本条的规定,即使用人单位缺乏合法的经营资格,也不能排除劳动者请求支付劳动报酬、经济补偿、赔偿金的权利。如果该用人单位给劳动者造成损害,劳动者还依法享有要求用人单位赔偿的权利。

该条在劳动合同法的体系内,处于第七章法律责任部分,系对用人单位违法责任的规定,故在其他相关法律文件中,亦存在相同或类似的规定。

《最高人民法院关于审理劳动争议案件适用法律问题的解释(一)》

第二十九条 劳动者与未办理营业执照、营业执照被吊销或者营业期限届满仍继续经营的用人单位发生争议的,应当将用人单位或者其出资人列为当事人。

《保障农民工工资支付条例》

第十七条 不具备合法经营资格的单位招用农民工,农民工已经付出劳动而未获得工资的,依照有关法律规定执行。

《北京市人民政府关于健全完善保障农民工工资支付制度机制建设的意见》(京政发〔2020〕26号)

不具备合法经营资格的单位招用农民工,农民工已经付出劳动而未获得工资的,由该单位或者其出资人清偿。

《广东省人力资源和社会保障厅征集劳动人事争议处理立法意见的公告》

第三十八条 职工与不具备合法经营资格或者未经合法登记的用人单位产生

劳动争议,将该单位或者出资人列为当事人。

《山东省高级人民法院办公室关于印发劳动争议热点难点问题诉讼指引的通知》(鲁高法办〔2021〕37 号)

25. 对不具备合法经营资格的用人单位,劳动者已经付出劳动的,该单位或者其出资人应当依照本法有关规定向劳动者支付经济补偿、赔偿金。

深圳市中级人民法院关于印发《深圳市中级人民法院关于审理劳动争议案件的裁判指引》的通知(深中法发〔2015〕13 号)

五十七、劳动者与不具备合法经营资格的用人单位因用工关系产生争议,应当将该单位或出资人列为当事人,按照《劳动合同法》第九十三条的规定支付相关费用,即劳动报酬、经济补偿、赔偿金和损害赔偿责任,但不包括未签订书面劳动合同的二倍工资差额。

《泸州市中级人民法院关于审理劳动争议纠纷案件若干疑难问题解答》(发布日期:2015 年 9 月 1 日)

(1) 用工主体方面:未办理营业执照,营业执照被吊销或者营业期限届满仍继续经营的,该用人单位与劳动者之间的法律关系,如何认定? 无劳务派遣资质的用人单位与劳动者之间的法律关系,如何认定?

参考意见:对于因为主体原因造成非法用工的,双方之间的法律关系按劳动关系处理。不具备合法经营资格的用人单位或者其出资人承担责任的范围应以《劳动 合同法》第九十三条规定的内容为限,即劳动报酬、经济补偿、赔偿金(原则上按《非法用工单位伤亡一次性赔偿办法》的规定确定赔偿金的范围)和损害赔偿责任(劳动者因不具备合法经营资格的用人单位未为其参加社会保险导致的医疗费、失业待遇及生育待遇损失属于损害赔偿责任范围),但不包括未签订书面劳动合同的二倍工资差额。本意见在适用时,所计算各项损失也要结合《工伤保险 条例》第六十六条的规定进行综合审查,如当事人依据两条规定,选择赔偿高的标准请求的,可以支持。

《宁波市中级人民法院关于审理劳动争议案件若干疑难问题解答》(发布日期:2014 年 8 月 13 日)

十二、用人单位在经营过程中被吊销营业执照,劳动者主张未签书面劳动合同的双倍工资,是否支持?

答:用人单位在经营过程中被吊销营业执照,意味着在被吊销后,失去了合法的经营资格,亦丧失了合法的用工主体资格。因不具备合法经营资格的用人单位招用劳动者,违反了《劳动合同法》的强制性规定,即使双方签订了劳动合同,亦属无效劳动合同,双方之间不属于劳动合同关系。故对劳动者以未签书面劳动合同而主张双倍工资的请求,不予支持。

《中山市中级人民法院关于审理劳动争议案件若干问题的参考意见》(发布日期:2011 年 11 月 1 日)

2.4【特殊情况用人单位责任的承担】劳动者与未办理营业执照、营业执照被吊销或者营业期限届满仍继续经营等不具备合法经营资格的用人单位因用工关系产生争议,应当将该单位或出资人列为当事人,按照《劳动合同法》第九十三条的规定承担相应责任(劳动报酬、经济补偿、赔偿金,不包括双倍工资)。

未办理营业执照、营业执照被吊销或者营业期限届满仍继续经营等不具备合法经营资格的用人单位借用他人营业执照经营的,还应当将被借用营业执照的一方列为当事人。被借用营业执照一方承担补充清偿责任。

《江苏省高级人民法院劳动争议案件审理指南(2010 年)》(发布日期:2010 年 5 月 17 日)

7. 劳动者与不具备合法经营资格的用人单位因用工关系发生争议,应当将用人单位或其出资人作为当事人。不具备合法经营资格的用人单位借用他人营业执照经营的,还应当将出借营业执照的一方作为当事人。

《劳动合同法》第 93 条规定:"对不具备合法经营资格的用人单位的违法犯罪行为,依法追究法律责任;劳动者已经付出劳动的,该单位或者其出资人应当依照本法有关规定向劳动者支付劳动报酬、经济补偿、赔偿金;给劳动者造成损害的,应当承担赔偿责任。"不具备合法经营资格主要是指用人单位未依法领取营业执照或营业执照被吊销,也包括在筹备阶段的情形。

《最高人民法院关于审理劳动争议案件适用法律若干问题的解释(三)》第 5 条规定:未办理营业执照、营业执照被吊销或者营业期限届满仍继续经营的用人单位,以挂靠等方式借用他人营业执照经营的,应当将用人单位和营业执照出借方列为当事人。

山东省高级人民法院、山东省劳动争议仲裁委员会、山东省劳动人事争议仲裁委员会《关于适用〈中华人民共和国劳动争议调解仲裁法〉和〈中华人民共和国劳动合同法〉若干问题的意见》(发布日期:2010 年 4 月 6 日)

3. 不具备合法经营资格的用人单位借用他人营业执照经营的,应当将不具备合法经营资格的用人单位和出借营业执照的用人单位列为共同当事人。

《浙江省高级人民法院关于审理劳动争议案件若干问题的意见(试行)》(发布日期:2009 年 4 月 16 日)

第八条 劳动者与不具备合法经营资格的用工主体因用工关系发生争议的,应当将其出资人或开办单位作为当事人。

第九条 用人单位被吊销营业执照、责令关闭、撤销以及用人单位决定提前解散、歇业,应当将用人单位或清算组织作为当事人;用人单位或清算组织不能承担相关责任的,应当将其出资人或开办单位作为共同当事人。

《云南省人力资源和社会保障厅关于进一步做好劳动争议仲裁终局工作的通知》(云人社发〔2016〕328号)

(三)特殊情况的终局裁决

1. 按照《中华人民共和国劳动合同法》第九十三条规定,劳动者在不具备合法经营资格的用人单位已经付出劳动的,因该单位或者其出资人未依法支付劳动报酬、经济补偿、赔偿金而发生争议,裁决金额未超过当地月最低工资标准十二个月金额或者裁决驳回仲裁请求的,该项裁决应当适用终局裁决。

2. 按照《中华人民共和国工伤保险条例》第六十六条规定,无营业执照或者未经依法登记、备案的单位以及被依法吊销营业执照或者撤销登记、备案的单位的职工受到事故伤害或者患职业病的,或者用人单位使用童工造成童工伤残、死亡的,因一次性赔偿数额发生争议的,应当适用终局裁决。

二、不具备合法经营资格用人单位及其出资人的"有限"民事责任(人身损害和职业病除外)

(1)根据上述法律条文并结合本条可知,不具备合法经营资格的用人单位及其出资人,仅对劳动报酬、经济补偿、赔偿金三项承担民事责任;对于劳动者的其他请求事项(人身损害和职业病除外)不承担民事责任,例如,未签订书面劳动合同的双倍工资差额。

案例:上诉人A劳动合同纠纷一案【案号:(2010)沪一中民三(民)终字第930号】

本院认为,根据本案查明的事实,由B开设的﹡店未取得相应的营业执照,在不具备合法营业资质情况下以该店的名义对外用工,B应向A支付相应的劳动报酬,故原审法院依据A及相关证人的陈述,确认A的月工资金额为6 200元及A工作期间加班事实,并据此支持了A该期间的工资及加班工资实属正确,本院予以确认。关于A主张相应的25%的补偿金及未签订书面劳动合同的双倍工资等诉请,不符合《中华人民共和国劳动合同法》第九十三条中出资人应承担法律责任范围规定,缺乏相应的法律依据,故本院难以支持。

(2)用人单位原本有合法经营资格,后因各种原因丧失的,劳动者有权向用人单位主张在其合法经营资格存续期间的所有权利;对于用人单位合法经营资格丧失后的时间,仅可向用人单位及其出资人主张劳动报酬、经济补偿、赔偿金。

案例:张某与李某劳动争议纠纷上诉案【案号:(2010)沪一中民三(民)终字第331号】

一审法院认为(二审维持):李某进入原上海市闵行区七宝A汽车用品商行工作,2008年1月1日后,原上海市闵行区七宝A汽车用品商行一直未与李某签订书面劳动合同,其应当支付李某自 2008 年 2 月 1 日起至 2008 年 4 月 9 日原上海市闵行区七宝 A 汽车用品商行注销之前的双倍工资,而原上海市闵行区七宝 A 汽车用品商行已注销,相应的民事法律责任应由其原经营者即张某承担。但李某要求张某支付自原上海市闵行区七宝 A 汽车用品商行注销之后至当年 7 月 25 日的双倍工资并无相应的法律依据,原审法院不予支持。综上,张某应支付李某自 2008 年 2 月 1 日至 2008 年 4 月 8 日期间未签订书面劳动合同的双倍工资差额 5 689.66 元。

(3) 用人单位原有合法经营资格被吊销,劳动者可向出资人主张所有劳动法规保护的权益。但若用人单位以减少注册资本金的方式减少债务承担,或以注销公司,甚至以申请破产的方式逃避债务,劳动者可根据《公司法》《企业破产法》等规定,要求原股东在认缴的公司注册资本金范围内承担补充赔偿责任,或在清算组有过错时,要求清算组成员承担赔偿责任。

《公司法》(2023 年修订,2024 年 7 月 1 日生效)

第二十一条　公司股东应当遵守法律、行政法规和公司章程,依法行使股东权利,不得滥用股东权利损害公司或者其他股东的利益。

公司股东滥用股东权利给公司或者其他股东造成损失的,应当承担赔偿责任。

《最高人民法院关于适用〈中华人民共和国公司法〉若干问题的规定(二)》

第十一条　公司清算时,清算组应当按照公司法第一百八十五条的规定,将公司解散清算事宜书面通知全体已知债权人,并根据公司规模和营业地域范围在全国或者公司注册登记地省级有影响的报纸上进行公告。

清算组未按照前款规定履行通知和公告义务,导致债权人未及时申报债权而未获清偿,债权人主张清算组成员对因此造成的损失承担赔偿责任的,人民法院应依法予以支持。

《最高人民法院关于适用〈中华人民共和国公司法〉若干问题的规定(三)》

第十四条　股东抽逃出资,公司或者其他股东请求其向公司返还出资本息、协助抽逃出资的其他股东、董事、高级管理人员或者实际控制人对此承担连带责任的,人民法院应予支持。

公司债权人请求抽逃出资的股东在抽逃出资本息范围内对公司债务不能清偿的部分承担补充赔偿责任、协助抽逃出资的其他股东、董事、高级管理人员或者实际控制人对此承担连带责任的,人民法院应予支持;抽逃出资的股东已经承担上述责任,其他债权人提出相同请求的,人民法院不予支持。

《企业破产法》

第六条　人民法院审理破产案件,应当依法保障企业职工的合法权益,依法追究破产企业经营管理人员的法律责任。

第八条　向人民法院提出破产申请,应当提交破产申请书和有关证据,破产申请书应当载明下列事项:

(一)申请人、被申请人的基本情况;

(二)申请目的;

(三)申请的事实和理由;

(四)人民法院认为应当载明的其他事项。

债务人提出申请的,还应当向人民法院提交财产状况说明、债务清册、债权清册、有关财务会计报告、职工安置预案以及职工工资的支付和社会保险费用的缴纳情况。

第四十八条　债权人应当在人民法院确定的债权申报期限内向管理人申报债权。

债务人所欠职工的工资和医疗、伤残补助、抚恤费用,所欠的应当划入职工个人账户的基本养老保险、基本医疗保险费用,以及法律、行政法规规定应当支付给职工的补偿金,不必申报,由管理人调查后列出清单并予以公示。职工对清单记载有异议的,可以要求管理人更正;管理人不予更正的,职工可以向人民法院提起诉讼。

第一百三十条　管理人未依照本法规定勤勉尽责,忠实执行职务的,人民法院可以依法处以罚款;给债权人、债务人或者第三人造成损失的,依法承担赔偿责任。

三、关于不具备合法经营资格用人单位的工伤赔偿处理

当劳动者在工作中受到事故伤害或患职业病时,在用人单位具备合法经营资格的情形下可被认定为工伤。而当用人单位不具备合法经营资格时,则按照《工伤保险条例》第六十六条第一款及《非法用工单位伤亡人员一次性赔偿办法》执行。但部分省市同时亦规定了,劳动者可参考《工伤保险条例》的赔偿金额,按照《工伤保险条例》和《非法用工单位伤亡人员一次性赔偿办法》两者中就高来主张,例如:泸州市中级人民法院于2015年9月1日发布的《关于审理劳动争议纠纷案件若干疑难问题解答》,具体详见法律渊源部分。

《工伤保险条例》

第六十六条　无营业执照或者未经依法登记、备案的单位以及被依法吊销营业执照或者撤销登记、备案的单位的职工受到事故伤害或者患职业病的,由该单位向伤残职工或者死亡职工的近亲属给予一次性赔偿,赔偿标准不得低于本条例规定的工伤保险待遇;用人单位不得使用童工,用人单位使用童工造成童工伤残、死亡的,由该单位向童工或者童工的近亲属给予一次性赔偿,赔偿标准不得低于本条例规定的工伤保险待遇。具体办法由国务院社会保险行政部门规定。

前款规定的伤残职工或者死亡职工的近亲属就赔偿数额与单位发生争议的，以及前款规定的童工或者童工的近亲属就赔偿数额与单位发生争议的，按照处理劳动争议的有关规定处理。

《非法用工单位伤亡人员一次性赔偿办法》

第一条　根据《工伤保险条例》第六十六条第一款的授权，制定本办法，

第二条　本办法所称非法用工单位伤亡人员，是指无营业执照或者未经依法登记、备案的单位以及被依法吊销营业执照或者撤销登记、备案的单位受到事故伤害或者患职业病的职工，或者用人单位使用童工造成的伤残、死亡童工。

前款所列单位必须按照本办法的规定向伤残职工或者死亡职工的近亲属、伤残童工或者死亡童工的近亲属给予一次性赔偿。

第三条　一次性赔偿包括受到事故伤害或者患职业病的职工或童工在治疗期间的费用和一次性赔偿金。一次性赔偿金数额应当在受到事故伤害或者患职业病的职工或童工死亡或者经劳动能力鉴定后确定。

劳动能力鉴定按照属地原则由单位所在地设区的市级劳动能力鉴定委员会办理。劳动能力鉴定费用由伤亡职工或童工所在单位支付。

第四条　职工或童工受到事故伤害或者患职业病，在劳动能力鉴定之前进行治疗期间的生活费按照统筹地区上年度职工月平均工资标准确定，医疗费、护理费、住院期间的伙食补助费以及所需的交通费等费用按照《工伤保险条例》规定的标准和范围确定，并全部由伤残职工或童工所在单位支付。

第五条　一次性赔偿金按照以下标准支付：

一级伤残的为赔偿基数的 16 倍，二级伤残的为赔偿基数的 14 倍，三级伤残的为赔偿基数的 12 倍，四级伤残的为赔偿基数的 10 倍，五级伤残的为赔偿基数的 8 倍，六级伤残的为赔偿基数的 6 倍，七级伤残的为赔偿基数的 4 倍，八级伤残的为赔偿基数的 3 倍，九级伤残的为赔偿基数的 2 倍，十级伤残的为赔偿基数的 1 倍。

前款所称赔偿基数，是指单位所在工伤保险统筹地区上年度职工年平均工资。

第六条　受到事故伤害或者患职业病造成死亡的，按照上一年度全国城镇居民人均可支配收入的 20 倍支付一次性赔偿金，并按照上一年度全国城镇居民人均可支配收入的 10 倍一次性支付丧葬补助等其他赔偿金。

第七条　单位拒不支付一次性赔偿的，伤残职工或者死亡职工的近亲属、伤残童工或者死亡童工的近亲属可以向人力资源和社会保障行政部门举报。经查证属实的，人力资源和社会保障行政部门应当责令该单位限期改正。

第八条　伤残职工或者死亡职工的近亲属、伤残童工或者死亡童工的近亲属就赔偿数额与单位发生争议的，按照劳动争议处理的有关规定处理。

第九条　本办法自 2011 年 1 月 1 日起施行。劳动和社会保障部 2003 年 9 月

23 日颁布的《非法用工单位伤亡人员一次性赔偿办法》同时废止。

> ### 第九十四条 【个人承包经营者的连带赔偿责任】
>
> 个人承包经营违反本法规定招用劳动者,给劳动者造成损害的,发包的组织与个人承包经营者承担连带赔偿责任。

一、《劳动合同法》中"连带赔偿责任"的规定

在整部《劳动合同法》中,涉及"连带责任"的规定共有三处,除本条外,对应的法条还有第九十一条、第九十二条。

在这仅有的三处连带责任规定中,第九十二条及本条的规定均体现了法律对劳动者的保护,即当劳动者的合法权益在多方劳动关系中受到侵害,而其中一方用工主体的赔偿能力较弱或者可能不具备赔偿能力时,立法者以法律规定的形式对实际享受到劳动力收益的主体设置了义务,在发生上述情形时承担连带责任。

本条的内容更是充分体现了《劳动合同法》对劳动者的倾斜保护。原因在于:"发包的组织"与劳动者本身并不存在劳动关系或劳务关系,甚至与劳动者受到的侵害可能并不存在直接的因果关系,但基于法律的规定,要对劳动者受到的损害承担连带责任。

除此以外,《劳动合同法》第九十一条和第九十二条的连带责任在其他法律法规中未出现,而本条所拟制的连带责任,则在其他法律法规中多有涉及,例如:

《保障农民工工资支付条例》

第三十六条 建设单位或者施工总承包单位将建设工程发包或者分包给个人或者不具备合法经营资格的单位,导致拖欠农民工工资的,由建设单位或者施工总承包单位清偿。

《最高人民法院关于审理工伤保险行政案件若干问题的规定》法释〔2014〕9 号

第三条 社会保险行政部门认定下列单位为承担工伤保险责任单位的,人民法院应予支持:

(四)用工单位违反法律、法规规定将承包业务转包给不具备用工主体资格的组织或者自然人,该组织或者自然人聘用的职工从事承包业务时因工伤亡的,用工单位为承担工伤保险责任的单位。

《人力资源社会保障部关于执行〈工伤保险条例〉若干问题的意见》(人社部发〔2013〕34 号)

七、具备用工主体资格的承包单位违反法律、法规规定，将承包业务转包、分包给不具备用工主体资格的组织或者自然人，该组织或者自然人招用的劳动者从事承包业务时因工伤亡的，由该具备用工主体资格的承包单位承担用人单位依法应承担的工伤保险责任。

上述这些条文的规定均充分表明了个人承包经营中劳动者受到侵害情形的普遍性和拟制该连带责任的必须性。

二、本条的适用前提

（1）本条仅适用于存在发包方与承包方的法律关系中，例如建设工程合同关系，或是承揽合同关系。劳动者接受承包方管理，为发包方的项目提供劳务，进行工作。发包方对于实际施工的劳动者是否与有用工资质的承包方建立劳动关系可能知晓，也可能不知晓。但承包方即使具备用工资质，亦可能将所承包的项目进一步分包给个人承包经营者，实际施工的劳动者并不隶属于承包方，而是受个人承包经营者管理。但发包方知晓上述情形的存在并不影响本条的适用。发包方是否是上一级发包方的承包方，亦不影响本条的适用。

（2）劳动者受到的损害与"个人承包经营者的违法招用"存在因果关系，例如个人承包经营者拖欠劳动报酬。但此处的损害并不仅指受到了"个人承包者"的直接侵害，还包括消极的不作为侵害。例如，当劳动者在提供劳务时受伤，本应享受的工伤保险待遇，因个人承包经营者未为或无法为劳动者缴纳工伤保险，由此产生的工伤保险赔偿责任/人身损害赔偿责任由个人承包经营者承担，发包方承担连带责任。

一般而言，此处的连带赔偿责任特指工伤保险责任（部分省市以人身损害赔偿标准作为赔偿依据）和劳动报酬的支付责任。

三、本条的适用场景之一——建筑、矿山行业分包

早在 2005 年，原劳动部就对建筑和矿山行业的违法分包中劳动者的权益保护作出了相关规定：

《关于确立劳动关系有关事项的通知》（劳社部发〔2005〕12 号）

第四条　建筑施工、矿山企业等用人单位将工程（业务）或经营权发包给不具备用工主体资格的组织或自然人，对该组织或自然人招用的劳动者，由具备用工主体资格的发包方承担用工主体责任。

但此处需要注意的是将"用工主体责任"与"用人单位责任"相区分，发包方并不因该发包行为而与劳动者建立劳动关系，承担用工主体责任不等同于成为用人单位。故而劳动者无法依据本条要求确认与发包方之间存在事实劳动关系。

2014 年 4 月 11 日最高人民法院在《最高人民法院〈全国民事审判工作会议纪要〉第 59 条作出进一步释明的答复》中对发包方和劳动者之间的关系做了进一步的、详尽的阐述：

最高人民法院办公厅关于印发《全国民事审判工作会议纪要》的通知（法办〔2011〕442 号）

59. 建设单位将工程发包给承包人，承包人又非法转包或者违法分包给实际施工人，实际施工人招用的劳动者请求确认与具有用工主体资格的发包人之间存在劳动关系的，不予支持。

最高人民法院在处理此类法律关系中，采纳了"实际施工人与其招用的劳动者之间应认定为雇佣关系，但实际施工人的前一手具有用工主体资格的承包人、分包人或转包人与劳动者之间既不存在雇佣关系，也不存在劳动关系"的观点。

其理由是：建筑施工企业与实际施工人之间只是分包、转包关系，劳动者是由实际施工人雇用的，其与建筑施工企业之间并无建立劳动关系或雇佣关系的合意。同时，如果认定实际施工人的前一手具有用工主体资格的承包人、分包人或转包人与劳动者之间存在劳动关系，那么，将由具有用工主体资格的承包人、分包人或转包人对劳动者承担劳动法上的责任，而实际雇用劳动者并承担管理职能的实际施工人反而不需要再承担任何法律责任了，这种处理方式显然不符合公平原则。如果许可这样的做法，实际施工人反而很容易逃避相应的法律责任。此外，如果强行认定实际施工人的前一手具有用工主体资格的承包人、分包人或转包人与劳动者之间存在劳动关系，还会导致产生一系列无法解决的现实难题：劳动者会要求与承包人、分包人或转包人签订书面劳动合同；要求为其办理社会保险手续；要求支付不签订书面劳动合同而应支付的双倍工资，等等。这些要求显而易见都是不应当得到支持的。

因此，根据最高人民法院的进一步释明，可以理解原劳动部《关于确立劳动关系有关事项的通知》第四条和本条的规定，均不认定实际施工人的前一手具有用工主体资格的承包人、分包人或转包人与劳动者之间存在劳动关系，而是在劳动者发生可参照《工伤保险条例》第十四条、第十五条规定的情形时，用以要求前一手具有用工主体资格的承包人承担相应的工伤保险责任。

对于建筑、矿山行业的特殊性，江苏省高级人民法院在一份会议纪要中阐述的观点具有一定的代表性。

《江苏省高级人民法院劳动争议案件审理指南（2010 年）》

我们认为，不具备用工主体资格的承包人违法招用劳动者，其与劳动者之间系无效的劳动合同关系，对于该无效劳动合同，由于劳动者已经实际提供了劳务，因此，承包人应当按照劳动法的规定承担用人单位所应承担的各种赔偿责任，如给付工资报酬、给予工伤保险赔偿、社会保险待遇的赔偿等;同时,对于该劳动合同的无效,因前一手有用工资质的建筑施工企业、矿山企业也存在过错,故应与承包人承担连带赔偿责任。因此,劳动者如果起诉要求确认劳动关系,或要求与建筑施工企业、矿山企业建立无固定期限劳动合同的,应当不予支持,但是对于劳动者主张的劳动法意义上的各种赔偿,可以根据《劳动合同法》第94条的规定要求承包人与建筑施工企业、矿山企业承担连带赔偿责任。

从江苏高院的观点可以明确,前一手有用工资质的建筑施工企业、矿工企业也存在着过错,该过错即其将本应自行完成的工程分包给他人,一是回避了自身应尽的合同义务及责任,二是选聘承包商不当,选聘了不具备用工主体资质的承包商。

关于建筑施工企业和矿工企业的过错,以下法律法规分别作出了相关规定:

《房屋建筑和市政基础设施工程施工分包管理办法》(建设部令〔2004〕124号)

第十三条 禁止将承包的工程进行转包。不履行合同约定,将其承包的全部工程发包给他人,或者将其承包的全部工程肢解后以分包的名义分别发包给他人的,属于转包行为。

违反本办法第十二条规定,分包工程发包人将工程分包后,未在施工现场设立项目管理机构和派驻相应人员,并未对该工程的施工活动进行组织管理的,视同转包行为。

第十四条 禁止将承包的工程进行违法分包。下列行为,属于违法分包:

(一)分包工程发包人将专业工程或者劳务作业分包给不具备相应资质条件的分包工程承包人的;

(二)施工总承包合同中未有约定,又未经建设单位认可,分包工程发包人将承包工程中的部分专业工程分包给他人的。

第十五条 禁止转让、出借企业资质证书或者以其他方式允许他人以本企业名义承揽工程。

分包工程发包人没有将其承包的工程进行分包,在施工现场所设项目管理机构的项目负责人、技术负责人、项目核算负责人、质量管理人员、安全管理人员不是工程承包人本单位人员的,视同允许他人以本企业名义承揽工程。

《安全生产法》

第四十九条 生产经营单位不得将生产经营项目、场所、设备发包或者出租给不具备安全生产条件或者相应资质的单位或者个人。

矿山、金属冶炼建设项目和用于生产、储存、装卸危险物品的建设项目的施工单位应当加强对施工项目的安全管理,不得倒卖、出租、出借、挂靠或者以其他形式非法转让施工资质,不得将其承包的全部建设工程转包给第三人或者将其承包的全部建设工程支解以后以分包的名义分别转包给第三人,不得将工程分包给不具备相应资质条件的单位。

《建筑法》

第二十八条　禁止承包单位将其承包的全部建筑工程转包给他人,禁止承包单位将其承包的全部建筑工程肢解以后以分包的名义分别转包给他人。

第二十九条　建筑工程总承包单位可以将承包工程中的部分工程发包给具有相应资质条件的分包单位;但是,除总承包合同中约定的分包外,必须经建设单位认可。施工总承包的,建筑工程主体结构的施工必须由总承包单位自行完成。

建筑工程总承包单位按照总承包合同的约定对建设单位负责;分包单位按照分包合同的约定对总承包单位负责。总承包单位和分包单位就分包工程对建设单位承担连带责任。

禁止总承包单位将工程分包给不具备相应资质条件的单位。禁止分包单位将其承包的工程再分包。

四、本条的适用场景之二——农民工工资的支付

农村户籍的劳动者,属于被倾斜保护的劳动者一方中特殊的组成部分。为了让"农民工"能够获得应得的劳动报酬,国家在立法方面花费了极大的心血来保护其合法权益。

《保障农民工工资支付条例》(2019年国务院令第724号)

第三十条　分包单位对所招用农民工的实名制管理和工资支付负直接责任。

施工总承包单位对分包单位劳动用工和工资发放等情况进行监督。

分包单位拖欠农民工工资的,由施工总承包单位先行清偿,再依法进行追偿。

工程建设项目转包,拖欠农民工工资的,由施工总承包单位先行清偿,再依法进行追偿。

《建设领域农民工工资支付管理暂行办法》(劳社部发〔2004〕22号)

第十条　业主或工程总承包企业未按合同约定与建设工程承包企业结清工程款,致使建设工程承包企业拖欠农民工工资的,由业主或工程总承包企业先行垫付农民工被拖欠的工资,先行垫付的工资数额以未结清的工程款为限。

《保障农民工工资支付条例》在本条侵权责任规定的基础上,突破了必须由个人承包和违法招用的前提,无论分包单位是否系个人承包经营,是否系违法转包,在涉及拖欠农民工工资的特定事项上,均由施工总承包单位先行清偿,从而形成了实质上的"连带责任"。

五、本条的适用场景之三——后厨承包

本条适用场景中,餐饮行业是一个容易被大众忽略,却在实务中有着较多适用的领域。随着社会的发展,第三产业的铺开,餐饮行业在各一、二线城市中均占据了重要地位。对于一个餐饮类的企业或组织,其菜品质量、出餐速度、装修风格、用餐环境、店员服务、地理位置等构成了其竞争力的重要组成部分,而菜品质量、出餐速度与后厨部门直接相关。而后厨部门的工作人员在很多情况下,并不是餐厅直接聘用的人员,才存在着整体承包的情况,所以如何规范后厨部门人员与餐饮企业的劳动关系,亦是城市化发展进程当中亟须解决的问题。

为此,多省市对后厨承包模式下,劳动者与餐饮企业的关系作出了定义,并就本条的运用作出了阐述,以四川省泸州市为例:

《关于审理劳动争议纠纷案件若干疑难问题解答》(泸州市中级人民法院2015年9月1日发布)

问题三:餐饮企业实行"包厨",承包人招用的厨师或者厨房其他工作人员与饭店之间的法律关系应如何认定?

参考意见:实行"包厨"的餐饮企业,如劳动者未与企业签订劳动合同,系承包人(包厨)招用,工作期间只接受承包人的指挥和管理,并由承包人支付其工资,则不应认定其与饭店之间存在劳动关系。承包协议另有约定的,从其约定。但招用的劳动者在工作中受到身体伤害的,可以按照上述"问题2"的处理原则进行处理,即承包人(包厨)聘请的人员因工受伤,可以请求承包人(包厨)和餐饮企业承担工伤保险责任,餐饮企业承担责任后,可以向承包人追偿。

司法实践中,餐饮企业的"包厨"或后厨承包,大部分均由个人经营者运营,在此情况下,其主体身份符合本条的定义,若其给劳动者造成损害,由发包方即餐饮企业承担连带赔偿责任。

但应注意,其中蕴含了关键要素,后厨招录的人员应当"只接受承包人的指挥和管理,并由承包人支付其工资",如果后厨承包者仅负责招人和部分管理,其余的考勤管理、工资支付均由餐饮企业直接负责,后厨承包者是否形成本条所称的"个人经营者",存在争议。裁判机关在审查此种情形时,亦可将后厨承包者定义为厨师长,其对生产资料、生产速度、生产质量进行的管理,从而认定劳动者与餐饮企业之间存在事实劳动关系。因此,是否存在承包协议,是否由后厨承包者对厨师们直接发放工资,系认定是否适用本条的关键要素。

六、本条的引申扩大之一——承包的主体不限于个人

本条限定了发包方承担连带责任的对象仅为"个人经营者"招录的劳动者,但

其他法律法规在本法的基础上进行了扩大：

（1）在"其他组织"不具备用工主体资格时，发包组织亦应承担连带责任。

《关于确立劳动关系有关事项的通知》（劳社部发〔2005〕12号）

第四条　建筑施工、矿山企业等用人单位将工程（业务）或经营权发包给不具备用工主体资格的组织或自然人，对该组织或自然人招用的劳动者，由具备用工主体资格的发包方承担用工主体责任。

人力资源和社会保障部《关于执行〈工伤保险条例〉若干问题的意见》的通知（人社部发〔2013〕34号）

七、具备用工主体资格的承包单位违反法律、法规规定，将承包业务转包、分包给不具备用工主体资格的组织或者自然人，该组织或者自然人招用的劳动者从事承包业务时因工伤亡的，由该具备用工主体资格的承包单位承担用人单位依法应承担的工伤保险责任。

浙江省高级人民法院民事审判第一庭浙江省劳动人事争议仲裁院关于印发《关于审理劳动争议案件若干问题的解答（二）》的通知（浙高法民一〔2014〕7号）

一、建筑施工企业违法转包、分包中的相关法律关系应如何认定？

答：具备用工主体资格的承包单位违反法律、法规规定，将承包业务转包、分包给不具备用工主体资格的组织或者自然人，该不具备用工主体资格的组织或者自然人所招用的人员请求确认与承包单位存在劳动关系的，不予支持。但该人员在工作中发生伤亡，受害人请求承包单位参照工伤的有关规定进行赔偿的，人民法院应当予以支持。社会保险行政部门已认定该人员工伤的，按工伤保险规定处理。

（2）除了上述文件规定外，内蒙古、四川、安徽、山东、山西等省份均有相同的规定，总结概括为以下两个观点：

① 不得认定劳动者与发包单位直接存在劳动关系。

② 劳动者在工作中发生伤亡，受害人请求承包单位参照工伤保险的有关规定进行赔偿的，应予支持。

此处应注意，如果劳动者发生的人身伤害事故系《工伤保险条例》第十五条所规定的"视同工伤"情形，那么劳动者仅能按照工伤保险相关规定向个人承包经营者主张赔偿。但如劳动者发生的人身伤害系工作过程中发生的，那么其亦可依据"提供劳务者受到损害"而要求个人承包者承担人身损害赔偿责任，由发包单位承担连带赔偿责任。

七、本条的引申扩大之二——承包主体的资质瑕疵

本条限定了发包方承担连带责任的对象仅为"个人经营者"招录的劳动者，但其他法律法规在本法的基础上进行了扩大：

承包方非个人经营者，且不具备合法资质或发包方不应转包时，发包方亦应承担连带责任。

承包方有用工资格，系合法成立的企业或其他组织，但发包方的分包不合法或不应发包时，也应对劳动者的损害承担连带赔偿责任。

《民法典》

第七百九十一条　发包人可以与总承包人订立建设工程合同，也可以分别与勘察人、设计人、施工人订立勘察、设计、施工承包合同。发包人不得将应当由一个承包人完成的建设工程支解成若干部分发包给数个承包人。

总承包人或者勘察、设计、施工承包人经发包人同意，可以将自己承包的部分工作交由第三人完成。第三人就其完成的工作成果与总承包人或者勘察、设计、施工承包人向发包人承担连带责任。承包人不得将其承包的全部建设工程转包给第三人或者将其承包的全部建设工程支解以后以分包的名义分别转包给第三人。

禁止承包人将工程分包给不具备相应资质条件的单位。禁止分包单位将其承包的工程再分包。建设工程主体结构的施工必须由承包人自行完成。

《最高人民法院关于审理人身损害赔偿案件适用法律若干问题的解释》（2003）（注：该法条在2020年已被修订，第十一条规定的该内容已删除）

第十一条　雇员在从事雇佣活动中因安全生产事故遭受人身损害，发包人、分包人知道或者应当知道接受发包或者分包业务的雇主没有相应资质或者安全生产条件的，应当与雇主承担连带赔偿责任。

此处应注意两个要点：

承包方必须不具备相应资质或安全生产条件。该资质并非指合法用工的资质，而系承包该工程的资质，受《建筑法》等法律法规的调整，此处不做展开。

在2020年已被修订的《最高人民法院关于审理人身损害赔偿案件适用法律若干问题的解释》第十一条中突兀地出现了"雇员""雇佣关系"的概念，与国情和法律系统中的描述并不符合。后来修订时，该条款已被删除，但鉴于民事诉讼案件的时效是三年，仍有部分法院引用该法条的精神予以判决。

参考案例：上海资缘建筑装潢设计工程有限公司（简称资缘公司）与上海石洞口盛海建筑工程有限公司（简称石洞口公司）等生命权、身体权、健康权纠纷民事二审案件民事判决书【案号：（2022）沪02民终89号】

一审法院认为：雇员在从事雇佣活动中遭受人身损害，雇主应当承担赔偿责任。雇员在从事雇佣活动中因安全生产事故遭受人身损害，发包人、分包人知道或者应当知道接受发包或者分包业务的雇主没有相应资质或者安全生产条件的，应当与雇主承担连带赔偿责任。根据吴某某提供的接报回执单、谈话笔录及各方的当庭陈述等，足以证实吴某某在受资缘公司雇佣登高作业过程中不慎摔落受伤，资缘公司对吴某某的受伤应当承担赔偿责任。石洞口公司在将相关工程分包给资缘公司时,并未检查资缘公司有无相关资质,应当与资缘公司承担连带赔偿责任。

二审法院认为:在考虑各方过错比例后,一审法院基于雇佣关系和分包关系判决资缘公司及石洞口公司对吴某某的损失承担连带赔偿责任,并无不妥,本院予以确认。

八、本条的引申扩大之三——个人经营的场景不限于承包

在个人经营者对发包方的业务承包的案件中,发包方需要对承包方劳动者受到的损害承担连带赔偿责任。在个人经营者的挂靠经营行为中,被挂靠的单位亦要为挂靠方聘用人员的因工伤亡承担连带责任。

《最高人民法院关于审理工伤保险行政案件若干问题的规定》法释〔2014〕9号

(五)个人挂靠其他单位对外经营,其聘用的人员因工伤亡的,被挂靠单位为承担工伤保险责任的单位。

前款第(四)、(五)项明确的承担工伤保险责任的单位承担赔偿责任或者社会保险经办机构从工伤保险基金支付工伤保险待遇后,有权向相关组织、单位和个人追偿。

案例:再审申请人重庆市璧山区人民政府(简称璧山区政府)因张某诉其行政复议决定一案【案号:(2018)最高法行申117号】

本院认为,本案争议焦点是张某的受伤是否属于工伤。根据最高人民法院《关于审理工伤保险行政案件若干问题的规定》第三条第(五)项,个人挂靠其他单位对外经营,其聘用的人员因工伤亡的,被挂靠单位为承担工伤保险责任的单位。该司法解释从保护劳动者的合法权益出发,从挂靠经营关系推定出拟制的劳动关系,在认定工伤时无需再另行确认劳动关系。

本案中,根据工伤认定申请表、渝C××货车行驶证、证人证言等证据足以认定,货车实际车主李某某将渝C××货车挂靠在和美公司从事货物运输业务,张某系李某某聘用的驾驶员,张某在给该货车关车顶入料盖口时摔伤,因此,和美公司应当承担工伤保险责任。璧山区人社局认定张某受到的事故伤害为工伤符合《工伤保险条例》第十四条第(一)项和最高人民法院《关于审理工伤保险行政案件若干问题的规定》第三条第(五)项之规定。璧山区政府撤销璧山区人社局作出的《认定工伤决定书》的行为不当。原审法院判决维持璧山区人社局作出的〔2016〕334号《认定工伤决定书》,撤销璧山区政府作出的璧山府复〔2016〕11号《行政复议决定书》正确。璧山区政府申请再审的理由不能成立,本院不予支持。

综上,璧山区政府的再审申请不符合《中华人民共和国行政诉讼法》第九十一条规定的情形。依照《中华人民共和国行政诉讼法》第一百零一条、《中华人民共和

国民事诉讼法》第二百零四条第一款之规定,裁定如下:驳回重庆市璧山区人民政府的再审申请。

九、本条涉及工伤损害赔偿的范围——工伤保险责任及工伤保险范围（上海地区裁判观点变迁）

该裁判观点在各地区并不统一,此处仅对上海地区(特别是一中院辖区)的裁判观点做简介和说明。

上海地区关于发包方承担连带责任的工伤保险责任范围,从2010年到2018年再到现在有一定的演变,工伤保险责任承担范围从原来的全部范围到现在的部分范围。

案例1:上海瑞竣建筑工程有限公司(简称瑞竣公司)与李某工伤保险待遇纠二审民事判决书【案号:(2010)沪一中民三(民)终字第344号】

原审认为(二审维持):瑞竣公司系建筑施工企业,劳动部对于建筑施工企业将工程项目转包,导致损害结果发生的,有着明确的处理意见。瑞竣公司将其承接的钢结构安装项目发包给不具有用工主体资格的罗某某个人(或施工队),罗某某擅自招用李某后,导致李某在施工过程中,发生身体伤害事故,为此,根据劳动部的相关规定,即使李某非由瑞竣公司招聘,也应由瑞竣公司向李某承担用工主体的责任。李某系外来从业人员,依法可以享受综合保险待遇,由于瑞竣公司未为李某缴纳综合保险费,故李某发生工伤事故,瑞竣公司作为用人单位,应参照外来从业人员工伤保险待遇,按李某的伤残等级,向李某支付工伤保险待遇。瑞竣公司不同意支付李某工伤待遇的请求,不予支持。

李某工伤后,依法可以享受停工留薪待遇,仲裁委认定,李某的停工留薪期为一年,李某对此无异议,应予以确认。仲裁委按李某50元/天的收入计算,确认李某月工资额应为1046元,李某对此无异议,亦予以确认。停工留薪期间,罗某某已向李某支付一定的生活费,故按李某月工资的标准计算,不足部分,瑞竣公司应予补差。瑞竣公司主张不支付李某停工留薪待遇,不予支持。

本市外劳力就业管理中心对外来从业人员的住院医疗待遇,有着明文规定。迄今为止,瑞竣公司向李某支付的医疗费,除去李某所支付的医疗费,尚有结余,故瑞竣公司主张医疗费用应从给付的费用中抵扣,不同意支付李某医疗费2330.45元的请求,予以准许。

当企业为劳动者正常缴纳综合保险费的,发生事故后所产生的初次(或再次)鉴定费,可由保险基金承担。由于李某未能正常享受法定的综合保险待遇,因此,李某所支出的鉴定费,应由瑞竣公司承担。瑞竣公司在仲裁委审理期间,曾表示同意承担鉴定费,现则表示不同意,于法无据,且不合情理,对此不予支持。

综上,依照《中华人民共和国劳动法》第七十三条第一款第(三)项、第三款及第七十八条之规定,原审法院作出如下判决:一、上海瑞竣建筑工程有限公司要求不支付李某医疗费人民币 2 330.45 元之请求予以支持;二、驳回上海瑞竣建筑工程有限公司的其余诉讼请求;三、上海瑞竣建筑工程有限公司于判决生效之日起十日内支付李某一次性工伤保险待遇人民币 210 000 元;四、上海瑞竣建筑工程有限公司于判决生效之日起十日内支付李某停工留薪待遇差额人民币 510.83 元;五、上海瑞竣建筑工程有限公司于判决生效之日起十日内支付李某两次鉴定费人民币 700元。一审案件受理费人民币 10 元,减半收取,人民币 5 元由瑞竣公司负担。

参考案例 2:上海宏馨建筑劳务有限公司(简称宏馨公司)诉程某某劳动合同纠纷二审民事判决书【案号:(2018)沪 01 民终 11905 号】

原审法院认为:当事人对自己提出的主张,有责任提供证据。本案中,根据查明的事实,宏馨公司把承包的装饰工程业务转包给张某。程某某在至该装饰工程工地上班途中发生交通事故,致使其受伤。该事故伤害已被认定为工伤,且构成八级伤残。根据《最高人民法院关于审理工伤保险行政案件若干问题的规定》第三条第一款第(四)项、第二款的规定,宏馨公司应承担工伤保险责任,宏馨公司支付工伤保险待遇后,有权向张某追偿。

二审法院认为(部分改判):本案双方争议焦点在于违法分包情况下,发包方应承担的工伤保险责任范围。

《人力资源社会保障部关于执行若干问题的意见》第七条规定,具备用工主体资格的承包单位违反法律、法规规定,将承包业务转包、分包给不具备用工主体资格的组织或者自然人,该组织或者自然人招用的劳动者从事承包业务时因工伤亡的,由该具备用工主体资格的承包单位承担用人单位依法应承担的工伤保险责任。《最高人民法院关于审理工伤保险行政案件若干问题的规定》第三条第一款规定,社会保险行政部门认定下列单位为承担工伤保险责任单位的,人民法院应予支持:……(四)用工单位违反法律、法规规定将承包业务转包给不具备用工主体资格的组织或者自然人,该组织或者自然人聘用的职工从事承包业务时因工伤亡的,用工单位为承担工伤保险责任的单位。该条第二款亦规定,前款第四项明确的承担工伤保险责任的单位承担赔偿责任或者社会保险经办机构从工伤保险基金支付工伤保险待遇后,有权向相关组织、单位和个人追偿。故此,本案上海市奉贤区人力资源和社会保障局认定宏馨公司为工伤保险责任单位,本院应予支持。

然而,工伤保险责任的承担与工伤保险责任承担的范围并非同一概念。《工伤保险条例》第三十七条规定,职工因工致残被鉴定为七级至十级伤残的,享受以下待遇:(一)从工伤保险基金按伤残等级支付一次性伤残补助金,标准为:七级伤残为 13 个月的本人工资,八级伤残为 11 个月的本人工资,九级伤残为 9 个月的本人工资,十级伤残为 7 个月的本人工资;(二)劳动、聘用合同期满终止,或者职工本人提出解除劳动、聘用合同的,由工伤保险基金支付一次性工伤医疗补助金,由用人单位支付一次性伤残就业补助金。一次性工伤医疗补助金和一次性伤残就业补助金的具体标准由省、自治区、直辖市人民政府规定。程某某主张,该条规定的工伤保险责任应全部应由宏馨公司承担后向第三人追偿,对此本院并不认同,理由分述如下:

第一,本案并未建立劳动关系。业已生效的判决书已经确认本案双方当事人之间并非劳动关系;张某系自然人,其与程某某之间亦未建立劳动关系。因此并不符合《工伤保险条例》第三十七条第二项的前提条件。

第二,本案程某某系因前往工地途中发生交通事故而受伤,并非从事承包业务时因工伤亡。程某某的该次事故并非在从事职务行为,宏馨公司并未在其中获益。

第三,本案宏馨公司将工程分包给不具备用工主体资格的张某,确实存在选任的过错,但是如果因该过错,就认定宏馨公司应先承担全部的工伤保险责任后再向第三人追偿,无疑是加重了宏馨公司的负担。而且追偿的前提是,张某负有责任,然就张某与程某某之间法律关系来看,亦难以作此判断。

第四,工伤保险条例的制定目的在于,保障因工作遭受事故伤害或者患职业病的职工获得医疗救治和经济补偿,促进工伤预防和职业康复,分散用人单位的工伤风险。本案张某的承包方式为清包,宏馨公司根本未对程某某进行管理,因此也谈不上其存在怠于通过法定的保险制度分散用工风险的行为,如果本院将全部责任优先确定由宏馨公司承担则难谓是秉持了该条例的制定目的。

因此本院酌定,宏馨公司应向程某某支付一次性伤残补助金以及鉴定费用,待承担该责任后,其有权向张某追偿。至于一次性工伤医疗补助金、一次性伤残就业补助金,因双方之间并无劳动关系,本院对此不予支持。

综上所述,宏馨公司的上诉请求部分成立,本院予以支持。依照《中华人民共和国民事诉讼法》第一百七十条第一款第二项规定,判决如下:

一、维持上海市奉贤区人民法院(2018)沪 0120 民初 11453 号民事判决第一、四项;

二、撤销上海市奉贤区人民法院(2018)沪 0120 民初 11453 号民事判决第二、三项;

三、上海宏馨建筑劳务有限公司无需支付程某某一次性工伤医疗补助金58 536 元;

四、上海宏馨建筑劳务有限公司无需支付程某某一次性伤残就业补助金58 536 元。

案例解析:当前上海地区(特别是一中院辖区)法院的裁判观点发生了部分转

向,对于本条所拟制的连带赔偿责任一分为二地看待,具体如下:

明确发包方与员工之间不存在劳动关系,因承包方系个人,个人与个人之间亦不能建立劳动关系,因此承包方与员工之间亦不存在劳动关系。关于一次性伤残补助金和医疗费、鉴定费等基于民事法律关系中的人身损害赔偿相关法律亦应得到赔付的诉讼请求,予以支持;对于一次性工伤医疗补助金、一次性伤残就业补助金等基于劳动合同关系以及人身依附关系而旨在给予受伤员工再就业困难期间经济补助的诉讼请求,由于承包方为自然人,与受伤员工不存在劳动关系,承包方无须承担该赔偿责任,发包方亦不应承担该责任。

第九十五条　【不履行法定职责、违法行使职权的法律责任】

劳动行政部门和其他有关主管部门及其工作人员玩忽职守、不履行法定职责,或者违法行使职权,给劳动者或者用人单位造成损害的,应当承担赔偿责任;对直接负责的主管人员和其他直接责任人员,依法给予行政处分;构成犯罪的,依法追究刑事责任。

关于本条规定所涉情形、主体及标准的解析

本条所称赔偿责任,系劳动行政部门和其他有关主管部门及其工作人员玩忽职守、不履行法定职责或者违法行使职权之情形下,向受到侵害的劳动者或者用人单位承担赔偿责任。

鉴于本法系主要规范劳资双方之间权利义务的法律,因此,判定赔偿责任的义务人、赔偿情形、赔偿范围等,应该从专门调整国家赔偿的法律《国家赔偿法》中寻找相应规定。

1. 本条对应的赔偿情形

《国家赔偿法》

第四条　行政机关及其工作人员在行使行政职权时有下列侵犯财产权情形之一的,受害人有取得赔偿的权利:

(一)违法实施罚款、吊销许可证和执照、责令停产停业、没收财物等行政处罚的;

(二)违法对财产采取查封、扣押、冻结等行政强制措施的;

(三)违法征收、征用财产的;

(四)造成财产损害的其他违法行为。

2. 本条对应的赔偿请求人

《国家赔偿法》

第六条 受害的公民、法人和其他组织有权要求赔偿。

受害的公民死亡,其继承人和其他有抚养关系的亲属有权要求赔偿。受害的法人或者其他组织终止的,其权利承受人有权要求赔偿。

3. 本条对应的赔偿义务机关

《国家赔偿法》

第七条 行政机关及其工作人员行使行政职权侵犯公民、法人和其他组织的合法权益造成损害的,该行政机关为赔偿义务机关。

两个以上行政机关共同行使行政职权时侵犯公民、法人和其他组织的合法权益造成损害的,共同行使行政职权的行政机关为共同赔偿义务机关。

法律、法规授权的组织在行使授予的行政权力时侵犯公民、法人和其他组织的合法权益造成损害的,被授权的组织为赔偿义务机关。

受行政机关委托的组织或者个人在行使受委托的行政权力时侵犯公民、法人和其他组织的合法权益造成损害的,委托的行政机关为赔偿义务机关。

赔偿义务机关被撤销的,继续行使其职权的行政机关为赔偿义务机关;没有继续行使其职权的行政机关的,撤销该赔偿义务机关的行政机关为赔偿义务机关。

第八条 经复议机关复议的,最初造成侵权行为的行政机关为赔偿义务机关,但复议机关的复议决定加重损害的,复议机关对加重的部分履行赔偿义务。

4. 赔偿义务机关的追责

《国家赔偿法》

第十六条 赔偿义务机关赔偿损失后,应当责令有故意或者重大过失的工作人员或者受委托的组织或者个人承担部分或者全部赔偿费用。

对有故意或者重大过失的责任人员,有关机关应当依法给予处分;构成犯罪的,应当依法追究刑事责任。

5. 本条对应的赔偿方式和计算标准

《国家赔偿法》

第三十二条 国家赔偿以支付赔偿金为主要方式。

能够返还财产或者恢复原状的,予以返还财产或者恢复原状。

第三十六条 侵犯公民、法人和其他组织的财产权造成损害的,按照下列规定处理:

(八)对财产权造成其他损害的,按照直接损失给予赔偿。

鉴于国家赔偿法的第三十六条第八款的上述规定,因此本条所称损害赔偿,仅限于直接损失,不包括差旅费、律师费、公证费等。

案例:马某某因诉其荥阳市人力资源和社会保障局不作为上诉案二审判决书【案号:(2013)郑行终字第 231 号】

本院认为:……二、关于马某某的赔偿请求是否应予支持的问题。根据《中华人民共和国国家赔偿法》第三十六条的规定,对财产权造成其他损害的,按照直接损失给予赔偿。根据该规定,对财产的损害,国家赔偿的是直接损失。本案上诉人马某某申请赔偿交通费、差旅费、材料费和律师费等费用,不属于国家赔偿的范围。上诉人马某某的赔偿请求本院不予支持。

第八章 附 则

第九十六条 【事业单位聘用制劳动合同的法律适用】

事业单位与实行聘用制的工作人员订立、履行、变更、解除或者终止劳动合同,法律、行政法规或者国务院另有规定的,依照其规定;未作规定的,依照本法有关规定执行。

一、事业单位人员划分及对应调整的法律渊源

(一)事业单位内公务员的三种常见类型

1. 行政编制

行政编制一般适用于党委政府及其职能部门。事业单位理论上不应当有行政编制的人员,但实务中部分单位的借调、混编、锻炼会导致行政编制人员临时性地于事业单位中工作。此类人员法律关系的调整适用《公务员法》,且不适用于劳动仲裁程序。

2. 参公编制

事业单位中具有法律、法规授权的公共事务管理职能且使用事业编制并由国家财政负担工资福利的机构,经审批后其在编工作人员可参照公务员法进行管理,此类人员法律关系的调整适用《公务员法》,且不适用于劳动仲裁程序。

此类性质人员在事业单位中较为常见,上海地区各区劳动人事争议仲裁委员会的在编仲裁员均属于此类编制。

3. 聘任制公务员

行政机关、参照公务员法管理的机关根据工作需要,经省级以上公务员主管部门批准,可以对专业性较强的职位和辅助性职位实行聘任。此类人员法律关系

的调整适用《公务员法》,适用于劳动仲裁程序。

《劳动人事争议仲裁办案规则》

第二条　本规则适用下列争议的仲裁:……(二)实施公务员法的机关与聘任制公务员之间、参照公务员法管理的机关(单位)与聘任工作人员之间因履行聘任合同发生的争议。

(二)事业编制人员

"事业编"特指事业单位正式在编且不参照公务员法管理的工作人员,此类人员占据事业单位人员的相对多数,其法律关系的调整当法律、行政法规或者国务院另有规定的,依照其规定,无上述规定的,依照本法有关规定执行。

该类人员与用人单位的争议系本研究的重点。此类争议被称为人事争议。

上述人员与用人单位发生的争议,同样适用于劳动人事仲裁程序。

《劳动人事争议仲裁办案规则》

第二条　本规则适用下列争议的仲裁:……(三)事业单位与其建立人事关系的工作人员之间因终止人事关系以及履行聘用合同发生的争议。

(三)劳务派遣人员及临时人员

事业单位受限于编制的数量少和工作的任务多,必须使用劳务派遣及临时用工的形式增加人员,此种工作人员与用人单位(及用工单位)属于劳动关系,适用本法调整并适用劳动仲裁程序。

二、人事争议除本法外可以适用的法律渊源及其他法规

依据本条规定,人事争议除本法外能够适用的法律渊源仅限法律、行政法规及国务院其他规定。因此,人社部制定的部门规章一般需经国务院转,而人社局的文件一般需经过省级政府转发,方能够适用。

(1)法律:《最高人民法院关于人民法院审理事业单位人事争议案件若干问题的规定》(法释〔2003〕13号)。

(2)国务院其他规定(按照重要程度、应用频率排序)。

①《国务院办公厅转发人事部关于在事业单位试行人员聘用制度意见的通知》国办发〔2002〕35号。

②《事业单位人事管理条例》2014年国务院令第六百五十二号。

③《关于发布〈国家机关工作人员病假期间生活待遇的规定〉的通知》国发〔1981〕52号。

(3)行政法规。

鉴于行政法规的数目过多,此处仅列举上海市相关行政法规。特别需要提示

的是,上海市发布的相关行政法规并不规范,是否得以适用还需结合通过上海市各级法院的判例予以确定。

①《上海市人民政府关于发布〈上海市事业单位人事争议处理办法〉的通知》(沪府发〔2004〕37 号)。

②《上海市人民政府关于印发〈上海市事业单位聘用合同办法〉的通知》(沪府发〔2003〕4 号)。

(4)其他规范性文件。

通过检索上海市各级法院判例,被法院援引的市级规范性文件如下:

①《关于印发〈上海市事业单位聘用合同管理办法〉的通知》(沪人社规〔2018〕33 号)。

②《上海市人事局关于本市机关事业单位工作人员病假事假期间工资计发问题的通知》(沪人〔1994〕46 号)。

③ 上海市人事局《关于实施〈上海市事业单位聘用合同办法〉有关问题的解释》(发布日期:2004 年 6 月 14 日)。

④《上海市高级人民法院关于印发〈关于受理人事争议案件若干问题的意见〉的通知》(沪高法民一〔2005〕6 号)。

三、人民法院/人事仲裁受理人事争议的范围

(一)受理争议的诉请范围

依据《最高人民法院关于人民法院审理事业单位人事争议案件若干问题的规定》(法释〔2003〕13 号),人民法院及人事仲裁受理的人事争议范围仅限事业单位与其工作人员之间因辞职、辞退及履行聘用合同所发生的争议。

《最高人民法院关于人民法院审理事业单位人事争议案件若干问题的规定》(法释〔2003〕13 号)

第一条 事业单位与其工作人员之间因辞职、辞退及履行聘用合同所发生的争议,适用《中华人民共和国劳动法》的规定处理。

第三条 本规定所称人事争议是指事业单位与其工作人员之间因辞职、辞退及履行聘用合同所发生的争议。

根据上海市第一中级人民法院公布的《审判经验及类案裁判方法通报》,将不属于受理范围的诉请进行了罗列,主要有以下十一类:

(1)对涉及本人考核结果、处分决定不服的相关争议。事业单位工作人员对涉及本人的考核结果、处分决定等不服的,可以按照国家有关规定申请复核、提出申诉。同时,因考核结果、处分决定不属于法院受案范围,法院对与考核结果、处分

决定直接相关的工资、奖金等诉请亦不予受理,但如处分决定内容为解聘、辞退的,应属于法院受案范围。

（2）因职务任免、职级评定、职称评审产生的争议。此类争议既包括对职务任免、职级评定、职称评审结果不服要求变更或纠正的诉请,还包括与此直接相关的工资、奖金等诉请。

（3）因技术入股、知识产权权属以及利益分配等产生的争议。

（4）因承包问题产生的争议,但承包合同的履行涉及工资、福利待遇以及聘用合同解除的除外。

（5）工龄、特殊工种的认定以及与此直接相关的福利待遇、经济损失等的争议。

（6）恢复聘用岗位的争议。

（7）发放荣誉证书、荣誉称号及相关待遇的争议。

（8）签订或续订聘用合同的争议。

（9）发放住房补贴、住房福利的争议。

（10）缴纳社会保险费、住房公积金、工会会费的争议。

（11）其他非因辞职、辞退及履行聘用合同产生的争议。

（二）受理争议发生的时间范围

前述司法解释实施于2003年9月5日,当时的仲裁时效为60日,故《上海市高级人民法院关于印发〈关于受理人事争议案件若干问题的意见〉的通知》第一条规定,若争议发生于前述司法解释实施前60日（即2003年7月5日）前,人民法院不予受理;若该争议既有发生于该日期之前的,亦有发生于该日期之后的,前者人民法院不予处理。

《上海市高级人民法院关于印发〈关于受理人事争议案件若干问题的意见〉的通知》

第一条 ……争议发生在最高人民法院《关于人民法院审理事业单位人事争议案件若干问题的规定》实施日期之前六十日的,即2003年7月5日之前的,不属于人民法院的受理范围。如争议既有发生在2003年7月5日之前,也有发生在2003年7月5日之后的,则发生在2003年7月5日之前的争议,人民法院不予处理。

（三）法律解读

鉴于当前时间距2003年已过去20多年,绝大多数发生在2003年7月5日之前的争议均已经过处理或者过了诉讼时效,因此,关于人民法院受理人事争议的时间范围,无须过多讨论。

在人事争议中,关于诉讼请求的受理范围相对时间范围更为重要。依据前述司法解释,人民法院及人事争议仲裁机构仅受理因辞职、辞退及履行聘用合同所发生的争议,除此以外的不属于受理范围。

案例:李某某与上海市普陀区人民医院人事争议纠纷二审民事裁定书【案号:(2014)沪二中民三(民)终字第1029号】

诉讼请求:李某某向原审法院提起诉讼,请求判令普陀区人民医院支付李某某2010年9月1日至2012年12月31日期间未签订劳动合同双倍工资差额人民币240 304.30元;普陀区人民医院返还李某某违法扣除的奖金共计3 476.10元。

一审法院认为(针对该请求的判决二审维持):……本案争议焦点之二为普陀区人民医院扣除李某某奖金共计3 476.10元的问题,首先必须明确的是,人民法院审理事业单位人事争议案件的受理范围是有明确界定的,即事业单位与其工作人员之间因辞职、辞退及履行聘用合同所发生的争议,上述范围以外的争议并不在法院受理范围之内。其次,李某某在审理中明确其要求普陀区人民医院返还的3 476.10元均系奖金……双方均确认第二项诉讼请求中所涉扣款均系奖金部分,与工资无关,原审法院予以确认。最后,原审法院认为,普陀人民医院依据《普陀区人民医院综合目标管理责任制考核条例》的相关规定对李某某迟到、早退及处方不规范等行为分别作出扣款决定,属普陀人民医院进行内部管理的范畴,不属于因辞职、辞退及履行聘用合同所发生的争议,并不在法院审理人事争议的范围之内,故对李某某的该项诉讼请求,不作处理。

二审法院认为:根据最高人民法院相关司法解释规定,法院受理的人事争议是指事业单位与其工作人员之间因辞职、辞退及履行聘用合同所发生的争议。普陀区人民医院系事业单位法人,李某某系与普陀区人民医院建立聘用关系的人员,他们之间就聘用合同签订产生的争议,不属人民法院审理人事争议的范围,故李某某要求普陀区人民医院支付未签合同双倍工资的该项请求,法院不应予以处理。原审法院作出实体处理欠妥,本院予以纠正。

四、人事争议中不适用本法的常见诉讼请求

(一)签订无固定期限合同的前提差异

必须签订无固定期限合同的条件不同:

(1)在劳动关系中,签订无固定期限的条件根据本法第十四条已明确载明。

(2)在人事关系中,签订无固定期限的条件由《国务院办公厅转发人事部关于在事业单位试行人员聘用制度意见的通知》载明(上海地区同样适用)。

《国务院办公厅转发人事部关于在事业单位试行人员聘用制度意见的通知》

第四条第四款　对在本单位工作已满25年或者在本单位连续工作已满10年且年龄距国家规定的退休年龄已不足10年的人员,提出订立聘用至退休的合同的,聘用单位应当与其订立聘用至该人员退休的合同。

上海市人事局《关于实施〈上海市事业单位聘用合同办法〉有关问题的解释》(2004年6月14日)

7. 填写过聘用制干部审批表、办理过聘用制干部审批手续的女性聘用制干部,年满40周岁起,视为距退休年龄不足10年。女性聘用制干部的退休年龄及待遇,按照市委组织部、市人事局发布的《上海市事业单位聘用制干部管理暂行办法》(沪人〔1994〕94号)的规定执行。

依据上述规定,在人事关系中,双方必须签订无固定期限合同的,仅限三种条件均满足时:

(1)已经在本单位工作满25年或者在本单位连续工作已满10年——前者属于累计工作年限,后者属于连续工作年限。

(2)距离国家规定的退休年龄已不足10年——因事业单位工作人员退休年龄的特殊性较强,上海地区进行了特殊化的处理:实际退休年龄据实办理,但女性聘用制干部"年满40周岁"即视为"退休年龄已不足10年"。

(3)事业单位工作人员向用人单位提出订立聘用至退休的合同的——用人单位在工作人员提出后无权拒绝。

案例:鲍某某与中共上海市委办公厅文印中心聘用合同争议二审民事判决书【案号:(2019)沪01民终12686号】

本院认为:关于文印中心是否应当支付鲍某某未签订无固定期限聘用合同的双倍工资差额1500000元,鲍某某主张其自1998年9月8日起至2008年9月8日已连续工作满十年,文印中心却未与其签订无固定期限合同,应根据劳动合同法的相关规定支付自2008年9月8日起未签订无固定期限聘用合同的双倍工资差额。对此,本院认为,文印中心系事业单位,鲍某某为文印中心在编职工,双方签订的是聘用合同,形成的是聘用关系。按照原国家人事部办公厅《对江西省人事厅情况反映的答复意见函》(国人厅函〔2007〕153号)中明确,《国务院办公厅转发人事部关于在事业单位试行人员聘用制度意见的通知》(国办发〔2002〕35号)是规范事业单位人员聘用合同的国务院办公厅文件,属于《中华人民共和国劳动合同法》第九十六条中"国务院另有规定"的范围,有关事业单位人员聘用合同的订立、履行、变更、解除或终止,应当适用该文件的规定。《国务院办公厅转发人事部关于在事业单位试行人员聘用制度意见的通知》第四条规定,对在本单位工作已满25年或者在本单位连续工作已满10年且距国家规定的退休年龄已不足10年的人员,提出订立聘用至退休的合同的,聘用单位应当与其订立聘用至该人员退休的合同。本案中,文印中心系事业单位法人,其与鲍某某签订了聘用合同,故双方建立了聘用合同关系,鲍某某并不属于上述应当签订聘用至退休的合同的情形,其提出双倍工资差额的上诉请求,缺乏依据,本院不予支持。

（二）因用人单位不续聘而终止劳动合同是否有经济补偿存在重大差异

（1）在劳动关系中,因用人单位不再续签劳动合同而期满终止,应当支付经济补偿,受本法调整。

（2）在人事关系中,用人单位不续聘无需支付经济补偿,此为上海地区引发人事争议的重要事项。根据公开的、不完全可查的数据分析,超过一半的、经过中级人民法院审理的人事争议案件均由该事项引起。

依据国家层面规定及上海地区相关规范性文件均可明确,聘用单位支付事业单位编制人员经济补偿的情形不包括不续聘的情形。

1. 国家层面规定

《国务院办公厅转发人事部关于在事业单位试行人员聘用制度意见的通知》（国办发〔2002〕35 号）

第六条 ……有下列解除聘用合同情形之一的,聘用单位应当根据被解聘人员在本单位的实际工作年限向其支付经济补偿:

（一）聘用单位提出解除聘用合同,受聘人员同意解除的;

（二）受聘人员患病或者非因工负伤,医疗期满后,不能从事原工作也不能从事由聘用单位安排的其他工作,聘用单位单方面解除聘用合同的;

（三）受聘人员年度考核不合格或者聘期考核不合格,又不同意聘用单位调整其工作岗位的,或者虽同意调整工作岗位,但到新岗位后考核仍不合格,聘用单位单方面解除聘用合同的。

2. 上海地区规定

《上海市人民政府关于印发〈上海市事业单位聘用合同办法〉的通知》（沪府发〔2003〕4 号）

第四十一条（解除或者终止聘用合同的经济补偿）

有下列情形之一的,聘用单位应当根据受聘人员在本单位实际工作年限,每工作 1 年给予其 1 个月工资的经济补偿:

（一）聘用单位提出解除聘用合同,受聘人员同意解除的;

（二）受聘人员患病或者非因工负伤,医疗期满后,不能从事原工作也不能从事由单位安排的其他工作,聘用单位单方面解除聘用合同的;

（三）受聘人员年度考核不合格或者聘期考核不合格,又不同意单位调整其工作岗位,或者虽同意调整工作岗位,但到新岗位后考核仍不合格,聘用单位单方面解除聘用合同的；

（四）聘用合同订立时所依据的客观情况发生重大变化，致使原聘用合同无法履行，经当事人协商不能就变更聘用合同达成一致，由聘用单位单方面解除聘用合同的；

（五）聘用单位未按照聘用合同约定支付工资报酬、提供工作条件和福利待遇的；

（六）聘用单位以暴力、威胁或者非法限制人身自由的手段强迫工作的。

（七）聘用单位被撤销、解散，不能安置受聘人员就业或者接收安置单位重新计算本单位工作年限的。

第四十二条（约定终止聘用合同的经济补偿）　聘用合同约定的终止条件与本办法第四十一条规定的应当给予经济补偿的解除条件相同的，聘用单位应当依照第四十一条的规定给予经济补偿。

案例：刘某某诉中国科学院上海微系统与信息技术研究所（简称微系统研究所）人事争议二审民事判决书【案号：(2018)沪01民终9720号】

关于劳动合同到期终止经济补偿的争议。原国家人事部办公厅在《对江西省人事厅情况反映的答复意见函》（国人厅函〔2007〕153号）中明确，《国务院办公厅转发人事部关于在事业单位试行人员聘用制度意见的通知》是规范事业单位人员聘用合同的国务院办公厅文件，属于《中华人民共和国劳动合同法》第九十六条中"国务院另有规定"的范围，有关事业单位人员聘用合同的订立、履行、变更、解除或终止，应当适用该文件的规定。根据《国务院办公厅转发人事部关于在事业单位试行人员聘用制度意见的通知》（国办发〔2002〕35号）第六条和《上海市人民政府关于印发〈上海市事业单位聘用合同办法〉的通知》（沪府发〔2003〕4号）第四十一条的规定，刘某某不属于其中应享受经济补偿的对象范围。因此，刘某某要求微系统研究所支付经济补偿于法无据，刘某某要求微系统研究所支付逾期支付经济补偿的赔偿金亦无法律依据，一审法院不予支持。

（三）关于恢复劳动关系的实务口径存在显著差异

1. 劳动争议中，若无工伤、孕产妇、病假等特殊情形，一般不予判决恢复劳动关系

（1）上海市高级人民法院于2007年印发了审执兼顾的通知，提出了司法审判及执行中恢复劳动关系的困难及实际操作路径。

《上海市高级人民法院关于印发〈关于贯彻审执兼顾原则的若干意见〉的通知》（沪高法〔2007〕135号）

二、关于恢复劳动关系案件

劳动者提出恢复劳动关系诉请的,按照以下情况分别处理:

(一)经审查发现劳动合同客观上已不能继续履行,如原劳动岗位已不存在等,可直接判决给予补偿,不宜判决恢复劳动关系。

(二)劳动合同客观上能履行,但用人单位拒绝履行的,法官可询问劳动者是否愿意变更诉请,以解除劳动合同并取得补偿的方式解决纠纷;劳动者坚持不变更的,法官应向其说明恢复劳动关系存在无法强制执行的风险,并询问劳动者在无法强制恢复劳动关系的情况下,是否愿意增加诉请,要求用人单位直接支付工资报酬;若劳动者仍坚持诉请的,经告知风险并记明笔录后,可判决恢复劳动关系。

(三)劳动者申请执行恢复劳动关系判决的,立案部门一般可予立案。执行部门通过加强与劳动监察部门的配合、对用人单位的法定代表人实施司法强制措施等方式,促使用人单位主动履行恢复劳动关系的判决;确实难以执行的,可通过释明等方式,引导劳动者另行起诉解除劳动合同并取得补偿,或要求用人单位支付工资报酬等。

(2)大数据分析结论。

截至 2023 年 6 月 4 日,根据判例检索数据,自 2016 年起,上海地区各级法院实际判决恢复劳动关系的案件数量大幅度下降,判决恢复劳动关系案件数不足请求恢复劳动关系数量的 20%(实际恢复的案例包含了医疗期、工伤等特殊情况的)。

(3)法律分析。

在劳动关系中,用人单位绝大部分为普通民营企业,而人民法院在金钱给付方面的执行力较强,在人身依附关系方面的执行力较弱。因此,当用人单位对恢复劳动关系持明确反对意见时,人民法院民事审判庭可能会兼顾执行的障碍,尽量少判决恢复劳动关系。

2. 人事争议中,人民法院以判决恢复聘用关系较多

判决旨在维护编制及人事关系的稳定性。事业单位聘用关系的有无,直接决定了一名自然人是否还拥有相应编制、是否还能继续留存于体制内。基于我国特殊的国情、进编必考的现实情况,对于劳动者在体制内的编制身份问题,人民法院在判决时还是以保留为主。而且,对于事业单位来说,其本身属于体制内机构,人民法院在执行层面对于事业单位的影响力也可能强于对普通企业的影响力。

案例:上海市浦东新区东旭幼儿园与陈某人事争议二审民事判决书【案号:(2019)沪 01 民终 14739 号】

本院认为:陈某未能履行请假手续而缺勤系因为被错误刑事羁押,并非故意违反工作制度,在羁押过程中,陈某实难与东旭幼儿园取得联系,故陈某不存在旷工行为。陈某在被宣告无罪释放后,及时告知了东旭幼儿园其未能及时返岗的原因,

并积极要求恢复与东旭幼儿园的人事关系。东旭幼儿园仍以陈某旷工为由拒绝恢复与陈某的人事关系的上诉理由缺乏事实和法律依据,本院不予采纳。

(四) 关于过失性解除的显著差异

(1) 在劳动关系中,用人单位因劳动者过失而解除劳动合同的条款集中于本法第三十九条。

(2) 在人事争议中,鉴于国家级规定及各省市的规定繁多,当前仅就上海地区做相关列举。上海地区关于聘用人员因过失而被解除的规定如下:

《上海市人民政府关于印发〈上海市事业单位聘用合同办法〉的通知》(沪府发〔2003〕4号)

第三十一条(聘用合同的过失性解除)受聘人员有下列情形之一的,聘用单位可以随时解除聘用合同,并书面通知受聘人员:

(一) 在试用期内被证明不符合本岗位要求又不同意单位调整其工作岗位的;

(二) 连续旷工超过10个工作日或者1年内累计旷工超过20个工作日的;

(三) 未经单位同意,擅自出国或者出国逾期不归的;

(四) 违反工作规定或者操作规程,发生责任事故,或者失职、渎职,造成严重后果的;

(五) 严重扰乱工作秩序,致使本单位、其他单位工作不能正常进行的;

(六) 被判处有期徒刑以上刑罚收监执行或者被劳动教养的;

(七) 法律、法规和规章规定的其他情形。

《中共上海市委员会组织部、上海市人力资源和社会保障局关于印发〈上海市事业单位聘用合同管理办法〉的通知》沪人社规〔2018〕33号

第二十九条(聘用单位应当解除聘用合同的情形)受聘人员具有下列情形之一,聘用单位应当解除聘用合同:

(一) 试用期满考核不合格的;

(二) 被判处有期徒刑(含)以上刑罚的;

(三) 受到开除处分的;

(四) 在公开招聘中违反规定存在违规违纪行为的;

(五) 法律、法规规定的其他情形。

第三十一条(聘用合同的过失性解除)受聘人员具有下列情形之一的,聘用单位可以书面通知受聘人员,单方面解除聘用合同:

(一) 在试用期内被证明不符合本岗位要求又不同意单位调整其工作岗位的;

(二) 连续旷工超过15个工作日或者1年内累计旷工超过30个工作日的;

(三) 未经聘用单位同意,擅自出国或者出国逾期不归的;

（四）违反工作规定或者操作规程，发生责任事故，或者失职、渎职，造成严重后果的；

（五）严重扰乱工作秩序，致使本单位、其他单位工作不能正常进行的；

（六）被判处拘役、管制的；

（七）法律、法规规定的其他情形。

（3）不同之处：

事业单位人员的过失性解除条款，均与本法存在不同之处。其条款内容特别增设了对于事业单位人员的"应当"解除聘用合同的规定。同时，《上海市事业单位聘用合同办法》与《上海市事业单位聘用合同管理办法》在部分规定上存在差异，但基于前者由上海市政府发文，故下文中与劳动合同法的对比内容，以《上海市事业单位聘用合同办法》作为对比条文。《上海市事业单位聘用合同管理办法》供参考。

① 试用期间聘用单位解除合同必须同时符合"不符合录用条件"和"不同意单位调整其工作岗位"两个条件。

② 旷工解除的时间要求更高。在劳动争议案件中，当前司法实践中普遍以三个工作日或五个工作日为标准，而人事争议则明确了应当连续旷工超过 10 个工作日或者 1 年内累计旷工超过 20 个工作日。

③ 未经聘用单位同意擅自出国属于事业单位独有的违纪解除事由（逾期未归在劳动关系中可由旷工条款进行调整），并且对于擅自出国的行为没有后果和天数的要求，只要具有"擅自""出国"的行为，聘用单位即可合法解除聘用关系。

④ 违反工作规定或者操作规程，发生责任事故，或者失职、渎职，造成严重后果的——本款与劳动关系中"严重失职，营私舞弊，给用人单位造成重大损害"较为相似，但在性质和实际操作上仍有不同之处。

⑤ 严重扰乱工作秩序，致使本单位、其他单位工作不能正常进行的——本款指向扰乱工作秩序，且情节严重，并导致单位（或其他单位）工作不能正常进行。

⑥ 被判处有期徒刑以上刑罚收监执行或者被劳动教养的——由于劳动教养制度当前已取消，不再讨论。但前半段仍与本法之规定有着较大不同，本法要求劳动者"被依法追究刑事责任"即可合法解除，但人事争议中必须达到"收监执行"方符合合法解聘的标准。

⑦ 劳动争议中的"严重违反用人单位规章制度"的条款对于人事争议不适用，该条款能够承载的解除条款最多、适用面最广，但在人事争议中无法适用，合法解除的情形大幅度减少。

若用人单位依据《上海市事业单位聘用合同办法》第三十一条（过失性解除）的规定解除合同的（第一项情形除外），也视为受聘人员违反服务期约定，可以要求其承担违约责任。

（五）不得解聘的条件的差异

（1）在劳动关系中,法律规定用人单位不得在劳动者无过失情况下单方解除劳动合同,主要条款为本法第四十二条。

（2）在人事关系中,聘用单位在聘用人员具有规定情形时,不得终止或解除聘用合同,主要条款如下:

《上海市人民政府关于印发〈上海市事业单位聘用合同办法〉的通知》（沪府发〔2003〕4 号）

第三十三条(聘用单位不得解除聘用合同的情形)　受聘人员有下列情形之一的,聘用单位不得解除聘用合同:

（一）受聘人员患病或者负伤,在规定的医疗期内的;

（二）女职工在孕期、产期和哺乳期内的;

（三）因工负伤,治疗终结后经劳动能力鉴定机构鉴定为 1 至 4 级丧失劳动能力的;

（四）患职业病以及现有医疗条件下难以治愈的严重疾病或者精神病的;

（五）受聘人员正在接受纪律审查尚未作出结论的;

（六）属于国家规定不得解除聘用合同的其他情形的。

《中共上海市委员会组织部、上海市人力资源和社会保障局关于印发〈上海市事业单位聘用合同管理办法〉的通知》（沪人社规〔2018〕33 号）

第三十三条(聘用单位不得解除聘用合同的情形)　受聘人员具有下列情形之一的,聘用单位不得依据本管理办法第三十一条第（一）项、第三十二条解除聘用合同:

（一）受聘人员患病或者负伤,在规定的医疗期内的;

（二）女职工在孕期、产期和哺乳期内的;

（三）因工负伤,经治疗伤情相对稳定后,经劳动能力鉴定机构鉴定为 1 至 4 级伤残等级的;

（四）从事接触职业病危害作业的受聘人员未进行离岗前职业健康检查,或者疑似职业病病人在诊断或者医学观察期间的;

（五）患职业病以及现有医疗条件下难以治愈的严重疾病或者精神病的;

（六）属于本办法第二十六条规定的情形开展创新创业的;（七）法律、法规规定的其他情形。

第三十八条(聘用单位不得终止聘用合同的情形)聘用合同期满或者当事人约定的聘用合同终止条件出现,受聘人员具有下列情形之一的,聘用单位不得终止聘用合同:

（一）因工负伤，经治疗伤情相对稳定后，经劳动能力鉴定机构鉴定为1至4级伤残等级的；

（二）患职业病以及现有医疗条件下难以治愈的严重疾病或者精神病的；

（三）法律、法规规定的其他情形。

（3）不同之处：

在人事关系中"患职业病以及现有医疗条件下难以治愈的严重疾病或者精神病的""受聘人员正在接受纪律审查尚未作出结论的"与劳动关系的本法规定存在显著不同。而劳动关系中"从事接触职业病危害作业的劳动者未进行离岗前职业健康检查，或者疑似职业病病人在诊断或者医学观察期间"的规定在人事关系中未见提及。

在劳动者具有不得解除的情形时，劳动合同法排除了用人单位依照第四十条（非过失性解除）、第四十一条（裁员）解除劳动合同。而在《上海市事业单位聘用合同办法》中并未给予聘用单位设置限制。但在《上海市事业单位聘用合同管理办法》又限制聘用单位依照第三十一条第（一）项（在试用期内被证明不符合本岗位要求又不同意单位调整其工作岗位的）、第三十二条（非过失性解除）解除聘用合同。

（六）未签订书面劳动合同/未签订无固定期限劳动合同的两倍工资

（1）劳动关系中的两倍工资诉讼请求属于本法生效后最重要的请求事项之一，由于前文已经展开阐述，在此不作赘述。

（2）在人事争议中，本诉讼请求因无法律法规等予以规定，因此，部分法院不予处理，另有部分法院予以驳回。无论是不予处理，还是驳回诉请，也仅是裁判文书形式或内容表述方式的区别，当事人实体权利的结果是一致的。

案例：王某某与上海市现代流通学校人事争议纠纷二审民事判决书【案号：(2019)沪02民终3758号】

本院认为：现代流通学校系事业单位，王某某系事业单位编制人员，双方之间形成人事聘用关系。根据规定，事业单位人员聘用合同的订立、履行、变更、解除或终止应当适用《国务院办公厅转发人事部关于在事业单位试行人员聘用制度意见的通知》的规定。鉴于上述文件并未规定事业单位与其正式编制的人员未签订聘用合同或岗位聘用合同应支付二倍工资差额，而其他的人事法规规章亦未对此作出明确的规定，故一审法院据此驳回王某某的诉讼请求，于法无悖。王某某的上诉请求缺乏法律依据，本院不予支持。一审判决事实认定清楚，判决并无不当。

（七）允许约定的违约金事项以及具体适用的不同

（1）在劳动关系中，本法仅支持约定培训服务期和竞业限制的违约金。

（2）在人事关系中，《上海市事业单位聘用合同办法》不支持约定竞业限制的违约金，但支持约定保密的违约金以及违反服务期的违约金。同时结合《关于实施〈上海市事业单位聘用合同办法〉有关问题的解释》以及《上海市事业单位聘用合同管理办法》的规定，在违约金的具体适用上，也与本法有着显著的不同，具体在各种情形时予以展开阐述。

《上海市事业单位聘用合同办法》

第二十条（违约金约定） 聘用合同对受聘人员的违约行为约定违约金的，仅限于下列情形：

（一）违反服务期约定的；

（二）违反保守单位商业秘密约定的。

违约金数额应当遵循公平、合理的原则约定。

（八）聘用人员即时解除的规定不同

（1）在劳动关系中，劳动者可以随时解除劳动合同的情形，规定于本法第三十八条。

（2）在人事关系中，聘用人员得以即时解除聘用合同的情形与本法规定存在显著不同。

《上海市事业单位聘用合同办法》

第三十四条（受聘人员随时解除聘用合同的情形） 有下列情形之一的，受聘人员可以随时解除聘用合同，并书面通知聘用单位：

（一）在试用期内的；

（二）考入普通高等院校的；

（三）被录用或者选调到国家机关工作的；

（四）依法服兵役的；

（五）聘用单位未按照聘用合同约定支付工资报酬、提供工作条件和福利待遇的；

（六）聘用单位以暴力、威胁或者非法限制人身自由的手段强迫工作的。

（3）不同之处：

首先，适用情形不同，基于事业单位的特殊性，对于考入普通高等院校的、录用或选调到国家机关的、依法服兵役的，受聘人员可以随时解除，此与劳动关系中本法的规定有着显著不同。

其次，在试用期内的解除权行使程序也与本法的规定不同。本法规定试用期内劳动者提前三日通知用人单位，可以解除劳动合同。而在人事关系中，受聘人员可以随时解除聘用合同。

最后,在法律后果上的不同。本法中,劳动者行使即时解除权后,可以向用人单位主张经济补偿金。但在人事关系中,根据《关于实施〈上海市事业单位聘用合同办法〉有关问题的解释》第二十一条的规定,受聘人员可以依据《聘用合同办法》第三十四条、第三十五条的规定解除合同,但是除第三十四条第(一)、(四)、(五)、(六)项规定的情形外,应当承担违约责任。

(九) 合同顺延的情形存在差异

(1) 在劳动关系中,劳动合同顺延的情形通过本法确定,即本法第四十二条。

(2) 在人事关系中,聘用合同顺延的情形与本法规定有差异。

《上海市事业单位聘用合同办法》

第三十八条 (特殊情形的聘用合同期限顺延)

聘用合同期满或者当事人约定的聘用合同终止条件出现,受聘人员有下列情形之一,同时不属于本办法第三十一条第(二)、(三)、(四)、(五)、(六)项规定的,聘用合同期限顺延至下列情形消失:

(一) 受聘人员患病或者负伤,在规定的医疗期内的;

(二) 女职工在孕期、产期和哺乳期内的;

(三) 正在接受纪律审查尚未作出结论的;

(四) 属于国家规定的其他情形的。

《上海市事业单位聘用合同管理办法》

第三十九条 (特殊情形的聘用合同期限顺延)聘用合同期满或者当事人约定的聘用合同终止条件出现,受聘人员具有下列情形之一,同时不属于本办法第三十一条第(二)、(三)、(四)、(五)、(六)项规定的,聘用合同期限顺延至下列情形消失:

(一) 受聘人员患病或者负伤,在规定的医疗期内的;

(二) 女职工在孕期、产期和哺乳期内的;

(三) 从事接触职业病危害作业的受聘人员未进行离岗前职业健康检查,或者疑似职业病病人在诊断或者医学观察期间的;

(四) 处于行政处分立案调查期间,或正在接受纪律审查或监察调查尚未作出结论的;

(五) 属于本办法第二十六条第(四)项情形离岗创新创业的;

(六) 法律、法规规定的其他情形。

(3) 不同之处:

人事关系中顺延情形增加了接受纪律调查尚未作为结论的,减少了职业病或患工伤、职业病尚在医学观察期二种情形。同时,随着经济的发展,在《聘用合同管理办法》中增加了受聘人员带着科研项目和成果离岗创办科技型企业或者到企业开展创新工作的情形。

（十）任意解除权存在显著差异

（1）在劳动关系中，鉴于我国社会主义国家的特殊性，工人阶级/劳动者的根本利益必须要予以保护，因此通过本法第三十七条的规定赋予了劳动者任意解除权。

（2）在人事关系中，聘用人员的任意解除权仍有，但作为有编制的体制内工作人员，其解除受到了极大限制。

《上海市事业单位聘用合同办法》

第三十五条（受聘人员提出解除聘用合同未能与聘用单位协商一致的处理）受聘人员提出解除聘用合同未能与单位协商一致，又不属于本办法第三十四条规定情形的，受聘人员应当继续履行聘用合同；6个月后再次提出解除聘用合同仍未能与单位协商一致的，可以单方面解除合同。法律、法规和规章另有规定的，从其规定。

聘用单位应当自受聘人员提出解除聘用合同之日起20日内予以答复；未予答复的，视为同意解除聘用合同。

《上海市事业单位聘用合同管理办法》

第三十六条（受聘人员提前30日解除合同）　除本办法第三十五条规定情形外，受聘人员提前30日书面通知聘用单位，可以解除聘用合同。但是，双方对解除聘用合同另有约定的，从其约定。

（3）不同之处：

人事关系中聘用人员仍可以在无法定事由时任意解除聘用合同，但第一次提出时如不能与聘用单位协商一致的，必须继续履行合同六个月，再次提出才能行使解除的形成权。

（十一）单位单方面违法解除的法律后果存在显著差异（上海一中院与上海二中院裁判观点相悖）

（1）在劳动关系中，用人单位单方面解除劳动合同的法律后果有三种：①以本法第三十九条解除的且合法的，无需支付任何补偿或赔偿；②以本法第四十条、四十一条、四十二条解除的且合法的，应当支付经济补偿；③以本法第三十九条至四十二条解除但不合法的，应当支付赔偿金或恢复劳动关系。

（2）在人事关系中，聘用单位违法解除聘用关系的，并未载明于本法外的其他规范性文件，因此上海地区一中院辖区与二中院辖区在处理此类问题时存在着观点的相悖，关于恢复聘用关系，两者观点相同，关于赔偿金，一中院不支持，认为《聘用办法》等规范性文件未作规定,不应得到支持,在现已检索到的涉及违法解除的全部人事争议纠纷案例(7 例)中,无一例支持;上海二中院则参照适用本法的规定,支持了赔偿金。

案例 1:刘某与甲公司人事争议纠纷二审民事判决书【案号:(2011)沪一中民三(民)终字第 577 号】

一审法院认为:现行事业单位聘用合同相关规定中,并未涉及事业单位违法解除或终止聘用合同时需支付赔偿金,故刘某要求甲公司支付赔偿金亦缺乏法律依据。

案例 2:上海市宝山区堤防水闸管理所与陆某某人事争议纠纷二审民事判决书【案号:(2019)沪 02 民终 7259 号】

一审法院认为(二审维持):根据我国《劳动合同法》第九十六条的规定,事业单位与实行聘用制的工作人员订立、履行、变更、解除或者终止劳动合同,法律、行政法规或者国务院另有规定的,依照其规定,未作规定的,依照本法有关规定执行。本案中,宝山区堤防水闸管理所违法同陆某某解除聘用关系,陆某某不要求恢复同宝山区堤防水闸管理所之间的聘用关系。我国的《事业单位人事争议管理条例》《事业单位工作人员处分暂行规定》等并未对事业单位工作人员不要求恢复聘用关系作出规定,现陆某某不要求恢复聘用关系,而要求宝山区堤防水闸管理所支付赔偿金,可参照我国劳动合同法的相关规定。赔偿金金额亦参照我国劳动合同法的相关规定来计算。

五、人事争议中适用本法的常见诉讼请求

鉴于人事争议中适用本法的诉讼请求较多,除第四节中所列举的明显不同之外,其余大都能够适用本法规定,虽略有不同,但鉴于部分事项人事关系相关规范性文件规定与本法规定不同之处细微,不再一一枚举,下仅列举常见且重要的诉讼请求,供参阅。

(一)法定终止

1. 事业单位聘用人员的法定终止,适用本法规定及《劳动合同法实施条例》规定

《劳动合同法》

第四十四条　有下列情形之一的,劳动合同终止:……(二)劳动者开始依法享受基本养老保险待遇的;

《劳动合同法实施条例》

第二十一条　劳动者达到法定退休年龄的,劳动合同终止。

2. 案例：季某某与上海广播电视国际新闻交流中心人事争议纠纷二审判决书

【案号：(2013)沪二中民三(民)终字第 1226 号】

本院认为：《中华人民共和国劳动合同法实施条例》明确，劳动者达到法定退休年龄的，劳动合同终止。同时，《中华人民共和国劳动合同法》明确，事业单位与实行聘用制的工作人员订立、履行、变更、解除或者终止劳动合同，法律、行政法规或者国务院另有规定的，依照其规定；未作规定的，依照本法有关规定执行。因此，2012 年 1 月 31 日，季某某达到法定退休年龄，上海广播电视国际新闻交流中心据此为其办理了退休手续，故季某某与上海广播电视国际新闻交流中心的劳动关系终止。季某某认为上海广播电视国际新闻交流中心至今未对其作出审计结论，故双方聘用合同应当顺延，无法律依据，本院不予采信。根据《最高人民法院关于人民法院审理事业单位人事争议案件若干问题的规定》，事业单位与其工作人员之间因辞职、辞退及履行聘用合同所发生的争议，适用《中华人民共和国劳动法》的规定处理。

案例解析：该案的审理发生在 2013 年，当时有效的法律法规为《上海市事业单位聘用合同办法》，在第三十六条的聘用合同终止的情形第四项中表述为："受聘人员退休、退职、死亡的。"故在审理时，人民法院在对"退休"进行界定时，援引了《劳动法》《劳动合同法》等规定。2018 年，中共上海市委员会组织部、上海市人力资源和社会保障局颁布的《上海市事业单位聘用合同管理办法》第三十七条（聘用合同终止的情形）第三项中，增加了"受聘人员开始依法享受基本养老保险待遇或者达到法定退休年龄的"的规定。

（二）年休假及其折算工资

人事争议中的未休年休假折算工资诉讼请求，通过对上海地区所有中级人民法院审理案例可确定，适用《职工带薪年休假条例》无误，是否适用《企业职工带薪年休假实施办法》存疑，在判例中，上海一中院明确适用了前者，回避了后者的适用。

案例：罗某某与上海中国航海博物馆劳动合同纠纷二审案件二审民事判决书

【案号：(2019)沪 01 民终 13789 号】

本院认为：关于罗某某是否有权享受 2018 年度的年休假以及上海中国航海博物馆是否已经统筹安排该年度年休假的问题。本院注意到，上海中国航海博物馆主张罗某某在 2018 年 12 月期间仅上班打卡 2 天、下班打卡 1 天，其余时间因其个人原因既没有请假也没有打卡，《职工带薪年休假条例》第四条规定，"职工请事假累计 20 天以上且单位按照规定不扣工资的，其不享受当年的年休假"，故罗某某已不再享受 2018 年度年假。

但是,罗某某和上海中国航海博物馆对于造成罗某某2018年12月期间打卡考勤记录不齐全的原因各执一词,且上海中国航海博物馆在一审中陈述认为罗某某12月份缺勤没有到单位上班是因为单位安排其年休假,在《民事上诉状》中则陈述认为罗某某12月份缺勤系因个人原因既没有请假也没有打卡,在二审中又陈述认为出于好聚好散的想法将罗某某12月份缺勤视为带薪事假了。根据法律规定,当事人对自己提出的诉讼请求所依据的事实或者反驳对方诉讼请求所依据的事实有责任提供证据加以证明,没有证据或者证据不足以证明当事人的事实主张的,由负有举证责任的当事人承担不利后果。鉴于上海中国航海博物馆对于罗某某12月份缺勤的原因前后存在多种说法,且均未得到罗某某的认可,而上海中国航海博物馆又未能提供其他证据对其主张的有关缺勤原因予以进一步佐证,故在罗某某对缺勤原因均不予认可且提出合理辩解并且12月份工资亦未被扣减的情况下,本院对于上海中国航海博物馆有关罗某某数个缺勤原因的主张均不予采信。

此外,上海中国航海博物馆还认为,即便假设本案可以适用《企业职工带薪年休假实施办法》,鉴于罗某某于2017年5月至10月期间向上海中国航海博物馆请病假累计4个月以上,而其已享受了2017年度当年的年休假,故依照《企业职工带薪年休假实施办法》第八条以及《职工带薪年休假条例》第四条规定,罗某某也无权享受2018年度的年休假。对此,本院认为,《企业职工带薪年休假实施办法》第八条规定的内容为:"职工已享受当年的年休假,年度内又出现条例第四条第(二)、(三)、(四)、(五)项规定情形之一的,不享受下一年度的年休假。"该条规定的法律适用内在逻辑和理解应该是:职工于年度内在尚未出现条例第(二)、(三)、(四)、(五)项规定情形之一的情况下,已经享受了当年年休假(即享受年休假的情况发生在先),之后在该年度内又出现条例第(二)、(三)、(四)、(五)项规定情形之一的(即请事假和病假累计超过规定天数的情况发生在后),不享受下一年度的年休假。

本案中,上海中国航海博物馆在明知罗某某请病假累计4个月以上,依照《职工带薪年休假条例》第四条规定,应不享有2017年度当年的年休假。但是,上海中国航海博物馆仍在2018年1月公示确认罗某某仍享有2017年度未休年休假10天,并未将其列为按规定不享受2017年度年休假的对象,且已实际向其支付了2017年度未休年休假工资报酬,故应视为上海中国航海博物馆已自愿放弃主张罗某某不享受2017年度年休假的权利,且更为重要的一点是,罗某某在2017年度内出现条例第(二)、(三)、(四)、(五)项规定情形之一的情况发生在先(即请事假和病假累计超过规定天数的情况发生在先),当时其并未享受2017年度的年休假(即享受年休假的情况发生在后),显然与《企业职工带薪年休假实施办法》第八条的立法目的和适用场景条件不符。无论《企业职工带薪年休假实施办法》是否适用于事业单位因聘用合同纠纷引发的人事争议,《企业职工带薪年休假实施办法》第八条规定均不应被适用于本案。故罗某某有权享受 2018 年度年休假并要求上海中国航海博物馆支付 2018 年度未休年休假的工资报酬。上海中国航海博物馆关于无需支付 2018 年度未休年休假工资报酬的主张，本院不予采信。

（三）经济补偿的计算标准及封顶

上海地区人事争议的经济补偿计算标准及封顶由《上海市事业单位聘用合同办法》第四十三条调整，与本法规定基本一致，略有不同之处有三点：

第一，在计算基数上，关于受聘人员上年月平均工资的标准中，根据《关于实施〈上海市事业单位聘用合同办法〉有关问题的解释》第二十五条的规定，计发经济补偿金和医疗补助费的月工资基数，是指国家统计部门工资总额统计口径确定的项目，不包括按国家和本市规定个人应缴纳的各类税费。

第二，当受聘人员月平均工资高于市统计行政部门公布的事业单位上年月平均工资三倍以上的，按公布的事业单位上年月平均工资的三倍支付经济补偿金。

第三，《聘用办法》中并未明确工作年限在六个月以下的按照半年计算。

《上海市事业单位聘用合同办法》（沪府发〔2003〕4 号）

第四十三条（经济补偿金的计算标准）　计算经济补偿的月工资，以受聘人员上年月平均工资为标准；上年聘用不满 12 个月但聘用期限满 12 个月的，以解除或者终止聘用合同前 12 个月的月平均工资为标准；聘用期限不满 12 个月的，以实际聘用月份数计算月平均工资。

受聘人员月平均工资高于市统计行政部门公布的事业单位上年月平均工资 3 倍以上的，按公布的事业单位上年月平均工资的 3 倍支付经济补偿金。

受聘人员在聘用单位工作年限，满 6 个月不满 1 年的，按 1 年计算。

但在 2018 年颁布的《上海市事业单位聘用合同管理办法》第四十三条中，又进一步明确了受聘人员月平均收入高于上年度本市职工平均工资三倍以上的，按上年度本市职工平均工资的三倍支付经济补偿金。受聘人员在聘用单位工作年限，满六个月不满一年的，按一年计算；不满六个月的，按半年计算。

（四）缺乏必备条款并不导致合同无效

人事关系中，聘用合同的必备条款以及无效情形，在《上海市事业单位聘用合同办法》和《上海市事业单位聘用合同管理办法》中均列在第十四条和第二十二条，在具体表述上存在差异。第十四条规定，聘用合同无效由《上海市事业单位聘用合同办法》第二十二条载明。但第二十二条仅规定了"违反法律、法规和规章规定订立的及采取欺诈、威胁等手段订立的"聘用合同无效，而其自身并不具备法律、法规和规章的法律渊源层级，因此，违反其自身规定订立的聘用合同不属于无效。

案例：张某某与上海船舶研究设计院（中国船舶工业集团公司第六〇四研究

院)聘用合同争议二审民事判决书【案号：(2020)沪 01 民终 7080 号】

本院认为：《管理办法》第二十二条列举了聘用合同无效的法定情形,聘用合同欠缺《管理办法》第十四条规定的必备条款并不属于上述条款所列举的聘用合同无效的法定情形之一,故张某某主张聘用合同无效或者部分无效的上诉理由不能成立。

六、实务提示

(一)聘用合同范本拟定的特别注意义务

聘用合同与劳动合同虽然有较大的相似之处,但两者属于不同的法律关系,前者属于人事关系,后者属于劳动关系,适用调整的法律规范存在一定的不同之处。

劳动关系的法律关系中大多数用人单位的义务、劳动者的权利均是由本法及其他法律法规直接规定,属于法定权利和义务。但人事关系中的法定权利义务相对较少,法律规范同样处于缺乏、不完善的状态。

鉴于此,事业单位的聘用合同范本拟定应审慎对待,不可照抄劳动合同。一旦将劳动合同中有关本法规定的内容照抄进聘用合同,在双方盖章签字后即发生法律效力,视为通过合同约定的方式赋予了聘用人员相应的权利。

(二)案例

李某某与复旦大学附属华山医院北院(简称华山北院)人事争议纠纷二审民事判决书【案号：(2018)沪 02 民终 5841 号】

一审法院认定事实如下(二审维持)：李某某于 2012 年 9 月 1 日进入华山北院核医学科工作……2014 年 9 月 1 日,双方续签聘用合同,期限为 2014 年 9 月 1 日至 2017 年 8 月 31 日,该聘用合同……第 26 条约定,"有下列情形之一的,甲方不得解除合同：1. 乙方从事接触职业病危害工作,离岗前未进行职业健康检查,或者疑似职业病病人在诊断或者医学观察期间的……"第 30 条约定,"……3. 聘用合同期满,有本合同第 26 条规定情形之一的,聘用合同应续延至相应的情形消失时终止……"

本院认为：2017 年 7 月 24 日华山北院向李某某发送《聘用合同期满不再续签通知书》。李某某签收后,多次以邮件形式向华山北院人事部门送达续签聘用合同申请。华山北院虽不同意续签合同,但因其未能提供证据证实聘用合同期满终止前已通过短信通知李某某进行离岗职业健康检查,直至 2018 年 3 月 19 日当庭向李某某出具介绍信和体检通知,因李某某以先续签合同为由拒绝体检,一审法院据此认定双方劳动关系延续至此时无不妥。

案例解析：离职前职业病检查义务属于本法中规定的用人单位义务,但并非事业单位相关法律规范中载明的聘用单位义务。本案中聘用单位通过聘用合同载明了该条款,视为以合同的形式与聘用人员进行了约定,聘用单位当然地受到聘用合同的条款约束。

因此,在未做离职职业病检查或通知送达聘用人员被明示拒绝之前,不得解除/终止聘用合同。

第九十七条　【过渡性条款】

本法施行前已依法订立且在本法施行之日存续的劳动合同,继续履行;本法第十四条第二款第三项规定连续订立固定期限劳动合同的次数,自本法施行后续订固定期限劳动合同时开始计算。

本法施行前已建立劳动关系,尚未订立书面劳动合同的,应当自本法施行之日起一个月内订立。

本法施行之日存续的劳动合同在本法施行后解除或者终止,依照本法第四十六条规定应当支付经济补偿的,经济补偿年限自本法施行之日起计算;本法施行前按照当时有关规定,用人单位应当向劳动者支付经济补偿的,按照当时有关规定执行。

一、关于溯及力的规定

本法第十四条第三款规定了"用人单位自用工之日起满一年不与劳动者订立书面劳动合同的,视为用人单位与劳动者已订立无固定期限劳动合同"。而在此之前,无法律法规规定用人单位用工后长期不与劳动者签订书面劳动合同的,视为已订立无固定期限劳动合同。

因此,本条仅适用于在 2008 年本法实施前已依法订立的书面劳动合同,且仍在存续期间的劳动合同,继续履行。

鉴于本法已实施逾 15 年,除 2008 年前已订立的无固定期限劳动合同,以及极其特殊的完成一定工作任务的劳动合同,无其他可能性。而无固定期限劳动合同即使无本条规定,亦可继续履行。因此,本条在当前时期已失去现实意义。

二、关于"连续两次固定期限劳动合同"的起算

本法第十四条第二款第三项规定了"连续订立二次固定期限劳动合同,且劳动者没有本法第三十九条和第四十条第一项、第二项规定的情形,续订劳动合同的",若劳动者提出或者同意续订、订立劳动合同,除劳动者提出订立固定期限劳动合同

外,应当订立无固定期限劳动合同。

由于"连续订立二次固定期限劳动合同"后必须订立无固定期限劳动合同的规定同样仅于本法实施后出现,基于法的溯及力的相关原则,本条特别规定了"二次固定期限劳动合同"的计算仅限本法实施后订立固定期限劳动合同。

案例:冯某与上海东浦人力资源有限公司(简称东浦公司)劳动合同纠纷二审民事判决书【案号:(2014)沪一中民三(民)终字第 568 号】

本院认为:劳动合同法第九十七条第一款规定,该法第十四条第二款第三项规定连续订立固定期限劳动合同的次数,自该法 2008 年 1 月 1 日施行后再次续订固定期限劳动合同时开始计算。根据其文义,劳动合同法生效前已订立的劳动合同,即使履行期限跨越劳动合同法的施行时间或从劳动合同法施行后开始,亦不应计算在该法第十四条第二款第三项规定的连续订立固定期限劳动合同的次数内。因此,本案冯某与东浦公司于 2007 年 12 月 29 日订立的期限自 2008 年 1 月 1 日至 2009 年 12 月 31 日止的劳动合同不应视为双方在劳动合同法施行后订立的劳动合同。

三、经济补偿金分段计算——事由(劳动者提出解除劳动关系)

(一)国家层面

《最高人民法院关于审理劳动争议案件适用法律若干问题的解释》(法释〔2001〕14 号)(2001 年 3 月 22 日最高人民法院审判委员会第 1165 次会议通过,2001 年 4 月 16 日公布,2001 年 4 月 30 日起施行。后因《民法典》施行,被《最高人民法院关于审理劳动争议案件适用法律问题的解释(一)》法释〔2020〕26 号第四十五条所取代)

第十五条 用人单位有下列情形之一,迫使劳动者提出解除劳动合同的,用人单位应当支付劳动者的劳动报酬和经济补偿,并可支付赔偿金:

(一)以暴力、威胁或者非法限制人身自由的手段强迫劳动的;

(二)未按照劳动合同约定支付劳动报酬或者提供劳动条件的;

(三)克扣或者无故拖欠劳动者工资的;

(四)拒不支付劳动者延长工作时间工资报酬的;

(五)低于当地最低工资标准支付劳动者工资的。

鉴于该司法解释施行前,我国劳动法规并没有对用人单位违法行为导致劳动者提出解除劳动合同并支付经济补偿的规定。因此,如劳动者因上述原因提出解除劳动合同并主张经济补偿的,工作年限仅能从 2001 年 4 月 30 日起计算。

《劳动合同法》

第三十八条 用人单位有下列情形之一的,劳动者可以解除劳动合同:

（一）未按照劳动合同约定提供劳动保护或者劳动条件的；

（二）未及时足额支付劳动报酬的；

（三）未依法为劳动者缴纳社会保险费的；

（四）用人单位的规章制度违反法律、法规的规定，损害劳动者权益的；

（五）因本法第二十六条第一款规定的情形致使劳动合同无效的；

（六）法律、行政法规规定劳动者可以解除劳动合同的其他情形。

用人单位违章指挥、强令冒险作业危及劳动者人身安全的，劳动者可以立即解除劳动合同，不需事先告知用人单位。

鉴于本法施行前，我国劳动法规对于上述用人单位违法行为导致劳动者辞职并支付经济补偿并无规定，因此，如劳动者因上述原因辞职并主张经济补偿的，工作年限仅能从 2008 年 1 月 1 日起计算。但就劳动者因用人单位未足额支付劳动报酬而解除劳动合同的，是否能够适用法释〔2001〕14 号的司法解释自 2001 年 4 月 30 日起算，需根据具体事由进行分析。

（二）上海地区

鉴于各地区地方性规定差异性较大，当前仅以上海地区做示例。上海地区因劳动者提出解除劳动关系而获取经济补偿的地方性法规所规定的事由与司法解释完全重合。因此，计算经济补偿的工作年限仍旧以前述司法解释为准。

《上海市劳动合同条例》（生效日期：2002 年 5 月 1 日）

第三十一条　有下列情形之一的，劳动者可以随时通知用人单位解除劳动合同。

……

（二）用人单位以暴力、威胁或者非法限制人身自由的手段强迫劳动的；

（三）用人单位未按照劳动合同约定支付劳动报酬或者提供劳动条件的。

第四十二条　有下列情形之一的，用人单位应当根据劳动者在本单位工作年限，每满一年给予劳动者本人一个月工资收入的经济补偿：

……

（二）劳动者依据本条例第三十一条第（二）项、第（三）项规定解除劳动合同的。

四、经济补偿金分段计算——事由（用人单位提出解除劳动关系，劳动者依据不同事由主张经济补偿的工作年限系数的起始点）

（一）工作年限最早可自 1995 年 1 月 1 日开始计算的事由

1. 协商解除

《劳动法》（生效日期：1995 年 1 月 1 日）

第二十四条　经劳动合同当事人协商一致,劳动合同可以解除。

第二十八条　用人单位依据本法第二十四条、第二十六条、第二十七条的规定解除劳动合同的,应当依照国家有关规定给予经济补偿。

2. 患病或者非因工负伤不胜任

《劳动法》(生效日期:1995 年 1 月 1 日)

第二十六条　有下列情形之一的,用人单位可以解除劳动合同,但是应当提前三十日以书面形式通知劳动者本人:

(一)劳动者患病或者非因工负伤,医疗期满后,不能从事原工作也不能从事由用人单位另行安排的工作的;

第二十八条　用人单位依据本法第二十四条、第二十六条、第二十七条的规定解除劳动合同的,应当依照国家有关规定给予经济补偿。

3. 劳动者不能胜任工作

《劳动法》(生效日期:1995 年 1 月 1 日)

第二十六条　有下列情形之一的,用人单位可以解除劳动合同,但是应当提前三十日以书面形式通知劳动者本人:

(二)劳动者不能胜任工作,经过培训或者调整工作岗位,仍不能胜任工作的;

第二十八条　用人单位依据本法第二十四条、第二十六条、第二十七条的规定解除劳动合同的,应当依照国家有关规定给予经济补偿。

4. 客观情况发生重大变化

《劳动法》(生效日期:1995 年 1 月 1 日)

第二十六条　有下列情形之一的,用人单位可以解除劳动合同,但是应当提前三十日以书面形式通知劳动者本人:

(三)劳动合同订立时所依据的客观情况发生重大变化,致使原劳动合同无法履行,经当事人协商不能就变更劳动合同达成协议的。

第二十八条　用人单位依据本法第二十四条、第二十六条、第二十七条的规定解除劳动合同的,应当依照国家有关规定给予经济补偿。

5. 经济性裁员

《劳动法》(生效日期:1995 年 1 月 1 日)

第二十七条　用人单位濒临破产进行法定整顿期间或者生产经营状况发生严重困难,确需裁减人员的,应当提前三十日向工会或者全体职工说明情况,听取工会或者职工的意见,经向劳动行政部门报告后,可以裁减人员。

用人单位依据本条规定裁减人员,在六个月内录用人员的,应当优先录用被裁减的人员。

第二十八条　用人单位依据本法第二十四条、第二十六条、第二十七条的规定解除劳动合同的,应当依照国家有关规定给予经济补偿。

(二)工作年限最早可自 2002 年 5 月 1 日开始计算的事由

用人单位、解散或者被撤销的:

《上海市劳动合同条例》(生效日期:2002 年 5 月 1 日)

第三十七条　有下列情形之一的,劳动合同终止:

……

(二)用人单位破产、解散或者被撤销的;

第四十二条　有下列情形之一的,用人单位应当根据劳动者在本单位工作年限,每满一年给予劳动者本人一个月工资收入的经济补偿:

……

(六)用人单位依据本条例第三十七条第(三)项规定终止劳动合同的。

(三)工作年限最早可自 2005 年 10 月 17 日开始计算的事由

应订未订劳动合同而终止劳动关系的:

《上海市劳动和社会保障局关于实施〈上海市劳动合同条例〉若干问题的通知(三)》(沪劳保关发〔2005〕36 号)(生效日期:2005 年 10 月 17 日)

第十条　关于应订未订劳动合同情形下终止劳动关系后的补偿问题

应当订立书面劳动合同而未订立的,用人单位依据《条例》第四十条规定终止劳动关系,应按未订立劳动合同的期间支付劳动者经济补偿金。但劳动者符合《条例》第三十条、第三十三条规定情形的,用人单位可以不予支付经济补偿金。

(四)工作年限最早可自 2008 年 1 月 1 日开始计算的事由(国家层面,不仅上海地区)

用人单位用工资格丧失的:

《劳动合同法》(生效日期:2008 年 1 月 1 日)

第四十四条有下列情形之一的,劳动合同终止:

(一)劳动合同期满的;

……

(四)用人单位被依法宣告破产的;

(五)用人单位被吊销营业执照、责令关闭、撤销或者用人单位决定提前解散的。

(五)工作年限最早可自 2008 年 9 月 18 日开始计算的事由(国家层面,不仅上海地区)

未订立书面劳动合同的:

《劳动合同法实施条例》(生效日期:2008 年 9 月 18 日)

第六条　用人单位自用工之日起超过一个月不满一年未与劳动者订立书面劳动合同的,应当依照劳动合同法第八十二条的规定向劳动者每月支付两倍的工资,并与劳动者补订书面劳动合同;劳动者不与用人单位订立书面劳动合同的,用人单位应当书面通知劳动者终止劳动关系,并依照劳动合同法第四十七条的规定支付经济补偿。

第二十二条　以完成一定工作任务为期限的劳动合同因任务完成而终止的,用人单位应当依照劳动合同法第四十七条的规定向劳动者支付经济补偿。

注:第二十二条从当前角度解读,应当是对本法第四十四条劳动合同终止情形第一项"劳动合同期满的"的进一步解释,不足以成为单独的事由。

(六)工作年限最早可自 2013 年 2 月 1 日开始计算的事由(国家层面,不仅上海地区)

用人单位经营期限届满不再经营的:

《最高人民法院关于审理劳动争议案件适用法律若干问题的解释(四)》(法释〔2013〕4 号)(生效日期:2013 年 2 月 1 日)

第十三条　劳动合同法施行后,因用人单位经营期限届满不再继续经营导致劳动合同不能继续履行,劳动者请求用人单位支付经济补偿的,人民法院应予支持。

注:本篇法规因民法典施行后,被《最高人民法院关于审理劳动争议案件适用法律问题的解释(一)》法释〔2020〕26 号第四十八条所取代。

五、经济补偿金分段计算——计算规则

(一)不适用分段计算的情况

通过上文阐述,明显可见,本法基本上已经记载了全部的经济补偿适用范围,其中,以下两大类情形不适用分段计算:

第一类:劳动者入职用人单位时间在 2008 年 1 月 1 日之后的。

第二类:解除原因仅记载于本法支持经济补偿事由中的,如:

(1)未及时足额支付劳动报酬的。

(2)未依法为劳动者缴纳社会保险费的。

(3)用人单位的规章制度违反法律、法规的规定,损害劳动者权益的。

(4)因本法第二十六条第一款规定的情形致使劳动合同无效的。

(5)用人单位违章指挥、强令冒险作业危及劳动者人身安全的。

(6)劳动合同期满的。

(7)用人单位被依法宣告破产的。

（8）用人单位被吊销营业执照、责令关闭或者用人单位决定提前解散的。

案例：贺加欣机电（上海）有限公司（简称贺加欣公司）诉范某某劳动合同纠纷二审民事判决书【案号：（2018）沪01民终9737号】

本院认为：《中华人民共和国劳动合同法》第四十六条规定，除用人单位维持或者提高劳动合同约定条件续订劳动合同，劳动者不同意续订的情形外，依照本法第四十四条第一项规定终止固定期限劳动合同的，用人单位应当向劳动者支付经济补偿。有鉴于前节论述，本院认为，本案劳动合同系因期满后用人单位贺加欣公司不同意续签而终止，故其应支付范某某经济补偿。

关于经济补偿金的计算基数，《中华人民共和国劳动合同法实施条例》第二十七条中规定，劳动者在劳动合同解除或者终止前12个月的平均工资低于当地最低工资标准的，按照当地最低工资标准计算。因此本案应以劳动合同终止时上海市最低工资标准2420元作为计算基数。

关于计算工作年限，《中华人民共和国劳动合同法》第九十七条规定，本法施行之日存续的劳动合同在本法施行后解除或者终止，依照本法第四十六条规定应当支付经济补偿的，经济补偿年限自本法施行之日起计算；本法施行前按照当时有关规定，用人单位应当向劳动者支付经济补偿的，按照当时有关规定执行。第九十八条规定，本法自2008年1月1日起施行。因此贺加欣公司计算范某某的工作年限为11年，并未低于该法定标准，本院对此予以确认。

（二）适用分段计算的主要情形

劳动者提出解除：

（1）用人单位以暴力、威胁或者非法限制人身自由的手段强迫劳动的。

（2）用人单位未按照劳动合同约定支付劳动报酬或者提供劳动条件的。

（3）用人单位克扣或者无故拖欠劳动者工资的。

（4）用人单位拒不支付劳动者延长工作时间工资报酬的。

（5）用人单位低于当地最低工资标准支付劳动者工资的。

用人单位提出解除：

（1）协商解除。

（2）劳动者患病或者非因工负伤无法从事原工作，也不能从事另行安排的工作的。

（3）劳动者不能胜任工作，经培训或调岗，仍不能胜任的。

（4）客观情况发生重大变化。

（5）经济性裁员。

法定终止情形：

（1）无效合同。

（2）用人单位、解散或者被撤销的。

（3）应订未订劳动合同而终止劳动关系的。

（三）分段计算规则——高薪人群

针对劳动者离职前十二个月平均工资高于本地区上年度职工月平均工资三倍的（即平均工资封顶的）：

1. 2008年之后的工作年限适用本法规定，适用"双封顶"计算

（1）经济补偿的计算基数封顶：①月平均工资封顶为本地区上年度职工月平均工资三倍；②如前述有病假、停工停产等情形的，统一计算，不做区分是否正常工作期间；③劳动者的工资性收入不再剔除个人所得税。

（2）经济补偿的系数封顶：①年限封顶12年；②六个月以上不满一年的，按一年计算；不满六个月的，按半年计算。

《劳动合同法》

第四十七条　经济补偿按劳动者在本单位工作的年限，每满一年支付一个月工资的标准向劳动者支付。六个月以上不满一年的，按一年计算；不满六个月的，向劳动者支付半个月工资的经济补偿。

劳动者月工资高于用人单位所在直辖市、设区的市级人民政府公布的本地区上年度职工月平均工资三倍的，向其支付经济补偿的标准按职工月平均工资三倍的数额支付，向其支付经济补偿的年限最高不超过十二年。

本条所称月工资是指劳动者在劳动合同解除或者终止前十二个月的平均工资。

《劳动合同法实施条例》

第二十七条　劳动合同法第四十七条规定的经济补偿的月工资按照劳动者应得工资计算，包括计时工资或者计件工资以及奖金、津贴和补贴等货币性收入。劳动者在劳动合同解除或者终止前12个月的平均工资低于当地最低工资标准的，按照当地最低工资标准计算。劳动者工作不满12个月的，按照实际工作的月数计算平均工资。

2. 2008年之前的工作年限适用当时生效的法律法规规定，且无论该法当前是否失效

主要适用《违反和解除劳动合同的经济补偿办法》：

（1）经济补偿的计算基数：①无封顶规定；②如前述有病假、停工停产等情形的，区分是否正常工作期间；③劳动者的月平均工资低于企业月平均工资的，按企业月平均工资的标准支付（极端情况下才适用）；④劳动者的工资性收入剔除个人所得税。

(2) 经济补偿的系数:①协商解除和劳动者不胜任工作年限封顶 12 年,其他事由无封顶;②不满一年的,按一年计算。

《违反和解除劳动合同的经济补偿办法》(劳部发〔1994〕481 号)(当前已失效)

第五条 每满一年发给相当于一个月工资的经济补偿金,最多不超过十二个月。工作时间不满一年的按一年的标准发给经济补偿金。

第十一条 本办法中经济补偿金的工资计算标准是指企业正常生产情况下劳动者解除合同前十二个月的月平均工资。

用人单位依据本办法第六条、第八条、第九条解除劳动合同时,劳动者的月平均工资低于企业月平均工资的,按企业月平均工资的标准支付。

《劳动部办公厅关于对解除劳动合同经济补偿问题的复函》(劳办发〔1997〕98 号)

《违反和解除劳动合同的经济补偿办法》第五条关于"工作时间不满一年的按一年的标准发给经济补偿金"的规定,适用于该办法的第六条、第七条、第八条和第九条。

上海市劳动和社会保障局关于实施《上海市劳动合同条例》若干问题的通知(沪劳保关发〔2002〕13 号)

第 22 条 《上海市劳动合同条例》第四十二条规定用作计算经济补偿的工资收入是指按国家和本市规定列入工资总额统计的工资、奖金、津贴、补贴,不包括按国家和本市规定个人应缴纳的各类税费。

股票、期权、红利等与投资相关并不列入工资总额的收益,不作为解除或者终止劳动合同的经济补偿的计发基数。

《劳动合同法实施条例》

第二十七条 劳动合同法第四十七条规定的经济补偿的月工资按照劳动者应得工资计算,包括计时工资或者计件工资以及奖金、津贴和补贴等货币性收入。劳动者在劳动合同解除或者终止前 12 个月的平均工资低于当地最低工资标准的,按照当地最低工资标准计算。劳动者工作不满 12 个月的,按照实际工作的月数计算平均工资。

(四)分段计算规则——非高薪人群

针对离职前十二个月平均工资不高于本地区上年度职工月平均工资三倍的(即平均工资不封顶的):

1. 2008 年之后的经济补偿部分适用本法规定, 无封顶性规定

(1) 经济补偿的计算基数:①如前述有病假、停工停产等情形的,统一计算,不

做区分是否正常工作期间;②劳动者在劳动合同解除或者终止前12个月的平均工资低于当地最低工资标准的,按照当地最低工资标准计算;③劳动者的工资性收入不再剔除个人所得税。

(2)经济补偿的系数:六个月以上不满一年的,按一年计算;不满六个月的,按半年计算。

2. 2008年之前的工作年限适用当时生效的法律法规规定,且无论该法当前是否失效

主要适用《违反和解除劳动合同的经济补偿办法》:

(1)经济补偿的计算基数:①如前述有病假、停工停产等情形的,区分是否正常工作期间;②劳动者的月平均工资低于企业月平均工资的,按企业月平均工资的标准支付;③劳动者的工资性收入剔除个人所得税。

(2)经济补偿的系数:①协商解除和劳动者不胜任工作年限封顶12年,其他事由无封顶;②不满一年的,按一年计算。

六、关于违法解除赔偿金的连续计算

违法解除的赔偿金本身不适用分段计算规则,要么受双封顶限制,要么不受限制。

(一)双封顶情形

当劳动者的离职前十二个月平均工资高于本地区上年度职工月平均工资三倍的:①赔偿金计算基数:封顶至本地区上年度职工月平均工资三倍;②赔偿金计算系数:封顶至12个月。

(二)均不封顶情形

当劳动者的离职前十二个月平均工资不高于本地区上年度职工月平均工资三倍时:

(1)赔偿金计算基数:根据劳动者离职前十二个月平均工资计算。

①如前述有病假、停工停产等情形的,统一计算,不区分是否为正常工作期间;②劳动者在劳动合同解除或者终止前12个月的平均工资低于当地最低工资标准的,按照当地最低工资标准计算;③劳动者的工资性收入不再剔除个人所得税。

(2)赔偿金计算系数:自用工之日起连续计算,不封顶。

《劳动合同法实施条例》

第二十五条 用人单位违反劳动合同法的规定解除或者终止劳动合同,依照劳动合同法第八十七条的规定支付了赔偿金的,不再支付经济补偿。赔偿金的计

算年限自用工之日起计算。

第九十八条 【施行时间】

本法自 2008 年 1 月 1 日起施行。